普通高等院校经济管理类"十四五"应用型精品教材

【市场营销系列】

商务谈判与沟通

BUSINESS NEGOTIATION
AND COMMUNICATION

张国良 编著

机械工业出版社
CHINA MACHINE PRESS

图书在版编目（CIP）数据

商务谈判与沟通 / 张国良编著 . -- 北京：机械工业出版社，2021.5（2025.8 重印）
（普通高等院校经济管理类"十四五"应用型精品教材·市场营销系列）
ISBN 978-7-111-68169-4

Ⅰ. ①商… Ⅱ. ①张… Ⅲ. ①商务谈判 - 高等学校 - 教材 Ⅳ. ① F715.4

中国版本图书馆 CIP 数据核字（2021）第 084125 号

　　本书从商务谈判的基本流程出发，结合管理学基本职能领导模块中的沟通，把商务谈判与沟通结合起来，介绍了商务谈判的起源及其作用、商务谈判的原则要领及其程序、商务谈判心理及作用、商务谈判中的沟通技巧、商务谈判的筹划等。本书不仅介绍了商务谈判与沟通的相关知识，更重要的是把商务谈判与沟通的鲜活事例引入教材中，突出了实战性，让读者更易结合实际活学活用。此外，本书还总结了作者在企业中身为总经理时的心得与体会，更贴近生活。

　　本书适合作为市场营销、国际贸易、工商管理等专业本科生、研究生、MBA 的教学用书，也适合管理干部和从事商务活动的相关人士阅读。

出版发行：机械工业出版社（北京市西城区百万庄大街 22 号　邮政编码：100037）
责任编辑：施琳琳　　　　　　　　　　　　　责任校对：马荣敏
印　　刷：河北虎彩印刷有限公司　　　　　　版　　次：2025 年 8 月第 1 版第 12 次印刷
开　　本：185mm×260mm　1/16　　　　　　印　　张：20.25
书　　号：ISBN 978-7-111-68169-4　　　　　定　　价：59.00 元

客服电话：（010）88361066　68326294

人生无处不谈判，生活事事有沟通。商务交流与沟通是商务活动的双方或多方观点互换、情感互动、利益互惠的人际交往活动。商务谈判是指商务活动的双方或多方为了实现他们各自的商务利益，为了实现他们的商务交换活动，为了能够取得一种一致性意见而进行的沟通与磋商活动，其作用在于追求利益、谋求合作、寻求共识、互利互惠。它需要坚持原则，用足策略与技巧，把握其实质要领。

我阅读了张国良教授的《商务谈判与沟通》后，有这样的感觉和认识：本书的13章内容主要包括谈判的起源及其作用；商务谈判的原则要领及其程序；商务谈判心理及作用；从说、听、问、答四个方面阐述了商务谈判中的沟通技巧。"凡事预则立，不预则废"，要想使商务谈判获得圆满成功，需要具备多方面的条件，其中做好谈判的筹划是项重要工作，主要是了解谈判环境、确定谈判人员和制订谈判计划，因为商务谈判是"合作的利己主义"的过程。正确地运用谈判的策略，往往会收到意想不到的效果；商务谈判的艺术性更多地体现在商务谈判中的讨价还价技巧、让步技巧、制造与突破僵局技巧等；商务谈判各方都希望在谈判过程中获得谈判对手的尊重和理解，因此，懂得并掌握必要的礼仪与礼节，是商务谈判人员必须具备的基本素养。沟通是组织系统的生命线，随着信息经济时代的到来，商务沟通行为日益频繁，在信息爆炸的今天，有效沟通就是管理艺术的精髓。会见是日常管理工作中最普通、发生频率最高的活动，也是商务管理沟通中最常用的工具。面试已成为用人单位选择人才的普遍方式，对于求职者来说，无疑是一次重要的机会，应很好地加以把握。演讲，又叫演说或讲演，谁都希望自己在任何场合都能恰当地表达自己的观点和见解，出口成章，妙语连珠；一个人的演讲口才不仅能体现一个人的口头表达能力，更是一个人综合素质的体现；演讲沟通技巧对于我们每个人都有极其重要的意义，心与心的沟通、灵与魂的认同、你与我的双赢，才有利于商务交流目标的实现。

　　该书总体架构合理，内容生动鲜活，形式灵活多样，既注重理论和知识的系统性、新颖性，又突出内容的实用性与实战性。其中"诗语点睛"更是这本书的一大特色，不学诗，无以言。诗以言志，诗以咏物，诗以抒情，引发思考，启迪心智。

胡祖光

浙江省社会科学联合会名誉主席

浙江工商大学原党委书记、校长

浙江省企业管理研究会会长

博士生导师、教授

2021 年 2 月于杭州

人生无处不谈判，生活事事有沟通。当今世界是一张巨大的谈判桌，不管你喜不喜欢、愿不愿意、接不接受，你都是一个谈判者，可以说谈判无处不在、无时不有。小到家庭纠纷，大到国际争端，都需要通过谈判与沟通来解决问题。你事业的如愿、生意的成功、理想的实现、家庭关系和社会关系的和谐、生活的美满与幸福，都与谈判沟通密切相关。谈判与沟通对于我们每个人都有极其重要的意义。

说服对方，和谐沟通。沟通的作用渗透到社会生活的方方面面：一场智斗，能免除刀兵之祸；一段利辞，可获得亿万财富的合同；几句呼喊，可使群情激奋；一席谈话，可使庸人立志、浪子回头。

实现购销，货畅其流。商务谈判就是指商务活动的双方或多方为了实现他们各自的商务利益，为了实现他们的商务交换活动，为了能够取得一致性意见而进行的沟通与磋商活动。商务谈判与沟通在现代社会举足轻重，它是各种购销活动的桥梁，决定着各种商品购销关系的实现。只有通过商务谈判实现产品价值，货畅其流，才能保障和提高企业经济效益，有利于市场经济发展。

获取信息，正确决策。出门看天气，谈判识环境，生意知行情，信息抵万金。卡特曾经说过："对于我们，信息就像阳光和空气，它点燃了创造智慧的火花，它照亮了通向未来的道路。"在市场经济的海洋里，潮涨潮落，变化多端，顺之者昌、逆之者亡，不掌握市场信息，不摸清市场行情，好像"盲人骑瞎马，夜半临深池"。

国际贸易，开拓发展。赢得竞争优势，夺取领先地位，获得更大效益，成为全球经济竞争的新景观。国内市场国际化、国际市场国内化、世界市场一体化，是当今全球经济发展的大势所趋。发展对外贸易，积极参与国际竞争，开拓国际市场，必须学会外贸谈判，才能在国际贸易中运筹帷幄，决胜千里。

在现代商业活动中，谈判与沟通既是交易的前奏曲，又是营销的主旋律。面对强手如林的谈判战场，只有真正掌握商务谈判与沟通理论的方法与技巧，才能在商务活动中稳操胜券。因此，在整个商务谈判与沟通过程中应该做到：

> 约见时，出语惊人，造成悬念
>
> 接近时，落落大方，谈吐自如

面谈时，纵横驰骋，用足技巧

排异时，平心静气，疏中有导

成交时，游刃有余，言犹未尽

成交后，有情有义，地久天长

本书既注重理论和知识的系统性、新颖性，又突出内容的实用性和实战性，具体体现在以下几点。

（1）注重实践，强化应用。本书内容选择适度，注重能力培养。本书坚持"理论够用为度、实践应用为重"的理念，以"理论、实践、应用"三段式模式体现教材内容体系的创新，符合应用型人才的培养规律。书中的内容安排体现应用型人才的培养目标，贯穿的案例尽可能是与中国目前管理活动紧密相关的事件，具有典型性和实用性。本书既反映了中外企业界商务谈判与沟通在实践中所积累的丰富经验，又体现了相关学科领域的最新研究成果，以达到实践性、应用性与学术性、前沿性的高度统一，充分体现应用型人才培养的特色。

（2）国际视野，交流沟通。商务谈判与沟通既是科学又是艺术，在很大程度上受到制度和文化背景的影响，因而本书既注意国际化，又注意本土化。经济管理错综复杂，灵活多变，即使管理者满腹经纶、知识丰富，面对复杂的管理问题，若不能去伪存真、由此及彼，善于抓住问题的要害，提出有针对性的解决方案，并有效地组织实施，再多的知识也等于零。正如医学专业需要临床实践一样，"商务谈判与沟通"课程需要案例分析。加强实用技能的强化训练，也是商务谈判特点的内在要求。本书将让学生学会从多角度、多侧面思考问题，分析问题，从中分清主次，把握全局，预见未来，制定正确的决策。为此，本书设有"国际商务谈判与沟通"一章内容，从而使理论体系更完善。

（3）激发智能，兴趣引领。本书设有习题、自我测试和思考题，进一步增强了本书的趣味性、理论性和实践性。本书通过激发兴趣来丰富学生的感性认识和知识背景，拓展学生的视野，帮助学生理解理论并掌握理论的运用，寻求理论与实际的结合点，尝试在管理学有关知识上有所创新和突破，引导学生自己发现问题、分析问题和解决问题。

（4）生动鲜活，结构新颖。本书充分考虑到教学和学生学习的特点与需要，同时更注重知识点的综合性和完整性，注重对学生独立思考能力和应用能力的培养。本书在内容和形式上参考了国际上有代表性的最新版教材，并结合国内的典型案例进行了论述。

本书架构合理，内容生动鲜活，形式灵活多样，尽量体现"新""近""精""实"和"活"五个字。

- "新"就是体现新思维、新经济、新常态，使教材体现时代的特色、沟通的艺术。
- "近"就是贴近生活，贴近现实，贴近商务谈判与沟通的背景，引发思想情感的共鸣。
- "精"就是精益求精，精选案例，选择典型个案，从小案例、小事件入手，以小博大，见微知著。

- "实"就是讲求实在，注重商务谈判与沟通的实际效果与应用价值，体现管理方法的实践性与可操作性。
- "活"就是案例生动鲜活，形式多样，内容具体，各有侧重，能够满足商务谈判与沟通课程的需要，力求案例具有吸引力，能激发学生的学习兴趣与参与激情。

每章后面的"诗语点睛"，特别是书后的"商务谈判与沟通四字经"，更是本书的一大特色。这些栏目归纳总结，统领全文，画龙点睛，引发思考，启迪心智。各章章末还设有数字链接内容，读者可以通过扫描二维码获得相关的测试题以及知识拓展信息，以加深对商务谈判与沟通的理解和掌握。此外，本书配有电子教学资源包（包括教学大纲、电子课件、教案等），供任课教师免费获取。

本书的编写与出版得到广东培正学院有关领导的大力支持，也获得广东省"特色创新类项目——广东省新型政商关系构建与民营经济创新驱动高质量发展研究"（项目编号2020WTSCX105）的资助。本书在写作过程中还得到机械工业出版社编辑的精心指导，在此深表谢意！

本书参考并吸收了当前商务谈判领域的优秀成果及其网络资源，谨向各位专家学者表示衷心感谢，恕不一一列出。尤其要说的是，我要特别感谢浙江省企业管理研究会会长（浙江工商大学原校长）、博士生导师胡祖光教授在百忙中为本书作序，在此深表敬意！

本书的定位是理论系统、强化应用、身临场景、提升技能，力求以新思想、新体系、新面孔出现在读者面前。然而，由于作者学术水平有限，加之时间仓促，书中不当之处在所难免，敬请读者批评指正，不吝赐教。

张国良

2021 年 2 月

教学建议　SUGGESTION

本课程是关于商务谈判与沟通能力培养和提高的课程，即通过商务谈判基本理论的介绍与实际的案例分析，提升学生在商务谈判与沟通方面的综合理论基础与实战能力，从而使学生对商务沟通与谈判的原则、策划、技巧等有较深的认识，继而能够帮助学生把握机遇，提高沟通的效果。

"商务谈判与沟通"是一门综合性极强的实战课程，学生不仅要掌握好理论知识，同时要真正参与到实践中去。为使本课程达到预期的学习效果，建议教师采取以理论教学为主、以实践教学为辅、以应用为补充的综合教学方式，从而使学生对理论与实践有较好的领悟，同时提高学生的应用水平。在教学手段的选择上，教师可采用案例研讨形式，以提高学生的互动能力；采用小组学习方式，以提高学生的组织谈判能力。在有条件的情况下，教师可以组织学生参加商务谈判等类型的比赛，提高学生的实战水平。只有在理论与实践相结合的前提下，才能使学生真正有所学、有所感、有所悟、有所提高，从而全面掌握商务谈判与沟通的真谛。

教学方式方法建议

一场成功的商务谈判是双赢，为了获得双赢，就需要掌握许多技法。双赢商务谈判与沟通中多种教学法具有情景再现、逼真模拟、体验深刻、启人心智、互动性好、操作性强等特点，值得在教学中应用。

日常生活枚举法

在现实生活中，每个人几乎每天都在进行着各种各样的谈判活动，事业的如愿、生意的成功、理想的实现、家庭或社会关系的和谐，都与谈判密切相关。日常生活枚举法使学生充分认识到谈判的普遍性，举出谈判在生活中无处不在的事例，使学生对谈判有种身临其境之感，师生共同进入商务谈判的情境之中。

引经据典说服法

任何一门课程都应交代其来龙去脉，商务谈判也不例外。随着中华民族古代文明的产生，华夏民族的原始型谈判也随之出现。当年大禹治水时在会稽山开过各部落首领的会议，这或许就是最早的谈判记载了。春秋时期，孔子的"克己复礼"游说就是典型的谈判活动。更值得一提的是，战国时期，以苏秦和张仪为代表的纵横家为了实现统一中国的意愿，曾经游说各国，到处宣传"合纵""连横"的主张，他们开展的一系列活动都是谈判。进入封建社会之后，几千年的"分久必合，合久必分"的历史变迁更是充满谈判活动的影子。

通过引经据典，可以启迪学生的思维，使其领略古代华夏民族绚丽多姿的谈判风采，激发学生的学习兴趣。学生对学习的兴趣取决于教学设计是否与他们有关。正如某位教育家所言："一种学生是先天生成的才子，能觉出书本上的学问有趣味。其余大多数人，只知道五官接触的、能够实做的事物才有趣味，书本上的趣味是没有的。"

名言哲理启示法

古今中外许多大师的名言哲理在整个教学过程中应用恰当，会如鱼得水。"兵马未动，粮草先行"，谈判人员的组织与配备是非常重要的一环，对主谈人的素质要求更高。"一个完美无缺的谈判家应该心智机敏，并且有无限的耐性；能巧言掩饰，但不欺诈行骗；能取信于人，而不轻信于他人；能谦恭节制，但又刚毅果断；能施展魅力，而不为他人所惑；能拥有巨富，藏娇妻，而不为钱财和女色所动。"查尔斯·艾克尔的这段名言哲理给我们以深刻的启示：商务谈判中应有大家风范、大将胸怀，还要举止坦诚、格调高雅、彬彬有礼、和蔼待人、明正清廉、作风正派，只有如此，才能创造融洽和谐的合作气氛，收到良好的谈判效果。

情景模拟训练法

古诗说："纸上得来终觉浅，绝知此事要躬行。"因此在讲完每章的知识之后，本书提供了一些习题以对学生进行训练，增强课程的可操作性和实用性。谈判的主体是人，因而筹备谈判的第一项内容就是人员的准备。可让学生组建谈判小组，每组一般以不超过6人为宜。其中一个扮演主谈人，其余各有分工，而且相互配合，分两个小组给予资料让学生运用所学专业知识进行模拟演习。达成协议后由主谈人签字生效。教师进行组织，给每个小组现场打分，对学生在谈判中存在的亮点与不足给予讲评。

案例分析讨论法

学生使用商务谈判教学案例参加课堂讨论学习，既是一种收集分辨信息、分析查找问题、拟定备选方案和做出最后决策的纵深演进的过程，也是从个人到班级逐步扩大学习范围、相互启发借鉴、师生互动、达成共识的社会化过程。在案例应用上可以通过以下途径实现。

1. 阅读分析案例

根据教学进度，在上完理论课的同时，建议教师提前一个星期把案例发给学生，要求学生认真阅读案例，并把与案例相关的资料挂在网上，让学生上网查询，查阅一些必要的参考资料，对相应的思考题进行分析，提出对策。

2. 小组讨论交流

学生在通过自主阅读、研究、分析获得自己关于案例问题及讨论问题的见解后，便可进入小组讨论阶段。为了最大限度地发挥小组讨论的成效，小组的规模以 6 人为最佳。讨论中要求小组中的每个成员都要简单地说出自己所做的分析及对问题的看法，供大家讨论、批评、补充，在互相讨论交流中掌握知识、理解概念、学习方法、解决问题，达到互相启发、共同提高的目的。

3. 课堂讨论

课堂讨论是案例教学中的一个关键环节。为了使全班讨论有效地开展，教师要做好充分的课前准备，除了让学生熟知案例陈述的背景、事实、观点、材料外，还要熟谙案例反映或蕴含的原理、规则等知识，以便引导学生概括出来。在课堂讨论中，教师和学生的互动交流，对案例教学的成效有着实质性影响。在课堂讨论中主要采取两种形式：一是对抗与合作式，即教师不参与，由学生相互之间提出观点、反驳或辩解。二是角色扮演式，即教师指定一些学生分别扮演不同的角色，然后令他们持不同的观点彼此交锋辩论，通过换位思考，提高学生全方面分析问题、解决问题的能力。

4. 总结评述

这是面授课案例教学的最后环节，要求学生写一份案例分析报告，对自己在案例阅读、分析、讨论中取得了哪些收获、解决了哪些问题以及还有哪些问题尚待释疑等进行反思、总结，并通过反思进一步加深对案例的认识，最后，对此次案例讨论做全面总结。

在案例教学的实施过程中，经过学生充分的讨论，最后通过教师的讲评、总结，实现教学目的。这个过程可以先由学生陈述讨论结果，提出有疑难的问题，教师再根据学生问题的难易程度，采用不同的策略进行点评，如学生自由发言点评、教师抽查学生进行点评、教师自己进行点评总结。点评阶段是案例教学的最后阶段，往往是一堂课的高潮阶段，在这个阶段，教师必须通过学生的发言了解讨论的效果，要求学生将案例与理论结合起来，归纳出一般性的理论观点。教师必须解决学生提出的疑难问题，帮助学生理清思路，肯定那些好的思路和独到的见解，并指出学生在讨论过程中存在的问题及不足，对基本知识和观点做进一步的深化、拓展，在此基础上举一反三，进一步提升学生理解知识、应用原理的能力。

教学内容与课时安排建议学时分配建议（供参考）

序号	章节	教学内容	学习要点	学时安排
1	第 1 章	绪论	谈判的起源及其历史发展	2
			谈判的概念及作用	
			商务谈判的概念、特征及要素	
2	第 2 章	商务谈判与沟通心理	商务谈判与沟通心理的意义	2
			商务谈判心理的内涵	
			研究和掌握商务谈判心理的意义	
			商务谈判的需要与动机	
3	第 3 章	商务谈判与沟通的原则	商务谈判与沟通的原则要领	2
			商务谈判的开局阶段	
			商务谈判的磋商阶段	
4	第 4 章	商务谈判与语言沟通	商务谈判相互交流的技巧	2
			商务谈判沟通中的语言表达	
			商务谈判语言沟通的作用	
			倾听对方的讲话	
			成功地运用发问	
5	第 5 章	商务谈判与沟通筹划	商务谈判的环境情报分析	4
			商务谈判环境分析的方法	
			谈判人员的准备	
			商务谈判计划的制订	
			计划的编制程序与方法	
6	第 6 章	商务谈判策略	商务谈判策略概述	4
			开局阶段的策略	
			报价阶段的策略	
			磋商阶段的策略	
			让步与成交阶段的策略	
7	第 7 章	商务谈判技巧	对我方有利型的谈判技巧	4
			对双方有利型的谈判技巧	
			处理僵局与争端的技巧	
			终止谈判的技巧	
8	第 8 章	国际商务谈判与沟通	商务谈判风格的特点与作用	4
			亚洲人的谈判风格与应对策略	
			美洲人的谈判风格与应对策略	
			欧洲人的谈判风格与应对策略	
9	第 9 章	商务沟通礼仪	礼仪的起源及发展	4
			商务谈判礼仪的一般要求	
			见面礼仪	
			迎送礼仪	
			电话联系礼仪	
10	第 10 章	商务管理沟通	沟通的基本原理	2
			沟通的方式与技巧	

（续）

序号	章节	教学内容	学习要点	学时安排
11	第 11 章	组织与会议沟通	组织沟通的方式	2
			组织沟通与职工合理化建议	
			会议沟通	
			会议的组织	
12	第 12 章	会见沟通与面试	会见沟通	2
			招聘面试	
13	第 13 章	演讲沟通	演讲概述	4
			演讲中的思维训练	
			命题演讲	
			演讲沟通技巧	
			即兴演讲	
			竞聘演讲	
	合计			38

CONTENTS 目录

XV

第 1 章

绪　　论

 先导案例

朱镕基总理入世谈判的出其不意

　　出其不意招数使用非常奏效的是中国与美国的入世谈判，时任总理朱镕基亲自参与谈判，使几近破裂的谈判最终达成协议。原国家外经贸部副部长龙永图对此有生动的回忆。他回忆说："1999年11月15日，当中美入世谈判几乎再次面临破裂之时，朱总理亲自出面，把最棘手的7个问题找了出来，要亲自与美方进行谈判。当时，石广生部长担心总理出面谈，一旦谈不好将没有回旋余地，不赞成总理出面。总理最终说服了我们。最后，我方决定，由朱镕基总理、钱其琛副总理、吴仪国务委员、石广生部长和龙永图副部长共五位代表，与美方三位代表谈判。"

　　"谈判刚开始，朱总理就对7个问题的第一个问题做了让步。当时，我有些担心，悄悄地给总理写条子。朱总理没有看条子，又把第二个问题拿出来，又做了让步。我又担心了，又给朱总理写了条子。朱总理回过头来对我说：'不要再写条子了！'然后总理对美方谈判代表说：'涉及的7个问题，我已经对两个问题做了让步，这是我们最大的让步。'美国代表对总理亲自出面参与感到愕然，他们经过商量，终于同意与中方达成入世谈判协议。"

　　1999年11月15日，中美双方就中国加入世界贸易组织的谈判达成了一致，中国谈判代表与美国贸易谈判首席代表巴尔舍夫斯基签署协议并交换文本。中国与美国谈判成功，为中国入世扫除了重大壁垒。2001年11月10日，世界贸易组织第四届部长级会议在卡塔尔首都多哈以全体协商一致的方式，审议并通过了中国加入世界贸易组织的决定。

　　美方谈判代表料想不到朱总理等中方高层领导会突然出现在谈判桌前，再者还想不到朱总理会果断地连续做出两次让步，这些都造成了出其不意的效果。出其不意策略的使用也是一种给对方的心理造成冲击的战术。由此可见，谈判引导策略运用的关键就是引导对方的心理感受，从而达到争取己方谈判利益的目的。

　　在现代商业活动中，谈判已是交易的前奏曲，谈判是销售的主旋律。可以毫不夸张地说，人生在世，你无法逃避谈判；从事商业经营活动，除了谈判你别无选择。然而尽管谈判天天都在发生，时时都在进行，但要使谈判的结果尽如人意，却不是一件容易的事。怎样才能做到在谈判中挥洒自如、游刃有余，既实现己方目标，又能与对方携手共庆呢？下面我们来一起走进谈判的圣殿，领略其博大精深的内涵，解读其运筹帷幄的奥妙。

资料来源：张国良.国际商务谈判［M］.北京：清华大学出版社，2017：1.

1.1　谈判的起源及其历史发展

1.1.1　现代生活与谈判

自从盘古开天辟地，三皇五帝到如今，凡是有人群活动的地方，有矛盾冲突、利益协调，就有谈判的存在。谈判是社会需要和社会交流的产物。自从有了人类社会，产生了语言，人们有了相互交往的需要，就有了谈判活动。当今世界是一张巨大的谈判桌，不管你喜欢不喜欢、愿意不愿意、接受不接受，你都是一个谈判者。可以说谈判无处不在，无时不有，在生活中，每个人几乎每天都在进行着各种各样的谈判：

- 有了钱，丈夫说应先买辆小汽车，妻子却认为先买住房更划算，两人各抒己见。
- 家庭主妇上街买菜与小商贩们唇枪舌剑，讨价还价。
- 在办公室里你也许正和××公司的老总在吹胡子瞪眼睛，抗议他提供了冒牌货。
- 在法院，原告和被告正进行法庭辩论或者和解。
- 人才市场求职者和单位部门负责人正在讨论工作要求及待遇。
- 回到家中，你一天的怨气未消，可是你的邻居或街上的卡拉OK却大声放着音响，令疲惫一天的你心烦意乱，难以入眠，又不得不与他们"谈判"，让他们放低声音。
- 北约对南联盟进行了78天的连续轰炸，最终也回到了谈判桌上。《孙子兵法》曰："上兵伐谋，其次伐交，其次伐兵，其下攻城。""不战而屈人之兵，善之善者也。"

总之，不论人与人之间建立什么样的关系，总会产生各种各样的矛盾，小到家庭纠纷，大到国际争端，都需要通过谈判来解决问题。因此，谈判对于我们每个人都有极其重要的意义：你事业的如愿、生意的成功、理想的实现、家庭关系和社会关系的和谐、生活的美满和幸福，都与谈判密切相关，可以说"人生就是谈判，谈判构成了人生的重要部分"。面对强手如林的谈判战场，只有真正掌握谈判理论的方法、技巧，才能运筹帷幄、稳操胜券。

☞名人名言

世界谈判大师赫伯·寇恩说："人生就是一大张谈判桌，不管喜不喜欢，你已经置身其中了。"

"就像在生活中一样，你在商务上或工作上不见得能得到你所要的，你靠谈判能得到你所要的。"

1.1.2 谈判赖以产生的历史根源

1. 解决冲突的需要

谈判作为人类的一种有意识的社会活动，是一种处理人际关系、解决人类利益冲突的手段。人类在相互交往中，为了解决利益冲突、改变相互关系，为了改造自然和社会而相互联合，或者为了进行物质、能量和信息交换而进行观点沟通，从而取得一致，并妥善达成协议，就产生了谈判这种新的社交活动。

在原始社会，人类主要通过获取自然物，如渔猎、采集之类维持生存，到中后期才开始有了原始的农业和畜牧业。由于当时生产力水平十分低下，征服自然和改造自然的能力有限，物质财富严重不足，你争我夺，冲突不断发生。争执中对方当然要陈述自己的理由，这就是谈判的雏形。双方争执一般有两种结果：一是矛盾得到解决，财物归有理者或者平分；二是口头争夺不能使矛盾得到彻底解决，致使矛盾激化，于是诉诸武力，用武力解决。自古军兵好战，用兵之道，攻心为上。例如"郑板桥吟诗退小偷"：郑板桥晚年辞官后，两袖清风。一天晚上风雨交加，郑板桥在床上辗转反侧，甚是难眠。这时，一个小偷悄悄溜进来，郑板桥稍思便转身低吟："细雨蒙蒙夜沉沉，梁上君子进我门。"这时小偷接近床边，闻声暗惊。只听郑板桥又吟道："腹内诗书存千卷，床头金银无半文。"小偷听罢转身出门，又听里面说："出门休惊黄尾犬。"真有一只黄尾巴的狗！小偷刚爬墙，又听见"越墙莫损兰花盆"。小偷一看果然有一盆兰花，小心避开后脚刚落地又听屋里传出："天寒不及披衣送，趁着月黑赶豪门。"小偷飞似的逃走了。郑板桥对小偷赶而不抓，抓则有场恶斗，而赶则一毫不损，引而不发，不战而胜，实为上策。

2. 力量均衡的产物

在原始社会，当氏族、部落和部落联盟之间为争夺领土、财富或为争霸一方而进行战争时，若双方势均力敌，旗鼓相当，用战争的办法可能对双方都不利，易造成两败俱伤，于是谈判被人们用作解决矛盾的另一种手段。

如果双方力量非常悬殊，没有平等的地位和关系，力量强大的一方就不会同意进行谈判，力量弱小的一方也失去了与对方谈判的优势。如在奴隶社会，人们把工具分为三种：一是哑巴工具——农具；二是会叫唤的工具——牲畜；三是会说话的工具——奴隶。奴隶连做人的资格都没有，就更不会有奴隶主与奴隶进行真正意义上的谈判。在有强权统治的地方，不可能有完全平等的谈判。例如，在20世纪20年代，安源路矿工人在中国共产党的领导组织下，与路矿当局进行了谈判。最后双方达成了增加工资、承认工人俱乐部有代表工人向路矿两局交涉之权等协议。如果没有组织起来的力量，路矿当局是不可能与工人进行谈判的。

📍 **案例1-1** 中国政府对香港恢复行使主权

1841年1月26日，英国军队强行登上香港岛，举行升旗仪式，单方宣布香港岛归英国所有。1842年8月29日，英国政府强迫清政府签订了令中国人感到屈辱的《南京条约》。从此，英国对中国香港实行殖民统治。1984 年 12 月，中英两国政府在经过 22 轮的谈判后，以邓小平的"一国两制"构想解决了香港问题，签署了《中华人民共和国政府和大不列颠及北爱尔兰联合王国政府关于香港问题的联合声明》。1997 年 7 月 1 日，中国政府对香港正式恢复行使主权，结束了英国的殖民统治。这 100 多年香港主权"失"与"归"的谈判说明了什么？试分析。

案例分析

只有在物质力量、人格、地位等方面都获得了相对独立或对等的资格时，双方才能构成谈判关系，否则强势的一方就有可能采取非谈判方式，包括武力强取等。100 多年前，中国经济落后，清政府软弱无能，无须谈判，英国就可以强行占有香港，所谓的《南京条约》是一个完全不平等的条约。而改革开放后，中国经济建设成就举世瞩目，在世界舞台上赢得了地位，所以，就有可能在谈判桌上解决香港问题。

对香港恢复行使主权，还昭示我们要想改变贫弱受欺、落后挨打的历史命运，就必须奋起抗争、奋发图强。

3. 利益互惠的媒介

谈判活动不仅在解决人们利益冲突时呼之即出，而且在使人们的利益互惠时应运而生。这有历史的经济方面的原因：从历史的发展来看，在原始社会后期随着生产力的发展，先后出现了畜牧业、农业和手工业的分工，出现了以交换为目的的商品生产。哪里有商品生产，哪里就有商品交换，哪里有商品交换，哪里就有商务谈判。随着商品经济的进步发展，交换日益频繁，出现了市场，也就是商品交换的场所。《易经·系辞》对市场就有这样的描述："日中为市，致天下之民，聚天下之货，交易而退，各得其所。"交易的过程离不开讨价还价，讨价还价的过程也就是谈判。

谈判往往是在不同的利益集团或个人之间进行的，由于利益关系不同，谈判者往往要"各为其主"，谋求不同的利益，所以谈判的每一方都想在谈判中为己方争取更大的利益，但是谈判的规则又不能让一方独占优势，要想取得成功必须互利互惠。一场成功的谈判应该是双赢的，而不是一方大笑，另一方苦恼，应该是双方都大笑，皆大欢喜。

> 　小思考　交谈与谈判都是说话，因而两者都是一码事，对吗？为什么？
> 　　答：不对。交谈与谈判尽管都是说话，但有很大的不同。交谈可以是随意的、漫无目标的，不一定非要达成一致意见。而谈判重在"判"，目的是平衡各方的需求和利益，具有一定的规律性和明确的目的性。

1.2　谈判的概念及作用

要给谈判下一个定义既简单又困难，说它简单是因为我们每个人对它并不陌生，说它困难是因为谈判的内容极其广泛，它既是科学又是艺术。

1.2.1　谈判的概念与特点

谈判，实际上包含"谈"和"判"两个紧密联系的环节。谈，即说话或讨论，就是当事人明确阐述自己的意愿和所要追求的目标，充分发表关于各方应当承担和享有的责、权、利等的看法；判，有听的意思，即分辨和评定，它是当事各方努力寻求关于各项权利和义务的共同一致的意见，以期通过相应的协议正式予以确认。因此，谈是判的前提和基础，判是谈的结果和目的。

目前，出现在各类文献中关于谈判的定义，见仁见智，多种多样，比较有代表性的至少可列举如下。

美国谈判协会会长、著名律师、谈判专家杰勒德·尼尔伦伯格在《谈判的艺术》一书中所阐述的观点非常明确：谈判是人们为了改变相互关系而交流意见、为了取得一致而相互磋商的一种行为。

美国法学教授罗杰·费希尔和谈判专家威廉·尤里合著的《谈判技巧》一书把谈判定义为："谈判是为达成某种协议而进行的交往。"

美国谈判专家威恩·巴罗认为，谈判是一种双方都致力于说服对方接受其要求时所运用的一种交换意见的技能，其最终目的就是要达成一项对双方都有利的协议。

我国台湾地区谈判专家刘必荣指出：谈判不是打仗，它只是解决冲突、维持关系或建立合作架构的一种方式，是一种技巧，也是一种思考方式。谈判是赤裸裸的权力游戏，强者有强者的谈法，弱者有弱者的方式。我国学者丁建忠教授认为：谈判是为妥善解决某个问题或分歧，并力争达成协议而彼此对话的行为或过程。

我国学者大多认为：谈判是当事人为满足各自需要和维护各自的利益而进行的协商过程。

研究以上定义便可发现，虽然中外学者对谈判概念的文字表述不尽相同，但其内涵却包含着一些相近或相通的基本点。这些基本点大致有以下三个方面。

1. 目的性

谈判双方均有各自的需求、愿望或利益目标，是目的性很强的活动。没有明确的谈判目的，不明白为什么而谈和在谈什么，至多只能叫作"聊天"或"闲谈"。因此，很多谈判定义都强调谈判的目的性即追求一定的目标这一基本点，如"满足愿望""满足需要""为了自身的目的""对双方都有利"或者"满足己方利益""利益互惠""满足各自的需要""为了各自的利益动机"等。

2. 相互性

谈判是一种双边或多边的行为和活动，谈判总要涉及谈判的对象。否则，自己和自己谈，就不成为谈判，也达不到谈判的目的。因此，人们在谈判的定义中都指出谈判的相互性即谋求一种合作这一基本点，如"为了改变相互关系""涉及各方""使两个或数个角色处于面对面的位置上""双方致力于说服对方"或"个人、组织或国家之间""谈判双方""协调彼此之间的关系"等。

3. 协商性

谈判是通过相互合作实现各自目标的有效手段。谈判不是命令或通知，不能由一方说了算。所以，在谈判中，一方既要清楚地表达其立场和观点，又必须认真听取他方的陈述和要求并不断调整对策，以沟通信息、增进了解、缩小分歧、达成共识，这就是彼此之间的协商或磋商。因此，谈判的定义不能不阐明谈判的协商性，即寻求一致的意见这一基本点。如"交换观点""进行磋商""说服对方"或者"利用协商手段""观点互换""通过协商""进行相互协商"等。

综合上述观点，笔者认为：谈判是指参与各方出于某种需要在一定的时空条件下，采取协调行为的过程。

1.2.2　谈判的作用

1. 说服对方，和谐沟通

谈判是要说服对方接受自己的观点，维护己方利益。一个人生活在现实的世界上，就要不断地和周围环境中的物与人发生各种接触，从而形成对周围环境中物和人的认识，产生自己的观点。但这些观点，别人是否理解，是否允许其存在，是否接受？如果别人不理解、不允许或不接受这些观点，那么应如何做呢？在这种情况下，可以考虑采取的一种办法就是谈判。通过谈判，使别人首先能理解我们的观点，更进一步，则要别人能允许和接受这些观点。

由于人们所处的自然环境以及社会环境存在差别，人们的思维方式、文化素质、道德素质等极不平衡，再加上人们的心理发展状况呈现不同的层次或水平，这就决定了人们在所追求的、所维护的基本利益方面的不一致。一些人所要追求的基本利益，可能不是另一些人想要追求的；一些人所要维护的基本利益，可能和另一些人想要维护的基本利益正好相反。存在差异的双方如想互相得到满足，可以考虑采取的一种方式就是在双方之间沟通，进行协商对话，而这也就是谈判。通过谈判，使双方在需要和利益方面能得到协调与适应。人们总希望用自己的观点去影响别人，让别人接受自己的观点，除了强迫手段（不能心悦诚服，只能是屈服）以外，唯一的方式就是通过谈判的形式，向别人说明你的观点，使别人在了解和理解的基础上接受你的观点，维护自己的利益。谈判的作用更是渗透到社会生活的方方面面：一场智斗，能免除刀兵之祸；一段利辞，可获得亿万财富；几句呼喊，可使群情激奋；一席谈话，可使庸人立志、浪子回头。

📍 **案例 1-2**　　　　　　　　　一席话胜过雄兵百万

《新序·杂事篇》中有这样一个故事：秦国和魏国结成军事同盟，当齐楚联军侵犯魏国的时候，魏王深感寡不敌众，屡次向秦王求救。可是，秦王老是按兵不动，魏王急得像热锅上的蚂蚁。魏国官兵束手待毙的危急关头，魏国有个年过九旬、须发银白、名叫唐雎的老人，自告奋勇地对魏王说："老朽请求前去说服秦王，让他在我回国之前就出兵。"魏王喜出望外，立即派车马送他出使秦国。

唐雎见到秦王，秦王说："老人家竟然糊涂到了这种地步！何苦白跑一趟呢？魏王多次请求救兵，我已经知道贵国危在旦夕！"

唐雎说："大王既然知道魏国有燃眉之急，却不肯出兵相救，这不是秦王的过错，而是您手下谋臣的失策！"

秦王不禁为之一震，忙问："万全之策，何错之有？"唐雎说："在实力上，魏国拥有万辆战车；在地理上，魏国是秦国的天然屏障；在军事上，魏国跟秦国结成军事同盟；在礼仪上，两国定期互访，魏国和秦国已经情同手足了。现在齐楚联军兵临城下，大王的援兵却没有到，魏王急不可耐了，只好割地求和，跟齐楚订立城下之盟。到那时，秦国虽然想救魏国，也来不及了。这样秦国就失去了万辆战车的盟友，而增强了齐楚劲敌的实力。这难道不是大王您的谋臣们的失策吗？"

秦王听了恍然大悟，立刻发兵救魏，齐楚联军得到情报后，撤兵而去。

唐雎的一席话，收到了一箭三雕的功效：一是奠定了秦国出兵救魏的基础，二是吓退了齐楚联军的进犯，三是解除了魏国兵临城下的危难。短短一席话，字字珠玑，层层递进，真是"三寸不烂之舌，胜过雄师百万"。

资料来源：张国良.商务谈判是营销的前奏曲［J］.江苏商论，2011（2）.

2. 实现购销，货畅其流

谈判可以实现产品价值，提高企业经济效益，有利于市场经济发展。在现代市场经济中，流通即买和卖，实际上就是商务问题。它关系到整个社会经济的顺利运行，关系到一个社会组织（特别是企业）的发展，也体现了人们及各类社会组织之间的社会关系。而商务问题，首先又是一个商务谈判的问题。因为，任何商务活动都只能和必须借助这样或那样的商务谈判才能成为现实。例如，货物的买卖，其品种、规格、品质、数量、价格、支付、交货、违约责任等，都要通过商务谈判来确定，只有当事各方经过认真的谈判，就上述一系列交易条件达成协议，货物的买卖才能进行。其他，如技术贸易、合资、合作等更广泛意义的购销交易，也只能通过相应的商务谈判达成协议才能实施。所以，商务谈判在现代社会举足轻重，它是各种购销活动的桥梁，决定着各种商品购销关系的实现。

目前，我国的商品市场是买方市场，在这样的市场状况下，"酒香亦怕巷子深"。要实现产品的价值，就得促销，促销能否成功在很大程度上取决于商务谈判工作。商务谈判工作绩效的高低，直接影响到企业的经济效益。企业要想获得较好的经济效益必须加强商务谈判工作，任何成功的商品交换必然以成功的谈判为前提，否则商品交换便不能顺利完成，只有通过谈判越过荒野，才能到达希望之乡。

3. 获取信息，正确决策

在现代市场经济条件下，由于面临激烈的市场竞争，社会组织特别是企业的生存和发展必须自觉以市场为导向，而只有及时、准确地掌握足够的市场信息，知彼知己，正确决策，才能占优占先并灵活应对，才能掌握市场竞争的主动权，因此，信息是现代社会的宝贵资源。商务谈判，正是获取市场上各种信息的重要途径。

商务谈判作为获取信息的重要途径，体现在议题确定、对象选择、背景调查、计划安排、谈判磋商、合同履行等方方面面，贯穿自始至终。例如，与对方谈判货物买卖，首先就要了解该方的资质和市场的生产、需求、消费、技术、金融、法律等各种信息，还要了解该方提供的产品的来源、数量、品质、价格、服务以及供货能力等，并将其同市场上的同类产品进行比较，以便在此基础上提出己方具体的交易条件要求与对方磋商。而且，谈判中的相互磋商，本身也是信息沟通，它反映着市场的供求及其趋势，其中许多信息往往让人始料不及；同时，这种相互磋商，常常使当事各方得到有益的启示，从中可以获得许多有价值的信息。特别是商务谈判，大多数是在企业与企业之间进行的，只有相互沟通、加强联系、寻求新的贸易伙伴，才能开拓市场，提高市场占有率。企业在市场经济条件下是独立的商品生产者，具有独立的法人资格。企业之间的交往与联系必须遵循市场经济的客观规律，在自愿互利的基础上，实行等价交换。公平交易离不开谈判，在谈判中准确、全面掌握市场信息，可达到知彼知己、百战不殆。

◉ **案例 1-3**　　　　　　　　**坦诚谈判，合作成功**

深圳市蛇口工业区前党委书记袁庚一次出国访问，同某国外财团关于合资经营新型浮法玻璃厂进行谈判时，对方认为自己设备先进，向我方漫天要价，谈判一度陷入僵局。在另一轮谈判中，这位书记若有所指地说：“中国是个文明古国，我们祖先早在 1 000 多年前，就将指南针、造纸术、活字印刷术、火药这四大发明的生产技术，无条件地贡献给人类，而他们的子孙后代，从未埋怨他们的祖先不要专利是愚蠢的；相反，我们却盛赞祖先为促进世界文明的发展做出了杰出贡献。现在中国在与各国的经济合作中，并不要求各国无条件地转让专利权，只要价格合理，我们一分钱也不少给。”一席精彩的言辞，赢得了在座者的赞赏，那个财团当场表示愿意降低价格，从而近亿美元的经济合同圆满地达成了。

4. 国际贸易，开拓发展

社会组织的发展，不但需要自身素质和能力的不断提高，更需要将这种素质和能力转化为现实效益的不断开拓来推动。所谓开拓，就是开辟、扩展。例如，企业的开拓，就要求在不断提高企业的整体素质以及产品水平、生产效率的基础上，不断开辟、扩展新的市场。而这种新的市场的开辟、扩展，其内容实际上包括产品的扩大销售和各种生产要素的扩大引进，即卖和买两个方面的不断扩大。这里，卖和买两个方面的扩大及其所涉及的各项交易，显然是通过一系列商务谈判来完成的。因此，只有通过成功的商务谈判这一纽带，才能实现市场的开拓，进而促进企业的发展。当然，企业开拓市场，通常还要采取产品、价格、渠道、促销等营销组合策略和其他各种经营策略。但是，这些策略的效果，最终必然要在商务谈判中得到反映、受到检验，并使之成为现实。商务谈判特别有利于促进我国对外贸易的发展。国内市场国际化、国际市场国内化、世界市场一体化，是当今全球经济发展的基本趋势，赢得竞争优势，夺取领先地位，获得更大效益，已成为全球经济竞争的新景观。发展对外贸易，参与国际竞争，开拓国际市场，必须学会外贸谈判，在谈判中才能运筹帷幄，决胜千里。例如，二战后日本就是靠技术立国、贸易起家的，它的策略就是引进技术、进口原料、加工制作、出口产品。

📍 案例 1-4　　　　　　　　　　　　一句古诗维护权益

众所周知，法国盛产葡萄酒，外国产品想要打入法国市场是很困难的，然而四川农学院留法研究生李华博士经过几年的努力终于使中国葡萄酒奇迹般地打入法国市场。可是酒在中国香港转口时却遇到了麻烦。港方说按土酒征 80% 的关税、洋酒征 300% 关税的规定，内地酒按洋酒征税。李华在与港方谈判时吟出了一句唐诗："葡萄美酒夜光杯，欲饮琵琶马上催。"他解释说："这说明中国在唐朝就能生产葡萄酒了，唐酒距今有 1 300 多年了。英法生产葡萄酒要比中国晚几个世纪，怎么能说中国葡萄酒是洋酒呢？"一席话驳得港方有关人士哑口无言，只好将中国内地酒按土酒征税。

总之，商务谈判是社会组织与外部联系的桥梁、途径和纽带。其中，实现购销是商务谈判的基本职能。随着社会主义市场经济体制的健全和完善以及我国经济融入世界经济，人们必将越发认识到搞好商务谈判和充分发挥其职能的重要作用。

☞名人名言

一个完美无缺的谈判家应该心智机敏，并且有无限的耐性；能巧言掩饰，但不欺诈行骗；能取信于人，而不轻信于他人；能谦恭节制，但又刚毅果断；能施展魅力，而不为他人所惑；能拥有巨富，藏娇妻，而不为钱财和女色所动。

——查尔斯·艾克尔

1.3　商务谈判的概念、特征及要素

1.3.1　商务谈判的概念

所谓商务是指经济组织或企业的一切有形资产与无形资产的交换与买卖事宜。按照国际习惯，商务行为可以分为四种：

（1）直接的商品交易活动，如销售、批发活动等。

（2）直接为商品交易服务的活动，如运输、包装活动等。

（3）间接为商品交易服务的活动，如金融、保险活动等。

（4）具有服务性质的活动，如咨询、广告、信息服务活动等。

所谓商务谈判就是指商务活动的双方或多方为了实现他们各自的商务利益，为了实现他们的商务交换活动，为了能够取得一种一致性意见而进行的沟通与磋商活动。

这里说的商务活动就是指交换活动。这种交换的对象可以是实物（有形财富），也可以是无形物（无形财富）。

商务谈判是在商品经济条件下发展起来的，其已经成为现代经济社会生活中必不可少的组成部分。可以说，没有商务谈判，经济活动就很难进行，小到日常生活中购物时的讨价还价，大到企业之间的交易、国家之间的技术合作和交流，都离不开商务谈判。商务谈

判所涉及的知识领域极广，是融市场营销、国际贸易、金融、法律、科技、文学、艺术、地理、心理和演讲等多种学科为一体的综合性学科，是一项集政策性、技术性和艺术性于一体的社会经济活动。

1.3.2   商务谈判的特征

商务谈判不同于其他谈判，这种区别点表现为它自身的特征。这种特征集中地表现在以下几点。

1. 主体性

商务谈判的主体与行为必须具备一定的资格和条件。首先，谈判主体必须是法人代表或代理人，行为必须依法成立。其次，谈判各方必须在一定物质力量的基础上，拥有相对独立的权、责、利。没有相当的权力，就不能保证谈判深入而有效地进行；没有责任的约束，就不能确保谈判的结果和最后的履行；没有相对独立的利益，也就没必要建立起商务谈判的关系。

2. 平等性

谈判的平等性是指当事人关系的平等性。商务谈判活动不同于行政活动。行政活动是当事人之间存在着一种彼此间的隶属关系。上级命令下级，作为下级必须无条件地执行上级命令（当然上级必须为下级提供充分的完成行政指令的各种相关条件）。行政关系一般是不可以讨价还价的。商务活动的当事人是完全相互独立的关系。正是由于这种相互独立的社会关系，才造成了商务谈判地位上的平等性。

3. 互惠性

谈判的"互惠性"是指通过谈判，双方都可以从中得到利益。谈判的"不平等性"是指谈判双方由于受企业实力不同、对谈判的环境了解不同、谈判人员的谈判技巧与策略的选用不同等因素的影响，对谈判利益的享有不会是完全一样的。商务活动的目的在于获取当事人自身的物质利益。各家参与商务谈判的公司在商务谈判活动中都有着它们各自不同的经济（物质）利益。商务谈判与其他谈判的最大区别之一就是它的物质属性，它是不同于军事的、政治的、公益的谈判活动。商务谈判的目的是满足各方的需求，实现互利互惠，达到双赢。

如果是一方欺骗了另一方，且不说法律层面会对受骗者进行保护，就是在法制不健全的情况下，在谈判以后的合同履行过程中也会出现种种障碍和麻烦。一次成功的商务谈判，双方都应该是胜利者。不管哪一方失败，这次谈判都不是成功的。

4. 矛盾性

由于利益上的冲突，商务谈判中双方的行为企图一般都具有排斥性（冲突）。在谈判桌上，竞争与抗衡是第一位的，因为没有冲突也就没有必要谈判。相反，如果光有这种排斥与冲突，没有协商与合作，谈判也进行不下去。也就是说，谈判双方的利益既有统一的一面，又有冲突的一面，所以，谈判成功是对立统一的，要学会在对立中把握统一。

为了很好地解决谈判中的这对矛盾，首先，必须要对此有深刻的认识；其次，在制定谈判的战略方针、选择与运用谈判策略与战术时，必须注意既要不损害双方的合作关系，又要尽可能为本方谋取最大的经济利益，即在这两者之间找到一个平衡点。对于谈判人员来说，应该提倡在合作的前提下实现本方利益最大化，即在使对方通过谈判有所收获的同时，使自己获得更多的收获，努力实现"合作利己主义"。

5. 协商性

谈判是双方通过相互协调不断调整各自的需要，从而达到一致意见的过程。在谈判中，双方都会意识到"冲突"与"合作"是一对不可或缺的矛盾。要解决这一对矛盾，最好的办法就是协商。协商的过程也就是一个调整各自的需求和利益的过程，换句话说，是一个互相逐渐让步、逐渐妥协的过程。对此，我们必须对如下情况有充分的思想准备：首先，任何一方固执己见，死不让步，谈判往往难以进行下去；其次，任何一种谈判结论都不可能一步到位，哪怕是再简单的谈判；最后，从某种角度来讲，合理的、有节制的让步对结局来说也是一种收获，因为谈判破裂，对谁都没好处。只有这样才能达成一致意见。

6. 艺术性

商务谈判是一个不断调整各方提出的交易条件、不断协商的过程，其本身就是艰巨复杂和微妙的。在谈判中发生争论、冲突、僵持、风险甚至投机取胜等往往是难以避免的，不可能一拍即合，否则就用不着谈判。研究商务谈判的人常说："商务谈判既是一门科学，同时又是一门艺术。"说它是科学，是说商务谈判活动是有规律可循的，也就是有其科学性。商务谈判学，作为一门学科应该具有科学性。但是这种科学的东西只能是理念性的。而更高层面的东西，如想在现实的商务谈判活动中游刃有余地驾驭谈判，则不可能通过书本和课堂学会所有的东西。因为每一次具体的商务谈判都是一次全新的技术上的运用。这种运用要靠谈判者的"悟性"。"悟性"的东西都属于艺术。每一次成功的谈判对当事人来说都是一种高层次的艺术创造和享受。

1.3.3 商务谈判的要素

商务谈判作为一个整体，它的构成要素是多方面的，主要包括：谈判的主体、客体、议题、时间、地点及其他物质条件。这些要素缺一不可，但基本的要素是主体、客体、议题三项。

1. 主体

商务谈判活动的主体是指商务谈判活动的当事人。这里的当事人应该从两个层面说明。关于当事人的第一层理解是商务谈判利益的承受者。这个当事人可能不直接参与商务谈判的整个活动，但是，谈判者要代表他的利益去与谈判的对方进行磋商和协调。第二层理解是直接参与商务谈判活动的参加者。这个当事人要在桌面上与谈判的对方进行沟通和协商。第一层面的当事人，在现实的经济生活中往往是以社会组织的身份出现，而第二层面的参加者往往表现为直接参与商务谈判的自然人。

2. 客体

商务谈判的客体也称商务谈判的载体或标的。商务谈判的客体就是商务活动利益的载体，谈判的双方借助于谈判的客体实现自己的经济利益。这种承载物质利益的载体可以是有形的物，也可以是劳务或者知识产权，当然也可以是其他财产权利。在货物买卖的谈判中，卖方要通过出让货物的所有权换取买方手里的货币所有权，卖方要得到一般等价物，而买方则要通过一般等价物（货币）换得自己需要的某种使用价值物。

3. 议题

议题是谈判双方共同关心并希望解决的问题。商务谈判的议题（内容）主要围绕谈判客体当事人彼此的具体利益和应该承担的各种相应的义务展开。议题主要是从对方那里取得的某种可以满足本方需要的利益载体。义务主要是向对方做出的付出。付出义务的一方，以获取利益为其前提条件，取得利益的一方也以向对方做出某种付出作为一种交换。议题中也包括彼此要交换的意见、要磋商的内容等。各类不同属性的谈判有着不同的内容，谈判的各个不同阶段具有不同的议题内容。

所有商务谈判，不管它涉及什么样的商品或劳务，都包含某些共同的主要议题，也是商务谈判的主要内容，如产品的品质、数量、价格、装运、保证条款和仲裁等一系列交易条件，它们也是谈判双方共同关心的问题。

总之，任何一项商贸谈判都要由主体、客体、议题三要素构成，缺一不可，否则就构不成商务谈判。

◉ 案例 1-5　　　　　　　　两家食品加工厂与某农场谈判购买柑橘

小李与小江分别是北方某罐头厂和某果脯厂的采购员，他们同为年轻人，血气方刚，成功欲望很强。在柑橘成熟季节他们来到南方某农场，拟购买一批柑橘回厂。两人同时看准一批皮靓肉厚的柑橘，而这个品种的柑橘存货不多，他们都想全部买下，为此争执不下，互不相让。小李说是他先到的农场，小江称是他先看准这批货的，而农场场长趁机悄悄更改价目表。谈判的最后结果是：小李、小江各买一半柑橘。

问题：小李和小江与某农场的这场交易谈判是否成功？为什么？

◉ 诗语点睛

世界一张谈判桌

三寸之舌如巧簧

解决冲突来谈判

说服对方多磋商

势均力敌求平和

利益互惠细商量

谋求双赢皆欢喜

拓展业务架桥梁

⊙ 习　题

一、单项选择题

1. 商务谈判追求的主要目的是（　　　）。

　A. 让对方接受自己的观点　　　　　　　B. 让对方接受自己的行为

　C. 平等的谈判结果　　　　　　　　　　D. 互惠的经济利益

2. 商务谈判客观存在的基础和动力是（　　　）。

　A. 目标　　　　　　B. 利益　　　　　　C. 合作　　　　　　D. 需要

3. 谈判成为必要是由于交易中存在（　　　）。

　A. 合作　　　　　　B. 辩论　　　　　　C. 攻击　　　　　　D. 冲突

4. 在谈判中达成一致意见最理想的话题是（　　　）。

　A. 单刀直入的话题　　　　　　　　　　B. 轻松愉快的话题

　C. 抓住谈判问题的中心话题　　　　　　D. 敏感性的话题

5. 在谈判中，你常采用哪种形式获得信息？（　　　）

　A. 问话　　　　　　B. 回答　　　　　　C. 解释　　　　　　D. 辩论

二、多项选择题

1. 谈判的内涵包括（　　　）。

　A. 目的性　　　　　B. 相互性　　　　　C. 协商性　　　　　D. 内隐性

2. 谈判赖以产生的历史根源有（　　　）。

　A. 解决冲突的需要　　　　　　　　　　B. "各为其主"

　C. 利益互惠的媒介　　　　　　　　　　D. 力量均衡的产物

3. 谈判的作用有（　　　）。

　A. 说服对方，和谐沟通　　　　　　　　B. 实现购销，货畅其流

　C. 获取信息，正确决策　　　　　　　　D. 国际贸易，开拓发展

4. 按照国际习惯，商务行为可以分为（　　　）。

　A. 直接的商品交易活动　　　　　　　　B. 直接为商品交易服务的活动

　C. 间接为商品交易服务的活动　　　　　D. 具有服务性质的活动

5. 在谈判中，哪些语言要引起我们的注意？（　　　）

　A. "顺便说一下"　　　　　　　　　　　B. "真诚地说"

　C. "坦率地说"　　　　　　　　　　　　D. "老实说"

三、判断题

1. 谈判就是人们为了达成某项协议而进行的交往。（　　　）

2. 谈判活动只能在双方之间进行。（　　　）

3. 谈判的结果是一种妥协。（　　　）

4. 当今世界是一张巨大的谈判桌，我们都是一个谈判者。（　　　）

5. 任何一项商务谈判都由主体、客体、议题三个要素构成，缺一不可，否则就构不成商务谈判。（　　　）

6. 商务谈判不过是一场施展各种手腕和诡计，争个你死我活的过程。(　　)

7. 没有商务谈判，经济活动便无法进行。(　　)

8. 谈判就是分出输赢。(　　)

9. 商务谈判是科学和艺术的有机结合。(　　)

10. 交谈与谈判都是说话，因而两者都是一码事。(　　)

自我测试

请扫码查看

思考题

1. 谈谈你对谈判和商务谈判的理解。

2. 谈判赖以产生的历史根源是什么？

3. 简述谈判的要素。

4. 简述商务谈判的特征类型。

5. 结合实际试论商务谈判的作用。

商务谈判与沟通心理

仁义守信老保姆

浙江山区有一个地方叫胡家岙，自清末以来就以出勤劳能干的保姆著称。那一带山深路险，土地贫瘠，山民们生计艰难，这大概是造成当地妇女大量外出，到沿海一些富裕地方给人家当女仆、女佣，直至现在称之为保姆的主要原因。

胡家岙的保姆除了勤劳能干外，还有一个最大的优点就是对主家忠心耿耿。

胡林香，胡家岙小溪村人，家境十分贫穷。她 20 岁那年丈夫在出山卖柴途中失足坠崖身亡。当时她已有身孕，但因过度的悲伤和操劳而不幸流产。她孤苦伶仃地在家熬了两年后，终因生活所迫，不得不走上外给人家当保姆的路。

她的第一个主家是浙东某市的一个大富商，她在他们家一待就是 10 年，带大了富商家的一个小姐和两个少爷。胡林香自己没有儿女，她将自己全部的感情都给了这 3 个孩子，给他们分别起小名叫大林、二林和小林，对他们百般疼爱和呵护，就像对待自己的孩子一样。她的勤劳能干和忠诚也赢得了富商夫妇的信任。他们将家中的许多事务都托付给她，把她当作家中的一员看待。日子就这样一天天地过着。到新中国成立前夕，富商夫妇突然决定要举家逃往台湾。

临走前他们与胡林香商量，请她留下来保管一批财物，说此去吉凶难料，他们要在家乡准备一条退路，万一将来有什么意外，也好回来靠着这批财物重振家业。他们留下的财物包括大量的银圆、金条。

胡林香含泪接受了主家的重托，她发誓为了大林姐弟，自己就是舍命也要守住这些东西，绝不让它们有丝毫的损失。富商一家走了，胡林香像是被人摘走了心肝，守着那座深宅大院痛哭了一场。后来她记起了主家的重托，心中又燃起了希望，相信自己只要守住了这些财物，就会有重见孩子们的那一天。

于是，她用厚实的布做了一条宽腰带，将那些珠宝首饰都密密地缝在腰带里，再紧紧地捆在自己的腰间。那批银圆和金条，她分成几次悄悄地运回到胡家岙，全都埋在自家房中的床铺底下。藏好了那些珍宝财物后，她在家中整整等了 9 年。她节衣缩食，节省得一根咸菜也要吃上两天。每天一有空闲她就坐在门口向东眺望，口中反反复复地念叨："大林、二林、小林，你们在哪里呢?"有好心人劝她再找个婆家,不要太苦了自己,她谢绝了;也有人劝她再出去投一个主家,她也托病谢绝了。她在一心一意地等着大林姐弟们回来。

直到后来她自己的积蓄都用完了,为了不动用主家托管的财物,这才不得不锁上家门,又一次走上了外出给人当保姆的路。

她的第二个雇主是浙东某军分区一个姓周的参谋。正巧军分区司令部就设在原来富商家的那个大院里,胡林香因为思念孩子,又走进了那个大院,在周参谋家当了保姆。

她在周参谋家整整待了28年,周参谋从军分区参谋一直升到军分区的司令,其间多次调动搬家,夫妇俩一直舍不得让胡林香走。她带大了他们的5个孩子,接着又帮着带周司令的两个孙女。28年来,她只求周司令办过一件事,就是托人关照胡家岙乡政府照顾好她的家,她说自己以后还要回胡家岙去,别让人毁了她的那两间茅屋。

1988年,周司令退休要回青岛,夫妇俩一再劝她一起走,到青岛去共度晚年,说青岛的条件和气候都比南方要好,是个养老的好地方。但是她却一直在思念着大林姐弟,一直没有忘记富商夫妇临走时的重托。她谢绝了周司令夫妇的盛情邀请,说自己要留下来等大林姐弟们回来,不见上他们一面她死不瞑目。

周司令一家走后,她回到了胡家岙,用几十年的积蓄翻盖了她家的那两间茅屋,因为茅屋已经相当破败,她怕一旦倒塌就要危及埋藏在屋里的那些财物的安全。

翻盖好房屋后她又在家中等了3年。此时她已经72岁高龄。多年的积蓄都已经在翻盖房屋及后来的几年中用尽,于是她决定回到军分区大院的附近。那里是大林姐弟们的家,她坚信只要他们回来,就肯定会到大院里去。自己只要在那里等着,就一定能够和他们重新相见。

军分区大院的门口依然笔直地站着两个哨兵,进出大院的人和车辆也仍然川流不息,但是时过境迁,如今已经没有人认得她就是3年前周司令家的保姆了。此时她除了腰中缠着的那些珠宝外,已经身无分文。

白发苍苍的她再也不可能去给人家当保姆了,为了维持生活,她只得一手拄着一根竹竿,一手拿着一个压扁了的饭盒,过起了乞讨的日子。白天,她席地坐在大院门口的街道旁边,饭盒就摆在她的面前。每天能要上多少钱她并不在意,只要天天能在这里守着,她就觉得踏实。傍晚时她收起饭盒里的几角零钱,买两个馍到郊外的一处庵堂里,与庵中的那个老尼为伴。

她就这样每天仅靠两个馍一碗水,在那里一坐又是5年。5年来,她望穿了眼流尽了泪,不顾严寒酷暑,天天像石雕铁铸般地坐着,盼着3个孩子归来。无论什么时候,走近她身边的人都会听见她在反反复复地念叨:"大林、二林、小林,你们在哪里呢?"城里人好奇,常有围观的人问她大林、二林、小林是谁,她就说是自己的孩子。又有人问他们现在怎么样,她就伤心得不再回答,接着又自顾自地念叨:"大林、二林、小林,你们在哪里呢?"

时间一长,大家都说她疯了,想孩子想出病来了,哪里有正常人在那里一坐就是5年,而且每天反反复复就只有这一句话的呢?

1996年7月里的一天,她突然感到身体不适,随后就晕倒在大院的门外。军分区里的人赶紧将她抬到医务室抢救。医生发现她的情况很危险,一边对她采取了必要的急救措施,一边松开她的上衣准备做进一步的检查。不料多年的警觉让她突然惊醒过来,随即双手紧扼腰间,拒绝医生对她再做任何检查。医生劝她，说她的病情危急，如不配合救治恐怕有生命危险。她听后流下了眼泪，自己也觉得体力不支，恐怕难以维持。于是她取出了周司令留下的电话号码，请医生交给军分区首长，说自己是当年周司令家的保姆，有重要事情要与周司令面谈，请首长赶紧与青岛的周司令联系。

军分区首长接到报告后相当吃惊，他一边指示尽全力抢救，一边拨通了青岛周司令家的电话。周司令接到电话后更加吃惊，立即搭乘最快的航班飞到省城，当他连夜赶到她的身边时，她已经奄奄一息了。

周司令握着胡林香的手听完了她断断续续的一番话后，又是惊奇又是感动。想不到这个当了一辈子保姆的贫苦女人竟如此仁义和守信，50多年守着这么大的一笔财富，哪怕是穷到了乞讨为生也分文未动。他这才明白了她临终前千里迢迢叫他来的用意。于是他恭敬地弯下腰，在她的耳边轻轻地说："胡大姐，你放心，我都听清楚了，现在你准备怎样处置这些财物呢？"

她的声音更轻，但是屋子里的人都听到了，她说："我等了他们一辈子，看样子他们是不回来了，将这些东西都捐出去，修一条胡家岙到山外的公路……我丈夫当年就是在山上摔死的……胡家岙的人太苦，给他们修一条路……"

周司令亲自执笔记录，他含着眼泪对她说："你放心，我向你保证亲自去办好这件事。你还有什么话要对我说？"

"把我的墓修在公路边上……"她的声音越来越弱，像一根游丝在空中飘来飘去，"我要在路边……等大林他们……回来……"

胡林香老人去世后，她保管的那些遗物经银行收购以及拍卖，共售得现金5 800多万元。

2002年10月，胡家岙通往山外的公路正式通车。遵照老人的遗愿，她的墓就修在公路起点的山坡上，墓门朝向东方，墓前立有两块石碑，正面的墓碑上刻着"老保姆胡林香之墓"，落款是"胡家岙百姓敬立"。侧面的碑上刻着老人几十年来反复念叨的那句话："大林、二林、小林，你们在哪里呢？"

资料来源：陶靖.保姆［J］.读者，2004（24）.

案例思考

1. 人的心理影响人的行为，是什么心理使老保姆胡林香"拿着银碗讨饭吃"？
2. 老保姆胡林香如此仁义和守信，在商务活动中给我们的心智启迪是什么？

2.1　商务谈判与沟通心理的意义

人的心理影响人的行为，商务谈判心理对商务谈判行为有着重要的影响。认识并掌握商务谈判心理在商务谈判中的作用，对于培养良好的商务谈判心理意识、正确地运用商务谈判的心理技巧有着十分重要的意义。谈判是人们彼此交换思想的一种活动，而思想则是人们心理活动的反映和结果。人们在谈判桌上所做出的提议、所发表的意见、所采取的策略和方针，乃至最后的决定，无一不是人们心理活动的结果。心理是人大脑的功能，心理能动地反映着客观世界。谈判者的心理，既是谈判者个人心理素质的表露，又是谈判者在谈判过程中对于各种现象、条件的主观能动的反映。因此，要使谈判获得成功，就必须研究谈判者的谈判心理。研究和掌握谈判者的心理，一方面有助于我们在谈判中把握住对方的心理活动，从而占得主动和优势，另一方面也有助于我们适时地调整和控制本方谈判人员的心理活动和心理状态，使之保持最佳的水平。

⦿ 案例 2-1　　　　　　　　　　戒指相同，感受不同

　　贾先生想为他的女朋友买一枚戒指。他已经攒了大约 800 元，并且每星期还继续攒 20 元。
　　一天，他在东方明珠珠宝店，一下子被一枚标价 1 200 元的戒指吸引住了。他认为这就是他想送给女朋友的礼物。但他买不起！该店老板说，你可以数星期后来买，但不能保证那时是否被人买去。贾先生很沮丧。随后，他偶然进入另一家珠宝店，见有一枚与前一店的那枚很相似的戒指，每枚标价 800 元。他想买，但仍惦记着东方明珠的那枚 1 200 元的戒指。数星期后，东方明珠的那枚仍未售出，还降价 20%，减为 960 元，但贾先生的钱仍然不够。他把情况向老板讲了。老板很乐意帮助他，再向他提供 10% 的特别优惠现金折扣，现付 864 元。贾先生当即付款，怀着喜悦的心情离开了。
　　其实两店戒指是完全相同的，都是从批发商那里以每枚 700 元进的货。但东方明珠获纯利 164 元，而另一家店标价虽低，但未能吸引贾先生。他为自己聪明地等待了数星期后获得减价的好处而感到愉快，还为与老板讨价还价后又得到 10% 的特别优惠而高兴。这不是皆大欢喜吗？
　　确实，获得优惠无论如何都会使人有番喜悦的感受！
　　资料来源：张国良.商务谈判［M］.杭州：浙江大学出版社，2010：39.

2.2　商务谈判心理的内涵

　　准确地把握商务谈判心理的内涵，是认识商务谈判心理的基础。在谈判过程中需要是动力，协商是手段，协议是结果，履行是目的。
　　人是具有心理活动的。一般地说，当一个正常的人，面对壮丽的河山、秀美的景色、善良热情的人们，会产生喜爱、愉悦的情感，进而会形成美好的记忆；看到被污染的环境、恶劣的天气、战争的血腥暴行，会出现厌恶、逃避的心情，并会留下不好的印象。这些就是人的心理活动、心理现象，也即人的心理。心理是人脑对客观现实的主观能动的反映。人的心理活动一般有感觉、知觉、记忆、想象、思维、情绪、情感、意志、个性等。人的心理是复杂多样的，人们在不同的专业活动中，会产生各种与不同活动相联系的心理。
　　商务谈判心理是指在商务谈判活动中谈判者的各种心理活动。它是商务谈判者在谈判活动中对各种情况、条件等客观现实的主观能动的反映。譬如，当谈判人员在商务谈判中第一次与谈判对手会晤时，对手彬彬有礼，态度诚恳，易于沟通，就会对对方有好的印象，对谈判取得成功抱有希望和信心。反之，如果谈判对手态度狂妄，盛气凌人，难以友好相处，谈判人员就会对其留下坏的印象，从而对谈判的顺利开展存有忧虑。

2.3　研究和掌握商务谈判心理的意义

商务谈判，既是商务问题的谈判，又是心理的较量。它不仅被商务实际条件所左右，也受到商务谈判心理的影响。

在商务谈判中，运用谈判心理知识对谈判进行研究，分析"对手的言谈举止反映什么""其有何期望""如何恰当地诱导谈判对手"等，对成功地促进谈判很有必要。掌握商务谈判心理现象的特点，认识商务谈判心理发生、发展、变化的规律，对于商务谈判人员在商务谈判活动中养成优良的心理素质，保持良好的心态，正确判断谈判对手心理状态、行为动机，预测和引导谈判对手的谈判行为，有着十分重要的意义。

此外，商务谈判的虚虚实实、真真假假的心理策略对谈判的成果影响很大。对商务谈判心理的熟悉，有助于提高谈判人员谈判的艺术性，从而灵活、有效地处理好各种复杂的谈判问题。研究和掌握商务谈判心理，对于商务谈判有以下几方面的作用。

1. 有助于培养谈判人员自身良好的心理素质

谈判人员良好的心理素质是谈判取得成功的重要基础条件。谈判人员相信谈判成功的坚定信心、对谈判的诚意、在谈判中的耐心等都是保证谈判成功不可或缺的心理素质。良好的心理素质，是谈判者抗御谈判心理挫折的条件和铺设谈判成功之路的基石。谈判人员加强自身心理素质的培养，可以提高谈判的心理适应能力。

谈判人员对商务谈判心理有正确的认识，就可以有意识地培养并提高自身优良的心理素质，摒弃不良的心理行为习惯，从而把自己造就成从事商务谈判方面的人才。商务谈判人员应具备以下基本心理素质。

（1）自信心。

所谓自信心，就是相信自己的实力和能力。它是谈判者充分施展自身潜能的前提条件。缺乏自信往往是商务谈判遭受失败的原因。没有自信心，就难以勇敢地面对压力和挫折，面对艰辛曲折的谈判，只有具备必胜的信心才能促使谈判者在艰难的条件下通过坚持不懈的努力走向胜利的彼岸。

自信不是盲目的自信和唯我独尊。自信是在充分准备、充分占有信息和对谈判双方实力科学分析基础上对自己有信心，相信自己要求的合理性、所持立场的正确性及说服对手的可能性。自信才有惊人的胆魄，才能做到大方、潇洒、不畏艰难、百折不挠。

（2）耐心。

商务谈判的状况各种各样，有时是非常艰难曲折的，商务谈判人员必须有抗御挫折和打持久战的心理准备。因而，耐心和容忍力是必不可少的心理素质。耐心是谈判抗御压力的必备品质和谈判争取机遇的前提。在一场旷日持久的谈判较量中，谁缺乏耐心和耐力，谁就将失去在商务谈判中取胜的主动权。有了耐心可以调控自身的情绪，不被对手的情绪牵制和影响，使自己能始终理智地把握正确的谈判方向。有了耐心可以使自己能有效地注意倾听对方的诉说，观察了解对方的举止行为和各种表现，获取更多的信息。有了耐心可以有利于提高自身参加艰辛谈判的韧性和毅力。耐心也是对付意气用事的谈判对手的策略武器，它能取得以柔克刚的良好效果。

此外，在僵局面前，也一定要有充分的耐心，以等待转机。谁有耐心，沉得住气，就可能在打破僵局后获取更多的利益。

📍 **案例 2-2**　　　　　　　　**美越战争结束谈判**

持续数 14 年（1961～1975 年）的美越之战，使越南人耗尽了一切，资源设备均遭受严重破坏，民不聊生，越南人想尽快结束战争。但在怎样结束的问题上，他们却让实力雄厚的美国人着实吃了一惊。越南政府放出消息："这场战争我们要打 627 年，如果我们再打 128 年的话，那有什么要紧的呢？打 32 年战争对我们来说只是一场快速战。"

越南人之所以这样做，就是利用美国国内大选，竞选人急于想结束旷日持久的战争，以换取美国民众拥护的心理。越南人这种无所谓、不在意的态度，越发使美国人着急，本来主动权在美国，却变得十分被动，费了九牛二虎之力才使越南人坐到谈判桌上来。

在巴黎和谈时，以黎德寿为首的越南代表团，没有住旅馆，而是租了一栋别墅，租期是两年半。而以哈里曼为首的美国代表团则是按天支付旅馆的房费。结果怎样呢？越南在最不利的条件下，取得了最理想的谈判结果，这就是耐心的力量。

在实际谈判中，无数事例证明，如果你感到你的优势不明显或局势对你不利的话，千万别忘记了运用耐心。

资料来源：张国良. 国际商务谈判［M］. 北京：清华大学出版社，2017：26.

（3）诚心（诚意）。

一般来讲，商务谈判是一种建设性的谈判，这种谈判需要双方都具有诚意。具有诚意，不但是商务谈判应有的出发点，也是谈判人员应具备的心理素质。诚意，是一种负责的精神、合作的意向，是诚恳的态度，是谈判双方合作的基础，也是影响、打动对手心理的策略武器。有了诚意，双方的谈判才有坚实的基础；才能真心实意地理解和谅解对方，并取得对方的信赖；才能求大同存小异取得和解和让步，促成上佳的合作。要做到有诚意，在具体的活动中，对于对方提出的问题，要及时答复；对方的做法有问题，要适时恰当地指出；自己的做法不妥，要勇于承认和纠正；不轻易许诺，承诺后要认真践诺。诚心能使谈判双方达到良好的心理沟通，保证谈判气氛的融洽稳定，能排除一些细枝末节小事的干扰，能使双方谈判人员的心理活动保持在较佳状态，建立良好的互信关系，提高谈判效率，使谈判向顺利的方向发展。

📍 **案例 2-3**　　　　　　　　**态度诚恳，生意成功**

沃尔·斯特里特公司的男鞋推销员去拜访他的一个贩卖商。在推销过程中，这位商人抱怨说："知道吗？最近两个月，我们订货的发送情况简直糟透了。"

这一抱怨对于公司的推销员来说无疑是一个巨大的威胁，谈判有陷入僵局的危险。

推销员的回答很镇定："是的，我知道是这样，不过我可以向您保证，这个问题很快就能解决。您知道，我们只是个小型鞋厂，所以，当几个月前生意萧条并有 9 万双鞋的存货时，老板就关闭了工厂。如果您订的货不够多，在工厂重新开工和有新鞋出厂之前，您就可能缺货。

最糟糕的是，老板发现由于关闭工厂损失了不少生产能手，这些人都去别处干活了，所以，在生意好转之后，他一直难以让工厂重新运转。他现在知道了，他过早惊慌地停工是错误的，但我相信我们老板是不会把现在赚到的钱盘存起来而不投入生产的。"

那商贩笑了，说："我得感谢您，您让我在一个星期之内头一次听到了如此坦率的回答。我的伙计们会告诉你，我们本周一直在与一个购物中心谈判租赁柜台的事，但他们满嘴瞎话，使我们厌烦透了。谢谢您给我们带来了新鲜空气。"

不得不说，这个推销员用他的诚恳态度赢得了客户的极大信任，他不但做成了这笔生意，还为以后的生意打下了良好的基础。

资料来源：张国良.国际商务谈判［M］.北京：清华大学出版社，2017：16.

案例分析

这是一个关系营销的时代，生意的往来越来越建立在人际关系的基础上，人们总是愿意和他所熟识与信任的人做买卖。而获得信任的最重要的途径就是待人诚恳。在商务谈判出现僵局的时候，如果谈判者能从谈判对手的角度着眼考虑问题，急人之所急，想人之所想，对谈判对手坦诚以待，对方也必然会做出相应的让步，僵持不下的局面也就随之消失。

2. 有助于揣摩谈判对手心理，实施心理诱导

谈判人员对商务谈判心理有所认识，经过实践锻炼，可以通过观察分析谈判对手的言谈举止，揣摩弄清谈判对手的心理活动状态，如其个性、心理追求、心理动机、情绪状态等。谈判人员在谈判过程中，要仔细倾听对方的发言，观察其神态表情，留心其举止包括细微的动作，以了解谈判对手心理，了解其深藏于背后的实质意图、想法，识别其计谋或攻心术，防止掉入对手设置的谈判陷阱并正确做出自己的谈判决策。

人的心理与行为是相联系的，心理引导行为。而心理是可诱导的，通过对人的心理诱导，可引导人的行为。

英国哲学家弗朗西斯·培根在他写的《谈判论》中指出："与人谋事，则须知其习性，以引导之；明其目的，以劝诱之；谙其弱点，以威吓之；察其优势，以钳制之。"培根此言对于从事商务谈判的人至今仍有裨益。

了解谈判对手心理，可以针对对手不同的心理状况采用不同的策略。了解对手人员的谈判思维特点、对谈判问题的态度等，可以开展有针对性的谈判准备和采取相应的对策，把握谈判的主动权，使谈判向有利于我方的方向转化。比如，需要是人的兴趣产生和发展的基础，谈判人员可以观察对方在谈判中的兴趣表现来分析了解其需要所在；相反地，也可以根据对手的需要进行心理的诱导，激发其对某一事物的兴趣，促成商务谈判的成功。

3. 有助于恰当地表达和掩饰我方心理

商务谈判必须进行沟通。了解商务谈判心理，有助于表达我方心理，可以有效地促进沟通。如果对方不清楚我方的心理要求或态度，必要时我方可以通过各种合适的途径和方式向对方表达，以有效地促使对方了解并重视我方的心理要求或态度。

作为谈判另一方，谈判对手也会分析研究我方的心理状态。我方的心理状态，往往蕴

含着商务活动的重要信息，有的是不能轻易暴露给对方的。掩饰我方心理，就是要掩饰有必要掩饰的情绪、需要、动机、期望目标、行为倾向等。在很多时候，这些是我方在商务谈判中的核心机密，失去了这些秘密也就失去了主动权。为了不让谈判对手了解我方某些真实的心理状态、意图和想法，谈判人员可以根据自己对谈判心理的认识，在言谈举止、信息传播、谈判策略等方面施以调控，对自己的心理动机（或意图）、情绪状态等做适当的掩饰。如在谈判过程中被迫做出让步，不得不在某个已经决定的问题上撤回，为了掩饰在这个问题上让步的真实原因和心理意图，可以用类似"既然你在交货期限方面有所宽限，我们可以在价格方面做出适当的调整"等言词加以掩饰；如我方面临着时间压力，为了掩饰我方重视交货时间这一心理状态，可借助多个成员提出不同的要求，以扰乱对方的视线，或在议程安排上有意加以掩饰。

4. 有助于营造谈判氛围

商务谈判心理知识的应用还有助于谈判人员处理与对方的交际与谈判，形成一种良好的交际和谈判氛围。为了使商务谈判能顺利地达到预期的目的，需要适当的谈判氛围的配合。适当的谈判氛围可以有效地影响谈判人员的情绪、态度，使谈判顺利推进。一个商务谈判的高手，也是营造谈判氛围的高手，会对不利的谈判气氛加以控制。对谈判气氛的调控往往根据双方谈判态度和采取的策略、方法而变。一般地，谈判者都应尽可能地营造出友好和谐的谈判气氛以促成双方的谈判。但适当的谈判氛围，并不一味都是温馨和谐的气氛。出于谈判利益和谈判情境的需要，必要时也会有意地制造紧张甚至不和谐的气氛，以对抗对方的胁迫，给对方施加压力，迫使对方做出让步。

2.4　商务谈判的需要与动机

商务谈判需要引发动机，动机驱动行为。商务谈判需要是商务谈判行为的心理基础。商务谈判人员，必须抓住"需要—动机—行为"的这一联系去对商务谈判活动进行分析，从而准确地把握商务谈判活动的脉搏。

2.4.1　商务谈判的需要

商务谈判人员在商务谈判中存在着一定的商务谈判需要。需要是人们对客观事物的某种欲望，是活动的内在驱动力。人上一百，形形色色，不同的人有着不同的需要。商务谈判需要是一种较为特殊的需要，它对商务谈判存在着决定性的影响，因此，必须加以重视。

1. 什么是商务谈判的需要

需要是人缺乏某种东西时产生的一种主观状态，是人对一定客观事物需求的反映，也是人的自然和社会的客观需求在人脑中的反映。所谓客观需求，可以是人体的生理需求，如一个人长时间在酷热的阳光下活动，出汗过多，体内水分失调，口干舌燥，这会通过神经传达到大脑，使人产生喝水的需要。客观需求也可以是外部的社会需求，一个从事某个方面专业活动的人，如果缺乏必备的专业知识，其活动就难以顺利开展。只有补充了必备的专业知识，他才能顺利地开展活动，这就是一种社会需求。这种社会需求一旦被这个人所接受，就会转化为对专业知识学习的需要。

需要有一定的事物对象，它或者表现为追求某东西的意念或者表现为避开某事物、停止某活动而获得新的情境的意念。需要有周而复始的周期性，随着社会历史的进步，一般由低级到高级、简单到复杂、物质到精神、单一到多样而不断地发展。

有了以上的认识，我们就可以对商务谈判需要的含义做出概括。所谓商务谈判需要，就是商务谈判人员的谈判客观需求在其头脑中的反映。

2. 商务谈判的需要类型

人的需要是多种多样的，一般有自然性需要、社会性需要、物质性需要和精神性需要等。根据美国人本主义心理学家马斯洛需要层次论的观点，人有五大层次的需要。

（1）生理需要。

人类都有以饮食满足饥渴、穿戴抵御寒冷、休息减除疲劳的最本能的生理需要，这是人类为维持和发展生命所必需的最原始、最根本的需要，如呼吸空气、饮食、穿衣取暖、休息睡眠等需要。

（2）安全需要。

安全需要就是人类希望保护自身的肉体和精神不受威胁、保证安全的欲望，是人降低生活不确定性、对安全稳定和秩序的心理欲求。它表现为希望生命不受伤害、职业得到保障、健康得到维护、财产不受损失和免受不公正待遇等方面的需要。

（3）社交需要。

社交需要是追求社会交往中人际关系的需要。它表现为两方面的内容：一个内容是爱的需要，也就是希望得到和给予友谊、关怀、忠诚和爱护，希望得到爱并给别人爱；另一个内容是归属的需要，也就是人有一种要求归属于团体的愿望，希望成为其中的一员，得到关怀和照顾，增强力量感和信心。社交需要是一种较为细腻而微妙的需要，其具体的需要如何与人的个性、心理特性、经历、文化教养、生活习惯、宗教信仰等都有关系。

（4）尊重的需要。

尊重的需要包括受人尊重和自尊两方面。受人尊重指人希望有地位、有威望，得到别人的好评、尊敬和信赖；自尊指人希望在各种不同的情境中，有胜任自身角色的能力，有自信心。

（5）自我实现的需要。

它是指人充分发挥其潜能，实现个人的理想抱负的需要。

马斯洛认为，以上五种需要是有高低之分的，并按从低到高的次序逐级发展，每级都有一种需要占主导地位。

商务谈判的物质性需要是资金、资产、物资资料等方面的需要，精神性需要是尊重、公正、成就感等方面的需要。与谈判对手进行谈判，应注意对方物质方面的需要，但同时也不能忽视对方的尊重、独立自主、平等方面的需要。

与马斯洛需要层次论的需要类型相一致，商务谈判需要也有各种相应的需要表现：

商务谈判人员有较强的安全需要。出于信用安全的考虑，谈判人员通常乐意与老客户打交道；在与新客户打交道时往往会心存顾忌，对其主体资格、财产、资金、信誉等状况会较为关注。

谈判人员一般都有很强的尊重需要。谈判人员得不到应有的尊重往往是导致谈判破裂的原因。有着强烈尊重需要的人，当自尊心受到伤害而感觉到没面子时，在心理防卫机制的作用下，很可能会出现攻击性的敌意行为，或者是不愿意继续合作，这会给谈判带来很大的障碍。

此外，商务谈判人员也有社交、自我实现等方面的需要。值得注意的是，商务谈判需要不仅表现为谈判人员个人的需要，也表现为谈判主体群体或组织的需要。这是商务谈判需要表现得较为特殊的地方。例如一家参加谈判的企业，也有其自身的高低层次的需要。为了企业的生存，企业必须维持起码的原材料、劳动力需要，这是最低层次的需要；企业也有安全保障，在交易活动中树立良好信誉与形象，努力实现企业的理想宏图并赢得认可、赞誉、尊重等的需要。

由上可知，谈判人员作为社会的一个特定群体，其需要有其特殊之处。在许多场合，谈判人员不是代表个人，而是代表组织参加谈判，其在寻找个人需要满足的同时，还要寻求群体或组织需要的满足。这样，谈判需要可以说是谈判人员个人需要与群体、组织需要的集合，而且在许多情况下，谈判人员所代表的群体、组织需要的满足应摆在优先的地位。作为一个组织的谈判代表，从职业道德来看，应当经过自己的努力，尽力实现群体、组织需要的满足，而不应寻求从对手那里满足不正当的个人私欲。

📍 **小思考**

国际著名谈判专家尼尔伦伯格把谈判中的需求情形分成以下六种：

（1）谈判者为对方的需要着想；

（2）谈判者让对方为自己的需要着想；

（3）谈判者兼顾对方和自己的需要；

（4）谈判者违背自己的需要；

（5）谈判者损害对方的需要；

（6）谈判者同时损害自己和对方的需要。

你最赞成的需要情形是哪一种？为什么？

2.4.2　商务谈判的动机

动机，是促使人去满足需要行为的驱动力，或者说是推动一个人进行活动的内部原动力。它是引起和维持一个人的活动，并将活动导向某一目标，以满足个体某种需要的念头、愿望、理想等。

1. 谈判动机的含义

商务谈判动机，是促使谈判人员去满足需要的谈判行为的驱动力。

动机的产生决定于两个因素：内在因素和外在因素。内在因素是指需要，即因个体对某些东西的缺乏而引起的内部紧张状态和不舒服感，需要产生欲望和驱动力，引起活动。外在因素包括个体之外的各种刺激，即物质环境因素的刺激和社会环境因素的刺激，如商品的外观造型、优雅的环境、对话者的言语和神态表情等对人的刺激。

动机与需要既相互联系，又有区别。需要是人的行为的基础和根源，动机是推动人们活动的直接原因。当人的需要具有某种特定目标时，需要才能转化为动机。一般说来，当人产生某种需要而又未得到满足时，会产生一种紧张不安的心理状态，在遇到能够满足需要的目标时，紧张的心理状态就会转化为动机，推动人们去从事某种活动，向目标前进。当人达到目标时，紧张的心理状态就会消除，需要得到满足。

动机的表现形式是多种多样的，可以表现为意图、信念、理想等形式。需要是谈判的心理基础。没有需要就没有谈判，需要是谈判的原动力。

2. 动机与心理

动机是推动人从事某种事情的念头或愿望。人从事任何活动，总是由于他有从事这一活动的愿望。愿望是人对他的需要的一种体验形式，它总是指向未来能够满足他的某种事物或行动。心理是指生物对客观世界的主观反映，人的心理活动都有一个发生、发展与消失的过程。认同与臆测就是一种心理活动。

（1）认同：好感与信任就是认同，通过认同可以互相合作、交流信息，与认同对立的就是排斥。

（2）臆测：指在某一客观条件下人的主观猜想、揣测。人们做任何事情，都喜欢臆测，人们把臆测当作事实，形成主观断想，如果与实际情况不符合就会带来损失，导致犯错误。"情况不明决心大，知识不多办法多"，只见树木不见森林，在未调研之前不能先下结论。"处事识为先，而后断之。"

3. 洞察力

在心理学上，洞察力被作为观察力、注意力来研究。"知天知地，胜乃无穷。"兵书上料敌的分析推断方法有：以己度敌，反观而求，平衡推导，观往验来，察迹映物，投石问路，顺藤摸瓜，按脉诊痛。良好的观察力有以下基本特征：

（1）观察的客观性。不能以假当真，以偏概全，否则就会做出错误的判断。

（2）观察的敏锐性。要迅速抓住那些反映事物的本质而又不易察觉的现象。观察力敏锐可提高工作效率。

（3）观察的准确性。观察准确是谈判正确的重要前提。观察事物要全神贯注，深入细致，追本求源。

（4）观察的全面性。既要看到正面又要看到反面，既要看到现状又要看到历史，不能盲人摸象。

（5）观察的反复性。事物是运动发展变化的，观察要经过反复多次才能完成，如竺可桢的"物候学"，通过观察牵牛花破晓开放、大雁秋去春来，得出生物活动的节律性与时间季节相关。

4.知觉在谈判中的作用（感觉、知觉、表象）

知觉是感觉的复合，知觉的来源是第一印象，即谈判双方第一次见面给对方留下的看法。第一印象对谈判的结果产生着巨大的影响，知觉的特点有三个：

（1）选择性，即谈判者对谈判对手提供的各种信息会根据个人经验、身份、地位等需要进行取舍，如果主谈人是技术专家，他注意的是设备的性能、质量；如果是管理者，则着重注意设备带来的效益。

（2）适应性，由于谈判双方因初次相见会有思路上的差异，经过双方的接触由不适应到逐步适应，从而有利于谈判的进行。

（3）错觉性，对谈判会产生错误的感受，如先入为主、晕轮效应。

📍 **小知识　中国古代先贤的观人术《六韬》**

问之以言，以观其详。向对方多谈问题，从中观察对方知道多少。现代社会中的招聘面试就是采用这种方法，可知其真情探其内心。

穷之以辞，以观其变。不断盘问，越问越深，越问越广。观察对方的反应如何，虚言以对的人，眼珠会滴溜乱转，前言不搭后语，自相矛盾。

与之间谍，以观其诚。暗中派间谍引诱，看其是否忠心不二。

明白显问，以观其德。坦率地说出秘密，借以观察一下人的品德。听到秘密就转告第三者的人是不宜深交的，能保守秘密的人也是一个重视责任与荣誉的人。

使之以财，以观其廉。贪财占便宜，财务金钱不清白的人不可以委托重用。

试之以色，以观其贞。美人计。

告之以难，以观其勇。分配给他困难的工作，借以观察他的胆识、勇气。

醉之以酒，以观其态。酒后吐真言。

5.注意体态语言：其实你不说我也知道

谈判不仅是语言的交流，同时也是行为的交流。谈判进入交锋阶段，谈判双方除了听和说的表达方式之外，还会通过种种行为表达内心的思想。因此，谈判不仅需要语言技巧，而且需要非语言技巧，即通过察言观色揣摩对方。你可以仔细观察对方的举止言谈，捕捉其内心活动的蛛丝马迹；也可以揣摩对方的姿态、神情，探索引发这类行为的心理因素。运用这种方法，不仅可以判断对方思想，决定己方对策，同时可以有意识地运用行为语言传达信息，促使谈判朝着有利于己方的方向发展。

俗话说："内有所思，外有所表。"在谈判过程中，对方有时陷入思考状态，只要仔细观察，就可以通过外在特征，看出对方的内心活动。当人陷入思考状态时，一般表现出以下各种神态：

（1）双臂交叉于胸前。这往往表示防备、疑窦的心理，或表示对双方的意见持否定的态度。若同时还攥紧拳头，则表示否定程度甚为强烈。

（2）揉眼睛、捏鼻子。若伴随上述的动作同时出现，则在更大程度上表明了其防备、抵触或否定的意思。

（3）目光经常移动或不时地来回交叉，表示不耐烦或有抵触。

（4）摊开手掌，解开衣扣，手腿都自然放松、不交叠。这些动作和姿态都表明愿意开诚布公，乐于倾听对方的意见。

（5）向后仰靠椅子背上，这可以看作不信任、抵触、不愿继续谈的迹象。如果再伴之以两臂交叠于胸前的姿势，上述含义的可能性更大。

（6）抚摸下巴、捋胡子等无意识的动作。这往往表示，正在对所提出的问题和材料进行认真的思考。此外，坐在椅座的前部边缘上，或身体前倾、俯在桌子上也可能有类似的含义，或表示对所讨论的问题感兴趣。

（7）清清嗓音，变换声调，这有可能是不安、紧张、焦虑的征兆。

（8）两手指的顶端对贴在一起，掌心则分开，形似尖塔。这通常表示高傲、自信、踌躇满志的心情。有时这种姿态是故意用来表示与谈判对手的地位不同，暗示自己降贵纡尊来同对手谈判。

（9）两手指交叉，托住后脑勺，身子往后仰。当一个人感到自己驾驭着谈判局面，居于支配的地位时，他往往会情不自禁地做出这种姿态。

（10）凑近对方。当问题逐渐接近解决，隔阂或障碍进一步消除时，双方谈判者就会自然而然地坐得靠拢一些。

（11）拍拍对方的肩膀或手臂。这表示希望能快点达成协议或解决问题。当然，在这时，达成协议或解决问题的时机和条件都已成熟。

不过，人的内心活动及外在表现是相当复杂的，特别是各种习惯性动作和姿态的含义往往会因人而异。我们要善于察言观色，在谈判的过程中，从对方的谈吐、举止、神情及姿态中捕捉各种反映其内心活动的蛛丝马迹，分析推断其大概的情绪和想法，据此采取相应的策略。

6. 分析对手参谈人员

将对手参谈人员进行分析，十分重要。如果在谈判中能在下面某些方面先一步把对方看透，无疑谈判对自己将是十分有利的。

（1）对方的性格是内向的还是外向的？

（2）对方的心胸是开阔的还是狭窄的？

（3）对方是墨守成规的还是机动灵活的？

（4）对方是吝啬的还是大方的？

（5）对方是恪守信誉的还是言而无信的？

（6）对方自尊心是强的还是弱的？

（7）对方反应是机敏的还是迟钝的？

（8）对方是自信的还是自卑的？

（9）对方是贪婪的还是清廉的？

（10）对方是好面子还是厚脸皮？

（11）对方是谈判老手还是新手？

（12）对方是狡猾的还是忠厚的？

（13）对方是真诚的还是虚伪的？

（14）对方是理智型的还是情绪型的？

（15）对方是敛财型的还是事业型的？

（16）对方是商人型的还是企业家型的？

（17）对方是行政人员还是管理人员？

（18）对方是技术人员还是销售人员？

（19）对方是商界闯荡多年还是刚下海的？

（20）对方是逆境中成长的还是一帆风顺的？

最后，还要了解对方参加谈判人员的个人情况，尽可能了解和掌握谈判对手的性格、特点、爱好、兴趣和专长，了解他们的职业、经历以及处理问题的风格方式等。特别是一对一的谈判中，掌握对手的兴趣、爱好，投其所好，会使你取得意想不到的成功。

2.4.3　商务谈判动机的类型

动机有生理性动机、社会性动机等种类。商务谈判的具体动机类型有以下几种。

1. 关系型

该类型谈判者十分注重上级和同事对自己的看法，以及与谈判对方的关系，但也注重谈判目标的完成。这类人不愿意接受竞争与挑战，更不愿冒什么风险，喜欢维持现状，办事喜欢多请示上级，愿意被上级不断地承认和赏识，只做上传下达、下传上达的"传话筒"。关系型的谈判者有三种情况：

（1）经验不足，对问题不敢做出决定。对这种人最有效的办法是谈判中主动地点明问题的要害，并提醒要早做汇报，以免耽误谈判。

（2）有经验，但怕负责任。这种人圆滑、诡秘，表面笑眯眯，就是不办事，对这种人要小心，谈判时最好要先谈次要问题，在谈重大问题时要以强硬的态度全面扑过来，让其搬兵遣将，否则劳而无功，白费力气。

（3）内外关系都比较不错，但是碍于面子，没有自己独到的见解，只会将上级、对方的态度作为自己谈判的目标。对这种人的办法就是"以礼相待"，以商量的口气谈问题，请看如下的对话："我们两家公司有长期的合作历史，与您又有良好的信赖关系，双方的贸易习惯也都十分熟悉，没有什么好谈的。只是我公司近来有许多困难，材料供应紧张，能源价格上涨，供货期有困难，要保证供货，需要更多的费用，过去我们所谈的价格条件目前实行起来实在有困难。"

2. 权力型

这种类型的谈判者的根本特征是对权力、成绩狂热地追求。为了取得最大成就，获得最大利益，他们不惜一切代价。在多数谈判场合中，他们想尽一切办法使自己成为权力的中心，我行我素，不给对方留下任何余地。一旦他们控制谈判，就会充分运用手中的权力，向对方讨价还价，甚至不择手段，逼迫对方接受条件。他们时常抱怨权力有限，束缚了他们谈判能力的发挥。更有甚者，为了体现他们是权力的拥有者，他们追求豪华的谈判场所、舒适的谈判环境、精美的宴席、隆重的场面。

权力型谈判者的另一个特点是敢冒风险，喜欢挑战。他们不仅喜欢向对方挑战，而且喜欢迎接困难和挑战，因为只有通过接受挑战和战胜困难，才能显示出他们的能力和树立起自我形象，一帆风顺的谈判会使他们觉得没劲、不过瘾。只有经过艰苦的讨价还价，调动他们的全部力量获取成功，才会使他们感到满足。

权力型谈判者的第三个特点是急于建树，决策果断。这种人求胜心切，不喜欢也不能容忍拖沓、延误。他们在要获得更大权力和成绩的心情驱使下，总是迅速地处理手头的工作，然后着手下一步的行动。因此，他们拍板果断、决策坚决。对大部分人来讲，决策是困难的过程，往往犹豫、拖延、难下决断。而这类谈判者则正相反，他们乐于决策，总是当机立断，充满信心。

总而言之，权力型的谈判者强烈地追求专权，全力以赴地实现目标，敢冒风险，喜欢挑剔，缺少同情，不惜代价。在谈判中，这是最难对付的一类谈判对手，因为如果你顺从他，你必然会被剥夺得一干二净；如果你抵制他，谈判就会陷入僵局，甚至破裂。

该种类型的谈判者所追求的是成绩、名誉，为此往往会不惜任何代价，甚至不择手段，喜欢发号施令。这种人求胜心切，放松政策，敢冒风险，大胆拍板，但不能正确引导谈判，权力型谈判者是谈判的劲敌，因为如果不顺从的话，那么谈判就会陷入僵局。应对权力型谈判者的对策是：要表现出极大的耐心，以柔克刚，靠韧性取胜。请看下面的几个例子。

例 1 甲："根据我的经验，我们应该先谈技术附件，然后再谈价格条件，最后谈合同文字，在时间安排上前紧后松，您看怎样？"

乙："同意您的意见，谈的中间有什么问题再商量。"

例 2 甲："您的意见，我们认为十分在理，自谈判开始我们就照您的意见做了，到目前为止再无能为力了。您的地位和能力完全可以协助我们摆脱困境，请您做出决断，以免影响到谈判。"

这两个例子充分表现出对权力者的尊敬，也点明了解决问题的权力所属。不管结果怎样，应该说，这种说法对权力型的谈判者是有效的。

例 3 谈判桌前，一位身材魁梧、50 多岁的外国部长同一位精干利落的 30 多岁的业务员准备谈判。这位部长傲气十足，架子端得很高，根本没有把年轻人放在眼里。因此，他在谈判桌上明知故问："贵方谁是主谈？"并说："我能全权决定问题，贵方呢？"年轻人先忍让了一会儿，很有礼貌地回答："我很荣幸地受命与您洽谈该项目，希望多加指教。"接着年轻人寻机反击。他抓住了对方资料不足的问题，说："此事我已向贵方提出，至今未能准备好，工作效率太低。如果影响谈判的进度和效果，应由贵方负责。"此后，年轻人又利用洽谈中对方怕承担责任，不敢在谈时答应技术保证一事而追逼对方，"这些本是正常的、合理的要求。在第一天的会上，您也讲了您有权决定问题。既然如此，为什么在这些小事上不做出决断呢？我认为这有失您的身份。"

软硬相间的一席话，使对方的脸红一阵、白一阵。这席话尽管进攻性强，但效果良好，就连对方的助手们也都认为年轻人有理。后来对方主谈改变了态度，反过来称赞年轻人精干、机敏，从而成了互相尊重的忘年交。在后来的合同签订过程中，只要这两位一老一少交换意见，问题很快就能得到解决。

这个例子中一方表现出了咄咄逼人的气势，另一方则刚柔相济，甩出钩子让对方做结论。这种在适当时刻利用一方的权力特征，用其人之道还治其人之身，使谈判取得有利的成果。

3. 成功型

这种类型的谈判者对谈判所定的目标十分明确，并拼命地追求目标的实现，大有不达目标誓不罢休的气势。这种人办事方法隐蔽，手段精巧，谈判中又能十分随和，外表也充满着魅力。成功型谈判者大致有以下三种情况。

（1）初入行当的年轻人，他们大都急于表现自己，以求为以后的发展奠定基础。对这类人行之有效的办法是给予鼓励，即使是对方出现了明显的失误和表现幼稚，也要装扮出钦佩其精干的态度，在他的领导面前要称赞其"努力""能干"，当然也可以用"激将法"。但不要刺伤其自尊心，否则会引来报复。

（2）有一定工作资历的年龄较大的人。他们把成功看作给自己的荣誉和地位增添光彩。对这种人要充分利用他们的资历、能力和有影响力的一面，多出难题，因为他们在难题面前不会畏缩，否则就会觉得没面子。

（3）不论年龄大小，都有着对公司的热爱，对领导的忠诚，有高度的责任感和使命感，对谈判有执着的追求。这种人是谈判中最强有力的竞争对手，软硬不吃，极富有经验，又具有耐心，外表友善、温和，对自己的事业怀有满腔热情。这种人中不乏善于装腔作势、充满野心的进攻型人才。对这种人最好的办法就是采用"以原则对原则"的态度，将计就计，形成一种公事公办的气氛。

4. 说服型

在谈判活动中，最普遍、最有代表性的谈判者是说服型的谈判者。在某种程度上，这种类型的谈判者比权力型的更难对付。后者容易引起己方的警惕，但前者却容易被忽视。在对方温文尔雅的外表下，很可能暗藏雄心，欲与己方一争高低。

说服型谈判者的第一特点是具有良好的人际关系，他们需要别人的赞扬和欢迎，受到社会和他人的承认对他们来说比什么都重要。他们也喜欢帮助别人，会主动消除交际中的障碍，在和谐融洽的气氛中，他们如鱼得水，发挥自如。同时，这类谈判者与下属的关系比较融洽，给下属更多的权力，使下属对他信赖、忠诚。

这类谈判者的第二个特点是处理问题绝不草率盲从，总是三思而后行。他们对自己的面子、对对方的面子都竭力维护，绝不轻易做伤害对方感情的事。在许多场合下，即使他们不同意对方的提议，也不愿意直截了当地拒绝，总是想方设法说服对方或阐述他们不能接受的理由。

与权力型不同的是，说服型的谈判者并不认为权力是能力的象征，却认为权力只是一种形式。虽然他们也喜欢权力，认识到拥有权力的重要性，但他们并不以追求更大的权力为满足，而是希望获得更多的报酬、更多的利益、更多的赞赏。

5. 执行型

这种类型的谈判者在谈判中并不少见，他们的最显著特点是，对上级的命令和指示以及事先定好的计划坚决执行，全力以赴，但是拿不出自己的见解和主张，缺乏创造性。维护现状是他们最大的愿望。

这类谈判者的另一个特点是工作安全感强。他们喜欢安全、有秩序、没有太大波折的谈判。他们不愿接受挑战，也不喜欢爱挑战的人。在处理问题时，往往寻找先例，如果出现某一问题，以前是用 A 方法处理的，他们就绝不会采用 B 方法。所以，这类人很少在谈判中能独当一面，缺少构思能力和想象力，决策能力也很差。但在某些特定的局部领域中，工作起来得心应手，有效率。这种性格的人喜欢照章办事，适应能力较差，他们需要不断地被上级认可、指示。特别是在比较复杂的环境中，面对各种挑战，他们往往不知所措，很难评价对方提出新建议的价值，自然，他也无法拿出有建设性的意见。

6. 疑虑型

怀疑多虑是疑虑型谈判者的典型特征，他们对任何事都持怀疑、批评的态度。每当一项新建议拿到谈判桌上来，即使是对他们有明显的好处，只要是对方提出的，他们就会怀疑、反对，千方百计地探求他们所不知道的一切。

这种性格类型的谈判者的另一个特点是犹豫不决，难以决策。他们对问题考虑慎重，不轻易下结论。在关键时刻，如拍板、签合同、选择方案等问题上，不能当机立断，总是犹豫反复，拿不定主意，担心吃亏上当，结果，常常贻误时机，错过达成最有利的协议的机会。

这类谈判者的特点之三是对细节问题观察仔细，注意较多，而且设想具体，常常提出一些出人意料的问题。此外，他们也不喜欢矛盾冲突，虽然他们经常怀疑一切，经常批评、抱怨他人，但很少会弄到冲突激化的程度，他们竭力避免对立，如果真的发生冲突，也很少固执己见。

⚲ 诗语点睛

条条大路通罗马
生意成功靠沟通
穿针引线架金桥
会说不如会倾听
传递信息贵准确
行为心形见行动
排除障碍得胜利
风雨过后是彩虹

🔍 习　题

一、单项选择题

1. 谈判中以与别人保持良好关系为满足的谈判心理属于（　　）。

A. 进取型　　　　　B. 关系型　　　　　C. 权力型　　　　　D. 自我型

2. 谈判人员应具备的基本心理素质不包括（　　）。

A. 自信　　　　　B. 耐心　　　　　C. 诚心　　　　　D. 好强

3. 在谈判的某个行为活动过程中，人们认为或感觉自己遇到难以克服的障碍和干扰时，在心理上形成的一种挫折感，并由此而产生的焦虑、紧张、激动、愤怒等情绪性心理状态称为（　　）。

A. 心理挫折　　　　B. 客观挫折　　　　C. 主观挫折　　　　D. 心理失衡

4. 人充分发挥其潜能，实现个人的理想抱负是（　　）。

A. 生理需要　　　　　　　　　　　B. 社交需要

C. 自我实现的需要　　　　　　　　D. 尊重的需要

5. 谈判中的需求最好的情形是（　　）。

A. 谈判者为对方的需要着想　　　　B. 谈判者让对方为自己的需要着想

C. 谈判者兼顾对方和自己的需要　　D. 谈判者违背自己的需要

6. 在谈判活动中，最普遍、最有代表性的谈判者是（　　）的谈判者。

A. 关系型　　　　　B. 权力型　　　　　C. 成功型　　　　　D. 说服型

7. 谈判者对谈判所定的目标十分明确，并拼命地努力追求目标的实现，大有不达目的誓不罢休的气势，这种谈判者属于（　　）。

A. 进取型　　　　　B. 关系型　　　　　C. 权力型　　　　　D. 成功型

二、多项选择题

1. 在谈判过程中（　　）。

A. 需要是动力　　B. 协商是手段　　C. 协议是结果　　D. 履行是目的

2. 人的心理活动一般有（　　）。

A. 感觉　　　　　B. 知觉　　　　　C. 记忆　　　　　D. 个性等

3. 良好的观察力有以下基本特征（　　）。

A. 观察的客观性　B. 观察的敏锐性　C. 观察的准确性　D. 观察的全面性

4. 知觉的特点有（　　）。

A. 选择性　　　　B. 适应性　　　　C. 表面性　　　　D. 错觉性

5. 商务谈判的具体动机类型有（　　）。

A. 关系型　　　　B. 权力型　　　　C. 成功型　　　　D. 说服型

6. 知觉是感觉的复合，知觉的来源是第一印象，其特点有（　　）。

A. 选择性　　　　B. 适应性　　　　C. 错觉性　　　　D. 超前性

三、判断题

1. 在商务谈判中，主谈人是关键，其他人的作用不重要。（　　）

2. 谈判地点不论设在哪一方都各有利弊。(　　　)

3. 在商务谈判前期，不仅要重视己方信息，也要重视对方信息。(　　　)

4. 在商务谈判中，人的心理素质比思维素质更重要。(　　　)

5. 因为需要是谈判的原动力，所以没有需要就没有谈判。(　　　)

6. 特别是在一对一的谈判中，掌握对手的兴趣、爱好，投其所好，会使你取得意想不到的成功。(　　　)

7. 对待权力型谈判者不能以柔克刚，要用其人之道还治其人之身，使谈判取得有利的成果。(　　　)

8. 对于权力型的谈判对手，不可以主动进攻。(　　　)

9. 说服型谈判者的特点是处理问题绝不草率盲从，总是三思而后行。(　　　)

◉ 自我测试

请扫码查看

◉ 思考题

1. 简述商务谈判心理的特点。

2. 试述研究和掌握商务谈判心理的意义。

3. 商务谈判良好的观察力有哪些基本特征？

4. 试论商务谈判动机的类型。

5. 对不同性格的谈判者采取的不同态度与处理技巧是什么？

商务谈判与沟通的原则

 先导案例

我替亡夫还巨债

2002 年 12 月 14 日，赵勇在驾车到沈阳购买大理石的途中，由于雾大路滑，车子翻进路边沟里。赵勇和一名亲属当场死亡。

一

噩耗传来，妻子武秀君悲恸欲绝。但看着失去生活勇气的公婆，想着丈夫欠下的大量外债，这位普通的农村妇女硬是以坚强的毅力，控制住了个人情感，稳定住了老人的情绪，撑起了家庭的重担。

44 岁的武秀君，家住辽宁省本溪满族自治县南甸镇滴塔村。这个山村太偏远了，县城的"小客"开到离这里 10 多里路的镇上就再也进不来。武秀君也不太出门，在家里侍奉公婆，照看孩子，却练就了实诚、能担待的品性。

丈夫走了！公婆哭得昏死过去，炕头一个，炕尾一个，都在打"点滴"。她自己精神恍惚，一连几天望着天棚睡不着觉，觉得自己快要疯了。

丈夫的骨灰在家停放时，武秀君发现，许多不认识的人来到家里。这些人自我介绍，有的说是信用社的，有的说是朋友，有的说是工地干活的。武秀君模糊地察觉到：丈夫欠了钱，他们是来探口风的。

武秀君从不插手丈夫的事。赵勇欠了多少钱，她心里一点也没谱儿。赵勇去世后第三天，武秀君把平时赵勇放账目的箱子打开，把所有各项工程的往来账单摆了一炕，一一清理。这一清理，武秀君又懵了！

几年来，赵勇承包了不少建筑工程。工程竣工了，但发包方拖欠工程款而造成赵勇拖欠了大宗外债，包括银行担保贷款、材料费、运费、工人工资等，总数竟有 270 多万元！这些欠债，多的几十万元，少的几百元。同时，发包方也欠赵勇 300 多万元。

270 万元的外债，像一座沉重的山，压在武秀君心头。

有明白人告诉她，现在要账比登天还难！娘家姐姐也劝她，这种工程欠账，人家欠你的是钱，你欠人家的可就是纸。现在活人都不还账，别说赵勇还死了。让他们找死人要去吧，你就一推六二五，远远躲开算了！

武秀君知道，赵勇是个实在人。这些年愿意帮衬他的人越来越多，靠的就是股实诚劲儿。一次四川的爷儿俩来打工，工程才一半，爷儿俩要回家收麦子，来找赵勇请求提前付 2 600 多元工资。工地凑不够，赵勇一看岳父家种了一院子大白菜，就动员贱卖了凑够爷儿俩的工资。那爷儿俩接过钱时，跪地下连磕响头。打工这些年，从没遇着这么好的老板！第二年一开春，这爷儿俩领了一大帮人来给赵勇干活儿。

账拢完了，武秀君身心俱疲，一站起就头晕，浑身拿不成个儿。可她怕债权人着急，就让小姑子搀着，自己拿着欠条和账本挨家核对。有的账目不清，武秀君就重新核准。有的债主没找过她，她就主动打电话找他们。她对债主说，赵勇人不在了，账还在。你们手里赵勇的欠条，我负责还。不放心的，我重新写。有的债主稍有犹豫，武秀君就用自己的名字重新打下欠债凭据。赵勇是个实诚人，人死了，账不能死，不能让人戳死人的脊梁骨，赵勇欠人家的钱，我来还！坚强的山里女人武秀君，踏上了漫漫的、艰苦的代夫还债之路。

二

活难找，债难讨，但她得干活，挣钱还债；她得讨债，要钱还债。武秀君拼命挣钱，挣来的钱没等"焐热"就送上门去还别人的债；可她向别人讨债，却遭尽冷遇白眼。

2003 年年底，要过春节了，本溪城里贴对子、购年货，一派喜庆。

在这个小城中，武秀君只身一人，为一笔工程款已跑了近一个月，精疲力竭。找主管部门，说工程款已拨到单位；找单位领导，又被支回去。有时候早晨来，人家说领导不在家，她就在走廊里一站站到下午两三点。中午人家坐车出去吃饭，武秀君就自个儿出来倚着大街上的电线杆歇一会儿。看着满大街人来人往，有滋有味准备过年，她的眼泪哗哗地往下流……

干活的艰辛，要账的屈辱，武秀君从不让家人知道，回家面对公婆和孩子的时候都是笑脸。

有一天，她突然接到上中学孩子班主任的电话：你快来，孩子晕倒了！武秀君跑到学校，孩子已睁开了眼睛：妈，你不用着急，这是饿的，一会儿就好了。

武秀君奇怪了，说你怎么饿成这样呢？

孩子告诉武秀君，昨天下午嚼了一袋方便面，今早上吃了一根麻花，到中午没等吃这个面包就坚持不住了。

孩子从兜里掏出一个存折，上面有 308 元钱。他说，妈妈，这钱取出来，就能顶一份账，给我留 8 元钱就行了。原来，武秀君给孩子一天 3 元钱伙食费，孩子自己又偷偷减下来一半……在场的老师、同学、校医全哭了！武秀君一把抱过孩子，失声痛哭。

代夫还债，有苦却不能对公婆、孩子说，也不能对朋友和外人说。艰难时光，武秀君养成一个习惯，常常给天国的丈夫写信唠嗑，把她的快乐和悲伤告诉他，给他报一笔笔还款清单……

这样的信，夜深人静时武秀君用心和泪写了几十封！

武秀君只有小学文化，我们却惊讶于她在一次次为守诚而吃苦、为践诺而磨难的生活坎坷中，对生与死的人生大道理进行思考与升华。

2003 年 4 月 5 日，她在给丈夫的信里，倾诉了爱与思念之后写下这样一段话：

虽然人贵生而痛死，但是毕竟人皆有生就有死，而如何面对生与死，那便将人们分出了崇高和卑俗。为什么说有的人死了，他还活着，而有的人活着他已经死了，那是因为死了还说活着的，是英雄，是圣贤，他们永远活在大众的心里；活着的这些人，说他们死了，是因为他们是恶者，是无赖，是行尸走肉。可见惧怕死亡的人以为人死如灯灭是不正确的……圣者的德行和智慧留于史册，存留人间，令我们崇敬和神往，给我们的生命以滋养，并促使我们奋进。

这也许就是武秀君对诚信最朴素的诠释。

三

丈夫 3 周年祭日，家里来了 1 000 多人。许多不认识的人都说，就凭她这种诚信为人也要来看看。

3 年共还了 300 多笔、近 180 万元欠债。她打算在 5 年内，将余下的 100 万元全部还清。

一晃 3 年过去了。

2005 年 12 月 14 日，是武秀君丈夫去世 3 周年祭日。

谁也不会想到，这个普通建筑承包人的 3 周年祭日，竟有 1 000 多人参加。去滴塔村的路上，都是前去祭奠的人和车；武秀君的家里，屋里屋外挤满了人，经销建材的、银行的、农民工等。许多不认识武秀君的人都说，就凭她这种诚信为人也要来看看。

3 年来，武秀君没有一点懈怠，没有一天停止过替丈夫还债。许多债权人放弃了债权，武秀君却要一直找到人还上钱为止。

2006 年 1 月 27 日，腊月廿八，燕堡砖厂兰厂长突然接到电话："我是武秀君，我家赵勇欠你的 3 万元钱准备好了，你来取吧。"原来，赵勇留下的账本上，有一个名字叫"兰发子"，却没有电话。武秀君打听了一年多，终于找到他。兰厂长没想到，这笔他已不抱任何希望的死账竟然"活"了。

一家银行的主任，靠企业的诚信和几个朋友的担保给赵勇贷款 50 万元。赵勇出事以后，几个朋友只好把这笔钱你 3 万、他 5 万地分担偿还，压根儿没想到武秀君能去还这个债。当武秀君把这 50 万元担保贷款送到银行时，主任接过去，眼泪在眼圈里直转，说："就冲你这信誉，我们银行愿意再借钱给你！"

在赵勇欠下的 300 多户外债中，最少的是欠一位农民工的工资 300.80 元。当武秀君亲自找到他还钱时，这位农民工不敢相信自己的眼睛！

2006 年，武秀君被评为本溪市文明市民；2007 年 9 月，被评为辽宁省道德模范，同月被评为全国道德模范；2008 年，本溪市政府聘请武秀君为本溪市城市形象代言人。

2010 年，在市委、市政府和县委、县政府的帮助下，武秀君组建了本溪满族自治县华远建筑有限责任公司，聘用人员 160 人，聘有工程师 2 人、预算员 4 人、技术工人 160 人，解决了本村 100 余人的就业问题，能够承揽 14 层以下楼房建筑工程，用诚信品牌为繁荣地方经济贡献力量。

资料来源：郑有义.我替亡夫还巨债［J］.特别关注，2006（11）.

案例思考

1. 武秀君在承受巨大的家庭不幸的同时，她没有忘记诚信，顶着家庭和债务双重压力，毅然走上了代夫还债之路，在商务谈判活动中给我们带来的启示是什么？

2. 结合"我替亡夫还巨债"，阐明在商务谈判活动中，人格就是力量，信誉则是无价之宝。

3.1 商务谈判与沟通的原则要领

商品价值的实现是惊险的跳跃，而谈判是实现跳跃的关键。谈判是商品流通前奏曲，它最先吹奏起流通的号角；谈判是商品流通的桥梁，它是商品流通的必由之路；谈判是"助跳器"，它决定着商品跳跃成绩的高低优劣；谈判是导航船，只有经过它的疏通引导，商海中商品的滚滚洪流才得以畅通无阻。任何成功的商品交换必然以成功的谈判为前提，否则，商品交换便不能顺利完成。只有通过谈判越过荒野，才能到达希望之乡。

商务谈判与沟通的原则

1. 真诚求实，以信待人

俗话说："精诚所至，金石为开。""谈心要交心，交心要知心，知心要诚心。"因此，真诚与实际决定了信度，有信度才会有说服力。真诚对于做人来讲是人格，对于谈判作风而言也是至关重要的，言而有信，对手放心，以心换心，以诚相待会促进良好的谈判结果，达成协议。真、善、美既是人类社会的永恒话题，又是多么令人向往的字眼！而"真"位居其首，"真"是道德的基石、科学的本质、真理的追求。被毛泽东尊称为"伟大的人民教育家"的陶行知先生的名言是："千教万教，教人求真；千学万学，学做真人。""要教人求真，首先要教己求真，求真的知识、真的本领、真的道德。"例如：作为一个大国的总理，温家宝同志极具个性的语言，不仅是"坦诚睿智、情动云天"的典范，也体现了温总理知识的渊博、文辞的精美和立意的深刻。"如果我们的国家有比黄金还要贵重的诚信、有比大海还要宽广的包容、有比高山还要崇高的道德、有比爱自己还要宽广的博爱，那么我们这个国家就是一个具有精神文明和道德力量的国家。"人格就是力量，信誉则是无价之宝。人们是为了满足各自的需要才坐在一起进行洽谈和磋商的，没有平等性，由强权和暴力主宰的谈判是不会有什么意义的，即使签订了协议，也是一种霸王合同。切记：一个谈判者可以是精明的、难以应付的，但同时必须是一个言而有信的人，要做一个既精明又可以依赖的谈判者。

2. 清醒理智，沉着冷静

谈判往往是不同利益集团或个人之间进行的，由于利益关系不同，谈判者往往要"各为其主"谋求不同的利益，但是谈判的规则又不能让一方占有优势，所以谈判的哪一方都在谈判中为自己一方争取更大的利益，而要想取得成功必须互利互惠。一场成功的谈判应该是双方都大笑，而不是一方大笑，而另一方苦恼，应该是双赢策略。

遇险不惊，遇乱不烦，沉着冷静，要有大将风度、大家风范。谈话彬彬有礼，处事富于情感又不乏理智；意志顽强又善于适度适时让步；善于交际又不失原则，长于用谋又无可挑剔；威而不怒，严而不骄，冷而不寒，热而不躁，不卑不亢，落落大方。谈判桌上是对手，谈判场外是朋友；每临大事有静气，凡遇原则皆商量；重大问题不让步，次要问题得饶人处且饶人；军师之智和大将风度集于一身，当一个"勇敢而明智的将军"。

3. 求同存异，拓展共识

人们总希望用自己的观点去影响别人，让别人接受自己的观点，除了强迫手段（只能是屈服，但不能心悦诚服）以外，唯一的方式就是通过谈判的形式，向别人说明你的观点，使别人在了解和理解的基础上接受你的观点，维护自己的利益。任何谈判都必须分清各方面的利益所在，然后在分歧中寻求共同之处或互补之点，达成一致协议。对于一时不能弥合的分歧，不强求一致，允许保留，以后再谈。把谈判的重点放在探求各自的利益上，而不是对立的立场上。因为从固有的立场出发，难以取得一致，而从利益的探求中才能发现共同点，进而达成协议。

4. 胸有成竹，有备无患

不打无准备之仗，不打无信心之战，做到有备无患才是取胜的关键。凡在谈判前做了准备的谈判者，就能胸有成竹，积极调动对方，在谈判一开始就能占有很强的主动性，了解对方越多越好。在谈判之前应该先了解一下对手，他是谁？英国哲学家培根说过："与人谋事，则须知其习性，以诱导之；明其目的，以劝诱之；谙其弱点，以威吓之；察其优势，以钳制之。与奸猾之人谋事，唯一刻不忘其所图，方能知其所言；说话宜少，且须出其最不当意之际。于一切艰难的谈判之中，不可存一蹴而就之想，惟徐而图之，以待瓜熟蒂落。"这段论述十分精彩。日本前首相田中角荣 20 世纪 70 年代为恢复中日邦交正常化到达北京，他怀着等待中日间最高首脑会谈的紧张心情，在迎宾馆休息。迎宾馆内气温舒适，田中角荣的心情也十分舒畅，与随从的陪同人员谈笑风生。他的秘书早饭茂三仔细看了一下房间的温度计，是"17.8 摄氏度"。这一田中角荣习惯的"17.8 摄氏度"，使得他心情舒畅，也为谈判的顺利进行创造了条件。

5. 后发制人，以逸待劳

纵观古今，市场如战场；历览中外，商战若兵战。在市场经济的激烈竞争中，有识时机者"金风未动蝉先觉"而捷足先登；有深谋远虑者"将军盘弓故不发"而后发制人。先发制人，虽然可以取得一定的主动和暂时的优势，但情况不明，贸然行动，就会暴露出自己的许多弱点，给对方以可乘之机，所以在情况不明时应该后发制人。在双方的"谈"与"判"中，事情在发展，情况在变化，利益在延展。

6. 多听少讲，用心感悟

谈判的共同目的是追求利益，谋求合作，寻求共识，互利互惠。"上帝"给了我们双耳一口就是让多听少讲，但少讲不等于不讲，讲要讲到点子上，切不可漫天乱讲。要记住律师是能言善辩的，法官一般都是沉默寡言的，但最后的判决是法官做出的而不是律师做出的，所以要少一点律师的作风，多一点法官的派头。在万隆会议上，由于反华者的叫嚣，掀起反共反华的高潮，会议有失败的危险。时任总理周恩来在会议上说："中国代表团是来求团结而不是来吵架的。"他提出了和平共处五项原则：互相尊重主权和领土完整、不侵犯别国、不干涉别国内政、平等互利、和平共处，以此来处理国与国之间的关系。和平共处五项原则成为世界各国共同认可的准则，他用微笑征服了全世界。

7. 豁达包容，人事相别

海纳百川，有容乃大。宽容、容忍、容人、容事，是一种美德。容人的实质是容才的问题。兼容并包，指能团结不同能力的人一道工作。战国时代著名的思想家荀子提出："君子贤而能容罢，知而能容愚，博而能容浅，粹而能容杂。"意思是说，有才能的人，要能容纳弱不胜任的人；有智慧的人，要容纳愚笨的人；有专才技能的人，要容纳杂而不精之人。这里提出了"兼容并包"的原则。谈判者要有尊人之心、容人之量；要宽人小过，容人小短，"胸中天地宽，常有渡人船"。谈判者应像弥勒佛一样，大肚能容，容天容地，容天下难容之事，特别要容纳异己。做合作的利己主义者，生意不成友谊在。在谈判中，注重人的因素对谈判的影响是双方都要关心的问题。任何一个谈判人员都肩负着双重的责任，维护自己的实际利益，与对方处好关系，做到"对事不对人"；尽量阐述客观情况，避免责备对方，心平气和，彬彬有礼，保全面子，不伤感情；设身处地将心比心，换位思考，换心思考，换脑思考；把人际关系与实质问题分开，把双方的关系建立在正确的认识、明朗的态度和适当的情绪上。

8. 有声无声话度适中

谈判不仅是语言的交流，同时也是行为的交流，内有所思，外有所表。体语、态势语等作为一种语言形式，也在传递着各种各样的信息。经贸谈判有时需要谈判者伶牙俐齿，或如小溪流水，潺潺东流；或如春风化雨，随风潜入夜，润物细无声；或如暴风骤雨，倾盆而下；或如冲锋陷阵，枪炮连响。经贸谈判有时还需要谈判人员一言不发，沉默是金。从语言概念来讲，沉默也是一种语言，或点头摇头，或耸肩摆手，或装聋作哑，或以坐姿表现轻蔑，或以伏案记录表示重视。眨眼摸耳皆含深意，一颦一笑皆成曲调。恰到好处的沉默不仅是一种语言艺术，而且有时能达到"此时无声胜有声"的效果，达到语言艺术的较高境界。这一切都需要话度适中的原则。话度适中是指对与说话质量、语言艺术相关的各种因素都要掌握适度的原则，防止"过犹不及"。话度包括：听度、力度、深度等。

首先，注意听度，也就是让听者可以接受的程度。会说的不如会听的，表述中注意渗入听者顺心的话以及某些靠近其意向的条件。听者自然爱听，注意听。要激发对方的兴趣，语出惊人，造成悬念，引人入胜，适应语境。否则，听者将跟不上谈判思路，就摸不到谈判的脉搏，更达不成协议。

其次，注意力度，说话力度是指谈判者论述中说话的强弱与用词的锋芒。声强表现为声音强劲有力，但不是高喉咙大嗓门；声弱，表现为声轻而有气度，这样既使声调抑扬顿挫，又使论述内容富有感情色彩。

最后，注意深度，这是指语言及其内容的深刻全面程度。在论述中灵活变化的深度可以反映不同的论述目的。只有长度没有深度，泛泛而谈，不得要领，不如画龙点睛、一语破的。军事上有句术语"伤其十指不如断其一指"。要使深度适当，还要注意结合问话的技巧，什么时候问话、怎样问话，都是很有讲究的。对手直率，提问要简洁；对手内向，提问要含蓄；对手严肃，提问要认真；对手暴躁，提问要委婉；对手开朗，提问要随意，不可千篇一律。

3.2　商务谈判的开局阶段

所谓商务谈判的开局阶段，一般是指双方在讨论具体、实质性交易内容之前彼此熟悉和就本次谈判的内容双方分别发表陈述和倡议的阶段。它是在双方已做好了充分准备的基础上进行的。本阶段的商谈可以为以后具体议题的商谈奠定基础。因此，该阶段也称为非实质性谈判阶段，或前期事务性磋商阶段。

谈判的开局对整个谈判过程起着至关重要的作用。它往往关系到双方谈判的诚意和积极性，关系到谈判的格调和发展趋势。一个良好的开局将为谈判的成功奠定良好基础。这一阶段的目标主要是对谈判程序和相关问题达成共识，双方人员互相交流，创造友好合作的谈判气氛；分别表明己方的意愿和交易条件，摸清对方的情况和态度，为实质性磋商阶段打下基础。为达到上述目标，开局阶段主要有两项基本任务：营造适宜的谈判气氛和开好预备会议。

1. 营造适宜的谈判气氛

所谓谈判气氛，是指谈判双方通过各自所表现的态度、作风而建立起来的谈判环境。一般来说，谈判气氛可分为四种：热烈的、积极的、友好的；平静的、严谨的、严肃的；冷淡的、对立的、紧张的；慢慢腾腾的、松松垮垮的、旷日持久的。谈判气氛直接作用于谈判的进程和结果，不同的谈判气氛可能会导致不同的谈判效果。良好的谈判开局气氛应该有以下几个特点：一是礼貌、尊重的气氛；二是自然、轻松的气氛；三是友好、合作的气氛；四是积极进取的气氛。那么，怎样才能营造良好的谈判气氛呢？

（1）建立良好谈判气氛的方法。要建立良好的谈判气氛，应从以下三个方面入手。

①注意个人形象。

一个人的形象主要包括服装、仪表、语言、行为等方面。一个人的形象在他人眼中是最重要的第一印象。有经验的谈判者可以从一个人的形象中看出该人是信心十足还是优柔寡断；是精力充沛还是疲惫不堪；是轻松愉快还是怀疑猜测；是好战型还是合作型。故此，作为一个谈判者应该特别注意个人形象的树立，他不但要注意服装整洁，还要重视仪表美和行为端庄，才能为创造和保持良好的谈判气氛打下基础。

②沟通思想，加深了解，建立友谊。

为了营造一种良好的谈判气氛，在谈判开始时，谈判人员不宜采取单刀直入或首先提出棘手敏感的问题，而应运用可以引起双方感情共鸣、交流的轻松话题和语言来开启谈判之门，如畅谈谈判的目的、议事日程安排、进展速度、谈判人员的组成情况等，也可以谈论双方感兴趣的题外话，还可以回忆往日合作成功的欢乐、感受等。在双方通过轻松的交谈感情已渐趋近、气氛比较和谐的情况下，一方才可以试探性地选择一些相同或近似的正式话题进行交流，以此由表及里、由浅入深地循序渐进，使正式谈判之门慢慢开启。

③以谦和、坦诚来奠定谈判气氛的基础。

热爱谦和是人类的共性，谦和往往比精明逞强更能获得人们的帮助和信赖。谦和不是谈判各方地位的反映，而是谈判力量的表现。坦诚可以使谈判各方相互信任，创造感情上的相互接近。尽管谈判会出现争论，使用某种策略、技巧，但谦和与坦诚是不变的信条，应当成为谈判主旋律。只有这样，才能真正使整个谈判始终保持和谐的气氛。

（2）营造谈判气氛应考虑的因素。

不同内容和类型的谈判，需要有不同的谈判气氛与之对应。一般来说，确定恰当的谈判气氛需要考虑以下因素：

①双方人员个人之间的关系。

如果谈判人员双方之间有交往，且关系比较好，开局时，就可以畅谈友谊、畅谈以往的交往情境，还可以询问对方的家里情况等，以增进双方的个人感情。实践证明，一旦双方之间建立了良好的个人感情，那么，提出要求、做出让步、达成协议就比较容易。通常情况下，这样做还可以提高谈判效率。

②考虑谈判双方企业之间的关系。

谈判双方企业之间的关系，主要有以下几种情况：双方过去有过业务往来，且关系很好；双方过去有过业务往来，关系一般；双方过去有过业务往来，但己方对对方印象不佳；双方过去没有业务往来。

双方在过去有过业务往来，且关系很好，在这种情况下，开局阶段的气氛应是热烈、真诚、友好和愉快的。

双方过去有过业务往来，但关系一般，那么，开局的目的是要争取创造一个比较友好、和谐的气氛。这时，己方的谈判人员在语言的热情程度上要有所控制。在内容上，可以简单聊一聊双方过去的业务往来及人员交往，亦可说一说双方人员在日常生活中的兴趣和爱好，态度可以随和自然。

双方过去有过一定的业务往来，但己方对对方的印象不好，那么开局阶段谈判气氛应是严肃、凝重的。己方谈判人员在开局时，在语言上在注意礼貌的同时，应该比较严谨，甚至可以带一点冷峻；在内容上可以就过去双方的关系表示不满和遗憾，以及希望通过磋商来改变这种状况；在态度上应该充满正气，与对方保持一定距离。

过去双方从来没有业务往来，那么第一次的交往应努力创造一种真诚、友好的气氛，以淡化和消除双方的陌生感以及由此带来的防备，为后面的实质性谈判奠定良好的基础。因此，己方谈判人员在语言上，应该表现得礼貌友好，但又不失身份。

③双方的实力。

就双方的实力而言，无外乎有以下三种情况。

双方谈判实力相当。为了防止一开始就强化对手的戒备心理或激起对方的对立情绪，以致影响实质性谈判，在开局阶段，己方仍然要力求创造一种友好、轻松、和谐的气氛。己方谈判人员在语言和姿态上要做到轻松又不失严谨、礼貌又不失自信、热情又不失沉稳。

己方谈判实力明显强于对方。为了使对方能够清醒地意识到这一点，并且在谈判中不抱过高的期望值，从而产生威慑作用，同时，又不至于将对方吓跑，在开局阶段，己方在语言和姿态上，既要表现得礼貌友好，又要充分显示出自信和气势。

己方谈判实力弱于对方。为了不使对方在气势上占上风，从而影响后面的实质性谈判，在开局阶段，在语言和姿态上，己方一方面要表示出友好和积极合作，另一方面也要充满自信，举止沉稳，谈吐大方，使对方不能轻视己方。

2. 开好预备会议

召开预备会议即在正式谈判之前召开会议，目的是使双方明确当次谈判的目标，以及为此目标而共同努力的途径和方法，为以后各阶段的谈判奠定基础。其任务有两项：一是协商谈判通则；二是进行开场陈述。

（1）协商谈判通则。

协商谈判通则即双方就谈判目标（Purpose）、计划（Plan）、进度（Pace）和人员（Personalities）等内容进行洽商。谈判双方初次见面，要互相介绍参加谈判的人员，包括姓名、职衔以及在谈判中的角色等。然后双方进一步明确谈判要达到的目标，即双方共同追求的合作目标；同时双方还要磋商确定谈判的大体议程和进度，以及需要共同遵守的纪律和共同改造的义务等问题。

（2）进行开场陈述。

所谓开场陈述，是指在开始阶段双方就当次谈判的内容，陈述各自的观点、立场及其建议。它的任务是：让双方把当次谈判所要涉及的内容全部提示出来，同时，使双方彼此了解对方对当次谈判内容所持有的立场与观点，并在此基础上，就一些分歧分别发表建设性意见或倡议。双方在预备会议上就当次谈判的目标、计划、进度和参加的人员等问题进行协商并基本达成一致意向以后，就需将开始阶段的谈判推进一步，即分别就当次谈判的基本内容发表开场陈述。

开场陈述的内容主要包括：

①己方的立场。

己方的立场即己方希望通过谈判应取得的利益，其中哪些又是至关重要的；己方可以采取何种方式为双方共同获得利益做出贡献；今后双方合作中可能会出现的成效或障碍；己方希望当次谈判应遵循的方针；等等。

②己方对问题的理解。

己方对问题的理解即己方认为当次会谈应涉及的主要问题，以及对这些问题的看法、建议或想法等。

③对对方各项建议的反应。

如果对方开始陈述或者对方对己方的陈述提出了某些建议，那么己方就必须对其建议或陈述做出应有的反应。

开场陈述的特点是：双方分别进行开场陈述；谈判双方的注意力应集中在自己的利益上，不要猜测对方的立场；开场陈述不是具体的，而是原则性的；开场陈述应简明扼要。

开场陈述一般有两种方式：一种是由一方提出书面方案发表意见；另一种是会晤时双方口头陈述。在开场陈述时，到底采用哪一种方式，不能一概而论，应根据具体的谈判环境而定。但是有一点是非常明确的，即陈述应是正式的，应以轻松愉快的方式表达出来，要让对方明白自己的意图，而不是向对方提出挑战。

陈述的时间要把握适度，双方尽量平分秋色，切忌出现独霸会场的局面。发言内容要简短而突出重点，恰如其分地把意图、感情倾向表示出来即可，但这并不是说态度模糊，关键的话还是要准确、肯定地讲清楚。例如，"希望有关技术方面问题的讨论结果，能使我们双方都满意"等。语言用词和态度上要尽量轻松愉快，具有幽默感，减少引起对方焦虑、不满和气愤的可能，否则，只会使对方产生敌意，筑起一道防御之墙，丧失对方原来可能协助或支持自己的机会。

陈述的结束语需特别斟酌，表明己方陈述只是为了使对方明白己方的意图，而不是向对方挑战或强加给对方接受。例如，"我是否说清楚了""这是我们的初步意见"等都是比较好的语句。陈述完毕后，要留出一定时间让对方表示一下意见，把对方视为"回音壁"，注意对方对自己的陈述有何反应，并寻找出对方在目的和动机上与己方的差别。

对于对方的陈述，己方一是要倾听，听的时候要思想集中，不要把精力花在寻找对策上；二是要搞懂对方陈述的内容，如果有什么不清楚的地方，可以向对方提问；三是要归纳，善于思考理解对方的关键问题。

3.3　商务谈判的磋商阶段

商务谈判的磋商阶段又称实质性谈判阶段或讨价还价阶段，是指双方就各交易条件进行反复磋商和争辩，最后经过一定的妥协，确定一个双方都能接受的交易条件的阶段。它是关系到谈判成败和效益盈亏的最重要的阶段。一般来讲本阶段又可细分为报价阶段和议价阶段。不过，值得说明的是：在谈判中这两个阶段往往不仅没有明确的界限，而且有时还相互不断交织在一起，但是经验丰富的谈判人员对谈判进入什么阶段是十分清楚的。无论此两个阶段明显与否，有经验的谈判人士都竭力按照各阶段的先后顺序进行谈判。

3.3.1　报价阶段

所谓报价，是指谈判的某一方首次向另一方提出一定的交易条件，并愿意按照这些条件签订交易合同的一种表示。

在经历了谈判双方最初的接触、摸底，并对所了解和掌握的信息进行相应的处理之后，商务谈判往往由横向铺开转向纵向深入，即从广泛性洽谈转向对一个个议题的磋商。在每一个议题的磋商之初，往往由一方当事人报价，另一方当事人还价，这种报价和还价的过程就是报价阶段。不过这里所指的"价"是从广义上而言的，并非单指价格，而是指包括价格在内的诸如交货条件、支付手段、违约金或押金、品质与检验、运输与保险、索赔与诉讼等一系列内容。故此，所谓报价与还价，简言之就是双方当事人所报出的交易条件。在本阶段中，对报价者来说，需要考虑的问题主要是如何确定和提出开盘价，而对于还价者来说，需要考虑的问题则是如何确定还盘价以及如何向对方提出还盘价。当然，谈判双方在一起进行合作，并不是为了把不可能的事情变成可能，而是为了把可能的事情确定下来。因此，一个谈判者应当尽量准确地判断出对方所能接受的条件范围，谈判者报出的价格和其他各项条件，一般都不应超出对方所能接受的极限。

3.3.2　报价的依据

从理论上来说，商务谈判报价的依据有两个：第一，对报价者最为有利，即卖方报出最高价，在预期成交价基础上加上虚头，或者买方报出最低价，在预期成交价基础上扣减虚头，以便在后期谈判中讨价还价让虚头；第二，成功的可能性最大。报价时，要考虑到对方的接受能力和市场背景，避免狮子大开口吓跑对方。

在实际商务谈判中，报价遵循以下依据：

（1）随行就市；

（2）以主要出口或进口国家成交价为依据；

（3）参照买主或买主当地批发价；

（4）国际经济行情的状况及发展趋势；

（5）国际市场同类商品的供求状况及发展趋势；

（6）国际市场代用商品的供求状况及发展趋势；

（7）有关商品的生产、库存变化，主要地区的安全稳定状态等。

以上依据并不是一成不变的"死"依据，在报价时仅起参考作用，不起决定性作用。在报价时，最根本的依据是我们想不想买（或卖），想在何时买（卖）。如果我们确实想买（卖），我们的报价就可以适当高（低）一些；如果我们确实不想买（卖），我们的报价就可以拼命压低（哄抬高价）。具体在谈判中如何报价，应该随行就市，以情而定，灵活掌握。

3.3.3 报价的原则

1. 开盘价为"最高"或"最低"价

对于卖方来说，开盘价必须是"最高"价；与此相反，对于买方来说，开盘价必须是"最低"价，这是报价的首要原则。

首先，开盘价为我方要价定了一个最高限度。如果我方是卖方，开盘价为我方定出了一个最高价，最终双方的成交价格肯定低于此开盘价；如果我方是买方，开盘价为我方定出了一个最低价，最终双方的成交价格肯定高于此开盘价。

其次，开盘价会影响对方对我方提供商品或劳务的印象和评价。从人们的观念上来看，"一分价钱一分货"是大多数人信奉的观点。开价高，人们就会认为商品质量好，服务水平高；开价低，人们就会认为商品质量一般（或有瑕疵、样式过时等），服务水平低。

再次，开盘价高，可为以后磋商留下充分回旋的余地，使本方在谈判中更富有弹性，以便于掌握成交时机。

最后，开盘价对最终成交价具有实质性影响。开盘价高，最终成交价的水平就较高；相反，开盘价低，最终成交价的水平就较低。

2. 开盘价必须合情合理

开盘价要报得高一些，但绝不是指漫天要价、毫无道理、毫无控制，恰恰相反，高的同时必须合乎情理，必须能够讲得通才成。如果报价过高，又讲不出道理，对方必然认为你缺少谈判的诚意，或者被逼无奈而中止谈判扬长而去；或者以其人之道还治其人之身，相对也来个"漫天要价"；或一一提出质疑，而我方又无法解释，其结果只好是被迫无条件让步。因此，开盘价过高将会有损于谈判。同时，报价留出虚头的主要目的是为以后谈判留出余地，过高过低将为谈判造成困难。虚头留出多少，要视具体情况来定：竞争对手的多少、货源的情况、对手要货的用途、关系的远近等都会影响虚头的大小。

3. 报价应该坚定、明确、完整，且不加任何解释说明

报价时，态度要坚决、果断，毫无保留、毫不犹豫。这样做能够给对方留下我方是认真而诚实的好印象。要记住，任何欲言又止、吞吞吐吐的行为，必然会导致对方的不良感受，甚至会产生不信任感。

开盘价要明确、清晰和完整，以便对方能够准确了解我方的期望。开盘报价的内容，通常包括一系列内容——价格、交货条件、支付手段、质量标准和其他内容。开价时，要把开盘的几个要件一一讲清楚。

开价时，不要对本方所报价格做过多的解释、说明和辩解，因为，对方不管我方报价的水分多少都会提出质疑。如果在对方还没有提出问题之前，我们便加以主动说明，会提醒对方意识到我方最关心的问题，而这种问题有可能是对方尚未考虑过的问题。因此，有时过多的说明和解释，会使对方从中找到破绽或突破口，向我方猛烈反击。

上述三项原则为商务谈判的一般原则。报价在遵循上述原则的同时，必须考虑当时的谈判环境和与对方的关系状况。如果对方为了自己的利益而向我方施加压力，我方就必须以高价向对方施加压力，以保护本方的利益；如果双方关系比较友好，特别是有过较长的合作关系，那么报价就应当稳妥一些，出价过高会有损于双方的关系；如果我方有很多竞争对手，那就必须把要价压低到至少能受到邀请而继续谈判的程度，否则会被淘汰出局，失去谈判的机会。

3.3.4　报价方式

谈判双方在经过摸底之后，就开始报价。报价的方式有两种：一种是本方先开价，另一种是对方先开价，本方后开价。究竟应该选择哪一种报价方式，要根据本方的条件和每种报价的利弊关系来决定。

本方先开价的有利之处在于：一方面，先行报价，对谈判施加影响大，它实际上是给对方规定了谈判框架或基准线，谈判的最终协议将在这个范围内达成。另一方面，先报价如果出乎对方的预料和设想，往往可以打破对方原有的部署，甚至动摇对方原来的期望值，使其失去信心。总之，先报价在整个谈判中都会持续地起作用，因此，先报价比后报价的影响要大得多。是不是可以说先开价就一定好呢？答案显然是"不"。

📍 **案例 3-1**　　　　　　　　　　**一口价购古玩钟**

有一对夫妇，收入并不高，却非常追求生活的格调。有一天，在翻阅杂志的时候，看到了一只作为广告背景的古玩钟，他们立刻被它迷上了。

"亲爱的，这难道不是你所见过的钟里面最漂亮的吗？把它摆在咱们的客厅里一定很美！"妻子说道。

"确实非常漂亮！"丈夫完全赞同妻子的观点，"只是不知它卖什么价钱，广告上没有标价。"

这对夫妇太爱那只钟了，他们决定去寻找它。鉴于家庭的经济状况，他们决定以500元作为钟的最高价格，只要不超过500元，他们就会买下来。功夫不负有心人，经过三个月的寻找，他们终于在一个古董展销店发现了目标。

"就是它！"妻子兴奋极了。

"没错，跟杂志上一模一样，真是美极了！"丈夫显然没有忘记自己钱包的状况，"一定要记住，我们不能超过500元！"

他们走进展厅，发现古老的挂钟的标价是750元。

"算了，咱们回去吧，咱们说过不能超过500元的。"妻子说道。"话是这么说，"丈夫并没有死心，"我们可以试着让他们降点价，我们已经找这么久了，好不容易找到了，怎能轻易放弃呢？"

他们商量了一阵，决定由丈夫出面和售货员商谈。他们都知道500元成交的希望非常渺茫，丈夫甚至认为，既然已经寻找了这么长时间，那只挂钟又确实漂亮，如果能用600元买下来，也可以。

丈夫整整自己的领带，挺起胸脯走到售货员面前，说道："我看到你们有一只小挂钟要卖，我也看到了它的标价。现在我告诉你我想干什么，我要给你的钟出一个价，只出一个价。我肯定你会感到震惊！"他停顿了一下，观察效果，然后鼓起勇气宣布："我的出价是250元。"出乎他的意料，钟表售货员没有被吓倒在地上爬不起来。他连眼睛都没眨一下："给您，卖啦！"

居然在1秒内做成生意，售货员感到很满意地说："老板整天教导我们要满足顾客的需要，并以此作为发展长期顾客的前提。你们很有诚意，我以这么低的价格卖给你们，虽然这次没赚到什么钱，但只要你们满意，觉得我们店是不会欺骗顾客的，那以后就是我们的长期顾客了，没准还会介绍别的顾客来呢。这次老板肯定会表扬我啦！"

听到售货员的回答，丈夫第一反应是什么？兴高采烈吗？他绝不会对自己感到满意的。"我真傻，我应该只出150元。"他的第二个反应是："是不是我的耳朵出毛病了？要不就是这只钟有毛病！"

尽管如此，他还是把钟挂在客厅。挂钟美丽极了，与客厅的环境也非常和谐，但他总感觉这里面有什么不对头。每天晚上，他和妻子都会想起来看看钟是不是还在走。他们一天到晚忧心忡忡，以为这只挂钟很快就会散架，因为那该死的钟表售货员居然以250元的价格把这只钟卖给了他们。

资料来源：张国良.商务谈判［M］.杭州：浙江大学出版社，2010：63.

案例分析

1.为什么夫妻以比预期还低的价格买下那只钟，还会有那样痛苦的感觉？问题出在哪儿？

2.售货员有什么问题？

3.你认识到了什么谈判要点？

分析提示

1.仅满足他们对价格的要求并没有使他们快乐，这笔交易完结得太快，他们需要讨价还价，在谈判中建立信用。

2.谈判策略上的错误，不能轻易让步。对顾客需要的误判：金钱，还有心理。

3.在激烈的竞争中，没有万能的武器，所以谈判要有适当的方法。

诗语点睛

以诚相待信为本
清醒理智要冷静
胸有成竹多准备
求同存异共鸣生
无声有声皆适度
换位思考多包容
多听少讲细思考
后发制人亦聪明

习　题

一、单项选择题

1.将最低价格列在价格表上，以求首先引起买主兴趣。这种报价属于（　　　）。

A.日本式报价　　　　B.西欧式报价　　　　C.美国式报价　　　　D.中国式报价

2.谈判中最关键、最困难、最紧张的阶段是（　　　）。

A.开局阶段　　　　B.报价阶段　　　　C.磋商阶段　　　　D.成交阶段

3.（　　　）是价格磋商的基础。

A.应价　　　　B.还价　　　　C.询价　　　　D.报价

4.关于具体的讨价，要做到"具体问题具体分析"，分析方式是（　　　）。

A.分析对手　　　　B.分析自己　　　　C.分析技术　　　　D.分类和分档

5.谈判中在对待人与问题上要（　　　）。

A.对人硬、对事软　　　　　　　　B.对人软、对事硬

C.对人对事都要硬　　　　　　　　D.对人对事都要软

6.最后让步中主要应把握的问题是（　　　）。

A.让步的时间和方式　　　　　　　B.让步的方式和幅度

C.让步的时间和幅度　　　　　　　D.让步的幅度和频率

7.对方报价完毕后，己方正确的做法是（　　　）。

A.马上还价　　　　　　　　　　　B.要求对方进行价格解释

C.提出自己的报价　　　　　　　　D.否定对方报价

二、多项选择题

1. 商务谈判是商品流通的（　　　）。

    A. 前奏曲　　　　　　B. 桥梁　　　　　　　C. 助跳器　　　　　　D. 导航船

2. 商务谈判与沟通的原则要领有（　　　）。

    A. 真诚求实，以信待人　　　　　　B. 清醒理智，沉着冷静

    C. 求同存异，拓展共识　　　　　　D. 胸有成竹，有备无患

3. 谈判的共同目的有（　　　）。

    A. 追求利益　　　B. 谋求合作　　　　C. 寻求共识　　　　D. 互利互惠

4. 谈判中的话度适中是指与说话质量语言艺术相关的各种因素都要掌握适度的原则，防止"过犹不及"。话度包括（　　　）。

    A. 听度　　　　　　B. 力度　　　　　　C. 广度　　　　　　D. 深度

5. 建立良好谈判气氛的方法有（　　　）。

    A. 注意个人形象　　　　　　B. 沟通思想、加深了解

    C. 谦和、坦诚　　　　　　D. 建立友谊

6. 确定恰当的谈判气氛需要考虑以下因素（　　　）。

    A. 双方人员个人之间的关系　　　　　　B. 谈判双方企业间的关系

    C. 双方的实力　　　　　　D. 双方势均力敌

7. 谈判通则的协商即双方就（　　　）等内容进行洽商。

    A. 谈判目标　　　B. 计划　　　　　　C. 进度　　　　　　D. 人员

8. 开场陈述的内容主要包括（　　　）。

    A. 己方的立场　　　　　　B. 己方对问题的理解

    C. 对对方各项建议的反映　　　　　　D. 双方就当次谈判的内容

9. 在实际商务谈判中，报价遵循以下依据（　　　）。

    A. 随行就市　　　　　　B. 以主要出口或进口国家成交价为依据

    C. 参照买主或买主当地批发价　　　　　　D. 国际经济行情及发展趋势

10. 开盘报价的内容，通常包括（　　　）。

    A. 价格　　　B. 交货条件　　　　C. 支付手段　　　　D. 质量标准

三、判断题

1. 任何成功的商品交换必然以成功的谈判为前提，否则，商品交换便不能顺利完成。（　　　）

2. 谈判在情况不明时应该先发制人。（　　　）

3. 谈判就是要做合作的利己主义者。（　　　）

4. 谈判过程中喊价要狠，让步要快。（　　　）

5. 报价应该坚定、明确、完整，可以加任何解释说明。（　　　）

6. "高度重视—充分准备—方法得当—坚持到底"，这是取得谈判胜利的普遍法则。（　　　）

7. 在谈判的开局阶段，双方的注意力都不太集中，不适合进行实质性的谈判。（　　　）

8. 在做开场陈述时一定要明确、具体地提出己方的利益重点。（　　　）

9. 谈判气氛的形成完全是人为因素的结果，客观条件不会对谈判气氛造成什么影响。(　　)

10. 谈判开场阶段，可适当谈论一些轻松的、非业务性的话题，切忌涉及个人隐私。(　　)

11. 在谈判的开局阶段，双方的注意力都不太集中，不适合进行实质性的谈判。(　　)

12. 在做开场陈述时一定要明确、具体地提出己方的利益重点。(　　)

13. 对方陈述时，己方一定要倾听，要思想集中，同时要积极思索，寻找相应的对策。(　　)

14. 谈判气氛的形成完全是人为因素的结果，客观条件不会对谈判气氛造成什么影响。(　　)

四、连线题

商务谈判的各项基本原则的意义是：

（1）自愿　　　　　　　A（关键）

（2）平等　　　　　　　B（保证）

（3）互利　　　　　　　C（根本）

（4）求同　　　　　　　D（前提）

（5）效益　　　　　　　E（基础）

（6）合法　　　　　　　F（目标）

自我测试

请扫码查看

思考题

1. 商务谈判与沟通的原则要领有哪些？

2. 怎样才能营造很好的谈判气氛？

3. 报价的原则有哪些？

4. 简述谈判的基本程序。

第 4 章 CHAPTER4

商务谈判与语言沟通

沟通中的善听与善辩

乔伊·吉拉德是美国首屈一指的汽车推销员，他曾在一年内推销出 1 425 辆汽车。然而，这么一位出色的推销员，却有一次难忘的失败教训。一次，一位顾客来找乔伊商谈购车事宜。乔伊向他推荐了一种新型车，一切进展顺利，眼看就要成交，但对方突然决定不要了。夜已深，乔伊辗转反侧，百思不得其解，这位顾客明明很中意这款新车，为何又突然变卦了呢？他忍不住给对方拨了电话——"您好！今天我向您推销那辆新车，眼看您就要签字了，为什么却突然走了呢？""喂，你知道现在几点钟了吗？""真抱歉，我知道是晚上 11 点钟了，但我检讨了一整天，实在想不出自己到底错在哪里，因此，冒昧地打个电话来请教您。"

"真的？"

"肺腑之言。"

"可是，今天下午你并没有用心听我说话。就在签字之前，我提到我的儿子即将进入密歇根大学就读，我还跟你说到他的运动成绩和将来的抱负，我以他为荣，可你根本没有听我说这些话！"

听得出，对方似乎余怒未消。但乔伊对这件事却毫无印象，因为当时他确实没有注意听。话筒继续响着："你宁愿听另一名推销员说笑话，根本不在乎我说什么，我不愿意从一个不尊重我的人手里买东西！"

从这件事中，乔伊得到两条教训：第一，倾听顾客的话实在太重要了。因为自己没注意听对方的话，没有对那位顾客有一位值得骄傲的儿子表示高兴，显得对顾客不尊重，所以触怒了顾客，失去了一笔生意。第二，顾客虽然喜欢你的商品，但是他如果不喜欢这个售货的人，他也很可能不买你的商品。

资料来源：张国良. 国际商务谈判 [M]. 北京：清华大学出版社，2017：66.

案例思考

1. 沟通中的善听与善辩哪个更重要？为什么？

2. 在推销商品之前，首先要把自己推销出去。这句话对吗？为什么？

4.1　商务谈判相互交流的技巧

随着商务活动日益社会化，各经济单位的联系和往来都要通过谈判达成协议来实现，那么在谈判中怎样"谈"，如何"判"，怎样多赚钱，怎样使双方都受益，这是谈判双方所关心的焦点，交流在其中起着"穿针、引线、架桥、铺路"的作用。

4.1.1　相互交流的作用

1. 谈判成功，交流先行

大凡谈判成功的典范，主要取胜于谈判的诚意。而诚意又来自彼此的了解和信赖，这其中又以了解为源。彼此"鸡犬之声相闻，老死不相往来"，当然就无信赖可言。这样，不管产品多么吸引人，对方都会产生怀疑。如果出现这种情况，不仅质次产品的推销谈判要失败，就是合乎质量标准产品的推销谈判也难获得成功。因而要使对方信任你，首先让对方了解你，这就需要交流。

2. 排除障碍，赢得胜利

谈判中的障碍是客观存在的，语言障碍、心理障碍、双方利益满足的障碍等都会直接或间接地影响谈判效果。沟通是排除这些障碍的有效手段之一。如谈判双方在利益上彼此互不相让时，或是双方意向差距很大，潜伏着出现僵局的可能性时，通过娱乐等沟通活动就可缓解谈判中的紧张气氛，增进彼此的理解。

3. 长期合作，交流伴行

一家企业如果打算与某些客户进行长期合作，就要与这些客户保持长期的、持久的友好关系。交流，就起着加深这种关系的作用。

📍 案例 4-1　　　　　　　　　　　问话不同，结果相反

首先请看下面不同的对话。

一家果品公司的采购员来到果园，问："多少钱一斤？"

"8 角。"

"6 角行吗？"

"少一分也不卖。"

目前正是苹果上市的时候，这么多的买主，卖主显然不肯让步。

"商量商量怎么样？"

"没什么好商量的。"

"不卖拉倒！死了张屠夫，未必就吃混毛猪！"几句说呛了，买卖双方不欢而散。

不久，又一家公司的采购员走上前来，先递过一支香烟，问："多少钱一斤？"

"8 角。"

"整筐卖多少钱？"

"零买不卖，整筐 8 角一斤。"

卖主仍然坚持不让。买主却不急于还价，而是不慌不忙地打开筐盖，拿起一个苹果在手里掂量着，端详着，不紧不慢地说："个头儿还可以，但颜色不够红，这样上市卖不上价呀。"

接着，他伸手往筐里掏，摸了一会儿，摸出一个头儿小的苹果："老板，您这一筐，表面是大的，筐底可藏着不少小的，这怎么算呢？"他边说边继续在筐里摸着，一会儿，又摸出一个带伤的苹果："看！这里还有虫咬，也许是雹伤。您这苹果既不够红，又不够大，有的还有伤，无论如何算不上一级，勉强算二级就不错了。"

这时，卖主沉不住气了，说话也和气了："您真的想要，那么，您还个价吧。"

"农民一年到头也不容易，给您 6 角钱吧。"

"那可太低了……"卖主有点着急，"您再添点儿吧，我就指望这些苹果过日子哩。"

"好吧，看您也是个老实人，交个朋友吧，6 角 5 分一斤，我全包了。"

双方终于成交了。请问，为什么第一个买主遭到拒绝，而第二个买主却能以较低的价格成交？请从谈判战术上进行分析。

资料来源：张国良.国际商务谈判［M］.北京：清华大学出版社，2017：68.

4.1.2　交流中的障碍

1. 传送者的障碍

（1）目的不明。

若传送者对自己将要传递的信息内容、交流的目的缺乏真正的理解，即不清楚自己到底要向对方倾诉什么或阐明什么，那么，信息沟通的第一步便碰到了无法逾越的障碍。正如古语所说"以其昏昏，使人昭昭"，是不可能的。因此，传送者在信息交流之前必须有一个明确的目的和清楚的概念，即"我要通过什么通道，向谁传递什么信息并达到什么目的"。

案例 4-2

马路上，一辆汽车的引擎出了问题，司机检查发现是电池没电了，于是，他拦住了一辆过路的汽车请求帮助。那辆车的司机很乐于助人，同意帮助他重新发动汽车。"我的车有个自动启动系统，"抛锚汽车的司机解释说，"所以你只要用大概每小时 30 千米至 35 千米的速度就能启动我的车子。""做好事"的司机点点头，回到他的车中。抛锚者也爬入自己的车，等着那"助人为乐者"帮助发动汽车，可他等了一会儿，没见汽车上来，便下车看个究竟。但当他转过身时，发现事情糟了："助人为乐者"正以时速 35 千米的速度撞向他的车，结果造成了18 000 元的损失。

资料来源：张国良.国际商务谈判［M］.北京：清华大学出版社，2017：68.

（2）表达模糊。

无论是口头演讲或书面报告，都要表达清楚，使人一目了然，心领神会。若传送者口齿不清、语无伦次、闪烁其词，或词不达意、文理不通、字迹模糊，都会造成传递失真，使接收者无法了解对方所要传递的真实信息。

案例 4-3

一个到日本去谈判的美国商务代表团，碰到这样一件尴尬的事：直到他们要打道回府前，才知道贸易业务遇到了语言障碍，没有了达成协议的希望。因为在谈判时，就价格的确定上，双方开始没有得到统一。谈判快要告一段落时，美方在价格上稍微做了点让步，这时，日本方面的回答是"Hi！(嘿)"。结束后，美方就如释重负地准备"打道回府"。但结果其实并非如此。因为日本人说"嘿"，意味着"是，我理解你的意思（但我并不一定要认同你的意见）。"

资料来源：张国良.国际商务谈判［M］.北京：清华大学出版社，2017：69.

（3）选择失误。

对传送信息的时机把握不准，缺乏审时度势的能力，会大大降低信息交流的价值；信息沟通通道选择失误，则会使信息传递受阻，或延误传递的时机；若沟通对象选择错误，无疑会造成不是"对牛弹琴"就是自讨没趣的局面，直接影响信息交流的效果。

（4）形式不当。

当我们使用语言即文字或口语，以及非语言即形体语言（如手势、表情、姿态等）表达同样的信息时，一定要相互协调，否则使人如"丈二和尚摸不着头脑"。当我们传递一些十万火急的信息，若不采用电话、传真或互联网等现代化的快速通道，而通过邮递寄信的方式，那么接收者收到的信息往往由于时过境迁而成为一纸空文。

案例 4-4

在美国缅因州中心港口，当地流传着 10 年前沃尔特·科罗恩凯特首次将他的船驶入港口时的故事。这位豪放的水手看到不远处的岸边，有一小群人向他挥手致意，心里十分高兴。他模糊地听到对方的呼喊声："你好，沃尔特。"

当他的船驶近港口时，人越聚越多，仍然在呼喊："你好，沃尔特！你好，沃尔特！"

因为对这样热烈的欢迎十分感激，他摘下了白色的船长帽，挥动着回礼，甚至还鞠躬答谢。就在抵达岸边前一会儿，他的船忽然搁浅了。人群一片肃静。深知水性的他马上明白了，原来人们喊叫的是："水浅！水浅！"

资料来源：张国良.国际商务谈判［M］.北京：清华大学出版社，2017：70.

2. 接收者的障碍

（1）过度加工。

接收者在信息交流过程中有时会按照自己的主观意愿对信息进行"过滤"和"添加"，在企业里，由部下向上司所进行的上行沟通，某些部下"投其所好"，报喜不报忧，所传递的信息往往经过层层"过滤"后或变得支离破碎，或变得完美无缺；又如由决策层向管理层和执行层所进行的下行沟通，经过逐级领会而"添枝加叶"，使得所传递的信息或断章取义，或面目全非，从而导致信息的模糊或失真。

（2）知觉偏差。

接收者的个人特征，诸如个性特点、认知水平、价值标准、权力地位、社会阶层、文化修养、智商、情商等将直接影响对被知觉对象即传送者的正确认识。人们在信息交流或人际沟通中，总习惯于以自己为准则，对不利于自己的信息要么视而不见，要么不以为然，甚至颠倒黑白，以达到防御的目的。

（3）心理障碍。

由于接收者在人际沟通或信息交流过程中曾经受到过伤害和有过不良的情感体验，造成"一朝遭蛇咬，十年怕井绳"的心理定式，对传送者心存疑惑、怀有敌意，或由于内心恐惧、忐忑不安，就会拒绝接受所传递的信息，甚至抵制参与信息交流。

（4）思想差异。

由于接收者认知水平、价值标准和思维方式上的差异，往往会出现传送者用心良苦而仅仅换来"对牛弹琴"的局面，或者造成思想隔阂或误解，引发冲突，导致信息交流的中断以及人际关系的破裂。

3. 克服交流障碍的方法

尽管存在上述那么多的沟通障碍，但是沟通现状并非那么令人绝望。俗话说"不怕做不到，只怕想不到"，只要认识到沟通障碍的存在，就给我们妥善处理并排除沟通障碍带来了希望。研究表明，沟通是科学与艺术结合在一起的问题。因而，解决沟通中的思路、理念上的问题和障碍以及沟通中的方法、手段等技术问题就显得非常重要。以下是如何克服障碍，实现有效交流的策略。

（1）使用恰当的交流节奏。

"条条大道通罗马"，说的正是实现目标的多种途径的意思。面对不同的交流对象，或面临不同的情境，应该采取不同的沟通节奏，这样方能事半功倍，否则，可能造成严重的后果。如在一个刚组建的项目团队，团队成员彼此会小心翼翼，相互独立，若此时采取快速沟通和参与决策的方式，可能会导致失败；一旦一个团队或组织营造了学习的文化氛围，即组建了学习型组织时，可以导入深度会谈、脑力激荡等开放式的交流方式。

（2）考虑接收者的观点和立场。

有效的沟通者必须具有"同理心"，能够感同身受，换位思考，站在接收者的立场，以接收者的观点和视野来考虑问题。若接收者拒绝其观点与意见的话，那么传送者必须耐心、持续地做工作来改变接收者的想法，传送者甚至可以反思自己的观点是否正确。

（3）充分利用反馈机制。

进行沟通时，要避免出现"只传递而没有回馈"的状况。一个完整的沟通过程，要包括信息接收者对信息做出反应，只有确认接收者接收并理解了传送者所发送的信息，沟通才算完整与完成。要检验沟通是否达到目标，传送者只有通过获得接收者的反馈才能确定，如提问、倾听、观察、感受等方式。

（4）以行动强化语言。

以行动强化语言即中国人历来倡导的"言行一致"。语言上说明意图，只不过是沟通的开始，只有化为行动，才能真正最终提高沟通的效果，达到沟通的目的。如果说的一套，做的又是一套，"言行不一致"，这种所谓的沟通的结果是可怕的。家长要求子女努力、上进，养成积极向上的人生观，而自己却沉湎于赌博、搓麻将，请问这种开导式的沟通有效果吗？在企业中，传达政策、命令、规范之前，管理者最好能够确定是否能真正化为行动。树立了以行动支持语言的信誉后，管理沟通才能真正达到交流的目的，才能在公司内部建立一种良好的相互信任的文化氛围，并使公司的愿景、价值观、使命、战略目标付诸实施。

（5）避免一味说教。

有效沟通是彼此之间的人际交往与心灵交流，仅仅试图用说教的方式与人交往则违背了这个原则。当传送者一味打算全面传达其信息时，很难对接收者的感受、反响做出反应，当其越投入、越专注自己要表达的意思，越会忽略接收者暗示的动作或情绪、情感方面的反应，其结果会引发接收者对其的反感与"敬而远之"。

4.2　商务谈判沟通中的语言表达

所谓谈判就是既要"谈"又要"判"。"谈"主要就是运用语言表达自己的立场、观点及交易条件等，而"判"就是判断。由谈判双方对各种信息进行综合分析，通过讨价还价，经过衡量、比较，最后做出判断，以决定最终的谈判结果，并通过语言表达出双方判断的结果。如果交易不成功，则需要用口头语言告诉对方；如果交易成功，则既需要用语言通知对方，又必须以契约的形式用书面语言固定下来，以作为确定双方权利和义务的法律依据。应该说，经贸谈判的整个过程也就是语言技巧运用的过程。因此，语言艺术是经贸谈判的重要组成部分，必须给予足够的重视。

> **实例**　　本书作者在浙江农林大学天目学院大学生毕业典礼大会上的演讲

各位领导、各位来宾、老师们、同学们：

今天我们在这里隆重举行应届毕业生的典礼仪式，我曾经作为一名任课教师有幸与你们部分同学朝夕相处，共同度过一段欢乐的教学时光，感到十分欣慰和自豪！请允许我谨代表天目学院教师对这一庆典活动表示热烈的祝贺！

天地悠悠，岁月匆匆；大学如诗，激情豪放；大学如歌，余音绕梁。想当初你们怀着求知若渴的夙愿，带着父老乡亲的嘱托，更带着祖国的希望，迈着矫健的步伐，来到天目学院这所神圣的高等学府，在这里塑造高尚的人格，追求科学的真谛，锤炼健美的体魄，在书山上攀登，在学海里畅游，接受知识经济的洗礼，迎接新世纪的朝阳。

浙江农林大学这块风水宝地是读书做学问的好地方。日出东径，千峰竞秀，林浓纳众生，志超欲登云，强劲拔节立，烟雨沐春风。浙林崛起东湖畔，生态大学植物园，两园相通，天人合一，大学生态化，生态文明化。松风竹节，银杏参天，名树香樟越千种，稀有亿年硅化木。文理通观，东西博采，金屋图书馆，宝典一卷开。荷塘月色东湖现，晨光生辉紫气来，洲心白鹅向天歌，溪畔书声绕亭台。坚忍不拔，不断超越，生态育人筑和谐，创新强校谱新曲。本科评估，业绩优秀；道德国模，行为世范；科技进步，国家嘉奖；创业挑战，全国夺金；大学更名，一举成功。雄关万道，从头跨越！

如果说我们当初的相见是为了寻求知识和积累力量，那么我们今天的相别是为了实现理想，大展宏愿！如果说学院是宁静的港湾，那么你们就是一艘艘整装待发的战舰，终究要驶向广阔的大海；如果说学院是安全的机场，你们就是一只只展翅高飞的银燕，终究要冲向蓝天。

今天你们从这里出发，即将走向社会，开拓新的人生征程，此时此刻我想对你们说一些心里话。

人类已经进入 21 世纪，新的世纪是知识经济制胜的时代，特别是我国加入 WTO，国内市场国际化，国际市场国内化，赢得竞争优势，夺取领先地位，获得更大效益，已成为全球经济竞争的新景观。

一个国家与另一个国家的竞争表面上看是经济上的竞争，而实质上是科技与人才的竞争，但归根到底是在于教育的竞争。舍不得在教育上下本钱就像是种田不施肥一样，久而久之地力会下降。当今社会知识已成为人们生存、立足、发展的最大资本。读书求知，终身学习的观念已日益深入人心；积蓄智能，终身教育成为新的时尚。生命有限，学海无涯。所以你们获得本科文凭、学士学位只是一个阶段性的学习成果，应该继续深造，向硕士、博士甚至更高的目标迈进。文凭，心虚的人用它来装饰自己；虚心的人用它来鞭策自己，只有不断自我否定，才会自强不息。自我超越精神，它是一个过程、一种终身修炼。任何事物的发展都需要一个过程，成功是一个过程，而不是结果，不可以因为结果而放弃过程。过程是永恒的，努力是永恒的，结果是暂时的。

希望你们把所学的专业知识运用到社会实践中去，运用到企业生产经营管理中去，解决企业生产经营中的实际问题。你们既要重视间接经验的学习，更要重视直接经验的积累；既要有悟性、理性、韧性，更要有学识、胆识、见识。你们要在实践中练内功，长才干，创伟业；要爱岗敬业，不断创新，服务民众，回报社会；更不要忘记父母和母校对你们的养育之恩，要常到家中干干，常回母校看看。

今天，在座的还有许多未毕业的在校学生，我借此机会也想对你们说几句心里话：时间的一维性告诉我们，光阴好比河中水，只能流去不复回；失落黄金有分量，错过光阴无处寻。你们在校期间要只争朝夕，珍惜光阴；要以德为本，以勤为径，以学为荣；好学上进，不断拓展才能，提升自我，成就事业，完善人生！

最后，祝愿各位毕业生学业长进，就业顺心，爱情如愿，事业有成，一路顺风！并祝各位来宾身心健康，欢乐常在。

谢谢大家！

4.3　商务谈判语言沟通的作用

1. 陈述已见表达主旨

商务谈判是一个复杂的艺术结构体，有时表现为合作，有时表现为对抗；有时步步紧逼，有时又必须妥协让步；有时要说服对方，有时又要拒绝对方；有时需要在谈判桌上论辩，有时又需要会下协商；有时需要团体较量，有时需要举兵独进。它的确令人眼花缭乱，变幻莫测。但是无论谈判有什么变化，用什么形式来表现，谈判的目的都是十分明确的，那就是谈判双方都希望最大限度满足自己的需求。

为此,己方要提出种种条件,并为这些条件找出充足的理由。而对方同样提出自己的条件和理由,同时要驳斥另一方的理由,以稳固自己的条件和理由。这一切都需要用语言来陈述己见,突出主旨,表情达意,反馈信息。如果用词不准确、词不达意、语意不清就很难取得良好的效果。所以语言艺术首先要解决的是要"说什么"以表达主旨,然后才解决"怎么说"。人们熟知的三国时期孔明智激孙权,他面对东吴文武百官,嬉笑怒骂,侃侃而谈,或褒或贬,或缓或激;或指斥或讽刺,沉稳潇洒,进退自如;时而如高山流水,气度高雅;时而如握雄兵百万,指挥若定,大义凛然,气势恢宏。一席精彩言论,使东吴君臣茅塞顿开,促成蜀吴联手、共抗曹兵的大计。

传说在明代有个理发店新开时门前贴出一副对联:"磨砺以须,问天下头颅几许?及锋而试,看老夫手段如何!"令人毛骨悚然,门庭冷落。另一家有一副对联"相逢尽是弹冠客,此去应无搔首人","弹冠客"就是当官者,"无搔首"即心情舒畅,发理得漂亮,使人舒适,果然生意兴隆。

2. 说服对方维护己方利益

经贸谈判的利益追求,决定了其具有对抗性和说服性的基本特征。谈判既是实力的较量,也是智慧、谋略的斗争。但其表现形式则是一方企图说服另一方的语言交锋。人们总想在经贸谈判中用自己的观点去影响和说服对方,让对方在了解和理解的基础上接受你的观点,维护自己的利益。然而,说服别人并不是一件容易的事,在你想说服对方的同时,对方还想企图说服你,这就需要用足语言技巧:或微言大义,说明利害;或旁敲侧击,循循善诱;或快速激问,三思而答;或重言施压,或絮语软磨;或言不由衷,或言必中。出色的谈判大师总是善于鼓动如簧巧舌,调动语言的各种形式,将语言艺术的各要素巧妙搭配,适时地、恰当地抛出己方的谈判筹码,从而取得谈判成功。

从前有个技艺高超的理发师,给宰相修面修到一半时把眉毛刮掉了,急中生智停下刀看着宰相的肚皮,仿佛要看透对方的五脏六腑。宰相问:"这肚皮人人皆有,有什么好看的?"理发师解释:"人们常说宰相肚里能撑船,我看大人的肚皮并不大,怎么能撑船呢?"宰相哈哈大笑,说那是指宰相的气量大,能容一些小事,从不计较。理发师扑通下跪,声泪俱下请求恕罪。宰相一听啼笑皆非,可没了眉毛今后怎样见人?他正要发怒,又想到刚才不是说自己气量大,又怎能治罪,于是便温和地说拿毛笔画上即可。

3. 缓和紧张气氛融洽双方关系

任何谈判都是在一定的气氛中进行的,气氛的发展变化直接影响着整个谈判的前景。友好热烈的气氛会使双方达成一致的协议,而冷淡紧张的气氛则会把谈判推向严峻的境地,甚至导致谈判的破裂。因此,要尽量创造和谐友好的谈判气氛。

俗话说:"良言一句三冬暖,恶语伤人六月寒。""良言"就是指讲究艺术的语言,在谈判中融洽友善的谈判氛围既是良好人际关系的产物,又是其表现。谈判者的语言文明、言辞得体,自然有利于谈判双方建立良好的人际关系,进而营造理想的谈判氛围。反之,若不讲究语言艺术,生冷僵硬,甚至出语不逊,恶语伤人,必然导致对方的反感和不满,从而给谈判制造心理障碍,甚至导致谈判的破裂。当然谈判中的语言文明、言辞得体,这只是起码的要求。出色的语言艺术在谈判中还可以使人转忧为喜，转怒为和，缓解冲突，化解矛盾，变不利态势为有利态势等。1989 年，苏共中央总书记戈尔巴乔夫来华访问，与邓小平同志在京会晤。当时邓小平同志回顾中苏断交的历史事实，并指出主要是由苏方引起的。戈尔巴乔夫很不自在，当时气氛紧张，在场的工作人员也捏着一把冷汗。可是，邓小平同志只用了八个字"结束过去，开辟未来"。话锋一转，气氛马上得到调节，使谈判始终在和谐友好的气氛中进行。

商务谈判沟通中的语言表达艺术

1. 观点鲜明，措辞准确

谈判中"辩"的目的，就是要说明自己的观点。论辩的过程就是通过摆事实、讲道理，说明自己的观点和立场。法国作家雨果说："语言就是力量。"准确巧妙的语言表达能力，是谈判艺术风格的具体体现。谈判中的语言文字必须准确无误，合同的条款要仔细推敲，即使口语也要层次分明，措辞准确。王安石的"春风又绿江南岸"的"绿"字，就是追求用词准确、生动的千古佳话。又如贾岛的"推敲"，也是追求措辞精确生动的典范。唐代诗人贾岛为推敲文字，经常到如痴如醉的地步。有一次他经过长安朱雀大街，时值深秋风卷落叶，也卷起了他的诗意，吟出了"秋风吹渭水，落叶满长安"的佳句。又有一次他骑驴来到长安街上，诗兴大发，吟出"鸟宿池边树，僧敲月下门"。当时他想用"推"字，又想用"敲"字，反复斟酌，误闯韩愈仪仗队。韩愈问其原因，并与其结为文友，于是"推敲"一词由此而流传下来。

鲁迅先生提出字的修辞要做到"三美"，即"音美以感耳，形美以感目，意美以感心"，只有推敲文字做到音美、形美、意美，才能收到美化语言、交流思想、说服他人的效果。要使语言精益求精，就必须做到以下三点：一是要下苦功，"吟安一个字，拈断数茎须"，不能马虎。二是要高标准，严要求，"有得忌轻出，微瑕须细评"，刻意追求最佳表达效果。三是贴切自然，不要堆砌辞藻，要追求"句险语曲""一句能令万古传"，无论是句式的选择，还是句意的酝酿，都要千锤百炼，才能炉火纯青，美自天成。

语言是否准确，直接影响你表达的思想是否准确。要想准确地表情达意，谈判语言的准确性是必备前提。经济合同中因一字之差或标点有误，造成巨大的经济损失不乏其例。浙江省三门市一家商行曾与内蒙古呼和浩特市一家皮货收购站因购买一批优质羊皮签订合同。商行对羊皮的质量要求大小是 4 平方尺[⊖]以上，无剪刀斑。但在合同上不慎写成"羊皮 4 平方尺以上、有剪刀斑的不要"误把句号做顿号，羊皮大小要求与原意恰好相反，误用一个标点符号造成直接经济损失 10 多万元。又如，我国乌鲁木齐市发生的错把"乌"字作"鸟"字，致使价值 18 万元挂面的包装袋报废，真是"一点失万金"。还有错把"订金"当"定金"，一字损失数万元的例子。其原因就是有关谈判人员不懂得"细节中有魔鬼"这一深刻道理。在起草文件时，谈判人员必须有高度的责任感，要一丝不苟，慎之又慎，每一个问题、每一个段落、每一句话、每一个词，甚至一个标点符号、计量

⊖　1 平方尺 = 0.111 平方米。

单位都必须认真加以斟酌。因为谈判的结果最终要落实到文字上，稍有疏忽可能铸成无法挽回的损失。

2. 思维敏捷，论证严密

经贸谈判中的论辩，往往是双方在进行磋商时遇到难解的问题才发生的。因此，一个优秀辩手应该是头脑冷静、思维敏捷、论证严密而富有逻辑性的人。只有具有这种素质的人，才能应付各种各样的难题，从而摆脱困境。任何一个成功的谈判者都具有辩路敏捷、逻辑性强的特点。为此，谈判人员应加强这方面的基本功训练，培养自己的逻辑思维能力，以便在谈判中随机应变。特别是在谈判条件相当的情况下，谁能在论辩过程中思路敏捷，谁就能在谈判中技高一筹，战胜对手。只要你谙熟逻辑知识，掌握谈判制胜的逻辑技巧，淋漓尽致地发挥你的逻辑才能，你所掌握的信息就会变为一把利矛，直刺对方。无论对手的盾打造得如何牢固，最终必将对你十分有利。逻辑是谈判中批驳谬误、摆脱困境、出奇制胜的武器。

◉ 案例 4-5　　　　　　　　　　周恩来巧答记者问

1961 年，一个外国记者以挑衅的口吻问周恩来总理："中国这么多人口，是否对别国有扩张领土的要求？"周总理严正回答："你似乎认为一个国家向外扩张，是由于人口太多。我们不同意这种看法。英国的人口在第一次世界大战以前是 4 500 万，不算太多，但是英国在很长时间内曾是'日不落'的殖民帝国。美国的面积略小于中国，而美国的人口还不到中国人口的1/3，但是美国的军事基地遍布全球，美国的海外驻军达 150 万人。中国人口虽多，但是没有一兵一卒驻在外国的领土，更没有在外国建立一个军事基地。可见一个国家是否向外扩张，并不决定于它的人口多少。"

资料来源：张国良. 国际商务谈判［M］. 北京：清华大学出版社，2017：73.

在这段驳论辞中，周总理借助比较对照的方法，论证严密，辩路敏捷，有力地批驳了对方的观点。

3. 有声无声，话度适中

经贸谈判从本质上就是既竞争又合作的人类互动的高级形式，语言作为谈判双方为了彼此竞争和合作而交流沟通的工具，特别要讲究艺术性。话度适中，谈话彬彬有礼，处事富于情感又不乏理智；意志顽强又善于适度适时让步；善于交际又不失原则，长于用谋又无可挑剔；威而不怒，严而不骄，冷而不寒，热而不躁，不卑不亢，落落大方。谈判桌上是对手，谈判场外是朋友；每临大事有静气，凡遇原则皆商量；重大问题不让步，次要问题得饶人处且饶人；军师之智和大将风度集于一身。这一切都需要话度适中的原则。话度适中是指与说话质量、语言艺术相关的各种因素都要掌握适度的原则，防止"过犹不及"。话度包括听度、力度、深度、信度等。

首先，注意听度，也就是让听者可以接受的程度。会说的不如会听的，表述中注意渗入听者顺心的话以及某些靠近其念想的条件。这样听者自然爱听，注意听。要激发对方的兴趣，语出惊人，造成悬念，引人入胜，适应语境。否则，听者将跟不上谈判思路，摸不到谈判的脉搏，更达不成协议。

其次是力度，说话力度是指谈判者论述中说话的强弱与用词的锋芒。声强表现为声音强劲有力，但不是高喉咙大嗓门；声弱，表现为声轻而有气度，这样既使声调抑扬顿挫，又使论述内容富有感情色彩。

再次是深度，指语言及其内容的深刻全面程度。在论述中灵活变化的深度可以反映不同的论述目的，只有长度没有深度，泛泛而谈，不得要领，不如画龙点睛，一语破的。正如军事上有句术语"伤其十指不如断其一指"。要使深度适当，还要注意结合问话的技巧，什么时候问话、怎样问话都是很有讲究的。对手直率，提问要简洁；对手内向，提问要含蓄；对手严肃，提问要认真；对手暴躁，提问要委婉；对手开朗，提问要随意。不可千篇一律，"酒逢知己千杯少，话不投机半句多"。

最后是信度，是指表述显得真诚实际，使其达到有说服力的程度。越真诚实际，说服力度越大；反之越小。"精诚所至，金石为开"，诚信对做人来讲是人格，对谈判作风而言是风格。言而有信，对手放心，以心换心，真诚求实，可促进良好的谈判结果，达成协议。"谈心要交心，交心要知心，知心要诚心。"因此，真诚与实际决定了信度，有信度才会有说服力。切记：一个高明的谈判者应该是精明的、难以应付的，但同时必须是一个言而有信的人，要做一个既精明又可信赖的谈判者。最后必须指出，由于经贸谈判的"谈"占据着重要的地位，自然语言艺术是经贸谈判的主要研究课题之一。但是，对于语言艺术的掌握，绝非只是语言本身问题。陆游说："汝果欲学诗，功夫在诗外。"这就是说，语言艺术水平的高低，反映着一个人知识、智慧、能力和思想修养。有人说谈判者要有哲学家的思维、企业家的头脑、外交家的嘴巴、宣传家的技巧、军事家的谋略。只有从根本上不断提高自己各方面的综合素养，才能得心应手、恰到好处地驾驭语言艺术。说到底，语言艺术只是谈判者知识、智慧、才华等内在素质的外在表现，谈判人员没有扎实的内在功夫，绝没有高超的语言艺术。

4. 把话说到对方的心坎上

要说服对方，必须要寻找对方能接受的谈话起点，即寻求与对方思想上的共鸣，把话说到对方的心坎上。

📍 **案例 4-6**   **三句话说哭常香玉**

在"常香玉舞台生涯五十周年庆祝舞会"上，电影导演谢添让作家李准出个节目：用三句话把常香玉说哭。李准看实在推不掉了，只好求常香玉说："香玉，别难为我了，您还是我的救命恩人呢。我 10 岁那年，跟难民逃荒到西安，捧着您施舍的粥，泪往心里流，想日后见到恩人，一定给您叩个响头！哪想'文化大革命'中，找您找不着，在您被绑在大卡车上游街时却见到了您，我在街旁暗暗流泪，真想喊：'让我替她吧！她是我的恩人哪！'"三句话把常香玉说哭了，在场的人也抹起了眼泪。李准曾说："没有几下绝招，难得当个作家。"关键是了解对方的伤心史，把话说到对方的伤心处。

资料来源：张国良.国际商务谈判［M］.北京：清华大学出版社，2017：75.

"人怕伤心，树怕伤根。"在谈判中，不可伤对方的面子与自尊，维护对方的面子与自尊是一个极其敏感而又重要的问题。在交谈中，称谓的艺术不可忽视。皮埃尔·史密斯好不容易当上了纽约市总督，新官上任三把火，第一把是前往监狱视察。他同犯人讲话"我的公民们"，觉得不对，改口为"我的囚犯们"。结果又不对，他只好自嘲地说："嗯，不管怎么样，我很高兴地看到你们这么多人在这里。"但越说越不是滋味。究竟如何称呼好呢？著名演讲家曲啸同志给我们以启示，1983 年他应邀去某市给少年犯罪分子演讲。他先对开头的称呼仔细斟酌：称"同志"呢，不行，对方没有资格；称"犯罪的人"呢，也不行，这就等于揭了他们的疮疤。最后他在开头时这样演讲："触犯了国家法律的年轻朋友们！"全场掌声雷动，有的人激动得流下了眼泪。他们听到了难以听到的称呼，顿时感到人格在升华，人生价值在展现，重新做人的愿望在召唤！史密斯的失败和曲啸的成功说明小至开场的称谓都不可忽视。

5. 学会运用幽默语言

在生活中，具有幽默感的人总是令人喜欢，受人欢迎的莎士比亚说"幽默和风趣是智慧的闪现"。在谈判这样一个社交的场合，幽默风趣的谈吐是谈判中的润滑剂、兴奋剂、消炎剂。它能够调节气氛，放松心情，打破僵局，化解对立，让谈判双方在轻松愉快的状态下交流思想，沟通信息，谋求一致。幽默作为一种语言艺术，是人的智慧的结晶，其作用是十分巨大的。

首先，幽默有助于创造和谐的谈判气氛。谈判是一项艰苦、紧张的工作，偶尔的笑声会使谈判在一瞬间变得轻松、愉快。风趣幽默的语言能使紧张沉闷、扑朔迷离的谈判气氛得到调节，促进谈判双方的合作，提高效率。

其次，幽默有利于缓解冲突，化解冰霜，甚至化干戈为玉帛。谈判中的冲突是不可避免的，但冲突形式各异，有的是疾风骤雨，有的是和风细雨，如用幽默语言替代激烈的言辞，就会化干戈为玉帛。

北京的一辆公共汽车因急刹车，有个知识分子模样的人无意撞到一个女青年身上，女青年责备说："德行。"那人解释说："是惯性。"他的话引起乘客的笑声，女青年也笑了。

最后，幽默的语言能增添辩论的力量，避开对方的锋芒。商务谈判中辩论是司空见惯的，辩论激烈则咄咄逼人，常导致谈判气氛紧张。因此在辩论中运用幽默的语言，一可避开对方咄咄逼人之态势，二可给运用者增添魅力与力量，三可体现运用者的素质、风度与信心。幽默语言如流水之柔，刚中有柔，柔中有刚，刚柔相济。幽默的人可于谈笑挥洒自如之间，瓦解对方的攻势；可以在谈判桌上自由驰骋，游刃有余。其语言锐利而不失和气，针锋相对而不失委婉，绵里藏针而不失幽默。即使剑拔弩张，紧张的气氛也会顷刻释然，这就是幽默语言艺术魅力之所在。

幽默对于谈判有着不可忽视的作用，当气氛紧张时幽默就像降压灵、镇静剂一样，可以有效地缓和气氛，运用得好可以化干戈为玉帛，变紧张为愉悦，创造出友好和谐的谈判气氛。那么如何创造和谐幽默的气氛呢？

（1）快速构想。

先确立目标，然后再设想分几步达到目标，请看下面例子。一个顾客在酒店喝啤酒，他喝完第二杯之后，转身问老板："你这一星期能卖多少桶啤酒？""7桶。"老板因生意不佳有些不悦，顾客说那么还有一个办法，能使每星期卖掉70桶。老板很惊异，忙问什么办法。顾客说答案很简单，每个杯子倒满就行！顾客先询问，然后抛出诱饵，最后实现目标。

（2）超常规联想。

幽默产生于语言的反常组合、超常规的思路，超常规的思路又来源于超常规的联想。下面是某餐馆内顾客和服务员的对话。

顾客："我的菜还没做好吗？"

服务员："你点了什么菜？"

顾客："炸蜗牛。"

服务员："我下厨看一下，请稍等片刻。"

顾客："我已经等了半小时了！"

服务员："这是因为蜗牛是行动迟缓的动物。"两人都会意地笑了。

（3）故意曲解。

对方的话可能有多种解释，可故意在字面上违背对方的意愿。如：顾客吐米饭中的沙子，服务员问："都是沙子吧？"顾客说："不，也有米饭。"

（4）巧妙对接。

接过问句，将原有的词语或语序稍加改动，做出形式相似、内容相反的回答。如下方例子。

穷人：早上好，先生，您今天出来得早啊！

富人：我出来散步，看看是否有胃口对付早餐，你在干什么？

穷人：我出来转转，看看是否有早餐对付胃口。

形式变化小，内容变化大，一小一大的反差，造成了幽默的效果。

（5）一语双关。

利用词语的多义或谐音给词语赋予两个或两个以上的含义，使你的语言委婉、含蓄、耐人寻味。例如，俄国科学家罗蒙诺索夫家境贫困，童年时非常穷。他成名之后，仍然保持着朴素而简单的生活，衣着不讲究，每天研究学问。一天他遇到一个不学无术、专门讲究吃穿的人。那人见罗蒙诺索夫的衣服破了一个洞口，指着洞说："从这里可以看到你的学问吗？"面对他的讽刺，罗蒙诺索夫说："不，从这里可以看到愚蠢。"一句话说得那人无地自容。

（6）归谬引申。

这是一种先顺着对方的思路说下去，然后当谬误十分明确时，对方自然明白自己的错误所在，达到说服的作用。

甲：我家有一面鼓，敲起来方圆百里能听得见。

乙：我家有头牛，在江南喝水，头可以伸到江北。

甲连连摇头说："哪有这么大的牛？这是在吹牛。"

乙说："你怎么连这一点都不懂，没有这么大的牛，就没有这么大的牛皮蒙你的鼓。"

由此讽刺了甲的吹牛。

（7）注意说话的方式。

在谈判中，交谈陈述是表达立场、澄清事实的基本方法，因此要做到观点明确、层次清楚、态度诚恳、声调平和、简练流畅；切忌夸夸其谈、故弄玄虚、语气傲慢、强加于人。下面介绍成功交谈陈述的 8 种态度。

①要感兴趣。对正在进行的谈话、谈话人及其所作所为表现出浓厚的兴趣，不要只对熟人感兴趣，而应对所有参加谈话的人都感兴趣，目光也不要总是停留在一个人身上。

②神情愉快。要面带微笑，而不能愁云满面，周恩来在万隆会议上以微笑征服了全世界。

③与人友善。不能讥笑、挖苦对方，否则谈判难以顺利进行。

④随机应变。应具有随机应变的能力，固执和僵化在谈判中是没有市场的。例如，乾隆问纪晓岚："'忠孝'二字怎么解释？"纪晓岚答曰："忠孝二字就是说：君要臣死，臣不得不死。"皇上说："那我现在下圣旨让你去死。"纪晓岚跑出去"死"，可不一会儿又回来了。皇上问："纪晓岚，你怎么没死又回来了？"纪晓岚说："我正准备跳江而死，可遇上屈原了。屈原说，'我当年投江自尽是没办法，当年楚王是昏君。当今圣上圣明，你先去问皇上是不是昏君，然后再死也不迟。'所以我就回来了。"皇上和众臣都笑了。这真是一席妙语抵圣旨。

⑤有张有弛，有时活跃有时紧张严肃，一定的安静是必不可少的。

⑥三思而后行，谈判也是如此，想好了再说而不是说了再想。

⑦谦恭有礼，礼貌是强大的力量。

⑧谈话要适应语境。

（8）应避免的词。

①极端性语言。

②针锋相对的语言：开价五万元，一点也不能少，不用讲了，就这样定了。

③涉及对方隐秘的语言：是否你们的公司领导没点头？

④有损对方自尊心的语言：买不起明讲，开价就低些。

⑤催促对方的语言：快点答复，马上考虑！

⑥赌气的语言：上次成交让你们赚了五万元，这次不能让你们再占便宜了。

⑦言之无物：真的吗？

⑧以"我"为中心：我的看法中的"我"变成"你"，效果会截然不同。

⑨威胁性的语言：请考虑后果，这是不给你留后路。

⑩模棱两可的语言："不但、而且、有可能、大概、也许、不一定……"

📍 案例 4-7　　　　　　　　　　**管理故事：秀才买材**

有一个秀才去买材，他对卖材的人说："荷薪者过来！"卖材的人听不懂"荷薪者"（担材的人）三个字，但是听得懂"过来"两个字，于是把材担到秀才前面。

秀才问他："其价如何？"卖材的人听不太懂这句话，但是听得懂"价"这个字，于是就告诉秀才价钱。

秀才接着说："外实而内湿，烟多而焰少，请损之。你的木材外表是干的，里头却是湿的，燃烧起来，会浓烟多而火焰小，请减些价钱吧。"卖材的人因为听不懂秀才的话，于是担着材就走了。

资料来源：张国良.国际商务谈判［M］.北京：清华大学出版社，2017：77.

谈判者平时最好用简单的语言、易懂的言辞来传达信息，而且对于说话的对象、时机要有所掌握，有时过分的修饰反而达不到想要实现的目的。

4.4　倾听对方的讲话

谈判中的倾听，不仅指运用耳朵这种听觉器官的听，还指运用眼睛去观察对方的表情与动作。这种耳到、眼到、心到、脑到的听，被称为倾听，会说不如会听。

4.4.1　倾听的作用

（1）倾听是了解对方需要、发现事实真相的最简捷的途径，以达到知彼知己。

（2）注意倾听是给人留下良好印象、改善双方关系的有效方式之一，它可以使我们不花费任何力气，取得意外的收获。

（3）倾听会使我们掌握许多重要语言的习惯用法。

（4）倾听还可以使我们了解对方态度的变化。

4.4.2　影响倾听的障碍

（1）自我表白；

（2）先入为主；

（3）急于反驳；

（4）证据不足就轻易下结论；

（5）急于记住每一件事情，主次不分；

（6）不注意，没兴趣；

（7）其他事分心；

（8）越过难以对付的；

（9）主动放弃不喜欢的材料；

（10）定式思维。

> ◉ **小思考　当谈判对手在陈述与你不同的观点时，你如何看待？**
>
> 　　答：更要认真听，听全。因为喜欢听不同意见，善于处理不同意见，才会获得成功。

4.4.3　学会倾听

学会约束自己，控制自己的言行，要具体做到如下几点：

（1）积极主动地听。要心胸开阔，抛弃先入为主的观念。在对方发言时为了摸清对方的底细要保持积极的态度，以便在谈话中获取较多的信息（听话听音、锣鼓听声）。

（2）有鉴别地听。要全神贯注，努力集中注意力，在专心致志的基础之上，听者要去粗取精，除伪存真，由此及彼，由表及里。

（3）有领会地听。谈判者在谈判中必须谨慎行事，关键性话语不要随意出口，要细心领会对方提出问题的实质，才有可能找出摆脱难题的办法来。

（4）及时做出反馈性的表示。如欠身、点头、摇头、微笑或反复强调一些较为重要的句子，或提出几个能够启发对方思路的问题，从而使对方产生被重视感，有利于营造融洽的谈判气氛。

（5）注意察言观色。对方的一言一行、举手投足都不放过，并通过目光、脸色、手势仪表、体态等来了解对方的本意。

（6）做必要的记录。好记性不如烂笔头。

总之，倾听是谈话技巧的重要组成部分，只有听好，才能问好、答好、辩好，从而圆满地完成谈判任务。

4.5　成功地运用发问

要想了解对方的想法和意图，掌握更多的信息，倾听和发问都是必要的。这二者相辅相成，倾听是为了发问，而发问则是为了更好地倾听。商务谈判中经常运用提问技巧作为摸清对方真实意图、掌握对方心理变化以及明确表达自己意见观点的重要手段。通过提问，可以引起对方的注意，对双方的思考提供既定的方向；可以获得自己不知道的信息、不了解的资料；可以传达自己的感受，引起对方的思考；可以鼓励对方继续讲话；可以转换话题；可以得出结论；可以控制谈判的方向等。

4.5.1　问话的作用

谈判中的提问是摸清对方的真实需要、掌握对方的心理状态、表达自己观点意见，进而通过谈判解决问题的重要手段。提问在商务谈判中扮演着十分重要的角色。提问有助于信息的搜集，引导谈判走势，诱导对方思考，同时对方的回答也可相对形成有效的刺激。

（1）使用间接的提问方式。间接提问使表达更客气，更礼貌。在商务谈判中，提问几乎贯穿谈判的全过程，大多数的提问都是说话人力求获得信息、有益于说话人的。这样，根据礼貌等级，提问越间接，表达越礼貌。

（2）使用选择性的提问方式。某商场休息室里经营咖啡和茶，刚开始服务员总是问顾客："先生，喝咖啡吗？"或者是："先生，喝茶吗？"其销售额平平。后来，老板要求服务员换一种问法，"先生，喝咖啡还是茶？"结果其销售额大增。原因在于，第一种问法容易得到否定回答，而后一种是选择式，大多数情况下，顾客会选一种饮料。

（3）把握好提问的难易度。刚开始发问时，最好选择对方容易回答的问题，比如："这个假日玩得愉快吗？"这类与主题无关的问话，能够松弛对方紧张谨慎的情绪。如果一开始就单刀直入提出令人左右为难的问题，很可能使场面僵化、争端白热化，得不偿失，因此可以采用先易后难的提问方式。

（4）使用恭维的表达方式。在商务谈判的初期很难把握对方的真实意图，很难提出有效的问题，谈判很难有实质性的进展，当务之急就是了解对方的真实意图等相关信息。从用语策略讲，通过赞美有可能探测对方谈判意图，获得相关信息；从心理策略讲，赞美可以缩短谈判双方的心理距离，融洽谈判气氛，有利于达成协议。但是运用赞美恭维的谈判战略时，需要注意以下几点：第一，从态度上要真诚，尺度上要做到恰如其分，如果过分吹捧，就会变成一种嘲讽。第二，从方式上要尊重谈判对方人员的个性，考虑对方个人的自我意识。第三，从效果上要重视被赞美者的反应。如果对方有良好反应，可再次赞美，锦上添花；如果对方显得淡漠或不耐烦，我方则应适可而止。

4.5.2　问话的技巧

例如，有一个祈祷者问牧师："我可以在祈祷时吸烟吗？"牧师说："不可。"另一位说："我可以在吸烟时祈祷吗？"由此收到不同的效果，这就是问话的技巧。

有人主持会议经常愿意这样说："不知各位对此有何高见？"从表面上看，这种问话很好听，但效果很不好，与会者都不作声。高见？众目睽睽，谁敢肯定自己的见解就高人一等呢？倒不如说："各位有什么想法呢？"这样的效果会更好一些。由此看来，问话的技巧是很重要的。提问技巧有如下几点。

1. 把握提问的时机

谈判时要把握提问的时机。提问时机把握得好有助于引起对方的注意。一般情况下，发问的时机有三个：一是对方发言完毕之后提问；二是在对方发言停顿、间歇时提问；三是自己发言前后提问。前二者是为了不打断对方发言，而第三者则是为了进一步明确对方发言的内容，此目的是探测对方的反应。什么时候问话，怎样问话，都是很有讲究的。下面详述提问的时机。

（1）在对方发言结束后提问。别人发言时不要随意打断，打断别人的发言是很不礼貌的，还极易引起对方的反感，影响谈判情绪。对方发言时要积极地、认真地倾听，做好记录，待对方发言结束时再问。这样既体现了尊重对方，也反映出自己的修养，还能全面地、完整地了解对方的观点和意图。

（2）在对方发言的间隙中提问。如果对方发言冗长，纠缠细节影响谈判进程，可利用对方点烟、喝水的瞬间提问，见缝插针。

（3）自己发言后，试探对方的反应，使谈判沿着自己的思路发展。例如："我们的基本观点和立场就是这些，不知您有什么看法？"

2. 要看提问的对象

谈判对手的性格不同，提问的方法就应有所不同。对手直率，提问要简洁；对手内向，提问要含蓄；对手严肃，提问要认真；对手暴躁，提问要委婉；对手开朗，提问要随意，不可千篇一律。

3. 要注意提问的逻辑性

谈判时提出问题一定要讲究逻辑性，跳跃性不宜太大，按照事物的规律，先从最表面、最易回答的问题问起，或者是先从对方熟悉的问题问起，口子开得小些，然后逐渐由小到大，由表及里，由易到难。

商务谈判中常以"问"作为摸清对方需要、掌握对方心理、表达自己感情的手段。如何"问"是很有讲究的。重视和灵活运用发问的技巧，不仅可以引起双方的讨论，获取信息，而且可以控制谈判的方向。到底哪些问题可以问，哪些问题不可以问，为了达到某一个目的应该怎样问，以及问的时机、场合、环境等，有许多基本常识和技巧需要了解和掌握。"问"一般包含三个因素：问什么问题、何时问、怎样问。下文将对其详加阐述。

4.5.3　商务谈判中问话的类型

1. 封闭式发问

封闭式发问指在特定的领域中能带出特定的答复（如"是"或"否"）的问句。例如："您是否认为售后服务没有改进的可能？""您第一次发现商品含有瑕疵是在什么时候？"等。封闭式问句可令发问者获得特定的资料，而答复这种问句的人并不需要太多的思索即能给予答复。但是，这种问句有时会有相当程度的威胁性。

2. 澄清式发问

澄清式发问是针对对方的答复，重新提出问题以使对方进一步澄清或补充其原先答复的一种问句。例如："您刚才说对目前进行的这一宗买卖可以取舍，这是不是说由您全权跟我们进行谈判？"澄清式问句的作用在于：它可以确保谈判各方能在叙述"同一语言"的基础上进行沟通，而且还是针对对方的话语进行信息反馈的有效方法，是双方密切配合的理想方式。

3. 强调式发问

强调式发问旨在强调自己的观点和己方的立场。例如："这个协议不是要经过公证之后才生效吗？""我们怎能忘记上次双方愉快的合作呢？"

4. 探索式发问

探索式发问是针对对方答复，要求引申或举例说明，以便探索新问题、找出新方法的一种发问方式。例如："这样行得通吗？""您说可以如期履约，有什么事实可以证明吗？""假设我们运用这种方案会怎样？"探索式发问不但可以进一步发掘较为充分的信息，而且还可以显示发问者对对方答复的重视。

5. 借助式发问

借助式发问是一种借助第三者意见来影响或改变对方意见的发问方式。例如："某某先生对你方能否如期履约关注吗？""某某先生是怎么认为的呢？"采取这种提问方式时，应当注意提出意见的第三者，必须是对方所熟悉而且是他们十分尊重的人，这种问句才会对对方产生很大的影响力；否则，运用一个对方不很知晓且谈不上尊重的人作为第三者加以引用，则很可能会引起对方的反感。因此，这种提问方式应当慎重使用。

6. 强迫选择式发问

强迫选择式发问旨在将己方的意见抛给对方，让对方在一个规定的范围内进行选择回答。例如："付佣金是符合国际贸易惯例的，我们从法国供应商那里一般可以得到 3% ~ 5% 的佣金，请贵方予以注意好吗？"运用这种提问方式要特别慎重，一般应在己方掌握充分的主动权的情况下使用，否则很容易使谈判出现僵局，甚至破裂。需要注意的是，在使用强迫选择式发问时，要尽量做到语调柔和、措辞达意得体，以免给对方留下强加于人的不良印象。

7. 证明式发问

证明式发问旨在通过己方的提问，使对方对问题做出证明或解释。例如："为什么要更改已定好的计划呢，请说明道理好吗？"

8. 多层次式发问

多层次式发问是含有多种主题的问句，即一个问句中包含多种内容。例如："你是否就该协议产生的背景、履约情况、违约的责任以及双方的看法和态度做出说明？"这类问句因含过多的主题而使对方难于周全把握。

9. 协商式发问

协商式发问是指为使对方同意自己的观点，采用商量的口吻向对方发问。例如："你看给我方的折扣定为 3% 是否妥当？"这种提问语气平和，对方容易接受。

4.5.4　提问的时机

1. 在对方发言完毕之后提问

在对方发言的时候，一般不要急于提问，因为打断别人的发言是不礼貌的，容易引起对方的反感。当对方发言时，你要认真倾听，即使你发现了对方的问题，很想立即提问，也不要打断对方，可先把发现的和想到的问题记下来，待对方发言完毕再提问。

2. 在对方发言停顿和间歇时提问

如果谈判中，对方发言冗长、不得要领、纠缠细节或离题太远而影响谈判进程，这时可以借他停顿、间歇时提问。例如，当对方停顿时，你可以借机提问："您刚才说的意思是？""细节问题我们以后再谈，请谈谈您的主要观点好吗？"

3. 在议程规定的辩论时间提问

大型外贸谈判，一般要事先商定谈判议程，设定辩论时间。在双方各自介绍情况和阐述的时间里一般不进行辩论，也不向对方提问。只有在辩论时间里，双方才可自由提问、进行辩论。在这种情况下，要事先做好准备，可以设想对方的几个方案，针对这些方案考虑己方对策，然后再提问。

4. 在乙方发言前后提问

在谈判中，当轮到乙方发言时，可以在谈乙方的观点之前，对对方的发言进行提问，不必要求对方回答，而是自问自答。这样可以争取主动，防止对方接过话茬，影响乙方的发言。

4.5.5　提问的要诀

为了获得良好的提问效果，需掌握以下发问要诀：

（1）要预先准备好问题；

（2）要避免提出那些可能会阻碍对方让步的问题；

（3）不强行追问；

（4）既不要以法官的态度来询问对方，也不要接连不断地提问题；

（5）提出问题后应闭口不言，专心致志地等待对方做出回答；

（6）要以诚恳的态度来提问；

（7）提出问题的句子应尽量简短。

以上几点技巧，是基于谈判者之间的诚意与合作程度提出的，切忌将这些变成谈判者之间为了自己的利益而进行必要竞争的教条。

4.5.6　提问的其他注意事项

1. 在谈判中一般不应提出下列问题

（1）带有敌意的问题；

（2）有关对方的个人生活和工作的问题；

（3）直接指责对方品质和信誉方面的问题；

（4）为了表现自己而故意提问。

2. 注意提问的速度

提问时说话速度太快，容易使对方感到你是不耐烦的，容易引起对方的反感；反之，如果说话太慢，容易使对方感到沉闷、不耐烦，从而降低了你提问的力量，影响提问的效果。

3. 注意对手的心境

谈判者受情绪的影响在所难免。谈判中，要随时留心对手的心境，在你认为适当的时候提出相应的问题。例如，当对方心境好时，常常会比较容易地满足你所提出的要求，而且会变得有些随意，会在不经意间透露一些相关的信息。此时，抓住机会，提出问题，通常会有所收获。

4.5.7　问话的策略

1. 诱导发问法

诱导发问法指向对方提出问题，以启发对方的心智，了解对方的意图，掌握第一手材料，沟通双方的信息，发现需要。诱导发问的形式有：

（1）一般性发问。通用的普通问句，例如："您认为这一安排如何？""您为什么报出这样的价格？""您为什么这样做？"

（2）引导性发问。这是对答案具有一定暗示性的问句。例如，"我方的利润很少，如果不给3%的折扣，您说这笔交易划得来吗？""违约是要受惩罚的，您说是不是？"

（3）探询性发问。针对对方的答复，要求引申或举例说明的问句。例如："您认为价格合理，那么它的构成是怎样的？""您认为合理，其根据是？"

（4）间接性发问。这是借第三者的意见而提出的问句，例如："听说铁路上近期车皮没问题，那交货时间可否提前？""专家支持这种方式，不知贵方有何看法？"他山之石，可以攻玉。

运用诱导发问应注意的事项：

第一，发问态度诚恳，合情合理，只有诚恳发问，对方才乐于回答。第二，不可使用盘问、威胁、讽刺、审问式问句，否则会导致对方的反感，破坏谈判的气氛。

2. 迂回发问法

迂回发问法指商贸谈判人员运用婉转曲折的手法，向对方发问，以消除对方的紧张心理，轻松地进行谈判。采用这一方法的原因主要是双方贸易交往比较生疏、气氛紧张、交锋激烈等。其发问形式有：

（1）闲谈性发问，即与谈判主体无关无害的提问，如有关气候、社会热点、爱好、旅游观光的话题，及衣食住行、保健等。

（2）介绍性发问，介绍企业的生产经营、资信状况、市场前景。

（3）选择性发问，将己方的几个意见表达给对方，让对方有选择性地回答。例："只有今天可以，您说是上午、下午，还是晚上？

运用迂回发问应注意的事项：

第一，判断情势，从理论上讲两点间距离以直线为最短，但有时走直线未必行得通，以迂为直、曲线构图也是良策。第二，明确要求，让对方有思考的余地。

3. 佯攻发问法

佯攻发问法指在谈判中谈判人员运用声东击西、指南打北的手法，言辞激烈地向谈判对方提出问题，使对方感到迷惑不解、意外、突然，甚至愤怒，匆忙应答，我方从中了解其意图，试探对方的虚实。其方式有：

（1）试探性发问。这是一种假设条件，让对方直接回答，借以了解对方的虚实的问句。例如："如果我们进行现款交易，贵方将给什么优惠？"

（2）迷惑性发问。这是一种声东击西、指南打北、真真假假、以假为真的问句。

（3）刺激性发问。这是运用一褒一贬、一喜一怒的手法激发对方的喜怒哀乐，轻易暴露其本意的问句。

运用佯攻发问应注意的事项：

第一，佯攻发问要选好方向。佯攻是一种试探，分散对方的注意力，转移对方的视线。第二，佯攻发问要有限度，语言要委婉，给对方思考和议论的时间，以免引起对方的反感和敌意。第三，佯攻发问要有应付措施。发问前应事先做好充分准备，事先确定发问的目的、方向、方式、步骤及对应方案。同时注意前后问题的逻辑性，这样才有助于问题的逐步深入，并便于对方回答，不至于一开口就为难卡壳。另外，采用佯攻发问法也有助于自己理解对方的谈话，便于从中总结出规律性的东西。

◈ 案例 4-8　　　　　　　　　　　　　**推销员推销打包机**

某推销员向一家商品包装企业的厂长推销新型打包机，他的目的是让这家企业全换上这种机器。下面是他与厂长的对话。

推销员：王厂长，您好，我带来了一种新型打包机，您一定会感兴趣的。

厂长：我们不缺打包机。

推销员：王厂长，我知道您在打包机方面是个行家。是这样，这种机器刚刚研制出来，性能相当好，可用户往往不愿用。我来是想请您帮着分析一下看问题出在哪里，占用不了您几分钟的时间。您看，这是样品。

厂长：哦，样子倒挺新的。

推销员：用法也很简单，咱们可以试一试（接通电源，演示操作）。

厂长：这机器还真不错。

推销员：您真有眼力，不愧是行家。您看，它确实很好。这样，我把这台给您留下，您先试用一下，明天我来听您的意见。

厂长：好吧。

推销员：您这么大的厂子，留一台太少了，要一个车间试一台，效果就更明显了。您看，我一共带来五台样机，先都留到这儿吧。如果您用了不满意，明天我一块儿来取。

厂长：全留下？也行。

推销员：让我们算一下，一台新机器 800 多元，比旧机器可以提高工效 30%，每台一天能多创利 20 多元，40 天就可收回成本，如果您要得多，价格还可以再低一些。

厂长：低多少？

推销员：如果把旧机器全部换掉，大概至少要 300 台吧？

厂长：310 台。

推销员：那可以按最优惠的价，每台便宜 30 元，310 台就是一万多元了。这有协议书，您看一下。

厂长：好，让我们仔细商量一下。

至此，买卖已经步步逼近成交。

资料来源：张国良.商务谈判［M］.杭州：浙江大学出版社，2010：97.

4. 谈判时要注意提问的方式

提问的目的仅仅是弄清事实真相、获取信息或启发对方思维，因此，提问时态度要诚恳、合情合理，注意对方的心境，尤其不能指责对方的人格和荣誉。同时，提问时不要连续发问，要掌握提问的语速和语调，要给对方留出一定的时间让对方思考和表达意见，以免导致对方厌倦、乏味而不愿回答。提问方式一般可以分为以下几种。

（1）正问：开门见山，直接提出你想了解的问题。

（2）反问：从相反的方向提出问题，使其不得不回答。

（3）侧问：从侧面入手，通过旁敲侧击，再迂回到正题上，呈现出"犹抱琵琶半遮面，千呼万唤始出来"的姿态。

（4）设问：假设一个结论，启发对方思考，诱使对方回答。

（5）追问：循着对方的谈话，打破砂锅问（纹）到底。

4.5.8　回答的技巧

在谈判过程中，回答对方提出的问题是一件很有压力的事情。因为在谈判桌上谈判人员回答的每一句话都有重要意义，对别人来说都是一种承诺，对谈判都起着至关重要的作用。所以，谈判人员在回答对方提出的问题时心情都比较紧张，有时会不知所措，陷入被动局面。一个谈判者水平的高低，很大程度上取决于其答复问题的水平。因此，答复也必须运用一定的技巧。

第一，回答问题之前，要给自己留有思考的时间；第二，把握答复提问的目的和动机，针对提问者的真实心理答复；第三，不要彻底地回答对方的提问；第四，对于不知道的问题不要回答；第五，有些问题可以通过答非所问、以问代答来给自己解围；第六，"重申"和"打岔"有时也很有效。对于谈判过程中对方提出的问题，我们有时不便向对方传输自己的信息，对一些问题不愿回答又无法回避，所以巧妙的应答技巧，不仅有利于谈判的顺利进行，还能活跃谈判气氛。

4.5.9　巧妙的应答语言

（1）使用模糊的语言。模糊的语言一般分为两种表达形式：一种是用于减少真实值的程度或改变相关的范围，如：有一点、几乎、基本上等；另一种是用于说话者主观判断所说的话或根据一些客观事实间接所说的话，如：恐怕、可能、对我来说、我们猜想、据我所知等。在商务谈判中对一些不便向对方传输的信息或不愿回答的问题，可以运用这些模糊用语闪烁其词、避重就轻、以模糊应对的方式解决。

（2）使用委婉的语言。商务谈判中有些话语虽然正确，但对方却觉得难以接受。如果把言语的"棱角"磨去，也许对方就能从情感上愉快地接受。比如，少用"无疑、肯定、必然"等绝对性词语，改用"我认为、也许、我估计"等。若拒绝别人的观点，则少用"不、不行"等直接否定，可以找"这件事，我没有意见，可我得请示一下领导"等托词，可以达到特殊的语言效果。

（3）使用幽默含蓄的语言。商务谈判的过程也是一种智力竞赛、语言技能竞争的过程，而幽默含蓄的表达方式不仅可以传递感情，还可以避开对方的锋芒，是紧张情境中的缓冲剂，可以为谈判者树立良好的形象。例如，在谈判中若对方的问题或议论太琐碎无聊，这时，可以肯定对方是在搞拖延战术。如果我们对那些琐碎无聊的问题或议论一一答复，就中了对方的圈套，而不答复，就会使自己陷入"不义"，从而导致双方关系的紧张。我们可以运用幽默含蓄的文学语言这样回应对方："感谢您对本商品这么有兴趣，我绝对想立即回答您的所有问题。但根据我的安排，您提的这些细节问题在我介绍商品的过程中都能得到解答。我知道您很忙，只要您等上几分钟，等我介绍完之后，您再把我没涉及的问题提出来，我肯定能为您节省不少时间。"或者说"您说得太快了。请告诉我，在这么多的问题当中，您想首先讨论哪一个"，由此来营造良好的谈判气氛。

总之，采取什么样的谈判手段、谈判方法和谈判原则来达到双赢，这是商务谈判的实质追求。但是在商务谈判中，双方的接触、沟通与合作都是通过反复的提问、回答等语言的表达来实现的，巧妙应用语言艺术提出创造性的解决方案，不仅能满足双方利益的需要，也能缓解沉闷的谈判气氛，使谈判双方都有轻松感，有利于谈判的顺利进行。因此巧妙的语言艺术为谈判增添了成功的砝码，起到事半功倍的效果。

4.5.10　巧妙的回答策略

（1）缜密思考。在谈判中，对于对方的提问在回答之前必须经过缜密考虑，即使是一些需要马上回答的问题，也应借故拖延时间，经过再三思考之后做出回答。

（2）准确判断。谈判中高明的回答，是建立在准确判断对方用意的基础之上的。如果没有弄清对方提问的动机和目的，就按常规进行回答，结果反受其害。在一次要会上，美国人艾伦·金斯伯格提出了一个怪问题，请中国作家回答："把一只 2 500 克重的鸡装进一个只能装 500 毫升水的瓶子里，用什么办法把它拿出来？"一位中国作家回答说："您怎么放进去，我就怎么拿出来，您凭嘴一说把鸡装进瓶子里去了，那么我就用语言这个工具再把鸡拿出来。"这是多么巧妙的回答。

（3）礼貌拒绝。对一些不值得回答或无关紧要的问题，可以礼貌地拒绝回答或不予理睬，因为回答这些问题不仅浪费时间，而且会扰乱自己的思路。

（4）避正答偏。该策略是指故意避开问题的实质，而将话题引向歧路，以破解对方进攻的一种策略，常用来对付一些可能对己不利的问题。

（5）以问代答。该策略用来应付一些不便回答的问题是非常有效的。如：一位音乐家被处以死刑前一天还在拉小提琴。狱卒问："明天你就要死了，今天你还拉它干什么？"音乐家回答说："明天就要死了，今天不拉什么时候拉？"以问代答，发人深省。

（6）答非所问，是一种对不能不答的问题的一种行之有效的答复。

①人的哪一颗牙装得最晚？答：假牙；②闪电与电有什么区别？答：闪电不用付电费；③你的信超重，请再贴张邮票。顾客说：再贴一张邮票不就更超重了吗？④顾客：小心，你的大拇指在我的汤里了。服务员：没关系，不烫手。

（7）避重就轻。避开问题的要害实质，回答枝节问题。

另外，运用策略答复时要注意以下几点：第一，不能不加思考，马上回答；第二，不能在未完全了解对方提出的问题时就仓促作答；第三，不要不管什么问题，总是予以彻底回答；第四，不要不问自答；第五，不要在回答时留下尾巴；第六，不要滥用"无可奉告"。

📍 诗语点睛

陈述主旨得要领

表情达意要真诚

才思敏捷多严谨

措辞准确功夫深

出语惊人造悬念

话度适中有分寸

幽默语言似流水

春风化雨细无声

✅ 习　题

一、单项选择题

1."贵方如果违约必须承担责任，对不对？"此提问属于（　　）。

A.探索式发问　　　B.借助式发问　　　C.证明式发问　　　D.诱发式发问

2.下列哪些是针对收集材料的发问？（　　）

A.您能否谈谈您所需产品的规格和性能？

B.您不知道吗？我们的原料都是小包装的。

C.您是否有这种设备呢？

D.您不知道吗？我们需要的是进口材料。

3.谈判开始时，当你见到对方，开场白怎么说？（　　）

A."见到您是我有生以来最大的荣幸。"

B."现在我们开始谈判。"

C."见到您我真高兴。"

D."唉，又见面了！"

4.1972年，尼克松访华，周恩来在欢迎宴会上祝酒时说："由于大家都知道的原因，中美两国隔断了二十多年。"这句话有什么特色？（　　）

A.模糊　　　B.含蓄　　　C.委婉　　　D.隐晦

5.脸部表情是良好的非语言沟通工作，"扑克脸"表示什么？（　　）

A.冷漠和自信　　　　　　B.不希望我们知道他的感情

C.高傲和自信　　　　　　D.紧张和焦虑

6.有一个聪明的业务员在推销兽药时，下面哪种口才推销更容易取得成功？（　　）

A.我们的药品质量是最好的，而且相比使用其他厂商的药，每盒平均只增加5毛钱而已。

B.我们的药品质量是最好的，每盒比其他牌子的药贵30元钱。

C.我们的药品质量是最好的，只不过就是贵了30元钱。

D.我们的药品质量是最好的，只是价格偏贵了一点。

7. 清清嗓音，变换声调，这表示什么？（   ）

    A. 提醒他人注意   B. 让对方明白他的意思

    C. 明白他人的想法   D. 可能是不安、紧张或焦虑的征兆

8. 在谈判中，使用语言要文雅得体，不能粗鲁。有一个学者在地摊上想买"尿壶"，他嫌大，就问："有没有小点的？"卖主回答："冬天夜长啊！"他们都回避了"尿壶"两个字，但表达的意思很明确，使这个小买卖的交易洽谈十分高雅，他们使用的是（   ）。

    A. 雅语   B. 委婉   C. 隐语   D. 俗语

9. 在肢体语言中，两臂交叉于胸前，表示（   ）。

    A. 充满自信   B. 谦逊、矜持   C. 情绪紧张   D. 防卫或保守

10. 在肢体语言中，手叉腰间表示（   ）。

    A. 谦逊   B. 胸有成竹   C. 情绪高昂   D. 情绪压抑

11. 商务谈判中，摸清对方需要，掌握对方心理的手段是（   ）。

    A. 问   B. 听   C. 看   D. 说

二、多项选择题

1. 交流在商务谈判中起着（   ）的作用。

    A. 穿针   B. 引线   C. 架桥   D. 铺路

2. 交流中传送者的障碍有（   ）。

    A. 目的不明   B. 表达模糊   C. 选择失误   D. 形式不当

3. 交流中接收者的障碍有（   ）。

    A. 过度加工   B. 知觉偏差   C. 心理障碍   D. 思想差异

4. 克服交流障碍的方法有（   ）。

    A. 使用恰当的交流节奏   B. 考虑接收者的观点和立场

    C. 充分利用反馈机制   D. 言行一致

5. 商务谈判中语言沟通的作用有（   ）。

    A. 陈述己见，表达主旨   B. 说服对方，维护己方利益

    C. 缓和紧张气氛，融洽双方关系   D. 给谈判制造心理障碍

6. 商务谈判沟通中的语言表达艺术有（   ）。

    A. 观点鲜明，措辞准确   B. 思维敏捷，论证严密

    C. 有声无声，话度适中   D. 把话说到对方的心坎上

7. 学会运用幽默语言，创造出友好和谐的谈判气氛的方法有（   ）。

    A. 快速构想   B. 超常规联想   C. 故意曲解   D. 一语双关

8. 在谈判中交谈陈述是表达立场、澄清事实的基本方法，应该持有的态度有（   ）。

    A. 神情愉快   B. 与人友善   C. 故意曲解   D. 随机应变

9. 影响倾听的障碍有（   ）。

    A. 自我表白   B. 先入为主   C. 急于反驳   D. 定式思维

10. 要学会约束自己，控制自己的言行，要具体做到（   ）。

    A. 积极主动地听 B. 有鉴别地听   C. 有领会地听   D. 注意察言观色

11. 提问技巧有（   ）。

    A. 把握提问的时机　　　　　　　　　　B. 要看提问的对象

    C. 要注意提问的逻辑性　　　　　　　　D. 由难到易

12. 提问的时机有（   ）。

    A. 在对方发言完毕之后提问　　　　　　B. 在对方发言停顿和间歇时提问

    C. 在议程规定的辩论时间提问　　　　　D. 在乙方发言前后提问

13. 提问方式有（   ）。

    A. 正问　　　　B. 反问　　　　C. 侧问　　　　D. 设问　　　　E. 追问

14. 回答的技巧有（   ）。

    A. 回答问题之前，要给自己留有思考的时间

    B. 把握答复提问的目的和动机

    C. 不要彻底地回答对方的提问

    D. 答非所问、以问代答

15. 巧妙的回答策略有（   ）

    A. 缜密思考　　　B. 准确判断　　　　C. 礼貌拒绝　　　　D. 避正答偏

三、判断题

1. 商务谈判中绝对不能使用威胁性语言。（   ）

2. 商务谈判中有声语言比无声语言重要。（   ）

3. 倾听的同时要注意对对方的话进行反馈。（   ）

4. 提出问题之后，应专心等待对方作答。（   ）

5. 对方提出问题后，己方要马上给予回答。（   ）

6. 谈判能否说服对方接受自己的观点，是谈判能否成功的一个关键。（   ）

7. 有声语言表达效果的好坏要看无声的伴随语言的运用。（   ）

8. 在两个人面对面的沟通中，55% 以上的信息交流是通过无声的身体行为语言来实现的。
（   ）

9. 在谈判中目光应紧盯着发言的人。（   ）

10. 语调是语言动作的最高级、最有说服力的一种形式。（   ）

11. 商务谈判中的"辩"具有谈判双方相互依赖、相互对抗的二重性。（   ）

12. 在商务谈判中，有声语言的使用比无声语言更加重要。（   ）

13. 商务谈判中应关注语言措辞而不应关注语调。（   ）

📍 自我测试

思考题

1. 谈判中的语言表达作用有哪些？
2. 如何倾听对方的讲话？
3. 如何掌握成功的发问技巧？
4. 回答的技巧有哪些？
5. 如何掌握谈判中的语言表达艺术技巧？
6. 掌握成功的发问与回答的技巧有哪些？

第5章 CHAPTER5

商务谈判与沟通筹划

 先导案例

日方向我国销售成套炼油设备的环境分析

　　20 世纪 60 年代初期，我国大庆油田的情况在国内外尚未公开。日本人只是有所耳闻，但始终未明底细。后来，在 1964 年 4 月 26 日《人民日报》上看到"大庆精神大庆人"的字句，于是日本人判断：中国的大庆确有其事。但他们仍然弄不清楚大庆究竟在什么地方。他们从 1966 年 7 月的《中国画报》上看到一张大庆工人艰苦创业的照片，根据照片上人物的衣着，他们断定大庆油田是在冬季气温为零下 30℃的中国东北地区，大致在哈尔滨与齐齐哈尔之间。1966 年 10 月，他们又从《人民中国》杂志上看到石油工人王进喜的事迹，从分析中知道：最早钻井是在北安附近着手的，而且从所报道的钻探设备运输情况看，离火车站不会太远。在事迹中有这样一句话："王进喜一到马家窑看到……"于是日本人立即找来伪满时期的旧地图：马家窑是位于黑龙江海伦县⊖东南的一个村子，在北安铁路上一个小车站东边 10 多千米处，这样他们就把大庆油田的位置彻底搞清楚了。搞清楚了位置，日本人又对王进喜的报道进行了分析。王进喜是玉门油矿的工人，是 1959 年 9 月到北京参加国庆之后自愿去大庆的。由此判定，大庆油田在 1959 年以前就进行了勘探，并且大体知道大庆油田的规模。后来，他们又从《中国画报》上发现了一张大庆炼油厂反应塔的照片。根据反应塔上的扶手栏杆的粗细与反应塔的直径比例，得知反应塔的内径长为 5 米。至此他们就比较全面地掌握了大庆油田的各种情报，揭开了大庆油田的一些秘密。

　　日方就是利用公开的新闻资料中的一句话、一张照片、一条消息，加以综合分析，完成了对我国大庆油田的调查，为商务谈判提供了可靠的依据。因而在向我国销售成套炼油设备的谈判中，日方谈判人员介绍只有他们的设备适合大庆油田质量、日产量，获得了较大的主动权，而我方采购谈判人因无别的选择只好向日方购买。

　　资料来源：张国良.商务谈判 [M].杭州：浙江大学出版社，2010：97.

案例思考

1. 日方是如何揭开大庆油田的秘密的？

2. 日方为什么能获取谈判的主动权？

3. 本案例对开展商务谈判调查有何启示？

　　⊖ 现为海伦市。

市场调查大致可分为两大类：一类是文案调查法；另一类是实地调查法。前者是间接调查，后者是直接调查。两种方式都可以获得相关的市场信息；日方尽管无法进行实地调研，但他们通过公开的媒体资料（现有资料），经过长时间的跟踪，基本掌握了我国大庆油田的生产情况，所以在向我国推销成套炼油设备的谈判中有备而来，有根有据，获得了谈判的主动权。此案例再次证明文案调查法是一种投资少、见效快、简便易行的商务谈判调查的首选方法，特别是在信息封锁时期是一种可行的办法。

"凡事预则立，不预则废。"要想使商务谈判获得圆满成功，需要具备多方面的条件，其中做好谈判的准备工作是重要内容之一。商务谈判的准备工作的内容很多，主要包括三个方面：了解谈判环境，确定谈判人员和制订谈判计划。

5.1　商务谈判的环境情报分析

5.1.1　宏观环境因素分析

出门看气候，谈判识环境，生意知行情，信息抵万金。孙子曰："知彼知己，百战不殆；不知彼而知己，一胜一负；不知彼，不知己，每战必殆。"商务谈判如逆水行舟，不进则退。市场经济的海洋潮涨潮落，变化频繁。顺流善变者生，逆流不善变者亡。市场风云，变幻莫测，强手如林，各显神通。商务谈判者要把握千变万化的市场行情，以变应变，先谋后战，精心策划，高效动作，才能迎风取势，适应环境，夺取最后的胜利；对环境与管理的认识要审时度势，与时俱进，不断创新，运筹帷幄，决胜千里。

宏观环境因素分析如图 5-1 所示。

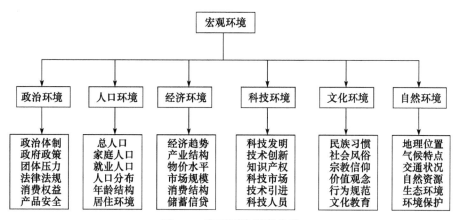

图 5-1　宏观环境因素分析

5.1.2　政治法律因素分析

1. 国内党和国家的路线、方针、改革、政策

它是指一个国家或地区的政治制度体制、方针政策、法律法规方面。这些因素常常制约着商务谈判的行为，例如，社会主义初级阶段的方针是"抓住机遇、深化改革、扩大开放、促进发展、保持稳定"，是建设中国特色社会主义的指南，必须长期坚持不动摇。宏观的政治情报主要包括如下内容。首先表现为当地的社会治安的好坏和社会各种力量之间的相处和谐与否。政治问题还表现为政府的态度和行为，政府的态度和行为主要是政府对某一行业领域是否有特殊的政策性倾斜。一个地区的政治局势是否稳定，政府对某种商务活动的态度等对于商务谈判活动确实有着很大的影响。国家的法律及地方的法规等也属于政治范畴，一个国家或地区的法律是否健全，一个国家或地区的居民对法律的态度（法律文化、法制观念）的情况如何也会在很大程度上影响某一组织进行商务活动的政策和策略。

2. 国际政治环境

国际政治环境即有关国家或地区的社会制度、政治体制独立性或附属性战略同盟关系。例如我国加入WTO，外国资本和技术将涌进中国，意味着"国内竞争国际化，国际竞争国内化，世界经济一体化"。如果说过去的竞争属于"远距离竞争"，那么现在将变为"直逼前沿"。特别是互联网出现之后，这种竞争成为"零距离竞争"。要参与竞争，首先要做的就是了解竞争规则，并遵从之。WTO有三项职能：一是制定规则；二是开放市场，即通过商务谈判，相互开放市场，促进世界贸易经济的发展；三是解决争端。中国要加入WTO就要做出两个最重要的承诺，即遵守规则，开放市场。因此，对于中国各个相关行业来说，怎样认识，权衡利弊，把握机遇，用积极的态度迎接挑战，才是至关重要的。用一句话来形容当时我们的境地，那就是"置之死地而后生"。只有如此我们才能扬长避短，与狼共舞，获得双赢。

5.1.3　商务谈判的法律规范

市场经济就是法制经济，规定人们应该做什么，不应该做什么。法律规范对企业来说是不可控的因素，具有强制性和约束力。

1. 合法的商务谈判是一种法律行为

商务谈判行为本身具有一种双重属性。合法的商务谈判行为，既是一种经济商务行为，同时又是一种法律行为。而一次非法的商务谈判活动是一种非法行为。

在合法的商务谈判中，双方所从事的谈判活动都是一种以实现某种商务目标为目的的商务活动。对于本次谈判的最终结果，当事人双方都希望能够得到有效的法律保护和支持，都希望能受到法律的约束。

正因为如此，从事商务谈判的当事人应该使自己的商务谈判活动自始至终都要符合法律的规范，以避免遭受不必要的各种损失。

2. 商务谈判活动的有效要件

（1）参加商务谈判的法律关系主体和参与谈判活动的直接当事人资格要合法。首先，参与商务谈判的法律关系主体要合法。它们或者是独立的法人组织，或者是经法人组织总部授权的具有独立经营资格的合法有效的法人分支机构。商务谈判的直接参与者（第二层面的主体）也必须合法，要具备法定的自然人权利能力和行为能力。

（2）商务谈判的内容要合法。谈判的内容合法是说谈判的过程内容要合法，比如：双方的交易条件、交易方法、交易形式等要合法；双方谈判的成交对象或者叫谈判的标的要合法。双方交易的标的必须是法律允许的、双方具备交易资格的交易对象。

（3）商务谈判双方的意思表示要真实合法。这种规定与商务谈判中的策略与技巧的使用并不矛盾，恰恰保护了合法的策略与技巧的使用。这一条件要求谈判者不得使用欺诈、胁迫、虚假、伪装的谈判活动侵害谈判对方的合法权益。

（4）商务谈判的形式和程序要合法。有些谈判活动是可以以当事人自己的意愿进行的，而有些商务谈判在进行前是必须经过审批的。比如：组建中外合资经营企业，按我国的相关法律规定必须经有关部门审核批准以后才可以进行实质性的谈判。不经过审批的谈判活动是不受法律保护的。

5.1.4　经济环境因素分析

经济环境因素是指一个国家或地区的经济制度、经济结构、物质资源状况、经济发展水平、消费结构与消费水平以及未来的发展趋势等状况。现代的经济环境正在发生着巨大的变化，每一个商务谈判者都应充分掌握这一变化。宏观经济情报主要包括对宏观经济周期的了解。这里的经济周期既包括一个国家整体的经济周期阶段状况，也包括一个地区的经济周期所处的状态。在各个不同的经济周期阶段里，商务活动是具有不同的特征的。这种经济周期的有关情报也是必须要收集和分析的。处于经济周期的高涨期、危机期、萧条期和复苏期的不同时期，经济特征不同，商人的经商策略也会有所不同，他们对商务谈判的态度也肯定会有很大的差异。另外，经济环境因素还包括以下内容：居民收入因素，这可进一步细分为名义收入、实际收入、可支配收入及可随意支配收入等；消费支出模式和生活费用；金融制度等。

因此，商务谈判的经济环境分析就是要对以上的各个要素进行分析，运用各种指标，准确地分析宏观经济环境对企业的影响，从而制订出正确的商务谈判计划。

5.1.5　社会文化环境因素分析

宏观社会情报收集主要包括了解当地的民俗民风、当地人的价值观念、各阶层的亚文化理念等。比如：人们习惯上认为我国北方地区的人们的群体特征往往表现为粗犷和豪爽，南方地区的人往往比较细腻。但是同为一个地区，当地又分为不同的区位特性。这种特性往往会影响当地人的生活习惯、民俗民风、价值观念以及他们的处世哲学。比如：商务活动需不需要馈赠礼品，应该送多少；人们见面一般应该用什么词语去问候与沟通，等等。这种对社会整体心理特征的了解和认识，对于商务谈判活动的开展也是必不可少的。

> ⊙　小资料　我国白族人民的茶文化
>
> 　　我国的白族人民热情好客，有宾客临门，立即请进中堂，烤制三道茶招待。烤茶一般敬三次，有"头饮香，次饮味，三饮渴"之说，因此叫"三道茶"。另一种是接待尊贵宾客的三道茶。头道茶是苦茶，即雷响茶；二道茶是甜茶，茶内加红糖、乳扇丝、核桃仁、佛手、

芝麻、橘皮、爆米花等；三道茶是回味茶，取蜂蜜、姜汁、花椒、桂皮末、松子仁等，加冲适量烤茶而成。使用的茶具，一为砂罐，二为瓷盅，三为托盘，四为配制作料的铜茶壶、小推刨、铜丝小漏勺、小羹匙、盛糖罐、作料盘等。敬苦茶寓意做事业要敢于吃苦，也含为客洗尘、盛迎宾客之意；敬甜茶，寓意苦尽甘来，前程似锦；回味茶作料带苦辣麻味，寓意人生需回首往事，温故知新。三道茶寓意对人生历程头苦、二甜、三回味的生活哲理，让人回味无穷，既继承了白族独特的传统茶俗，又体现了时代精神，并把"一苦二甜三回味"的人生哲理寓于其中，反映了白族独特的茶文化。

社会文化环境包括一个国家或地区的社会性质、人们共享的价值观、文化传统、生活方式、人口状况、教育程度、风俗习惯、宗教信仰等各个方面。这些因素是人类在长期的生活和成长过程中逐渐形成的，人们总是自觉不自觉地接受这些准则作为商务谈判行动的指南。

1. 文化传统

文化传统是一个国家或地区在较长历史时期内形成的一种社会习惯，是影响商务谈判活动的一个重要因素。例如，中国的春节、西方的圣诞节就会给某些行业（如卡片、食品、玩具、服装、礼品等制造及零售业）带来生意兴隆的极好时机。

文化环境对商务谈判的影响是间接的、潜在的和持久的。文化的基本要素包括哲学、宗教、语言与文字、文学艺术等，它们共同构筑成文化系统，对企业文化有重大的影响。哲学是文化的核心部分，在整个文化中起着主导作用；宗教作为文化的一个侧面，在长期发展过程中与传统文化有密切的联系；语言文字和文化艺术是文化的具体表现，是社会现实生活的反映，它对企业职工的心理、人生观、价值观、性格、道德及审美观点的影响及产生的导向作用是不容忽视的。

2. 价值观

价值观是指社会公众评价各种行为的观念标准。不同的国家和地区，其价值观是不同的。例如，西方国家价值观的核心是个人的能力与事业心；东方国家价值观的核心强调集体利益，如日本、韩国的企业注重内部关系的融洽、协调与合作，形成了东方企业自己的高效率模式。

3. 社会发展趋势

近一二十年来，社会环境方面的变化日趋增加。这些变化打破了传统习惯，使人们重新审视自己的信仰、追求新颖生活方式，影响着人们对穿着款式、消费倾向、业余爱好以及对产品与服务的需求，从而使企业面临着严峻的挑战。现代社会发展的主要倾向之一，就是人们对物质生活的要求越来越高。一方面，人们已从"重义轻利"转向注重功利、注重实惠，有些人甚至走到唯利是图的地步。产品的更新换代日益加速，无止境的物质需求给企业发展创造了外部条件。另一方面，随着物质水平的提高，人们正在产生更加强烈的社交、自尊、信仰、求知、审美、成就等较高层次的需要。人们希望从事能够充分发挥自己才能的工作，使自己的个人潜力得到充分发挥。

4. 消费者心理

消费心理对企业战略也会产生影响。例如，20 世纪 80 年代中期，美国可口可乐公司领导决定更改沿用了百年之久的配方。消息传出后，引起了轩然大波。老顾客的抗议电报和信雪片般地飞进亚特兰大可口可乐总部。原因是消费者认为，目前市场上的可口可乐是传统和标准的软饮料，不应当改变它的滋味。当然，之后由于新可口可乐的滋味比原来更佳，受到了大部分顾客的欢迎。

5. 人口因素

人口因素主要包括人口总数、年龄构成、人口分布、人口密度、教育水平、家庭状况、居住条件、死亡率、结婚率、离婚率、民族结构及年龄发展趋势、家庭结构变化等。人口因素对企业战略的制定有重大影响。例如，人口总数直接影响着社会生产总规模；人口的地理分布影响着企业的厂址选择；人口的性别比例和年龄结构在一定程度上决定了社会需求结构，进而影响社会供给结构和企业生产；人口的教育文化水平直接影响着企业的人力资源状况；家庭户数及其结构的变化与耐用消费品的需求和变化趋势密切相关，因而也就会影响耐用消费品的生产规模等。对人口因素的分析可以使用以下一些变量：离婚率、出生和死亡率、人口的平均寿命、人口的年龄和地区分布、人口在民族和性别上的比例变化、人口和地区在教育水平与生活方式上的差异等。所以，企业在制定战略规划时必须予以足够的重视。比如，海尔集团首席执行官张瑞敏认为，市场永远在变，如果只是适应市场，你将永远在市场后面。想走在市场前面，起导向作用，就应该创造市场、创造用户。这就是要按照不同的消费心理、不同的消费习惯和不同的消费层次开发不同的产品。比如在北京很好销的冰箱并不被上海人喜欢，原因之一是上海家庭住宅面积小，二是上海人习惯上喜欢精致小巧的家电产品，而北方型冰箱占地面积大，显得笨重。于是海尔专门为上海市场设计了一种瘦长型冰箱，命名为"小王子"，一下子轰动了上海，非常畅销。再比如我国老龄化趋势日益加剧，使老年医疗、滋补品、老年精神生活等成为一种不容忽视的需求。

5.1.6　科技环境因素分析

1. 科技环境及其给企业经营带来的影响

科学技术是第一生产力，科教兴国战略正在实施。企业的科技环境指的是企业所处的社会环境中的科技要素及与该要素直接相关的各种社会现象的集合。科学技术是最引人注目的一个因素，新技术革命的兴起影响着社会经济的各个方面，人类社会的每一次重大进步都离不开重大的科技革命。石器工具、青铜器、铁器、蒸汽机、生产流水线、现代通信技术等重大发明无不将人类社会大大地向前推进一步。企业的发展在很大程度上也受到科学技术方面的影响，包括新材料、新设备、新工艺等物质化的硬技术和体现新技术与新管理的思想、方式、方法等信息化的软技术。一种新技术的出现和成熟可能会导致一个新兴行业的产生。

现代科学技术日新月异，发展迅速，是推动经济发展和社会进步的主要动力。第一次技术革命时蒸汽机使人类进入了工业社会；第二次技术革命时电磁理论和化学使石油化工、电力通信、机械工业振兴；第三次技术革命，主要涉及电子计算机、原子能、航天工业；第四次技术革命，主要涉及光导通信、生物工程。因此，技术环境是企业的一个重要外部环境。

2. 企业的科技环境因素

企业的科技环境，包括社会科技水平、社会科技力量、科技体制、国家科技政策和科技立法等基本要素。

在企业面临的诸多环境因素中，科学技术本身是强大的动力，科技因素对企业的影响是双重的：一方面，它可能给某些企业带来机遇；另一方面，科技因素会导致社会需求结构发生变化，从而给某些企业甚至整个行业带来威胁。例如，科学技术产生出汽车、青霉素、电子计算机的同时，也产生出了核弹、神经性毒气、计算机病毒等。每种新技术都是一种破坏性的创造，新技术的出现总会无情地威胁原有的技术。如晶体管威胁了电子管，电视威胁了电影。如果一个组织固守原有的计划而不采用新技术，它就注定会失败。随着科技的发展，新技术、新工艺、新材料的推广使用，对企业产品的成本、定价等都有重要影响。这种影响就其本质而言，是不可避免的和难以控制的。企业要想取得经营上的成功，就必须预测科学技术发展可能引起的后果和问题，可能带来的机遇或威胁；必须十分注意本行业产品的技术状况及科技发展趋势；必须透彻地了解与所研究的技术项目有关的历史、当前发展情况和未来趋势，并进行准确的预测。

5.2　商务谈判环境分析的方法

要研究企业的经营环境，必须借助一定的方法，调查和预测是主要的方法。调查是了解历史和现状，预测则是推测未来。调查、预测、决策应该是三位一体的，没有调查和预测，就没有决策的自由。

5.2.1　调研

没有调查就没有发言权，一切结论应产生于调查的结尾而不在它之前。在市场经济的海洋里潮涨潮落，变化多端，不进行市场调查，不摸清市场行情，就好像"盲人骑瞎马，夜半临深池"。情况不明决心大，知识不多办法多，不经调研，盲目决策，必然要失败。面对市场，要吃一拿二眼观三，行情不对早转弯，迅速反应，马上行动，方可取胜。

1. 案头调查法

案头调查包括借助公开的信息的调查，其中包括报纸、杂志、政府的公告、互联网等。特别值得一提的是企业内的信息系统平时要注意收集和整理与其业务相关的资料，这些资料包括企业生产运营活动的上线企业的相关资料、重点上线企业的竞争者的相关资料以及上线企业的相关高层管理人员的背景等相关资料。

2. 购买法

花钱购买相关的资料是商务活动中又一个获得资料信息的来源。目前我国这种为企业提供信息资源的服务性组织还不多，应该在以后的经济生活中对此行业加大培养力度和给予扶持。这种信息资源的获得可以借助于服务性组织现有的相关数据资源，也可以委托相关组织做一项专门的情报收集和整理工作。

3. 观察法

观察法是获取情报时亲身面对自己要得到情报的现场，观察自己要得到的数据资料，对要进行交易客体的环境进行调查。良好的洞察力的特征如下。

（1）客观性。

观察客观事物要正确反映其本来的面貌和特征，不以假当真、以偏概全，否则就会做出错误的判断。

（2）敏锐性。

在观察活动中，要迅速抓住那些反映事物的本质而又不易觉察的现象。观察力敏锐，可以提高工作效率。

（3）准确性。

观察准确是进行预测、决策的重要前提，是纠正谬误的依据。在观察客观事物的过程中，要全神贯注，深入细致，追本溯源。

（4）全面性。

观察客观事物既要看到它的正面，又要看到它的反面；既要看到它本身，又要了解它与周围事物的一切关系及相互影响；既要看到它的现状，又要了解它的过去，还要预测它的未来，这才能做到观察的全面性。

（5）反复性。

客观事物是动态发展的，这种发展又是一个复杂曲折的过程。为了获得可靠、真实的材料并进行正确的判断，往往要经过反复观察。

我们还可以通过企业间的互访去观察对方企业的经营状况。一些非常典型的管理理念和方法，借助于企业的外部行为和表现就可以轻而易举地得到。对于这种管理深层次的东西，对方企业想隐瞒或做假象是做不到的。

4. 直接调查法

直接调查法是进行调查的企业组织相关的人力、物力和财力进行的一种有组织、有计划、有目的的调查研究工作。采用这种直接调查法的原因是社会相关信息提供组织不健全，企业无法获得要调查的信息内容，或者是企业要获得最真实的第一手资料，或者是要从获得信息的成本角度考虑。

5.2.2　预测

预测是对事物、情况发生之前或对事物未来结果所做的推测、断定。凡事预则立，不预则废。在我国古代，如计然、范蠡就留有"旱则资舟，水则资车""贵出如粪土，贱取如珠玉"等名句。兵书上的料敌方法有：以己度敌，反观而求，平衡推导，观往验来，察迹映物，投石问路，顺藤摸瓜，按脉诊痛。一位精明的经理要有"月晕而知风，础润而知雨"的眼力。善于预见就容易成功，不善于预见则往往失败。

进行预测时，首先要预测并分析谈判对手的现实需要和意图。对手的需要是指那种目前对手企业急需要得到的未被满足的某种心理状态。这种急于要得到某种满足的心态在不同的企业、在同一个企业的不同时期、在同一时期的不同阶段和环节是不一样的。这种需要既有质的方面的衡量指标，又有量的方面的衡量指标。质的方面的衡量指标包括基本需要、正常需要、发展需要等几个方面。量的方面的衡量指标包括急切需要、一般需要、可有可无的需要等。对手的意图是指谈判对手可能会采取的谈判态度，以及相应的谈判方式和方法。意图取决于需要，需要是内涵，而意图是一种表象。

其次要预测并分析与对方可能会建立的谈判目标。这里的目标主要是商务活动的交易条件。交易条件包括价格、质量、服务等内容。交易条件是谈判当事人双方的联结纽带，是商务谈判中的核心问题，是双方当事人利益的载体。交易条件与当事人的需要和意图有着极其密切的联系。当事人的需要等级决定了交易条件的宽松与苛刻程度。

最后要预测并分析双方在谈判中可能存在的障碍，也就是在双方的谈判中可能会出现的矛盾与分歧。并且我们应该大体上能够分析出哪些矛盾可能是人为的，哪些矛盾可能是误会产生的，哪些矛盾才是最大的障碍。

◉ 案例 5-1　　　　　　　　王光英抢购二手车

1983 年 4 月，光大实业公司董事长王光英收到下属报来的一条信息：南美智利的一家矿产公司破产，现将公司所有的 1 500 辆大型矿山用卡车拍卖。这 1 500 辆卡车全部是尚未使用过的新车，由于该矿产公司急于偿还债务，估计公司方面会以较低的价格将这批卡车卖出。

当时，我国矿山建设需要大批矿山用卡车。王光英对于这个情况是熟悉的。他当机立断，马上组织采购人员赶赴南美，与智利的矿山公司进行谈判。由于 1 500 辆矿山用卡车数量很大，有购买实力的竞争对手并不多。在拍卖现场，经过一番激烈的争夺之后，王光英仅以新车原价的 38% 将这批卡车买了下来，为国家节约了 8 500 万美元的外汇。

在这次成功的交易中，充分掌握信息起了重要的作用。王光英对南美智利矿产公司对于资金的需求情况和我国对矿山用卡车的需求情况，以及国际市场上矿山用卡车的价格都十分清楚，因此及时做出了正确的决策。

资料来源：张国良. 商务谈判 [M]. 杭州：浙江大学出版社，2010：107.

5.3　谈判人员的准备

我们知道，商务谈判是由谈判人员完成的，谈判人员的素质、谈判班子的组成情况对谈判的结果有直接的影响，决定着谈判的成败。因此，选好谈判人员和组织好谈判班子是谈判准备工作的首要内容。

5.3.1　商务谈判队伍的规模

一个谈判队伍的最佳规模是多大？从最理想的角度来看，应该是一个人。如果参与谈判的人员增多，诸如信息沟通、角色分担等内部协调问题就会接踵而来，牵扯大家很多精力。然而商务谈判通常需要涉及各方面的专业知识，这是任何某一方面的个别专家力所不及的，这就要求选择若干人员组成一个谈判班子。谈判专家根据以下影响谈判班子规模的因素和他们的经验，认为由 4 人左右组成一个班子比较合适。

在具体确定谈判队伍的规模时，主要考虑以下因素：

（1）谈判班子的工作效率。一个集体如要有效地开展工作，内部就必须进行适当而严密的分工和协作，内部的意见交流必须畅通。谈判要求高度的集中统一，必须能对问题做出及时而灵活的反应。谈判人员多，意见就多，要把这些不同的意见全部集中起来，不是一件容易的事。在谈判这种高度紧张、内容复杂多变的活动中，要达到上述要求，谈判班子的规模过大是不可取的。从大多数谈判实践来看，工作效率比较高时的人数规模在 4 人左右。

（2）有效的管理幅度。任何一个领导者能有效地管理其下属的人数总是有限的，即管理的幅度是有限的。商务谈判活动紧张、复杂、多变，既需充分发挥个人的独创性和独立的应变能力，又需要内部协调统一、一致对外，其领导者的有效管理幅度只能在 4 人左右。超过这个限度，内部的协调和控制就会发生困难。

（3）谈判所需专业知识的范围。一项谈判，特别是一个大型交易项目的谈判，会涉及许多专业知识，但这并不意味着谈判就需要各种具备相应专业知识的人同时参加。因为，谈判的不同阶段所涉及的主要专业知识的种类是有限的，只要谈判班子的成员具备这几种主要的专业知识就可胜任。某些非常专门或具体的细节谈判可以安排另外的小型谈判予以解决，或者请某些方面的专家作为谈判班子的顾问，给谈判人员献计献策或提供咨询服务，不必扩大谈判班子的规模。

总之，无论什么样的谈判，其谈判班子的规模必须符合既能胜任谈判，又能获得高效率与便于控制。

5.3.2　商务谈判人员应具备的素质

商务谈判是一项涉及多方面知识的人际交往工作，是一种智慧和能力的较量，只有具备较高素质的人才能胜任。

那么，一个优秀的谈判人员应具备怎样的素质呢？

1. 良好的职业道德

这是谈判人员必须具备的首要条件，也是谈判成功的必要条件。谈判人员是作为特定组织的代表出现在谈判桌上的，商务谈判人员不仅代表组织与个体的经济利益，而且在某种意义上还肩负着维护国家利益的义务和责任。因此，作为谈判人员必须遵纪守法，廉洁奉公，忠于国家、组织和职守，要有强烈的事业心、进取心和责任感。

2. 健全的心理素质

谈判是各方之间精力和智力的较量，较量的环境在不断变化，对方的行为也在不断变化，要在较量中达到特定目标，谈判人员就必须具有健全的心理素质。

健全的心理素质是谈判者主体素养的重要内容之一，表现为谈判者主体应具备坚忍顽强的意志力、高度的自制力和良好的协调能力等。

（1）坚忍顽强的意志力。

许多重大艰辛的谈判，就像马拉松运动一样，考验着参与者。谈判者之间的持久交锋，不仅是一种智力、技能和实力的比试，更是一场意志、耐心和毅力的较量。只有具有坚韧毅力的谈判者，才能在较量中获得最后胜利。

（2）高度的自制力。

自制力是谈判者在谈判环境发生巨大变化时，适时克服心理障碍的能力。由于谈判始终是利益的对决，谈判双方在心理上处于对立，故而僵持、争执的局面不可避免，这会引起谈判者情绪上的波动。如果谈判者出现明显的情绪变化，如发怒、沮丧等，可能会产生疏忽，给对手以可乘之机。所以作为一个优秀的谈判人员，无论在谈判的高潮阶段还是低潮阶段，都能心静如水，特别是当胜利在望或陷入僵局时，更要能够控制自己的情感，喜形于色或愤愤不平，不仅有失风度，而且会让对方抓住弱点与疏漏，给对方以可乘之机。

（3）良好的协调能力。

协调力是谈判者善于与他人和睦相处，拥有良好的人际关系的能力。在谈判中，谈判人员之间的协调行动是非常重要的。一个好的谈判者，既能尊重他人，虚心听取一切有利于谈判进行和谈判目标实现的合理意见，又要善于解决矛盾冲突，善于沟通，调动他人，使谈判人员为实现谈判目标密切合作，统一行动。

3. 合理的学识结构

商务谈判过程是测验谈判者知识、智慧、勇气和耐力的过程，更是谈判双方才能较量的过程。因此，商务谈判的参加者必须要有合理的学识结构。商务谈判人员，既要知识面宽，又要在某些领域有较深的造诣。也就是说，商务谈判人员不仅在横向方面有广博的知识，而且在纵向方面也要有较深的专门学问，两者构成一个"T"字形的知识结构。

（1）谈判人员的横向知识结构。

从横向方面来说，商务谈判人员应当具备的知识包括：我国有关经济贸易的方针政策及我国政府颁布的有关法律和法规；某种商品在国际、国内的生产状况和市场供求关系；商品价格水平及其变化趋势的信息；产品的技术要求和质量标准；有关国际贸易和国际惯例知识；国外有关法律知识，包括贸易法、技术转让法、外汇管理法及有关国家税法方面的知识；各国各民族的风土人情和风俗习惯；可能涉及的各种业务知识、金融知识、市场营销知识等。

（2）谈判人员的纵向知识结构。

从纵向方面来说，作为商务谈判的参与者，应当掌握的知识包括：丰富的专业知识，即熟悉产品的生产过程、性能及技术特点；熟知某种（类）商品的市场潜力或发展前景；丰富的谈判经验及处理突发事件的能力；掌握一门外语，最好能直接用外语与对方进行谈判；懂得谈判的心理学和行为科学；了解谈判对手的性格特点等。

上述的"T"形知识结构，构成了一名称职的商务谈判人员的必备条件，也是一名合格的谈判人员应具备的最起码的个体素质要求，否则，他将无法应付复杂的谈判局面，承担谈判任务，更谈不上维护本企业和国家的利益。一名称职的商务谈判人员，在力争将自己培养成全才的同时，还应当精通某个专业或领域。否则的话，对相关产品的专业知识知之甚少，就会导致在谈判技术条款时非常被动，提不出关键意见，这无疑将削弱本方的谈判实力。一名商务谈判人员应该是"全能型专家"。所谓"全能"，即通晓技术、商务、法律和语言，涵盖上述纵横各方面的知识；所谓"专家"，指能够专长于某一个专业或领域的人。为学要成金字塔，既能广大又能高深。

总之，扩大知识视野，深化专业知识，猎取有助于谈判成功的广博而丰富的知识，能使谈判的具体操作中，左右逢源，运用自如，最终取得谈判的成功。

4. 过硬的能力素养

谈判者的能力是指谈判人员驾驭商务谈判这个复杂多变的"竞技场"的能力，是谈判者在谈判桌上充分发挥作用所应具备的主观条件。它主要包括以下内容。

（1）认知能力。

善于思考是一个优秀的谈判人员所应具备的基本素质。谈判的准备阶段和洽谈阶段充满了多种多样、始料未及的问题和假象。谈判者为了达到自己的目的，往往以各种手段掩饰真实意图，其传达的信息真真假假、虚虚实实。优秀的谈判者能够通过观察、思考、判断、分析和综合的过程，从对方的言行和行为迹象中判断真伪，了解对方的真实意图。

（2）运筹、计划能力。

谈判的进度如何把握？谈判在什么时候、什么情况下可以由准备阶段进入接触阶段、实质阶段，进而到达协议阶段？在谈判的不同阶段将使用怎样的策略？这些都需要谈判人员发挥其运筹、计划的能力。当然，这种运筹和计划离不开对谈判对手背景以及可能采取的策略的调查和预测。

（3）语言表达能力。

谈判是人类利用语言工具进行交往的一种活动。一个优秀的谈判者，应像语言大师那样精通语言，通过语言的感染力强化谈判的效果。谈判中的语言包括口头语言和书面语言两类。无论是哪类语言，都要求准确无误地表达自己的思想和感情，使对手能够正确领悟你的意思，这一点是最基本的要求。其次，还要突出谈判语言的艺术性。谈判中的语言不仅应当准确、严密，而且应当生动形象，富有感染力。巧妙地用语言表达自己的意图，本身就是一门艺术。

（4）应变能力。

谈判中发生突发事件和产生隔阂是难以避免的，任何细致的谈判准备都不可能预料到谈判中可能发生的所有情况。千变万化的谈判形势要求谈判人员必须具备沉着、机智、灵活的应变能力，要有冷静的头脑、正确的分析、迅速的决断，善于将灵活性与原则性结合起来，灵活地处理各种矛盾，以控制谈判的局势。应变能力主要包括处理意外事故的能力、化解谈判僵局的能力、巧妙袭击的能力等。

（5）交际能力。

商务谈判是一个谈判过程，更是一个交际过程。真正的交际能力是与人沟通感情的能力，绝不是花言巧语的伎俩。

（6）创造性思维能力。

创造性思维是以创新为唯一目的，并能产生创见的思维活动。它反映了人们解决问题的灵活性与创新性。谈判人员要具备丰富的创造性思维能力，用于开拓创新，拓展商务谈判的新思维、新模式和新方法。创造性思维能力可以提高谈判的效率。

5.3.3　谈判人员的配备

在一般的商务谈判中，所需的知识大体上可以概括为以下几个方面：有关技术方面的知识；有关价格、交货、支付条件等商务方面的知识；有关合同法律方面的知识；有关语言翻译方面的知识。

根据谈判对知识方面的要求，谈判班子应配备相应的人员。

1. 技术精湛的专业人员

熟悉生产技术、产品性能和技术发展动态的技术员与工程师，在谈判中负责有关产品技术方面的问题，也可以与商务人员配合，为价格决策做技术参谋。

专业人员是谈判组织的主要成员之一。其基本职责是：

（1）同对方进行专业细节方面的磋商；
（2）修改草拟谈判文书的有关条款；
（3）向首席代表提出解决专业问题的建议；
（4）为最后决策提供专业方面的论证。

2. 业务熟练的商务人员

商务人员是谈判组织中的重要成员，商务人员由熟悉贸易惯例和价格谈判条件、了解交易行情的有经验的业务人员或公司主管领导担任。其具体职责是：

（1）阐明己方参加谈判的愿望和条件；
（2）弄清对方的意图和条件；
（3）找出双方的分歧或差距；
（4）掌握该项谈判总的财务情况；
（5）了解谈判对手在项目利益方面的期望指标；
（6）分析、计算修改中的谈判方案所带来的收益变动；
（7）为首席代表提供财务方面的意见和建议；
（8）在正式签约前提供合同或协议的财务分析表。

3. 精通经济法的法律人员

法律人员是一个重要谈判项目的必需成员，如果谈判小组中有一位精通法律的专家，将会非常有利于谈判所涉及的法律问题的顺利解决。法律人员一般是由律师，或由既熟知经济状况又精通法律专业知识的人员担任，通常由特聘律师或企业法律顾问担任。其主要职责是：

（1）确认谈判对方经济组织的法人地位；

（2）监督谈判在法律许可范围内进行；

（3）检查法律文件的准确性和完整性。

4. 熟悉业务的翻译人员

翻译人员一般由熟悉外语和企业相关情况、纪律性强的人员担任。翻译是谈判双方进行沟通的桥梁。翻译的职责在于准确地传递谈判双方的意见、立场和态度。一个出色的翻译人员，不仅能起到语言沟通的作用，而且必须能够洞察对方的心理和发言的实质，既能改变谈判气氛，又能挽救谈判失误，增进谈判双方的了解、合作和友谊。因此，商务谈判对翻译人员有很高的素质要求。

5. 首席代表

首席代表是指那些对谈判负领导责任的高层次谈判人员。他们在谈判中的主要任务是领导谈判组织的工作。这就决定了他们除具备一般谈判人员必须具备的素养外，还应阅历丰富，目光远大，具有审时度势、随机应变、当机立断的能力，有善于控制与协调谈判小组成员的能力。因此，无论从什么角度来看，他们都应该是富有经验的谈判高手。其主要职责是：

（1）监督谈判程序；

（2）掌握谈判进程；

（3）听取专业人员的建议和说明；

（4）协调谈判班子成员的意见；

（5）决定谈判过程中的重要事项；

（6）代表单位签约；

（7）汇报谈判工作。

6. 记录人员

记录人员在谈判中也是必不可少的。一份完整的谈判记录既是一份重要的资料，也是进一步谈判的依据。为了出色地完成谈判的记录工作，要求记录人员要有熟练的文字记录能力，并具有一定的专业基础知识。其具体职责是准确、完整、及时地记录谈判内容。这样，由不同类型和专业的人员就组成了一个分工协作、各负其责的谈判组织群体。

> **◉ 小思考**
>
> 　　与外商谈判，我方谈判人员都有熟练地运用该外语的能力，也能与对方直接交谈，还有没有必要配备一名专职翻译？（　　　）
>
> 　　A. 有必要　　　　B. 没有必要　　　　C. 看谈判者外语表达能力

5.3.4　谈判人员的分工和合作

当挑选出合适的人组成谈判班子后，就必须在成员之间，根据谈判内容和目的以及每个人的具体情况做出明确适当的分工，明确各自的职责。此外，各成员在进入谈判角色、尽兴发挥时，还必须按照谈判目的与其他人员彼此相互呼应、相互协调和配合，从而真正赢得谈判。

如何才能使谈判班子成员分工合理、配合默契呢？

具体来讲，就是要确定不同情况下的主谈人与辅谈人、他们的位置与职责以及他们之间的配合关系。

所谓主谈人，是指在谈判的某一阶段或针对某一个或几个方面的议题，由谁为主进行发言，阐述己方的立场和观点，此人即为主谈人。这时其他人处于辅助的位置，被称为辅谈人。一般来讲，谈判班子中应有一名技术主谈人、一名商务主谈人。

主谈人作为谈判班子的灵魂，应具有上下沟通的能力；有较强的判断、归纳和决断能力；必须能够把握谈判方向和进程，设计规避风险的方法；必须能领导下属齐心合作，群策群力，突破僵局，达到既定的目标。

确定主谈人和辅谈人，以及他们之间的配合是很重要的。主谈人一旦确定，那么，本方的意见、观点都由他来表达，从一个口子对外，避免各吹各的调。在主谈人发言时，自始至终都应得到本方其他人员的支持。比如，口头上的附和"正确""没错""正是这样"等。有时在姿态上也可以做出赞同的姿势，如眼睛看着本方主谈人不住地点头等。辅谈人的这种附和对主谈人的发言是一个有力的支持，会大大加强他说话的力量和可信程度。如果己方主谈人在讲话时，其他成员东张西望、心不在焉，或者坐立不安、交头接耳，就会削弱己方主谈人在对方心目中的分量，影响对方的理解。

有配合就有分工，合理的分工也是很重要的。

1. 洽谈技术条款的分工与合作

在洽谈合同技术条款时，专业技术人员处于主谈人的地位，相应的经济人员和法律人员则处于辅谈人的地位。

技术主谈人要对合同技术条款的完整性、准确性负责。在谈判时，对技术主谈人来讲，除了要把主要的注意力和精力放在有关技术方面的问题上外，还必须放眼谈判的全局，从全局的角度来考虑技术问题，要尽可能地为后面的商务条款和法律条款的谈判创造条件。对商务人员和法律人员来讲，他们的主要任务是从商务和法律的角度向技术主谈人提供咨询意见，并适时地回答对方涉及商务和法律方面的问题，支持技术主谈人的意见和观点。

2. 洽谈商务条款时的分工与合作

很显然，在洽谈合同商务条款时，商务人员和经济人员应处于主谈人的地位，而技术人员与法律人员则处于辅谈人的地位。商务合同的条款在许多方面是以技术条款为基础的。

5.4　商务谈判计划的制订

商务谈判计划的目标类型及内容如下所述。

1. 目标的类型

（1）探测性目标。

所谓探测性目标就是指在谈判的开始阶段，谈判的双方需要互相摸底，了解对方的谈判态度和方法。这一阶段，作为谈判的一方要建立初步的目标体系。这类目标一般来说并不具有很强的实际性，只是一种试探性的目标。

这类目标虽然因往往不是最终的成交价格条件而不具有很强的实用性，但这种试探性的引导目标代表了谈判者的意图和总体的倾向性。所以，谈判的任何一方当事人都不要把它看得可有可无。一般来说，它是一个不可或缺的指标体系。

（2）创造性目标。

经过了试探性的工作以后，接下来，谈判的某一方就会提出一个自己最理想的交易条件体系。这个最理想的交易条件体系就是谈判计划中的创造性目标。由于这种目标往往会超出谈判当事人的正常想象，因此我们称其为创造性目标。

创造性目标的设计对于谈判的一方来说应该突出它的创造性。这种创造性目标体系应该是既在意料之外又在情理之中的一个目标体系。这个目标往往也不是最终的成交目标。它是在双方经过探索性目标的尝试以后提出来的本方利益的最高点。这类目标具有一定的可操作性，但是往往不能得到有效的操作。

（3）论证性目标。

创造性目标提出来以后，一般来说当事人的另一方肯定会提出不同意见，甚至可能会坚决地反对。哪怕谈判对方在心理上已经愿意接受本方的交易条件，但是在嘴上也会坚决地反对。这一阶段谈判的一方要极力证明自己的目标是正确的，同时也是有人情味的一种体现。

作为谈判的一方来说，这种目标的设定一定要对整个条件体系进行充分的思考和论证，因为理想的交易价格条件就在这里。

（4）处理纷争性目标。

处理纷争性目标主要是对对方的谈判目标进行的批判。这种批判的目的在于使双方的目标能够有所接近。接近的目的在于能够使谈判的双方都接受这一谈判的目标体系。

这类目标在被拿到谈判桌上之前，当事人的任何一方就应该进行有效的分析和设计，否则在谈判桌上，就可能会使本方处于手忙脚乱的地步。

（5）达成协议性目标。

经过了一系列的讨价还价以后，可能就要进入到谈判的实质性的高潮阶段了。这类达成协议性目标的交易条件体系就是这个阶段要达成的目标体系。

2. 目标的内容

（1）保本条件。

保本条件是指本次谈判中谈判主体的最低防线，是对本次谈判可以接受的最低要求。

如果对方连这个条件都不能答应，就可能意味着谈判的破裂。这种保本条件具有双重属性内容。其一是心理防线。人们对某一事物的看法都有自己可以容忍的程度，这种可以容忍的最高限度就是最低条件。其二是物质底线。作为谈判的另一方决定是否可以接受某些交易条件，一方面是前面说过的心理因素，另一方面就是谈判者的物质承受能力。

（2）合理要求。

合理要求也可以被称为可争取目标，是指谈判者的一方设想的较为理想的交易条件目标体系。在谈判者的计划里，合理要求与保本条件往往是同时设定的。这种条件的设定都是通过细致的综合分析以后得出的结论，而不是谈判者一厢情愿的遐想。

（3）质量控制。

质量控制是指产品交易以后，当事人控制产品的质量，使其能够符合当事人的要求，具体说往往涉及检验方式和方法的问题。检验的方式和方法不同，对于受检验的产品质量控制标准的要求就有所不同。凡是精密程度要求较高的产品，检验的程度就应该高一些。反之亦然。

（4）履行方式问题。

各类不同的谈判标的有着不同的履行方式。履行方式问题主要是控制履行的期限、地点、手段等问题。

（5）技术要求。

技术要求属于标的自身的各项理化等指标的规范。它与质量控制不同。质量控制问题是实现技术要求的手段，而技术要求是质量控制的标准。技术要求可以是等级、规格、花色、品种以及不同的谈判客体的具体不同技术要求内容。

（6）担保与放弃条款。

担保问题在各个不同的法律体系的国家里是不同的。在英国的法律体系中，合同的条款里人们经常把我们说的主要条款称之为"条件"，而把次要条款称之为担保。在其他英美法系的国家里有的直接沿用英国的说法，而有的改变一些说法，但含义大体相当。担保在英美法系中还可以分为明示担保和默示担保。明示担保是直接写入合同文本中的交易次要条件，默示担保是不写入合同文本中但是当时必须履行的义务。这种商务的（法律的）理念在国际的商务活动中得到了较为广泛的认可。

因此，在制订商务谈判计划时，在设定具体的计划内容时，谈判者必须把这部分内容充分地考虑进来。而且在谈判的计划中还要设定好哪些担保条款是需要坚持的，哪些担保条款是需要放弃的。

5.5　计划的编制程序与方法

谈判计划的编制程序如下。

（1）集中思考。

在集中思考这个环节里，要集中思考两个方面的内容。其一是与谈判有关的各种想法。不妨把与谈判有关的各种想法都在纸上罗列出来，形成一个本次谈判的"想法群"或"想法体系""想法系统",然后从中理清思路。其二是对谈判对方的了解与判断的内容,即对谈判对方进行深入浅出的系统全面分析,从中找出我方与对方接触的最佳切入点。

（2）确定方向与目标。

在这个环节里,确定方向是说谈判的组织者要明确本次谈判的方向性活动的目标。这种目标之所以被称为方向,是因为这种目标是一种指引的标志,不具有很强的可操作性。

📍 案例 5-2

A 公司欲与 B 公司进行一次购销活动的谈判。B 公司规模较大,而且对 A 公司的产品（一种原材料）消耗量很大。A 公司的老总嘱咐参加谈判的谈判小组负责人说:"一定要善待好这批客人,要让他们在与我们谈判期间生活愉快、工作开心。"他告诉谈判小组的负责人,要安排好吃、住、娱乐和休息期间的旅游等活动。

案例分析

让对方在与本方谈判期间,"生活愉快、工作开心",这就是一个方向性的指标。这个指标就是要给谈判对手以很美好的感觉与回忆,要让对方感到和我们合作是很舒心、很愉悦的事情。

这个环节里的目标有一个特定的含义。这里的目标是本次谈判的具体定量指标,这种指标既包括指标的量的标准,同时也包括完成指标的质的标准,比如货物购销谈判包括什么商品、数量多少、什么品牌、规格等级、价格条件的具体内容等。

投资合作谈判包括各方出资的份额、出资的方式、日常企业管理的权力配置、重大决策权的表决方式、各管理层面的职权范围、企业运营的方式方法等。

劳务提供与雇用的谈判包括用工的时间、数量、工人的技术等级与分布、劳务的价格及结算方式等。

技术转让的谈判包括转让的形式、转让的时间、转让费用的支付方式、深入继续开发转让技术的归属及利益分割比例等。

（3）制定谈判议程表。

制定谈判议程表,就是把本次要谈的事情做一个位次编排,包括先做什么后做什么,某个程序大体应该在什么环节上去操作。

一般情况下都按照下面的一种思路安排程序的进程:

第一,人们往往习惯上选择一个对本方不甚重要的问题进行谈判,在这个问题上给对方以较大的优惠或让步,以表明自己的融通与合作的诚意。

第二,人们往往选择一个对本方利害关系不大,但是对对方来说可能是个重要的问题来进行谈判,以摸清对方的谈判方式,以及对方的准备程度和对方可能会做出让步的领域和程度。

第三个大的议题阶段就是要转入对本方而言至关重要的问题来进行讨论。一般在转换的过程中，都是悄悄地、不露痕迹地、平稳地转到自己的重要问题上来。

第四个阶段就是在讨论了本方至关重要的问题之后，再讨论其他一些较为重要的事项和条款，或再补充一些遗漏的需要做详细说明的问题。

进入尾声时，又需要找到一个较为次要的而且本方可以做出让步的问题来作为谈判的议题，这样做可以进一步表达本方的成交诚意，并且可以让谈判的对方在心理上得到一种很大的满足感。

（4）制订计划。

任务书加上议程表就是一份整体的商务谈判计划。商务谈判计划的格式要点应该包括以下一些内容。

①谈判计划的标题：说明商务谈判的内容，如《关于引进 ×× 项目的谈判计划书》。

②谈判计划的正文：包括引文，谈判主题，谈判目标，谈判程序，谈判组织以及时间、地点等。

③落款：计划书制订者的名称、公章，计划书完成时间。

🔘 **实例**　　　　　　　　**关于引进日本 ×× 公司电子生产线的谈判计划书**

由于我公司产品更新换代、提高竞争力的需要，经公司董事会临时会议决定，公司将从日本 ×× 公司引进全套自动化电子芯片生产流水线及有关部件的生产技术。双方定于本月 20 日在上海 ×× 国际大厦举行正式洽谈。

一、谈判主题

以合适的价格引进这条具有 20 世纪 90 年代先进水平的全自动电子芯片生产流水线及有关部件的生产技术。

二、总体目标

（一）技术要求

1. 该流水线要求使用中国工业用电标准，不再需要相应的电压转换系统；

2. 流水线在正常工作条件下每小时可生产芯片 ×× 个，合格率保证在 95% 以上。

（二）试用期考核指标

1. 试用周期为 6 个月；

2. 使用温度在零下 10℃ 至零上 60℃ 之间；

3. 电子焊头在正常使用条件下，使用寿命为不低于 × 个工作日。

（三）生产技术转让

1. 日本 ×× 公司应该无偿提供机车的部分技术；

2. 日方应提供相应的技术图纸、工艺流程图、专用手册等。

（四）购买价格

1. 购买交易以美元结算；

2. 日方 FOB 报价为 120 万美元；

3. 我公司最高能接受的价格为 115 万美元 / 台；

4. 按照当日的美元汇价，允许价格上下 10% 浮动。

三、谈判程序（略）

四、具体日程安排（略）

五、谈判地点

上海 ×× 国际大厦，位于上海市静安区 × 号，电话：×××××××××。

六、人员分工

主谈人：顾某，公司谈判全权代表；

辅谈人：卞某某，配合主谈工作，并及时做补充和纠正；

成员：欧阳某，翻译；赵某某，负责记录技术条款；尚某，负责法律和财务支持。

公司谈判小组

年　　　月　　　日

◎ 知识拓展

谈判"三部曲"的概念

谈判"三部曲"的概念，即谈判的步骤应该为申明价值（claiming value）、创造价值（creating value）和克服障碍（overcoming barriers to agreement）三个进程。我们的目的就是给每一位商务谈判者提供一个有效掌握谈判进程的框架。许多国外的著名商学院都是遵循这样的"三部曲"训练学生的谈判技巧与能力的。国外许多成功的谈判也是遵循这样一个谈判的步骤与原则。下面将"谈判三部曲"分述如下。

1. 申明价值

此阶段为谈判的初级阶段，谈判双方彼此应充分沟通各自的利益需要，申明能够满足对方需要的方法与优势所在。此阶段的关键步骤是弄清对方的真正需求，因此其主要的技巧就是多向对方提出问题，探询对方的实际需要；与此同时也要根据情况申明我方的利益所在。因为你越了解对方的真正实际需求，就越能够知道如何才能满足对方的要求；同时对方知道了你的利益所在，才能满足你的要求。

然而，我们也看到有许多所谓"商务谈判技巧"诱导谈判者在谈判过程中迷惑对方，让对方不知道你的底细，不知道你的真正需要和利益所在，甚至想方设法误导对方，生怕对方知道了你的底细，会向你漫天要价。我们认为，这并不是谈判的一般原则。如果你总是误导对方，那么可能最终吃亏的是你自己。

2. 创造价值

此阶段为谈判的中级阶段，双方彼此沟通，往往申明了各自的利益所在，了解了对方的实际需要。但是，以此达成的协议并不一定对双方都是利益最大化的。也就是，利益在此往往并不能有效地达到平衡。即使达到了平衡，此协议也可能并不是最佳方案。因此，谈判中双方需要想方设法去寻求更佳的方案，为谈判各方找到最大的利益，这一步骤就是创造价值。

创造价值的阶段，往往是商务谈判最容易忽略的阶段。一般的商务谈判很少有谈判者能从全局的角度出发去充分创造、比较与衡量最佳的解决方案。因此，也就使得谈判者往往总觉得谈判结果不尽如人意，没有能够达到"赢"的感觉，或者总有一点遗憾。由此看来，采取什么样的方法使谈判双方达到利益最大化，寻求最佳方案就显得非常重要。

3.克服障碍

此阶段往往是谈判的攻坚阶段。谈判的障碍一般来自两个方面：一个是谈判双方彼此利益存在冲突；另一个是谈判者自身在决策程序上存在障碍。前一种障碍需要双方按照公平合理的客观原则来协调利益；后者则需要谈判无障碍的一方主动去帮助另一方顺利进行决策。

诗语点睛

谈判人员素质高
职业道德是根本
坚忍不拔志超群
学识结构 T 字形
精通业务技术新
团队协作才会赢
语言表达要流畅
随机应变信如神

习 题

一、单项选择题

1.谈判的某一方会提出一个自己最理想的交易条件体系。这个最理想的交易条件体系就是谈判计划中的（　　）。

　A.探测性目标　　　　　　　　　B.创造性目标
　C.论证性目标　　　　　　　　　D.达成协议性目标

2.下面不属于"谈判三部曲"的是（　　）。

　A.申明价值　　B.创造价值　　C.论证性目标　　D.克服障碍

3.商务谈判中组建谈判班子的原则是（　　）。

　A.形象原则　　　　　　　　　　B.业务实力原则
　C.用人唯贤原则　　　　　　　　D.进度原则、业务实力原则

4.价格条款的谈判应由（　　）承担。

　A.法律人员　　B.商务人员　　C.财务人员　　D.技术人员

5.谈判小组主谈人最重要的职责是（　　）。

　A.掌握谈判进程　　　　　　　　B.弄清对方的意图、条件
　C.找出与对方的分歧或差距　　　D.掌握该谈判项目的财务情况

二、多项选择题

1.商务谈判活动的有效要件有（　　）。

　A.参加商务谈判的法律关系主体合法　　B.商务谈判的内容合法

C. 商务谈判双方的意思表示要真实合法　　　D. 商务谈判的形式和程序要合法

2. 商务谈判的环境情报分析有（　　　　）。

    A. 宏观环境因素分析　　　　　　　　　　B. 政治法律因素分析

    C. 经济环境因素分析　　　　　　　　　　D. 科技环境因素分析

3. 社会文化环境因素有（　　　　）。

    A. 文化传统　　　　B. 价值观　　　　C. 社会发展趋势　　　　D. 消费者心理

4. 企业的科技环境包括（　　　　）。

    A. 社会科技水平　　　　　　　　　　　　B. 科技体制

    C. 国家科技政策　　　　　　　　　　　　D. 科技立法

5. 商务谈判调研方法有（　　　　）。

    A. 案头调查法　　　　B. 购买法　　　　C. 观察法　　　　D. 实验法

6. 良好的洞察力的特征有（　　　　）。

    A. 客观性　　　　B. 敏锐性　　　　C. 准确性

    D. 全面性　　　　E. 反复性

7. 在具体确定谈判队伍的规模时，主要考虑以下因素（　　　　）。

    A. 谈判班子的工作效率　　　　　　　　　B. 有效的管理幅度

    C. 谈判所需专业知识的范围　　　　　　　D. 非常专门或具体的细节谈判

8. 一个优秀的谈判人员应具备怎样的素质？（　　　　）

    A. 良好的职业道德　　　　　　　　　　　B. 健全的心理素质

    C. 合理的学识结构　　　　　　　　　　　D. 过硬的能力素养

9. 专业人员是谈判组织的主要成员之一，其基本职责有（　　　　）。

    A. 同对方进行专业细节方面的磋商　　　　B. 修改草拟谈判文书的有关条款

    C. 向首席代表提出解决专业问题的建议　　D. 为最后决策提供专业方面的论证

10 商务谈判目标的内容有（　　　　）。

    A. 保本条件　　　　B. 合理要求　　　　C. 质量控制　　　　D. 技术要求

11. 谈判计划的编制程序有（　　　　）。

    A. 集中思考　　　　　　　　　　　　　　B. 确定方向与目标

    C. 制定谈判议程表　　　　　　　　　　　D. 制订计划

三、判断题

1. 商务谈判行为，既是一种经济商务行为，同时又是一种法律行为。（　　　　）

2. 任务书加上议程表就是一份整体的商务谈判计划。（　　　　）

3. 谈判人员只需谈判技巧，不需有较高的专业知识。（　　　　）

4. 只顾自己的谈判基本上都会是失败的谈判。（　　　　）

5. 谈判人员要坚持原则性，不能太灵活。（　　　　）

6. 一名出色的谈判人员应该既具备广博的综合知识，又有很强的专业知识。（　　　　）

7. 谈判人员都是处理不同问题的专家，在知识方面相互补充。（　　　　）

8. 谈判人员性格要相同，这样容易相处。(　　　)

9. 主谈人应是谈判人员中职务最高的领导。(　　　)

10. 谈判信息是商务谈判成败的决定性因素。(　　　)

自我测试

请扫码查看

思考题

1. 商务谈判宏观环境因素分析有哪些?

2. 商务谈判环境分析的方法有哪些?

3. 简述良好的洞察力的特征。

4. 简述商务谈判人员应具备的素质。

5. 商务谈判计划的目标有哪些?

6. 简述商务谈判"三部曲"的概念及内容。

商务谈判策略

 先导案例

有理有节，索赔获胜

我国从日本 S 汽车公司进口大批 FP-148 货车，使用时普遍发生严重质量问题，致使我国蒙受巨大经济损失。为此，我国向日方提出索赔。

谈判一开始，中方简明扼要地介绍了 FP-148 货车在中国各地的损坏情况以及用户对此的反应。中方在此虽然只字未提索赔问题，但已为索赔说明了理由和事实根据，展示了中方谈判威势，恰到好处地拉开了谈判的序幕。日方对中方的这一招早有预料，因为货车的质量问题是一个无法回避的事实，日方无心在这一不利的问题上纠缠。日方为避免劣势，便不动声色地说："是的，有的车子轮胎炸裂，挡风玻璃炸碎，电路有故障，铆钉震断，有的车架偶有裂纹。"中方觉察到对方的用意，便反驳道："贵公司代表都到现场看过，经商检和专家小组鉴定，铆钉并非震断的，而是剪断的，车架出现的不仅仅是裂纹，而是裂缝、断裂！而车架断裂不能用'有的'或'偶有'，最好还是用比例数据表达，这样更科学、更准确……"日方淡然一笑，说："请原谅，比例数据尚未准确统计。""那么，对货车质量问题贵公司能否取得一致意见？"中方对这一关键问题紧追不舍。"中国的道路是有问题的。"日方转移了话题，答非所问。中方立即反驳："诸位已去过现场，这种说法是缺乏事实根据的。""当然，我们对贵国实际情况考虑不够……""不，在设计时就应该考虑到中国的实际情况，因为这批车是专门为中国生产的。"中方步步紧逼，日方步步为营，谈判气氛渐趋紧张。中日双方在谈判开始不久，就在如何认定货车质量问题上陷入僵局。日方坚持说中方有意夸大货车的质量问题："货车质量的问题不至于到如此严重的程度吧？这对我们公司来说，是从未发生过的，也是不可理解的。"此时，中方觉得该是举证的时候，便将有关材料向对方一推说："这里有商检、公证机关的公证结论，还有商检拍摄的录像。如果……""不！不！对商检公证机关的结论，我们是相信的，我们是说贵国是否能够做出适当让步。否则，我们无法向公司交代。"日方在中方所提质量问题攻势下，及时调整了谈判方案，采用以柔克刚的手法，向对方踢皮球。但不管怎么说，日方在质量问题上设下的防线已被攻克了，这就为中方进一步提出索赔价格要求打开了缺口。随后，双方在 FP-148 货车损坏归属问题上取得了一致的意见。日方一位部长不得不承认，这属于设计和制作上的质量问题所致。初战告捷，但是我方代表意识到更艰巨的较量还在后头，索赔金额的谈判才是根本性的。

随即，双方谈判的问题升级到索赔的具体金额上——报价、还价、提价、压价、比价，一场毅力和技巧较量的谈判竞争展开了。中方主谈代表擅长经济管理和统计，精通测算。他翻阅了许多国内外的有关资料，甚至在技术业务谈判中，他也不凭大概和想当然，认为只有事实和科学的数据才能服人。此刻，在他的纸笺上，在大大小小的索赔项目旁，写满了密密麻麻的阿拉伯数字。这就是技术业务谈判，不能凭大概，只能依靠科学、准确的计算。根据多年的经验，他不紧不慢地提出："贵公司对每辆车支付的加工费是多少？这项总额又是多少？""每辆车10万日元，计5.84亿日元。"日方接着反问道："贵国报价是多少？"中方立即回答："每辆16万日元，此项共计9.5亿日元。"精明强干的日方主谈人淡然一笑，与其副手耳语了一阵，问："贵国报价的依据是什么？"中方主谈人将车辆损坏后各部件需如何修理、加固、花费多少工时等逐一报价。"我们提出的这笔加工费并不高。"接着中方代表又用了欲擒故纵的一招："如果贵公司感到不合算，派员维修也可以。但这样一来，贵公司的耗费恐怕是这个数的好几倍。"这一招很奏效，顿时把对方将住了。日方被中方如此精确的计算所折服，自知理亏，转而以恳切的态度征询："贵国能否再压低一点？"此刻，中方意识到，就具体数目的实质性讨价还价开始了。中方答道："为了表示我们的诚意，可以考虑贵方的要求，那么，贵公司每辆出价多少呢？""12万日元。"日方回答。"13.4万日元怎么样？"中方问。"可以接受。"日方深知，中方在这一问题上已做出了让步。于是双方很快就此项索赔达成了协议，日方在此项目费用上共支付7.76亿日元。

然而，中日双方争论索赔的最大数额的项目却不在此，而在于高达几十亿日元的间接经济损失赔偿金。在这一巨大数目的索赔谈判中，日方率先发言。他们也采用了逐项报价的做法，报完一项就停一下，看看中方代表的反应，但他们的口气却好似报出的每一个数据都是不容打折扣的。最后，日方统计可以给中方支付赔偿金30亿日元。中方对日方的报价一直沉默不语，用心揣摩日方所报数据中的漏洞，把所有的"大概""大约""预计"等含糊不清的字眼都挑了出来，有力地抵制了对方所采用的浑水摸鱼的谈判手段。

在此之前，中方谈判班子昼夜奋战，液晶体数码不停地在电子计算机的荧光屏上跳动着，显示出各种数字。在谈判桌上，我方报完每个项目的金额后，讲明这个数字测算的依据，在那些有理有据的数字上，打的都是惊叹号。最后我方提出间接经济损失费70亿日元！

日方代表听了这个数字后，惊得目瞪口呆，老半天说不出话来，连连说："差额太大，差额太大！"于是，日方进行无休止的报价、压价。

"贵国提的索赔额过高，若不压半，我们会被解雇的。我们是有妻儿老小的……"日方代表哀求着。老谋深算的日方主谈人使用了哀兵制胜的谈判策略。

"贵公司生产如此低劣的产品，给我国造成多么大的经济损失啊！"中方主谈接过日方的话头，顺水推舟地使用了欲擒故纵的一招："我们不愿为难诸位代表，如果你们做不了主，请贵方决策人来与我们谈判。"双方各不相让，只好暂时休会。这种拉锯式的讨价还价，对双方来说是一种毅力和耐心的较量。因为谈判桌上，率先让步的一方就可能被动。

随后，日方代表急用电话与日本S公司的决策人密谈了数小时。接着谈判重新开始了，此轮谈判一交火就进入了高潮，双方舌战了几个回合，又沉默下来。此时，中方意识到，己方毕竟是实际经济损失的承受者，如果谈判破裂，就会使己方获得的谈判成果付诸东流，而要诉诸法律，麻烦就更大。为了使谈判已获得的成果得到巩固，并争取有新的突破，适当的让步是打开成功大门的钥匙。中方主谈人与助手们交换了一下眼色，率先打破沉默说："如果贵公司真有诚意的话，彼此均可适当让步。"中方主谈为了防止由于己方率先让步所带来的不利局面，建议双方采用"计分法"，即双方等量让步。"我公司愿意付 40 亿日元。"日方退了一步，并声称："这是最高突破数了。""我们希望贵公司最低限度必须支付 60 亿日元。"中方坚持说。

这样一来，中日双方各自从己方的立场上退让了 10 亿日元。双方比分相等，谈判又出现了转机。双方界守点之间仍有 20 亿日元的逆差，但一个界守点对双方来说都是虚设。更准确地说，这不过是双方的一道最后的争取线。该如何解决这"百米赛路"最后冲刺阶段的难题呢？双方的谈判专家都是精明的，谁也不愿看到一个前功尽弃的局面。几经周折，双方共同接受了由双方最后报价金额相加除以 2，即 50 亿日元的最终谈判方案。除此之外，日方愿意承担下列三项责任：

1. 确认出售给中国的全部 FP-148 型货车为不合格品，同意全部退货，更换新车；

2. 新车必须重新设计试验，精工细作，制作优良，并请中方专家检查验收；

3. 在新车未到之前，对旧车进行应急加固后继续使用，日方提供加固件和加固工具等。

资料来源：张国良. 商务谈判 [M]. 杭州：浙江大学出版社，2010：121.

一场罕见的特大索赔案终于公正地交涉成功了！

这是一场包含了两项议价谈判议题的复杂谈判，在关于第一项议题的谈判中，中方在掌握了充分信息和证据的条件下，有理有据先发制人，争取了谈判的主动权，率先报价，日方为了给下一项议题的谈判争取筹码，只进行一次讨价便成交。第二项议题的谈判一开始，日方为争取主动率先报价，并态度坚决，步步为营。我方则沉着冷静，寻找对方价格解释中的漏洞，进行攻势猛烈的价格评论，并迫使对方使用哀兵制胜的策略。中方利用暂时休会，分析利弊，率先让步，促成交易。

商务谈判是"合作的利己主义"的过程。在这个过程中参与谈判的双方或多方都要为自己获得尽可能多的利益而绞尽脑汁。作为一种复杂的智力竞争活动，谈判高手无不借助谈判策略的运用来显示其才华。在当前竞争激烈的市场环境中，谈判人员中有各种不同素质的人，谈判中的真真假假，甚至是坑蒙拐骗等都有可能存在。作为业务人员应当学习适应这些竞争的方法、手段以及残酷性，避免在今后的谈判实践中失误，给个人和公司造成损失。这就要求我们熟练掌握和应用各种谈判策略与手段。在商务谈判中，正确地运用谈判的策略，往往会收到意想不到的效果。因此，谈判策略选用是否得当，能否成功，是衡量谈判者能力高低、经验丰富与否的主要标志。我们这一章就将介绍谈判策略问题。

6.1　商务谈判策略概述

商务谈判策略的含义

所谓商务谈判策略，是指谈判人员根据谈判预期目标的要求和谈判情况的变化，灵活地贯彻实施谈判战略所采取的措施的总和。它依据谈判双方的实力,纵观谈判全局的各个方面、各个阶段的关系,规划整个谈判力量的准备和运用,指导谈判的全过程。

多数商务谈判策略是事前决策的结果,是科学制定策略本身指导思想的反映,也是谈判实践的经验概括。它规定谈判者在一种能预见和可能发生的情况下,应该做什么,不能做什么。谈判中所采取的许多策略,都要经历酝酿和运筹的过程。酝酿和运筹的过程,也是集思广益的互动过程。只有经过这一过程,才能选择准确、恰当的商务谈判策略。

使用策略的关键在于准确把握谈判对手的心理活动特点,分清对手的优势与劣势、长处与短处,抓住对手的劣势与短处,掌握分寸选好进攻的时机,攻心斗智,施计用策,从而实现对谈判活动的控制,争取谈判活动中的最大利益。

6.2　开局阶段的策略

万事开头难。商务谈判中,从谈判双方见面商议开始到最后签约或成交为止,整个过程具有很强的阶段性特点。尽管谈判是多种策略的综合运用过程,在每一个阶段往往是多种策略纠合在一起,并不能具体明确在这个阶段到底采用哪一个具体策略,而且有的策略可能在谈判的各个阶段都会采用。但是在谈判的每一个阶段,往往会有一些经常使用的策略,会使得这些策略在这个阶段具有明显的主导性。首先,我们学习开局阶段的策略。谈判开局策略是谈判者谋求谈判开局有利形势和实现对谈判开局的控制而采取的行动方式或手段。其目的就是营造适当的谈判气氛。商务谈判开局策略一般包括以下几个方面。

6.2.1　协商式开局策略

协商式开局策略是指以协商、肯定的语言进行陈述,使对方对己方产生好感,创造双方对谈判的理解充满"一致性"的感觉,从而使谈判双方在友好、愉快的气氛中展开谈判工作。

协商式开局策略比较适用于谈判双方实力比较接近,双方过去没有商务往来的经历,第一次接触,都希望有一个好的开端。要多用外交礼节性语言、中性话题,使双方在平等、合作的气氛中开局。比如,谈判一方以协商的口吻来征求谈判对手的意见,然后对对方意见表示赞同或认可,双方达成共识。要表示充分尊重对方意见的态度,语言要友好礼貌,但又不刻意奉承对方。姿态上应该是不卑不亢,沉稳中不失热情,自信但不自傲,把握住适当的分寸,顺利打开局面。

适用:实力比较接近的双方,过去没有商务往来,第一次接触。

做法:使用外交礼节性语言、选择中性话题、本着尊重对方的态度,不卑不亢。

📍 **案例 6-1**　　　　　　　　　　**异国他乡的家乡乐曲**

1972 年 2 月,美国总统尼克松访华,中美双方将要展开一场具有重大历史意义的国际谈判。为了创造一种融洽和谐的谈判环境和气氛,中国方面在周恩来总理的亲自领导下,对谈判过程中的各种环境都做了精心而又周密的准备和安排,甚至对宴会上要演奏的中美两国民间乐曲都进行了精心的挑选。在欢迎尼克松一行的国宴上，当军乐队熟练地演奏起由周总理亲自选定的《美丽的亚美利加》时，尼克松总统简直听呆了，他绝没有想到能在中国的北京听到他如此熟悉的乐曲，因为这是他平生最喜爱的并且指定在他的就职典礼上演奏的家乡乐曲。敬酒时，他特地到乐队前表示感谢。此时，国宴达到了高潮，而一种融洽而热烈的气氛也同时感染了美国客人。一个小小的精心安排，赢得了和谐融洽的谈判气氛，这不能不说是一种高超的谈判艺术。

资料来源：张国良.国际商务谈判［M］.北京：清华大学出版社，2017：130.

美国前总统杰斐逊曾经针对谈判环境说过这样一句意味深长的话："在不舒适的环境下，人们可能会违背本意，言不由衷。"英国政界领袖欧内斯特·贝文则说，根据他平生参加的各种会谈的经验，他发现，在舒适明朗、色彩悦目的房间内举行的会谈，大多比较成功。

乐曲《美丽的亚美利加》，便是我方针对特定的谈判对手，为了更好地实现谈判的目标而进行的一致式谈判策略的运用。协商式开局策略的目的在于创造取得谈判成功的条件。运用一致式开局策略的方式还有很多，比如，在谈判开始时，以一种协商的口吻来征求谈判对手的意见，然后对其意见表示赞同和认可，并按照其意见开展工作。运用这种方式应该注意的是，拿来征求对手意见的问题应该是无关紧要的问题，对手对该问题的意见不会影响我方的利益。另外在赞成对方意见时，态度不要过于献媚，要让对方感觉到自己是出于尊重，而不是奉承。协商式开局策略还有一种重要途径，就是在谈判开始时以问询方式或者补充方式诱使对手走入你的既定安排，从而使双方达成一种一致和共识。所谓问询式，是指将答案设计成问题来询问对方，例如，"你看我们把价格和付款方式问题放到后面讨论怎么样？"所谓补充方式，是指借以对对方意见的补充，使自己的意见变成对方的意见。

6.2.2　坦诚式开局策略

坦诚式开局策略是指以开诚布公的方式向谈判对手陈述自己的观点或意愿，尽快打开谈判局面。

坦诚式开局策略比较适合双方过去有过商务往来，而且关系很好，互相比较了解，将这种友好关系作为谈判的基础。在陈述中可以真诚、热情地畅谈双方过去的友好合作关系，适当地称赞对方在商务往来中的良好信誉。由于双方关系比较密切，可以省去一些礼节性的外交辞令，坦率地陈述己方的观点以及对对方的期望，使对方产生信任感。

坦诚式开局策略有时也可用于实力不如对方的谈判者。本方实力弱于对方，这是双方都了解的事实，因此没有必要掩盖。坦率地表明己方存在的弱点，使对方理智地考虑谈判目标。这种坦诚也表达出实力较弱的一方不惧怕对手的压力，充满自信和实事求是的精神，这比"打肿脸充胖子"，大唱高调掩饰自己的弱点要好得多。

适用：双方过去有过商务往来，而且互相比较了解，关系很好，以及实力不如对方的谈判者。

做法：真诚、热情地畅谈双方过去的友好合作关系，坦率地陈述己方的观点以及对对方的期望；坦率地表明己方存在的弱点。

◉ 案例 6-2　　　　　　　　　　**坦诚合作交朋友**

北京某区一位党委书记在同外商谈判时，发现对方对自己的身份持有强烈的戒备心理。这种状态妨碍了谈判的进行。于是，这位党委书记当机立断，站起来对对方说道："我是党委书记，但也懂经济、搞经济，并且拥有决策权。我们摊子小，并且实力不大，但人实在，愿意真诚与贵方合作。咱们谈得成也好，谈不成也好，至少你这个外来的'洋'先生可以交一个我这样的'土'朋友。"寥寥几句肺腑之言，打消了对方的疑惑，使谈判顺利地向纵深发展。

资料来源：张国良. 国际商务谈判［M］. 北京：清华大学出版社，2017：131.

坦诚式开局策略比较适合于有长期合作关系的双方，以往的合作双方都比较满意，双方彼此比较了解，不用太多的客套，减少了很多外交辞令，节省时间，直接坦率地提出自己的观点、要求，反而更能使对方对己方产生信任感。采用这种策略时，要综合考虑多种因素，例如自己的身份、与对方的关系、当时的谈判形势等。

坦诚式开局策略有时也可用于谈判力弱的一方。当我方的谈判力明显不如对方，并为双方所共知时，坦率地表明己方的弱点，让对方加以考虑，更表明己方对谈判的真诚，同时也表明对谈判的信心和能力。

6.2.3　慎重式开局策略

慎重式开局策略是指以严谨、凝重的语言进行陈述，表达出对谈判的高度重视和鲜明的态度，目的在于使对方放弃某些不适当的意图，以达到把握谈判的目的。慎重式开局策略适用于谈判双方过去有过商务往来，但对方曾有过不太令人满意的表现，己方要通过严谨、慎重的态度，引起对方对某些问题的重视。例如，可以对过去双方业务关系中对方的不妥之处表示遗憾，并希望通过本次合作能够改变这种状况；可以用一些礼貌性的提问来考察对方的态度、想法，不急于拉近关系，注意与对方保持一定的距离。这种策略也适用于己方对谈判对手的某些情况存在疑问，需要经过简短的接触摸底时。当然慎重并不等于没有谈判诚意，也不等于冷漠和猜疑，这种策略正是为了寻求更有效的谈判成果而使用的。

适用：谈判双方过去有过商务往来，但对方曾有过不太令人满意的表现。

做法：对过去对方的不妥之处表示遗憾，并希望通过本次合作能够改变这种状况。不急于拉近关系，用礼貌性的提问来考察对方的态度、想法。

6.2.4　进攻式开局策略

进攻式开局策略是指通过语言或行为来表达己方强硬的姿态，从而获得谈判对手必要的尊重，并借以制造心理优势，使谈判顺利进行下去。这种进攻式开局策略只有在特殊情况下使用：例如发现谈判对手居高临下，以某种气势压人，有某种不尊重己方的倾向。如果任其发展下去，对己方是不利的，因此要变被动为主动，不能被对方的气势压倒。此时要采取以攻为守的策略，捍卫己方的尊严和正当权益，使双方处在平等的地位上进行谈判。进攻式开局策略要运用得好，必须注意有理、有利、有节，不能使谈判一开始就陷入僵局。要切中问题要害，对事不对人，既表现出己方的自尊、自信和认真的态度，又不能过于咄咄逼人，使谈判气氛过于紧张。一旦问题表达清楚，对方也有所改观，就应及时调节一下气氛，使双方重新建立起一种友好、轻松的谈判气氛。

适用：谈判对手居高临下，有以势压人、不尊重己方的倾向。

做法：有理、有利、有节，要切中问题要害，又不能过于咄咄逼人，适时转变做法。

◆ 案例 6-3　　　　　　　　　　**有理有节，破解难题**

日本一家著名的汽车公司在美国刚刚"登陆"时，急需找一家美国代理商来为其销售产品，以弥补他们不了解美国市场的缺陷。当日本汽车公司准备与美国的一家公司就此问题进行谈判时，日本公司的谈判代表路上塞车迟到了。美国公司的代表抓住这件事紧紧不放，想要以此为手段获取更多的优惠条件。日本公司的代表发现无路可退，于是站起来说："我们十分抱歉耽误了你的时间，但是这绝非我们的本意，我们对美国的交通状况了解不足，所以导致了这个不愉快的结果。我希望我们不要再为这个无所谓的问题耽误宝贵的时间了，如果因为这件事怀疑到我们合作的诚意，那么我们只好结束这次谈判。我认为，我们所提出的优惠代理条件是不会在美国找不到合作伙伴的。"

日本代表的一席话说得美国代理商哑口无言，美国人也不想失去这次赚钱的机会，于是谈判顺利地进行下去。

资料来源：张国良.国际商务谈判［M］.北京：清华大学出版社，2017：131.

采用进攻式开局策略一定要谨慎，因为在谈判开局阶段就设法显示自己的实力，使谈判开局处于剑拔弩张的气氛中，对谈判进一步发展极为不利。

进攻式开局策略通常只在这种情况下使用：发现谈判对手在刻意制造低调气氛，这种气氛对己方的讨价还价十分不利，如果不把这种气氛扭转过来，将损害己方的切身利益。本案例中，日本谈判代表采取进攻式的开局策略，阻止了美方谋求营造低调气氛的企图。进攻式开局策略可以扭转不利于己方的低调气氛，使之走向自然气氛或高调气氛。但是，进攻式开局策略也可能使谈判一开始就陷入僵局。

6.3　报价阶段的策略

谈判双方在结束了非实质性交谈之后，就要将话题转向有关交易内容的正题，即开始报价。这里所谓的报价不仅是指产品在价格方面的要求，而且包括价格在内的关于整个交易的各项条件（包括商品的数量、质量、包装、价格、装运、保险、支付、商检、索赔、仲裁等）。其中价格条件具有重要的地位，是商务谈判的核心。下面，我们将详细讲述报价阶段的几种策略。

6.3.1　价格起点策略

价格起点策略有以下两个。

（1）吊筑高台。这种策略又叫欧式报价，是指卖方提出一个高于本方实际要求的谈判价格来与对手讨价还价，最后再做出让步以达成协议的谈判策略。

一位美国商业谈判专家曾和两千位主管人员做过许多实验，结果发现这样的规律：如果买主出价较低，则往往能以较低的价格成交；如果卖主喊价较高，则往往也能以较高的价格成交；如果卖主喊价出人意料地高，只要能坚持到底，则在谈判不致破裂的情况下，往往会有很好的收获。可见，吊筑高台策略的运用，能使自己处于有利的地位，有时甚至会收到意想不到的效果。

注意：运作这种策略时，喊价要狠，让步要慢。凭借这种方法，谈判者一开始便可削弱对方的信心，同时还能乘机考验对方的实力并确定对方的立场。

应对方法：要求对方出示报价或还价的依据，或者本方出示报价或还价的依据。

📍 案例 6-4   高价也可多销

1945 年圣诞节即将来临时，为了欢度战后的第一个圣诞节，美国居民急切希望能买到新颖别致的商品作为圣诞礼物。当年 6 月，美国有一位名叫朵尔顿·雷诺兹的企业家到阿根廷谈生意时，发现圆珠笔在美国将有广阔的市场前途，立即不惜资金和人力从阿根廷引进当时美国人根本没有见过的圆珠笔。他只用一个多月便拿出了自己的改进产品，并利用当时人们迷恋原子热的情绪，取名为"原子笔"。之后，他立即拿着仅有的一支样笔来到纽约的金贝尔百货公司，向主管们展示这种"原子时代的奇妙笔"的不凡之处："可以在水中写字，也可以在高海拔地区写字。"这些都是雷诺兹根据圆珠笔的特性和美国人追求新奇的性格精心制定的促销策略。果然，公司主管对此深感兴趣，一下订购了 2 500 支笔，并同意采用雷诺兹的促销口号作为广告。

当时，这种圆珠笔生产成本仅为 0.8 美元，但雷诺兹却果断地将售价抬高到 20 美元，因为只有这个价格才能让人们觉得这种笔与众不同，配得上"原子笔"的名称。1945 年 10 月 29 日，金贝尔百货公司首次销售雷诺兹圆珠笔，竟然出现了 3 000 人争购"奇妙笔"的壮观场面。人们以赠送与得到原子笔为荣，一时间新颖、奇特的高贵的原子笔风靡美国，大量订单像雪片一样飞向雷诺兹的公司。短短半年时间，雷诺兹生产圆珠笔所投入的 2.6 万美元成本竟然获得 150 多万美元的利润。等到其他对手挤进这个市场，杀价竞争时，雷诺兹已赚足大钱，抽身而去。

资料来源：张国良.国际商务谈判［M］.北京：清华大学出版社，2017：133.

（2）抛放低球策略。这种策略又叫日式报价，是指先提出一个低于己方实际要求的谈判起点，以让利来吸引对方，试图首先去击败参与竞争的同类对手，然后再与被引诱上钩的卖方进行真正的谈判，迫使其让步，达到自己的目的。

我们知道，商业竞争从某种意义上可分为三大类，即买方之间的竞争、卖方之间的竞争，以及买方与卖方之间的竞争。在买方与卖方之间的竞争中，一方如果能首先击败同类竞争对手，就会占据主动地位。当对方觉得别无所求时，他们就会委曲求全。

应对方法：其一，把对方的报价内容与其他客商（卖主）的报价内容一一进行比较和计算，并直截了当地提出异议。其二，不为对方的小利所迷惑，自己报出一个一揽子交易的价格。

抛放低球虽然最初提出的价格是最低的，但它在价格以外的其他方面提出了最利于本方的条件。对于买方来说，要想取得更好的条件，他们就不得不考虑接受更高的价格。因此，低价格并不意味着卖方放弃对高利益的追求。可以说，它实际上与吊筑高台殊途同归，两者只有形式上的不同，而没有实质性的区别。一般而言，抛放低球有利于竞争，吊筑高台则比较符合人们的价格心理。多数人习惯于价格由高到低，逐步下降，而不是相反的变动趋势。

6.3.2　除法报价策略

该策略是一种价格分解术，以商品的数量或使用时间等概念为除数，以商品价格为被除数，得出一种数字很小的价格，使买主对本来不低的价格产生一种便宜、低廉的感觉。

如保险公司为动员液化石油气用户参加保险，宣传说：参加液化气保险，每天只交保险费 1 元，若遇到事故，则可得到高达 1 万元的保险赔偿金。这种做法用的就是该策略。相反，如果说，每年交保险费 365 元的话，效果就差得多了，因为人们觉得 365 是个不小的数字。而用"除法报价法"说成每天交 1 元，人们听起来在心理上就容易接受了。

6.3.3　加法报价策略

加法报价策略是指在商务谈判中，有时怕报高价会吓跑客户，就把价格分解成若干层次渐进提出，使若干次的报价最后加起来仍等于当初想一次性报出的高价。

例如，文具商向画家推销一套笔墨纸砚。如果他一次报高价，画家可能根本不会买。但文具商可以先报笔价，要价很低；成交之后再谈墨价，要价也不高；待笔、墨卖出之后，接着谈纸价，再谈砚价，抬高价格。画家已经买了笔和墨，自然想"配套"，不忍放弃纸和砚，在谈判中便很难在价格方面做出让步了。

采用加法报价策略，卖方多半是靠所出售的商品具有系列组合性和配套性。买方一旦买了组件 1，就无法割舍组件 2 和 3 了。针对这一情况，作为买方，在谈判前就要考虑商品的系列化特点，谈判中及时发现卖方"加法报价"的企图，挫败这种"诱招"。

6.3.4　差别报价

差别报价是指在商务谈判中针对客户性质、购买数量、交易时间、支付方式等方面的不同，采取不同的报价策略。这种价格差别体现了商品交易中的市场需求导向，在报价策略中应被重视并加以运用。例如，对老客户或大批量需求的客户，为巩固良好的客户关系或建立起稳定的交易联系，可适当实行价格折扣；对新客户，有时为开拓新市场，也可给予适当让价；对某些需求弹性较小的商品，可适当实行高价策略；对"等米下锅"的客户，价格则不宜降低。

6.3.5　对比报价

对比报价是指向对方抛出有利于本方的多个商家同类商品交易的报价单，设立一个价格参照系，然后将所交易的商品与这些商家的同类商品在性能、质量、服务与其他交易条件等方面做出有利于本方的比较，并以此作为本方要价的依据。价格谈判中，使用对比策略，往往可以增强报价的可信度和说服力，一般有很好的效果。报价对比可以从多方面进行。例如，将本商品的价格与另一可比商品的价格进行对比，以突出相同使用价值的不同价格；将本商品及其附加各种利益后的价格与可比商品不附加各种利益的价格进行对比，以突出不同使用价值的不同价格；将本商品的价格与竞争者同一商品的价格进行对比，以突出相同商品的不同价格等。

应对方法：其一，要求对方提供有关证据，证实其所提供的其他商家的报价单的真实性。其二，仔细查找报价单及其证据的漏洞，如性能、规格型号、质量档次、报价时间和其他交易条件的差异与不可比性，并以此作为突破对方设立的价格参照系屏障的切入点。其三，本方也抛出有利于自己的另外一些商家的报价单，并做相应的比较，以其人之道还治其人之身。其四，找出对方价格参照系的一个漏洞，并予以全盘否定之，坚持本方的要价。

6.3.6 最小单位定价策略

最小单位定价策略是指企业把同种商品按不同的数量包装，以最小包装单位量制定基数价格，销售时，参考最小包装单位的基数价格与所购数量收取款项。一般情况下，包装越小，实际的单位数量商品的价格越高；包装越大，实际的单位数量商品的价格越低。

对于质量较高的茶叶，就可以采用这种定价方法。如果某种茶叶为 500 克 150 元，消费者就会觉得价格太高而放弃购买。如果缩小定价单位，采用每 50 克为 15 元的定价方法，消费者就会觉得可以买来试一试。如果再将这种茶叶以 125 克来进行包装与定价，则消费者就会嫌麻烦而不愿意去换算出每 500 克应该是多少钱，从而也就无从比较这种茶叶的定价究竟是偏高还是偏低。最小单位定价策略的优点比较明显：一是能满足消费者在不同场合下的不同需要，如便于携带的小包装食品、小包装饮料等；二是利用了消费者的心理错觉，因为小包装的价格容易使消费者误以为廉价，而实际生活中消费者很难也不愿意换算出实际重量单位或数量单位商品的价格。

6.3.7 数字陷阱

数字陷阱是指卖方抛出自己制作的商品成本构成计算表（其项目繁多，计算复杂）给买方，用以支持本方总要价的合理性。在分类成本中"掺水分"，以加大总成本，为本方的高出价提供证明与依据。运用此策略可以为本方谋取到较大利益，击退或是阻止对方的强大攻势。但是若成本构成计算表被对方找出明显错误，则本方就会处于被动局面，易使谈判复杂化，进程缓慢。

此策略一般是在商品交易内容多、成本构成复杂、成本计算方法无统一标准，或是对方攻势太盛的情形下使用。实施时成本计算方法要有利于本方，成本分类要细化，数据要多，计算公式要尽可能繁杂，水分要掺在计算复杂的成本项中，水分要掺适度。一句话，就是要使对方难以核算清楚总成本，难于发现"水分"所在，从而落入本方设计好的"陷阱"，接受本方的要价。

应对方法：其一，尽可能弄清与所交易的商品有关的成本计算统一标准、规则与惯例。其二，选择几项分类成本进行核算，寻找突破口，一旦发现问题，就借机大举发动攻势。其三，寻找有力的理由，拒绝接受对方抛出的成本构成计算表，坚持本方原有的立场与要价。

6.4　磋商阶段的策略

磋商阶段也可叫讨价还价阶段，它是谈判的核心环节，也是最困难、最紧张的阶段。磋商的过程及其结果直接关系到谈判双方所获利益的大小，决定着双方各自需要的满足程度。因此，选择恰当的策略来规划这一阶段的谈判行为，无疑有着重要的意义。

磋商既是双方求同存异、合作、谅解、让步的过程，也是双方斗智斗勇，在谈判实力、经验和智力等诸多方面展开具体较量的过程。谈判策略和技巧的作用在本阶段得到了充分体现。

本节我们将以谈判中的情势的不同，即优势条件、劣势条件和均势条件，分析这一阶段中较为常见的谈判策略。

6.4.1　优势条件下的谈判策略

1. 不开先例策略

不开先例策略是指在谈判中，握有优势的当事人一方为了坚持和实现自己所提出的交易条件，以没有先例为由来拒绝让步促使对方就范、接受自己条件的一种强硬策略。在谈判中，当双方产生争执时，拒绝是谈判人员不愿采用的。因此，人们都十分重视研究怎样回绝对方而又不伤面子、不伤感情，不开先例就是一个两全其美的好办法。

例如，"贵公司的这个报价，我方实在无法接受，因为我们这种型号的产品售价一直是 ×× 元。如果此例一开，我们无法向上级和以往的交易伙伴交代。"或者说："×× 公司是我们十几年的老客户，我们一向给他们的折扣是 15%，因此，对你们来讲也是一样。如果此例一开，对别的用户就没有信用可言了，也不公平，以后打交道就难办了。希望贵公司谅解。"由此回绝对方的要求。

不开先例的力量来自先例的类比性和人们的习惯心理，正是由于这个原因才使先例具有一定的约束性。当然，既然不开先例是一种策略，因此，提出的一方就不一定真是没开过先例，也不能保证以后不开先例。它只说明，对应用者是不开先例。因此，采用这一策略时，必须要注意另一方是否能获得必要的情报和信息来确切证明不开先例是否属实。如果对方有事实证据表明，你只是对他不开先例，那就会弄巧成拙，适得其反了。

该策略是谈判者保护自己的利益，阻止对方的进攻的一道坚实的屏障。当然，既然不开先例是一种策略，因此，应用者就不一定真是没开过先例，也不能保证以后不开先例。

2. 先苦后甜策略

先苦后甜策略是指在谈判中先用苛刻的条件使对方产生疑虑、压抑等心态，以大幅度降低对手的期望值，然后在实际谈判中逐步给予优惠或让步，使对方的心理得到满足而达成一致的策略。

该策略使用的基本原因在于：人们对外界的刺激总是先入为主，如果先入刺激为甜，再加一点苦，则觉得更苦；相反，若先入刺激为苦，再加一点甜，则觉得更甜。该策略就是用"苦"降低对方的期望值，用"甜"满足对方的心理需要，因而很容易实现谈判目标，使对方满意地签订合同，使本方从中获取较大利益。

例如，我们在一次商品交易中，买方想要卖方在价格上多打些折扣，但同时也估计到如果自己不增加购买数量，卖方很难接受这个要求。于是买方在价格、质量、包装、运输条件、交货期限、支付方式等一系列条款上都提出了十分苛刻的要求，并草拟了有关条款作为洽谈业务的蓝本。然后在讨价还价的过程中，买方会让卖方明显地感到在绝大多数的交易项目上买方都"忍痛"做了重大让步。这时，卖方鉴于买方的慷慨表现，在比较满足的情况下，往往会同意买方在价格上多打些折扣的要求，这样买方并没有另外多费口舌就实现了自己的目标。

注意：在实际应用中，先苦后甜的应用是有限度的，在决定采用时要注意"过犹不及"的格言，也就是说所提出的条件不能过于苛刻，要掌握分寸。

3. 价格陷阱策略

所谓"价格陷阱"策略是指谈判中的一方利用市场价格预期上涨的趋势以及人们对之普遍担心的心理，把谈判对手的注意力吸引到价格问题上来，使其忽略对其他重要条款讨价还价的一种策略。

这一策略，是在价格虽看涨，但离真正上涨还需要较长时间的情况下运用的。例如，某机器销售商对买方说："贵方是我公司的老客户了，因此，对于贵方的利益，我方理应给予特别照顾。现在，我们获悉，今年年底前，我方经营的设备市场价格将要上涨，为了使你方在价格上免遭不必要的损失，如果你方打算订购这批货，就可以趁目前价格尚未上涨的时机，在订货合同上将价格条款按现价确定下来，这份合同就具有价格保值作用，不知贵方意下如何？"在此时，如果市场价格确实有可能上涨，这个建议就会很有诱惑力。

在谈判中，若要破解这个"价格陷阱"策略，就必须坚持做到以下两点：

其一，谈判的目标、计划和具体步骤一经确定，就要毫不动摇地坚持去做，绝不要受外界情况的干扰而轻易地加以改变，也不要随意迁就。其二，买方要根据实际需要来确定订货单，不要被卖方在价格上的蝇头小利所迷惑，这对于买方是至关重要的。

📍 案例 6-5　　　　　　　　忍气吞声做"俘虏"

卡特是美国的一个彩照实验室，1988 年推出一个"俘虏"消费者的新招术，它首先在各大学普遍散发宣传其彩色胶卷新产品的广告，除了说明新胶卷性能优越外，还说明由于是新产品，故定价不高，每卷只要 1 美元（柯达胶卷价格为每卷 2 美元多），以便让消费者有机会试一试。经济拮据的大学生们纷纷寄钱去购买。几天后，他们收到了胶卷，以及一张"说明书"，其上写道：这种胶卷由于材料特殊，性能优良，因此，一般彩扩中心无法冲印，必须将拍摄后的胶卷寄回该实验室才行。

说明书上还列出了冲印的价格，这些价格比一般的彩照扩印店的价格高一倍。但是，每冲印一卷，该实验室将无偿赠送一卷新胶卷。精明的大学生仔细一算，发现损益相抵后，胶卷、冲洗、印片三者的总价格仍高于一般水平，无奈已花费了 1 美元的"投资"，只得忍气吞声做了"俘虏"。

资料来源：张国良．国际商务谈判［M］．北京：清华大学出版社，2017：137.

4. 期限策略

期限策略是指在商务谈判中，实力强的一方向对方提出的达成协议的时间限期，超过这一限期提出者将退出谈判，以此给对方施加压力，使其尽快做出决策的一种策略。因为在这种情况下，对方特别担心谈判破裂，一旦破裂，对方损失最大。事实上，大多数贸易谈判，特别是那种双方争执不下的谈判基本上都是到了谈判的最后期限或者临近这个期限才出现突破并进而达成协议的。最后期限带有明显的威胁性。每一个交易行为中都包含了时间因素，时间就是力量，时间限制的无形力量往往会使对方在不知不觉的情况下接受谈判条件。

5. 软硬兼施的策略

软硬兼施策略有多种叫法，例如"红脸白脸策略""打拉策略""好人坏人策略""鹰派鸽派策略"等。这是指在谈判进程中，由两个人分别扮演"软"的谈判角色和"硬"的谈判角色。"软"角色就是谈判中的温和派，而"硬"角色就是谈判中的强硬派。在警匪片中，常常有这样的镜头：当犯罪嫌疑人被带入审讯室后，神色凛然，大有一副绝不泄密之神情。第一个警察走过来，长得粗胳膊粗腿，肌肉极其发达，问话嗓门粗而且大，一脸怒不可遏的样子。一会儿，这位满面怒容的警察走了，来了一位说话和气的警察，面部表情很轻松，示意犯人坐下，并递给他一支香烟。也许没多久，犯罪嫌疑人就供出了他的同伙和他们的老巢。在商务谈判小组中，有意识地安排不同脾性、不同风格的谈判人员扮演此类红白脸，也能收到相似的效果。

在谈判过程中，先由"红脸"出场。此人立场强硬，态度严厉，提出狮子大开口的要求，遇事不好商量，寸步不让，他担任的是"红脸"角色。而他旁边的人则面善语和，态度诚恳，此人比较通情达理，比较好说话，他担任的是"白脸"的角色。"红脸"在谈判中做了长篇累牍的发言和辩论之后，"白脸"开始接替下去。他提出的条件和前一个人相比，似乎更合理，同这么一个和气的人交涉要比同先前那个讨厌的家伙交涉愉快得多，也许没多久，谈判就成功了，红脸白脸策略奏效了。谈判的开始阶段，先由强硬派出场，其态度傲慢、苛刻，立场坚定，绝不妥协，咄咄逼人的、没有任何商量余地的态度使对方产生很大的反感。这种情况下很容易进入僵持状态，而这时正是温和派出场的时机。温和派出场表现出体谅对方的态度，以合情合理的条件照顾对方的某些要求，并且放弃己方的一些苛刻条件和要求，尽力促成双方的合作。实际上，在这种条件下双方如能够达成协议，正是原先设计好的、希望达成的目标。

在运用软硬兼施策略时，应当注意以下几点：

首先，软硬扮演者一定要默契配合。强硬派发起强攻、疾言厉色时，温和派要善于掌握好时机，及时地出面调停让强硬派下台，礼貌地给对方出招。从谈判角色上来讲，强硬派一般是李逵式人物，温和派一般是诸葛亮式人物。当然，这两种角色也可以由一个人来扮演，但是，这对其谈判才能要求很高，扮演强硬派强攻时要给自己留有余地，防止话说得太绝，自己把自己置于一种尴尬的境地。万一冲动中话说得过了头，补救的方法只有暂时"休会"。

其次，从分工来看，强硬派一般由助手来扮演，温和派由主谈人来担当，这是因为谈判的最后收场或决定都是由主谈人来完成的。

最后，从角色的特征来看，应当基本符合角色扮演者的性格特征。强硬派应当得理不让人，言辞激烈，攻击性强。如果让脾性不相宜的人去扮演，很有可能该强硬的时候"硬"不起来，"硬"话也说得像理亏似的软弱无力，就不能达到预期的效果。这也并不是说一定要找满脸凶相、性情暴烈、粗门大嗓的人来担当，主要还是要求谈判人员具有内在功力。

◉ 案例 6-6　　　　　　　　　　软硬兼施买飞机

有一回，传奇人物——亿万富翁休斯想购买大批飞机。他计划购买 34 架，而其中的 11 架更是非到手不可。起先，休斯亲自出马与飞机制造厂商洽谈，但怎么谈都谈不拢，最后搞得这位大富翁勃然大怒，拂袖而去。不过，休斯仍旧不死心，便找了一位代理人，帮他出面继续谈判。休斯告诉代理人，只要能买到他最中意的那 11 架飞机，他便满意了。而谈判的结果是，这位代理人居然把 34 架飞机全部买到手了。休斯十分佩服代理人的本事，便问他是怎么做到的。代理人回答："很简单，每次谈判一陷入僵局，我便问他们'你们到底是希望和我谈呢，还是，希望再请休斯本人出面来谈？'经我这么一问，对方只好乖乖地说'算了算了，一切就照你的意思办吧！'"

资料来源：张国良. 国际商务谈判［M］. 北京：清华大学出版社，2017：138.

6. "推—推—拉"理论

与其说它是一项明确的技巧，不如说它是应遵守的原则。老练的渔夫懂得如何钓鱼。先抛钓竿，鱼儿上钩之后，让鱼儿随钩先逃一下，有点缓冲时间，再加点压力，把鱼钓上来。谈判新手也一样，必须清楚成功谈判的步调永远是"推—推—拉"，绝不是硬邦邦、气势汹汹的。

硬上、硬来、毫不通融、以气势压人的谈判方式不会有效，因为它忽略了对手的立场。在独裁国家及战俘集中营里无谈判可言，只有权威者和必须屈服于权威的人。但是在谈判的舞台上，永远有两方，对谈判的进行和结果均有所贡献，这便说明了"推—推—拉"理论的重要性。因为经由此程序，你才能获得自己想要的利益，同时与你的对手保持互相敬重的关系。

6.4.2　劣势条件下的谈判策略

谈判双方的实力悬殊，对方实力强大，己方实力弱，这种情况下己方在谈判中是无法同对方进行正面对抗的。但并不一定己方就一定在谈判中被对方所控制，谈判结果就一定会对己方不利。当处于弱者的被动地位时，就要想方设法改变这种力量对比情况，变被动为主动，达到尽量保护自己、满足己方利益的目的。

1. 吹毛求疵

吹毛求疵是在商务谈判中针对对方的产品或相关问题，再三故意挑剔毛病使对方的信心降低，从而做出让步的策略。使用的关键点在于提出的挑剔问题应恰到好处，把握分寸。生意谈判如碰到对方的要价居高不下，成交价格难以降低时，不妨先避开价格问题，而给对方的商品挑毛病。有毛病的商品，其价值、价格在人们心目中就失去了应有的基础。因此，在谈判中讨价还价，要善于将对方的商品挑出毛病来，比如从商品的功能、质量到商品的款式、色泽等方面吹毛求疵。下面是个常见的例子。

卖主："鸡蛋一斤 2.2 元，这是市场统一价格。"买主："是市场统一价格，但不合乎市场统一的质量要求。"卖主："你凭什么这么说？"买主："你的鸡蛋不是鲜蛋而是陈蛋。你看你的鸡蛋的空头比人家的大得多；你的鸡蛋颜色有些发乌，而人家的鸡蛋颜色鲜明；你的鸡蛋蛋壳光滑，而人家的鸡蛋蛋壳粗糙。这些都说明你的鸡蛋是陈蛋，不但味道不新鲜，还难以贮存，你的鸡蛋同人家的怎能相比呢？ 1.6 元怎么样？"卖主："1.6 元太低了，1.8 元一斤吧！"谈判者要讨价还价，对商品吹毛求疵，就要了解有关商品的技术知识，了解商品的类别、型号、规格、功用及商品构造原理，懂得商品鉴别和选择的方法与技巧。

2. 以柔克刚

以柔克刚是指在谈判出现危难局面或对方坚持不相让步时，采取软的手法来迎接对方硬的态度，避免正面冲突，从而达到制胜目的的一种策略。谈判中会遇到各种各样的对手，以柔克刚是许多人经常采用的一种方法。学会以柔克刚要有求活的思维。

谈判者在谈判时会遇到各种各样的对手，有的表面上看起来沉默不语，似乎很好对付；有的则是锋芒毕露、咄咄逼人，毫不掩饰地想做整个谈判的"中心"，霸道地使整个谈判围着他的指挥棒转，这是属于傲慢自负型的谈判者！对前一种人须沉着应付，不要相信他表面上的反应，以"兵来将挡，水来土掩"的策略对付可能会有较好的结果；对后一种人则可以采取"以柔克刚"的策略。

（1）沉默冷静地观察对手。

在谈判中，不要急于反驳，不要急于解释，尽可能耐心听对方滔滔不绝地阐述自己的观点和提出自己的要求，必要时甚至可以使谈判出现冷场，让双方展开一场忍耐力的竞争。即使这时，自己仍要头脑清醒，情绪平稳，静观事态发展，直到对方再次申述自己的观点。需要注意的是，这里"沉默不语"不是绝对不说话，一定要把"沉默不语"控制在一个适当的"度"之内。这个度就是要使谈判能继续进行下去。因为人们之所以要采用策略，是为了使谈判能获得一定成果，而不是使谈判宣告破裂。

（2）故意转移话题。

在谈判中，有一段时间绝不和对方直接交锋，而是对方说东，我方则漫不经心地说西；对方说三，我方则若无其事地说四。在这种故意转移话题的过程中，避其锋芒，然后针对其失误突然出击。

（3）抓住机会提问。

面对趾高气扬、盛气凌人的谈判对手，不必和他正面交锋，而是要在他目空一切、自以为是的高谈阔论中，选准机会适时提问，请其回答。这里的提问，可以是针对其发言中的自相矛盾之处，还可以是针对其发言中的违背常理之处等。每次提问实际都能使对方的气势下降，只有当对方的气势降到一定程度时，谈判才能正常地进行。强忍焦虑，等待时机，涉世的经验会使人们懂得怎样忍耐。年轻人有时会控制不住自己，很难做到忍耐。生活中的有些因素常常招惹你、刺激你，使你一怒之下贸然行事。然而，正是在这样的时候，才正是你应当学会忍耐的时候，要克制住自己的冲动，才可能得到更大的收获。忍耐的反面是"操之过急"。适可而止也是一种忍耐，商务谈判者应当懂得放到什么时候该收住。

应用要点：采用迂回战术，坚持以理服人。

3. 难得糊涂

难得糊涂是防御性策略，指在出现对谈判或己方不利的局面时，故作糊涂，并以此为掩护来麻痹对方的斗志，以达到蒙混过关的目的策略。

在商务谈判中，假装糊涂也不乏其例，如果据理力争不能成功的话，装聋作哑的方法却往往能达到目的。假装糊涂可以化解谈判对手的步步紧逼，绕开对己方不利的条款，而把谈判话题引到有利于己方的交易条件上。当对方发现你误解了他的意思时，往往会赶紧向你反复解释，在不知不觉中受你话语的影响，在潜移默化中接受你的要求。所以，谈判老手们总是把"难得糊涂"作为他们的一个信条，必要时就潇洒地"糊涂"一回。泛舟商海，此种"糊涂"之举实不算少，而谈判效果却是"清醒"之时所难以比拟的。

要点：贵在"巧"，要有度、有范围限制。假装糊涂贵在一个"巧"字，倘若弄巧成拙，结果自然不会好。装糊涂要有一定的度，倘若超过了这个度，超过了对方的承受范围，势必影响感情，甚至引起谈判的破裂。另外，装糊涂、故意犯错或误解不能超出法律所许可的范围，否则会惹来许多不应该的官司。

📍 案例 6-7　　　　　"我不知道"效力无穷

美国一位著名谈判专家有一次替他邻居与保险公司交涉赔偿事宜。谈判是在专家的客厅里进行的，理赔员先发表了意见："先生，我知道你是交涉专家，一向都是针对巨额款项谈判，恐怕我无法承受你的要价。我们公司若是只出 100 元的赔偿金，你觉得如何？"

专家表情严肃地沉默着。根据以往经验，不论对方提出的条件如何，都应表示出不满意，因为当对方提出第一个条件后，总是暗示着可以提出第二个，甚至第三个。

理赔员果然沉不住气了："抱歉，请勿介意我刚才的提议，我再加一点，200 元如何？"

"加一点，抱歉，无法接受。"

理赔员继续说："好吧，那么 300 元如何？"

专家等了一会儿说道："300？嗯……我不知道。"

理赔员显得有点惊慌，他说："好吧，400 元。"

"400？嗯……我不知道。"

"就赔 500 元吧！"

"500 元？嗯……我不知道。"

"这样吧，600 元。"

专家无疑又用了"嗯……我不知道"，最后这件理赔案终于在 950 元的条件下达成协议，而邻居原本只希望要 300 元！

这位专家事后认为"嗯……我不知道"这样的回答真是效力无穷。

资料来源：张国良.国际商务谈判［M］.北京：清华大学出版社，2017：140.

谈判是一项双向的交涉活动，每方都在认真地捕捉对方的反应，以随时调整自己原先的方案，一方干脆不表明自己的态度，只用"不知道"这个可以从多种角度去理解的词，竟然使得理赔员心中没了底，价钱一个劲儿自动往上涨。

既然来参加谈判，就不可能对谈判目标不知道，"不知道"的真正含义恐怕是不想告诉你想知道的吧。这是一种不传达的信息传达。识破这种装糊涂的陷阱，需要十分谨慎、细心。当发现对手在制造这种陷阱时，千万不要默认。对对手在谈判中的各种口头上的装糊涂，贵在以巧治巧，婉言点出其圈套，既不伤面子，又不至于在谈判中处于下风。谈判对手的假装糊涂不只表现在口头谈判上，更表现在协议或账单的文字上，将各种数字有意加错、乘错、遗漏或更改等。所以谈判者在审查协议或账单时应十分仔细，再三检查，避免陷入对手的"糊涂"陷阱之中。

4. 疲惫策略

疲惫策略是指通过马拉松式的谈判，逐渐消磨对手的锐气，使其疲惫，以扭转己方在谈判中的不利地位和被动的局面。到了对手精疲力竭、头昏脑涨之时，本方则可反守为攻，抱着以理服人的态度，摆出本方的观点，促使对方接受己方的条件。研究结果显示，被剥夺睡眠、食物或饮水的人的行动和思维能力十分薄弱。疲倦的人都比较容易被打动，犯下许多愚笨的错误。这就是许多谈判者喜欢向对手发动疲劳攻势的原因。他们为了达到良好的谈判效果，千方百计去消耗对方精力，使之在谈判中失利。这种疲劳攻势在涉外商务谈判时用得相当普遍。谈判者经过长时间紧张的飞行后，一下飞机就被对手接去赴宴；而后，对方大小负责人轮流亮相与之会面，表现得十分热情、好客；到了晚上，又专门安排了舞会或观看演出等娱乐活动，直到深夜才罢休。第二天，也许远道而来的谈判者还在为主人的热情招待而激动不已时，谈判已经开始了。可想而知，未能得到很好休息、感情尚处于兴奋状态的人，在艰巨而持久的谈判中表现会如何。

在商务谈判中，有时还会遇到一种锋芒毕露、咄咄逼人的谈判对手，他们以各种方式表现其居高临下、先声夺人的挑战姿态。比如，提高嗓门说话；情绪激昂时，离开座席，站起来挥舞着手势叙述自己的观点；以一种自负甚至是略带傲慢的眼神扫视对方；毫不掩饰地想使谈判围着他的指挥棒转，并流露出不屑于倾听对方意见的神情等。凡此种种，都表明这是一种趾高气扬型的谈判者。

对于这类谈判者，疲劳战术十分有效。这种战术的目的在于通过许多回合的拉锯战，使这位趾高气扬的谈判者感觉疲劳生厌，逐渐消磨其锐气，使我方的谈判地位从不利和被动的局面中扭转过来，力促对方接受我方的各项条件。

这种疲劳战术要求我方事先对一轮接一轮马拉松式的蘑菇战有足够的思想准备。在谈判刚开始的时候，己方可以对对方提出的种种盛气凌人的要求采取回避与周旋的方针。实行疲劳战术最忌讳的是以硬碰硬，因为这样很容易激起对方的对立情绪，搞不好双方一下子就谈崩了。到了蘑菇战的后期，即使我方在驾驭谈判局面上占了上风，也不能盛气凌人，而应采取柔中有刚的态度，做到以柔克刚。为了更好地展开疲劳攻势，谈判者常常采取车轮战术，不断更换谈判人员来使谈判对手陷于不断重复谈判的境地，抵消对方的耐力，挫减对方的锐气，以达到迫使对方做出让步的目的。在车轮战术中，己方以多个谈判班子对付对手一个谈判班子，显然在精力上占了上风。

车轮战术还有另外一个好处。因为新露面的谈判者不仅可以从前一轮谈判者那里了解对手的谈判目标、方法和风格，发现对方的矛盾、失误和短处，而且便于修正甚至不承认己方在谈判中的失误和让步的允诺。而对方则不然，他必须努力向每一轮谈判者推销自己，重新介绍前面已讨论过的议题和自己的观点。这样，谈判对手就被困在车轮战术的泥坑中了。

有一个购货经理，频频使用此种战术。他向下属指示："在谈判时要提出强硬要求，绝不让步，甚至不惜使谈判陷入低潮。当双方都精疲力竭，快要形成僵局时，再由我亲自出马上阵。"经理出马，气氛马上转变，乘机向对方要求较低的价格和较多的服务。那个搞得晕头转向的卖主，很容易就做出了让步。

5. 权力有限

权力有限是指谈判人员使用权力的有限性，是指在商务谈判中，实力较弱的一方的谈判者被要求向对方做出某些条件过高的让步时，宣称在这个问题上授权有限，无权向对方做出这样的让步，或无法更改既定的事实，以使对方放弃所坚持的条件的策略。受到限制的权力才具有真正的力量。一个受到限制的谈判者比一个大权独揽的谈判者处于一个更有利的地位。例如，当一个大权独揽的谈判者在对方提出非常充足的、使人无法否认的事实和理由要求己方让步时，将无路可退。而一个权力受到限制的谈判者就可以向对方宣称，在这个问题上，他无权向对方做出这样的让步，或无法改变既定的事实。

6. 反客为主

反客为主策略是指谈判中处于劣势的一方，运用让对方为谈判付出更大的代价的方法，从而变被动为主动，达到转劣势为优势的目的的策略。

反客为主策略的特点在于，运用了在谈判中谁付出的代价大，谁就不想谈判失败的原理，使占有谈判优势的一方，在人力、物力、时间等方面消耗更大，进而确立自己的主动地位。一般说来，谈判的动力在于谈判者的利益需求，但是谈判的各方对利益需求的层次和程度有时是不一样的，这就决定了谈判者在谈判中的地位不同。对谈判需求较大、依赖程度较深的一方就会处于劣势；反之，对谈判需求较小、依赖程度较浅的一方就会处于优势。处于劣势的一方就可运用反客为主策略扭转被动局面。

> **小故事 6-1　机智较量解难题**
>
> 　　一位英国商人很不幸地欠了一位放高利贷者一大笔钱，但自己无法还清他的借贷。这意味着不仅他将破产，而且他必须长期孤独地被关在地方债务人监狱。然而，放高利贷者提供了另一种解决方法。他建议，如果此商人愿意把他漂亮的年轻女儿嫁给他，这笔债务就一笔勾销，以作回报。该放高利贷者既老又丑，而且声名狼藉。商人以及女儿对这个建议都很吃惊。不过此放高利贷者是个狡猾人士。他建议唯一的公平解决途径是让命运做决定，他提出了以下的建议。他在一个空袋子里放入两颗鹅卵石，一颗是白的，另一颗是黑的。商人的女儿必须伸手入袋取一颗鹅卵石。若她拿到黑鹅卵石的话，就必须嫁给他，而债务也算偿清了；若她拿到白鹅卵石，她不用嫁给他，她父亲的债不必偿还；若她不选一颗鹅卵石的话，那么就没什么可谈的了，她的父亲必须被关进债务人监狱。
>
> 　　商人以及他的女儿，不得已只好同意。放高利贷者弯下身拾取两颗鹅卵石，放入空袋。商人的女儿用眼角斜视到此狡猾的老头儿选了两颗黑鹅卵石，似乎她的命运已经判定了。
>
> 　　确定对策之后，她把手伸入袋子，取一颗鹅卵石，不过在将可判定颜色之前，她假装笨拙地取石失误，将鹅卵石掉到了路上，它很快地与路上其他的鹅卵石混在一起，无法辨别。
>
> 　　"哦！糟糕，"女孩惊呼，继而说道，"我怎么这么不小心？不过没有关系，先生，我们只要看看在你袋子里所留下的鹅卵石是什么颜色，便可知道我所选的鹅卵石的颜色了。"
>
> 　　你不得不同意，她似乎没有强大的谈判态势可言。的确，放高利贷者的行为极不道德，但是假如她说穿他的伎俩，采取强硬立场，那么她的父亲必进监狱。如果她不揭穿他而选了一颗鹅卵石的话，她必须嫁给这位丑陋的放高利贷者。
>
> 　　很明显地，此时正是运用杠杆作用的时机。
>
> 　　故事中的女孩子不但人美，也很聪明，她了解自己，也了解她的对手。她知道她的对手是一位不择手段的狡猾者，她也知道根本不可能与他面对面地较量机智，最终解决之道必须由她扮演甜美可爱、天真烂漫的少女的角色。
>
> 　　资料来源：张国良.商务谈判［M］.杭州：浙江大学出版社，2010：139.

6.4.3　均势条件下的谈判策略

1. 投石问路

　　投石问路即在谈判的过程中，谈判者有意提出一些假设条件，通过对方的反应和回答来琢磨和探测对方的意向，从而抓住有利时机达成交易的策略。要想在谈判中掌握主动权，就要尽可能地了解对方的情况，尽可能地了解掌握某一步骤，以及其对对方的影响以及对方的反应如何。投石问路就是了解对方情况的一种战术。例如，在价格阶段的讨论中，想要试探对方对价格有无回旋的余地，就可提议："如果我方增加购买数额，贵方可否考虑在价格上给予优惠呢？"然后，可根据对方的开价，进行选择比较，讨价还价。通常情况，任何一块"石头"都能对对方进一步进行了解，而且对方难以拒绝。采取"假定……将会"的策略，目的是使谈判的形式不拘泥于固定的模式。比如，在谈判中，不断地提出如下种种问题："如果我再增加一倍的订货，价格会低一点吗？""如果我们自己检验产品质量，你们在技术上会有什么新的要求吗？""如果我们自己供给材料（或工具或技术）呢？""如果我们在你处购买全套设备呢？"等。在试探和提议阶段，这种发问的方法不失为一种积极的方式，它将有助于双方为了共同的利益而选择最佳的成交途径。

该策略可以更进一步了解对方的商业习惯和动机，了解对方的要求和意向，以及可能成交的最低价格。通过这种探问的方式，试探对方的价格情况，从而使本方在讨价还价中做到心中有数。

此策略一般是在市场价格行情不稳定、我方对此无把握，或是对对方不大了解的情形下使用。实施时要注意：提问要多，且要做到虚虚实实，煞有其事；要让对方难以摸清你的真实意图；不要使双方陷入"捉迷藏"，进而使问题复杂化。

例如，有一次某外商想购买我国的香料油，与我方进行谈判。在谈判过程中，外商出价每千克40美元，但我方并不了解对方的真实价码。为了试探对方的真实程度，我方代表采用投石问路的方法，开口便要每千克48美元。对方一听我方的要价，急得连连摇头说："不，不，这要价太高了，你们怎么能指望我方出45美元以上的价钱来购买呢？"对方在不经意的情况下，将底露给了我方。我方代表抓住时机，立即追问一句："这么说，你们是愿意以每千克45美元的价格成交啦？"外商只得勉强说："可以考虑。"通过双方的进一步洽谈，结果以每千克45美元的价格成交。这个结果比我方原定的成交价要高出数美元。

又比如，一家供销公司想从某服装厂购买一批服装，供给所属的销售网点，想要个合理价，但对该服装厂的生产成本、生产能力、最低价格等情况没有摸底。如果直接问厂方，得到的答复肯定是较高的报价和一大堆关于生产成本、生产能力方面的虚假数据。怎么办？这位供销人员到了工厂，不说明自己要购买的数量和最高价格，而是要求厂方分别就200件、2 000件、10 000件服装进行估价。厂方不知道来者要购买的数量，只是如实按"多购从优"的原则，分别按买方要求的批量估价。供销人员拿到标价单后，通过仔细地分析和推敲，较为准确地估算出该厂的生产成本、设备费用的分摊情形、生产能力以及价格策略等情况，从而掌握了谈判的主动权，以理想的价格购到2 000件服装。

2. 先造势后还价

先造势后还价是指在对方开价后不急于还价，而是指出市场行情的变化态势（涨价或降价及其原因），或是强调本方的实力与优势（明示或暗示对方的弱势），构筑有利于本方的形势，然后再提出本方要价的一种策略。

运用此策略可以给对方造成一定的心理压力，从而使其松动价格立场，并做出让步。但对此策略运用不当，有可能吓跑对方，或使对方产生抵触情绪，从而招致对方的顽强反击，使谈判步履艰难或不欢而散。

此策略一般是在对方有求于与本方达成交易，且市场行情明显有利于本方，或本方优势突出的情形下使用。实施时，造势要有客观事实依据，表达的语气要肯定，还价的态度要坚决，同时根据需要，灵活掌握造势的尺度。

应对方法：不为所动，坚持开价，谨慎让步，循序渐进；不为对方的气势所吓倒，尽力去寻找形势的有利方面和对方的弱点，且紧紧抓住去反击对方，化解对方的优势；还有，坚持本方的开价，或做小的让步后，再坚持强硬立场。

3. 欲擒故纵

欲擒故纵策略是指在谈判中的一方虽然想做成某笔交易，却装出满不在乎的样子，将自己的急切心情掩盖起来，似乎只是为了满足对方的需求而来谈判，使对方急于谈判，主动让步，从而实现先"纵"后"擒"的目的的策略。欲擒故纵策略是基于谁对谈判急于求成，谁就会在谈判中先让步的原理发生作用的，主要通过煽动对方的谈判需要而淡漠己方的谈判需要，使对方急于谈判，主动让步。具体做法是，注意使自己的态度保持在不冷不热、不紧不慢的地步。比如在日程安排上，不是非常急迫，主要迁就对方。在对方态度强硬时，让其表演，不慌不忙，不给对方以回应，让对方摸不着头脑，制造心理压力。本策略中"纵"是手段，"擒"是目的。"纵"不是"消极"地纵，而是积极有序地纵；通过"纵"，激起对方迫切成交的欲望而降低其谈判的筹码，达到"擒"的目的。

在运用这一策略时应该注意以下几点：

（1）要给对方以希望。谈判中表现得若即若离，每一"离"都应有适当的借口，不让对方轻易得逞，也不能让对方轻易放弃。当对方再一次得到机会时，就会倍加珍惜。

（2）要给对方以礼节。注意言谈举止，不要有羞辱对方的行为，避免从情感上伤害对方，转移矛盾的焦点。

（3）要给对方以诱饵。要使对方觉得确实能从谈判中得到实惠，这种实惠足以把对方重新拉回到谈判桌上，不至于让对手稍"纵"即逝，使自己彻底凉快了。

4. 大智若愚

大智若愚是指谈判的一方故意装得糊里糊涂，惊慌失措，犹豫不决，反应迟钝，以此来松懈对方的意志，争取充分的时间，达到后发制人的目的的策略。有时候愚笨就是聪明，聪明反而就是愚笨。在回答对方的问题之前，要使自己获得充分的思考时间。为了争取充分的时间，可以让对方重复所提出的问题，或推托要请示领导自己不能决定，或让自己的助手做一些无关紧要、非实质性的答复，或顾左右而言他，有时非常果断、能干、敏捷、博学或者理智的人并不见得聪明，或者说占不到什么便宜。如果能进展得缓慢些，少用一点果断力，稍微不讲理些，可能反而会得到对方更多的让步和优惠的价格。

大多数人都希望别人认为自己很聪明，而大智若愚策略则需要让别人认为自己较为愚笨。在运用这一策略时应大胆地说，"我不知道"或"请你再说一遍"。

需要注意的是，大智若愚策略技术性强，运用起来要求谈判者老谋深算，通过知而示之不知，能而示之不能，在静中观察对方的表演，在暗中运筹自己的方案，达到最终大获全胜的目的。

5. 走马换将

走马换将是指在谈判桌上的一方遇到关键性问题，或与对方有无法解决的分歧，或欲补救己方的失误时，借口自己不能决定或其他理由，转由他人再进行谈判的策略。

这里的"他人"可以是同伴、上级、合伙人、委托人、亲属、朋友等。这样就会消耗对方的体力、精力，也有意无意地延长了谈判时间，使对方感到身心疲惫。

通过变换主谈人，消耗对手的精力，削弱对手的谈判能力，使己方的回旋余地增大，掌握谈判的主动权。而谈判对手则需要重复地向另一方新的主谈人叙述情况、表明观点，实际差不多是重新开始谈判。这样就会付出加倍的精力和体力，时间一长，难免出现漏洞和差错，而这正是己方所希望的。

运用这种策略的目的在于：通过更换谈判主体，侦查对手的虚实，耗费对手的精力，削弱对手的议价能力；为自己留有回旋余地，进退有序，从而掌握谈判的主动权。

走马换将策略的另外一个目的是能够补救己方的失误。前面的主谈人可能会有一些遗漏和失误，或谈判效果不尽如人意，则可由更换的主谈人采取补救措施，并且顺势抓住对方的漏洞发起进攻，最终获得更好的谈判效果。

6. 浑水摸鱼

浑水摸鱼策略是指在谈判中，故意搅乱正常的谈判秩序，将许多问题一股脑儿地摊到桌面上，使人难以应付，借以达到使对方慌乱失误的目的的策略。这也是在商务谈判中比较流行的一种策略。

研究结果表明，当一个人面临一大堆难题、精神紧张的时候，就会信心不足，甚至自暴自弃。比如，有人就愿意很快把事情搅和到一起。会谈开始没多久就提出质量标准、数量、价格、包装、运输工具、支付方式、送货日期和售后服务等一大堆问题，把事情弄得很复杂。有人会提出一大堆琐碎资料和繁杂的数字等对方没有思想准备的问题，促使对方屈服或犯错误。

防御这一策略的要诀是，在你尚未充分了解之前，不要和对手讨论和决断任何问题。具体说来，要坚持以下几点：

（1）坚持事情必须逐项讨论，不给对方施展计谋的机会。

（2）坚持自己的意见，用自己的意识和能力影响谈判的进程和变化，以防被别人牵着鼻子走。

（3）拒绝节外生枝的讨论，对不清楚的问题要敢于说不了解情况。

（4）当对方拿出一大堆资料和数据时，要有勇气迎接挑战，对这些资料和数据进行仔细研究与分析，既不要怕耽误时间，又不要担心谈判的失败，以免一着不慎，满盘皆输。

（5）对手可能也和你一样困惑不解，此时应攻其不备。

7. 情感转移

情感转移是指当正式谈判中出现僵局或碰到难以解决的谈判障碍时，谈判组织者就应该有意识地通过转换谈判的环境、气氛及形式，使谈判对手的情感发生转移的一种策略。在这种情况下，谈判双方通常能比较坦率地谈及真正的问题，这样就为克服障碍、推动以后的谈判铺平了道路。

当然，高明的谈判家往往并非等到谈判出现僵局时才这样做，而是在谈判全过程中始终注意运用情感转移的方法，在使对手情感不断转移的动态过程中，逐渐缩小双方的差距，最后达成谈判协议。国外有谈判专家专门对此进行过十多年的研究，结果发现，在大型商业谈判中常出现这种局面，即越到谈判的最后阶段，正式谈判的会期往往变得越来越短，而分散的非正式的谈判则变得越来越长，场外的交易也跟着频繁起来。

另外，在使用情感转移策略时，要告诫手下谈判人员在非正式谈判场合值得警惕的问题。例如，不要做单方面的告白，防止泄露己方谈判机密；防止对方利用这种手法对己方人员进行收买；对私下传播的信息要进行认真分析，防止受骗上当等。

总之，从谈判控制的角度，巧妙地进行谈判情景的选择和运用，以期取得谈判的主动权，进而获得最优结局，这是值得谈判者们从理论和实践上不断深入探讨的问题。因为它与谈判者的言语表达及交流有直接联系，共同对谈判现场发生着作用，是谈判双方能否获得双赢的重要的情感基石。

8. 沉默寡言

沉默寡言策略是谈判中最有效的防御策略之一，其含义是：在谈判中先不开口，让对方尽情表演，或多向对方提问并设法促使对方继续沿着正题谈论下去，以此暴露其真实的动机和最低的谈判目标，然后根据对方的动机和目标并结合己方的意图采取有针对性的回答。

这种谈判策略之所以有效，其根据在于：谈判中暴露得越多，就有可能将自己的底细暴露得越多，从而越有可能处于被动境地，同时也会使对方受到冷遇，造成心理恐慌，不知所措，甚至乱了方寸，从而达到削弱谈判力量的目的。

细心地聆听对方吐出的每一个字，注意对方谈判人员的措辞、表达方式、语气和声调，都可以为己方提供有效的信息。

9. 以硬碰硬策略

商务谈判中，当对方无理提出过高要求、向我方施加高压时或故意制造僵局，妥协退让也无法满足对方的欲望和要求时，应当采用以硬碰硬的方法向对方反击，以达到使对方放弃过高要求的目的。例如，可以直接挑明对方制造僵局的目的，要求对方自动放弃所要求的不合理条件。这种情况下，有些谈判对手就会降低要求，使谈判能够继续进行下去。如果这样做还不能奏效，可以站起身来或离开谈判桌，以宁肯结束谈判、使谈判无果而终来显示己方的强硬立场。如果对方真的想与你做成这笔交易，他们会来找你的，他们的要求会改变。如果出现了这样的情况，谈判的主动权就掌握在了己方的手中。

> **小故事 6-2 农户财主硬碰硬**
>
> 古代日本有一个财主，非常吝啬。每次他们家吃烤鱼片时，他便跑到吃不起鱼的穷邻居家里，索要闻到鱼香味的钱，并在他的账本上记录下闻到鱼香味的次数和总金额。
>
> 到了年底，财主又要索要鱼香款了。这个农民便拿了一个铜板跑到财主家里，将铜板扔到一个空的瓷杯里，告诉财主，每扔一次便索要听到声音的价款是 500 日元。
>
> 农民以硬碰硬、针锋相对地还击了财主的无理要求。
>
> 资料来源：张国良. 商务谈判［M］. 杭州：浙江大学出版社，2010：143.

6.5 让步与成交阶段的策略

1. 让步的策略

在讨价还价中，让步是一种必然的、普遍的现象。如果谈判双方都坚守各自的边界，互不让步，那么协议将永远无法达成，双方追求的经济利益也就无从实现。只有在价格磋商中，伴随着双方的让步，进行多轮讨价和还价，直至互相靠拢，才能最终实现交易目标。因此，从这个意义上，不断讨价还价的过程，就是双方不断让步的过程。也可以说，谈判就是相互让步。没有让步，谈判就会失去意义和存在的可能。

从价格谈判来看，谈判各方不仅要明确各自追求的目标，同时，应当明确为了达到这一目标必须做出的让步。可见，让步本身就是一种策略，它体现了谈判者以满足对方需要的方式来换取自身需要的满足这一实质。然而，价格谈判中的具体让步方式是多种多样的。下面，我们通过一个卖方让步的实例来加以说明。

某卖方，初始报价 160 元，理想价格为 100 元，该卖方为达到预期目标需做出的让步即为 60 元。假定双方共经历 4 轮让步，常见的让步方式可归结为 8 种（见表 6-1）。

表 6-1

序 号	第 1 轮让步	第 2 轮让步	第 3 轮让步	第 4 轮让步	让步方式
1	0	0	0	0	冒险型
2	15	15	15	15	刺激型
3	8	13	17	22	诱发型
4	22	17	13	8	希望型
5	40	12	6	2	妥协型
6	59	0	0	1	危险型
7	50	10	−1	1	虚伪型
8	60	0	0	0	低劣型

第 1 种让步方式：这是一种较坚定的让步方式。它的特点是在价格谈判的前期和中期，无论买方做何表示，卖方始终坚持初始报价，不愿做出丝毫的退让，而到了谈判后期才迫不得已做出大的退让。这种让步方式容易使谈判形成僵局，甚至可能导致谈判的中断。我们把这种让步方式称为"冒险型"。

第 2 种让步方式：这是一种以相等或近似相等的幅度逐轮让步的方式。这种方式的特点是使买方每次的要求和努力都能得到满意的结果，但也会因此刺激买方坚持不懈地做出努力，以取得卖方的继续让步。而一旦停止让步，就很难说服买方，并有可能造成谈判的中止或破裂。我们把这种让步方式称为"刺激型"。

第 3 种让步方式：这是一种让步幅度逐轮增大的方式。在实际价格谈判中，应尽量避免采取这种让步方式。因为这样会使买方的期望值越来越大，并会认为卖方软弱可欺，从而助长买方的谈判气势，很可能使卖方遭受重大损失。这种让步方式可以称为"诱发型"。

第 4 种让步方式：这是一种让步幅度逐轮递减的方式。这种让步方式的特点在于，一方面表现出卖方的立场越来越强硬；另一方面又会使买方感到卖方仍留有余地，从而始终抱有继续讨价还价的希望。因此，我们把这种让步方式称为"希望型"。

第 5 种让步方式：这是一种开始先做出一次大的退让，然后让步幅度逐轮急剧减少的方式。这种让步方式的特点是，它既向买方显示出卖方的谈判诚意和妥协意愿，同时又巧妙地暗示出卖方已做出了巨大的牺牲和尽了最大的努力，进一步的退让已近乎不可能。这种让步方式可以称之为"妥协型"。

第 6 种让步方式：这是一种开始让步幅度极大，接下来则坚守立场、毫不退让，最后一轮又做了小小的让步的方式。这种让步方式，充分表明了卖方的成交愿望，也表明进一步的讨价还价是徒劳的；但开始的巨大让步也会大幅度地提高买方的期望，虽然之后卖方态度转为强硬会很快消除这一期望，可是买方很高的期望一旦立即化为泡影往往又会难以承受，从而将影响谈判的顺利进行。另外，开始就做出巨大让步，可能会使卖方丧失在较高价位成交的机会。我们把这种让步方式称为"危险型"。

第 7 种让步方式：这是一种开始做出大的让步，接下来又做出让步，之后安排小小的回升，最后又被迫做一点让步的方式。这是一种较为奇特和巧妙的让步技法，往往能操纵买方心理。它既可表明卖方的交易诚意和让步已达到极限，又可通过"一升一降"使买方得到一种心理上的满足。我们把这种让步方式称为"虚伪型"。

第 8 种让步方式：这是一种开始便把自己所能做出的全部让步和盘托出的方式。这种让步方式，不仅会在谈判初期大大提高买方的期望值，而且也没有给卖方留出丝毫的余地。而后几轮完全拒绝让步，既缺乏灵活性，又容易使谈判陷入僵局。另外，开始即做出全部让步，也会使卖方可能损失不该损失的利益。我们把这种让步方式称为"低劣型"。

从表 6-1 所示的 8 种让步方式，可以看出：不同的让步方式传递着不同的信息，对对方形成不同的心理作用，也对谈判进程和结果具有不同的影响。在实际的价格谈判中，较为普遍采用的让步方式，是上面第 4 种"希望型"和第 5 种"妥协型"的让步方式。它们的特点是，让步的幅度是逐轮递减的，以此向对方暗示正在逼近让步的极限值，同时，为顺利达到或接近双方的成交价格铺平了道路。

最后需要说明，由于交易的内容和性质不同、双方的利益需求和谈判实力不同，以及其他各方面因素的差异，价格谈判中的让步方式不存在固定的模式，而通常表现为几种让步方式的组合。并且，这种组合还要在谈判中根据具体的实际情况不断地调整。然而，无论具体情况如何，让步策略的运用都要注意遵循一些基本的原则。这些原则大体是：①注意选择让步的时机。②在重要的关键性问题上要力争使对方先做出让步。③不要让对方轻易从你手中获得让步的许诺。④不要承诺做出与对方同等幅度的让步。⑤让步要有明确的导向性和暗示性。⑥要注意使己方的让步同步于对方的让步。⑦一次让步的幅度不宜过大，让步的节奏也不宜过快。⑧让步之后如觉得不妥，可以寻找合理的借口推倒重来。

> 📍 **小测试**
> 在讨价还价中，关于让步的论述正确的是：（　　　　）
> A. 是讨价还价中必然的、普遍的现象。
> B. 本身就是达到谈判目标的一种策略。

C. 应能把握时机和控制分寸。

D. 对方不做让步，己方不做无谓的让步。

E. 开始幅度应小，形成僵局再逐步加大。

［答案］ABCD

2. 对付假出价的技巧

假出价是一种不道德的谈判伎俩。使用者一方利用虚假报价的手段，排除同行的竞争，以获得与对方谈判的机会。可是一旦进入实质性的谈判阶段，假出价者就会改变原先的报价，提出新的苛刻要求。这时，对方很可能已放弃了考虑其他谈判对手，不得已而同意他的新要求。例如，一个工程项目，当一方登出广告进行项目招标时，一些感兴趣的投标者争相投标，其中一位提出以低于其他竞争者的价格投标，结果被确定为中标者。一旦他坐到谈判桌边与对方开谈后，他会千方百计地寻找种种理由与借口，说明最初的报价太低了要重新估算。等到双方就主要条款取得一致意见后，他的报价已提高了 5%，对方想要反悔为时已晚，否则，先前的全部劳动就会付诸东流了。这样一来，承包商就达到了他的目的。

假出价与抬价策略大同小异，其差别主要是：假出价的目的在于消除竞争价，排除其他竞争对手，使自己成为交易的唯一对象。也正是因为这一点，使得假出价成为一种诡计，具有欺骗的性质，如果我们不能对此有所认识，难免会吃亏上当。

如何应对对方的欺骗呢？要认识到耍这种手腕的人大都是在价格上做文章，先报虚价，再一步步修改，以达到他原先预想的目标。因此要围绕这一点采取对策：

第一，要求对方预付大笔的订金，使他不敢轻易反悔。

第二，如果对方提出的交易条件十分优厚，你就应考虑是否对方在使用这一伎俩，可以在几个关键问题上试探对方，摸出他的底细。

第三，当某些迹象显示出有这种可能时，要注意随时保持两三个其他的交易对象，以便一旦出现问题，进退主动。

第四，必要时，提出一个截止日期，如到期尚不能与对方就主要条款达成协议，那么就应毫不犹豫地放弃谈判。

第五，只要可能，最好请第三者在谈判的合同上签名做证，防止对方反悔。

3. 成交阶段的策略

（1）场外交易策略。

场外交易策略是指当谈判进入成交阶段，双方将最后遗留的个别问题的分歧意见放下，东道主一方安排一些旅游、酒宴、娱乐项目，以缓解谈判气氛，争取达成协议的做法。

在谈判后期，如果仍然把个别分歧问题摆到谈判桌上来商讨，往往难以达成协议。一是经过长时间的谈判，已经令人很烦闷，影响谈判人员的情绪，相应地还会影响谈判协商的结果；二是谈判桌上紧张、激烈、对立的气氛及情绪迫使谈判人员自然地去争取对方让步，而即使是正常的、应该的让步，若出现在最后的一个环节上，让步方会认为丢了面子，可能会被对方视为战败方；三是即使某一方主谈或领导人头脑很冷静，认为做出适当的让步以求尽快达成协议是符合本方利益的，但因同伴态度坚决、情绪激昂而难以当场做出让步的决定。此时，运用场外交易策略是最为恰当的。

场外轻松、友好、融洽的气氛和情绪则很容易缓和双方剑拔弩张的紧张局面。轻松自在地谈论自己感兴趣的话题，交流私人感情，有助于化解谈判桌上激烈交锋带来的种种不快。这时适时巧妙地将话题引回到谈判桌上遗留的问题上来，双方往往会很大度地相互做出让步而达成协议。需要指出的是，在运用场外交易策略时，一定要注意谈判对手的不同习惯。有的国家的商人忌讳在酒席上谈生意，因此必须事先弄清，以防弄巧成拙。

（2）成交迹象判断策略。

如何判断对方的成交迹象呢？我们主要可以从以下几个方面进行判断：

①对手由对一般问题的探讨延伸到对细节问题的探讨。例如，当你向他推销某种商品时，他忽然问："你们的交货期是多长时间？"这是一种有意表现出来的成交迹象，你要抓住时机明确地要求他购买。

②以建议的形式表示他的遗憾。当客户仔细打量、反复查看商品后，像是自言自语："要是再加上一个支架就好了。"这说明他对商品很中意，但发现有不理想之处，只是枝节问题或小毛病，无碍大局。你最好马上承诺做些改进，同时要求与他成交。

③当对方对你介绍的商品的使用功能随声附和，甚至接过话头讲得比你还要具体时，这也是可能成交的信号。你就要鼓励他试用一下，以证明他的"伟大设想"。比如，当你介绍某一家用切削器的功能时，对方说："我以前也曾用过类似的，但功能没这么多，你这东西能打豆浆吗？要是那样，每天都可以喝新鲜豆浆，还可以节省 15 分钟的购买时间，不是吗？"下一步，就是你怎么接过他的话头了。

④当谈判小组成员由开始的紧张转向松弛，相互间会意地点头、用眼睛示意时，也是你要求成交的好时机，可以将话题向这方面引，即使不能马上成交，也会加速成交进程。

⑤抓住一切显示成交的机会。

抓住对方讲话时所发出的信号，也许他是无意识的，但对你很有利。比如，一家油漆公司与其经销代理商谈判经销价格问题，油漆公司认为经销商要价太高，派财务经理与他压价。但账务经理在与他沟通时，却同时问他，这项计划什么时间开始执行？这立刻暴露出油漆公司已准备与经销商成交了，在这种情况下再指望他降价已是不可能了。

以上从几个方面阐述了谈判的基本策略。需要指出的是，仅仅知道策略还不够，策略的运用要同整个谈判的战略部署结合起来。策略的目标和策略的实施甚至要比策略本身还重要，运用策略是为了要达到谈判的目标，取得谈判成功。

4. 促进成交的行为策略

采取以下行为，有助于将谈判对手推向达成协议的一方。

（1）适时展现对"结束谈判"的积极态度。可以反复询问对方："既然我们对所有的问题都已达成共识，何不现在就签署协议呢？"

（2）设法采取不同的方式向对方渗透。达成协议是相当明智的选择，为此尽量将定价理由解释充分并"冠冕堂皇"。

（3）采取假定谈判已经顺利达成协议的方式。如果你是买方，将协议要点记下来，并询问对方支票开立的日期；如果你是卖方，询问买家货品该送往何处。

（4）与对方商量协议的具体内容。如遣词用字、送货方式，表示谈判双方在主要议题和价格上已取得共识。

（5）以行动表示达成协议。如业务人员开始动笔填写订单，买方则给卖方购货凭证，相互握手以示成交等，行动可以具体展现你对达成协议的诚意。

（6）提供一项特别的优惠。用一项特别的优惠诱使对方提早结束谈判，诸如再提供一定比例的折扣，承诺分期付款，提供设备等。

5. 不遗余"利"策略

（1）不忘最后的获利。通常，在双方将交易的内容、条件大致确定，即将签约的时候，精明的谈判人员往往还要利用最后的时刻，去争取最后的一点收获。在成交阶段最后收获的常规做法是：在签约之前，突然提出一个小小的请求，要求对方再让出一点点小利。由于谈判已进展到签约的阶段，谈判人员已付出很大的代价，也不愿为这一点点小利而伤了友谊，更不愿为这点小利而重新回到磋商阶段，因此往往会很快答应这个请求，以求尽快签约。

（2）争取最后的让步。针对磋商阶段遗留的最后一两个有分歧的问题，需要通过最后的让步才能求得一致。在许多情况下，到谈判的最后关头，往往对方管理部门中的重要高级主管会出面，参加或主持谈判，这时我们便可争取最后让步。

（3）注意为双方庆贺。在商务谈判即将签约或已经签约的时候，可谓大告成功。此时，我方可能心中暗喜，以为自己在交易中比对方得的更多，但这时我方一定要注意为双方庆贺，强调谈判的结果是我们共同努力的结晶，满足了双方的需要。同时，不要忘记赞扬对方谈判人员的才干。这样做会使对方心理得到平衡和安慰，并感到某种欣慰，为以后双方的履约和往来打下良好基础。

（4）慎重地对待协议成果。要靠严密的协议来确认和保证谈判结果。协议是以法律形式对谈判成果的记录和确认，它们之间应该完全一致，不得有任何误差。

📍 案例 6-8　　　　　　　　　某钢铁企业与某锚链厂的谈判

某钢铁企业与某锚链厂就锚链钢的交易问题进行谈判。谈判过程中双方并没有仅仅在价格上一味地讨价还价，而是就质量、价格、市场销售等问题进行了广泛的交谈。双方认识到，进一步提高锚链钢及终端产品锚链的质量将能够给双方带来可观的效益。双方谈判达成一致，充分发挥双方技术人员的互补优势，共同联合攻关。在接下来的日子里，双方密切合作，全力展开研究。经过不懈的努力，通过上百次的实验，终于使锚链钢的质量有了很大的提高，通过了中国、英国、美国、德国、挪威、韩国和日本七国的认证。锚链钢质量的提高，相应地也将船用锚链的质量提升了档次，售价提高，市场占有率上升，在国内的市场占有率达到 70% 以上，同时在国际上也有相当大的市场份额。双方都获得了非常满意的经济利益和市场声誉。此后，双方成了长期密切合作的贸易伙伴。

资料来源：张国良. 国际商务谈判 [M]. 北京：清华大学出版社，2017：153.

（5）寸土必争策略。在现代商务谈判中对等原则是一个非常重要的原则，即本方的让步要同步于对方的让步。如果对方未做任何让步或让步承诺，本方就主动让步，那只会让对方步步紧逼，使本方更为被动。

不轻易让步，不做无谓的让步，其结果可以获得谈判对手必要的尊重。对于处于谈判弱势的一方，赢得谈判对手必要的尊重是非常必要的。只有赢得了对方的尊重，对方才会珍惜另一方所做出的让步。不然的话，对方会认为让步是他们实力占优的必然结果，是理所应当的。如果对方形成了这种心态，就很难使对方做出相应的让步。

成交阶段是谈判双方最终确立交易条件、缔结协议的过程，同时也是他们各自的利益得以最终确立的过程，因此必须予以高度重视，采用多种策略促使谈判成功。

⊙ 知识拓展

商贸谈判中的辩证技法

商贸谈判是现代商品经济活动的一项重要内容，它是商品经济发展到一定阶段的必然产物。在当今市场经济的国内外市场的开拓之中，商贸谈判越来越显示出其重要作用。谈判是人类社会所特有的一种活动，是处理人际关系、解决利益冲突的一种手段，谈判就是力量，它既是一门科学又是一种艺术。谈判人员除了需要掌握一系列的理论外，还需要掌握一些实践的辩证技法。

1. 取与予

谈判是双方为了达成某种协议而进行的交往。传统的谈判观念把谈判看成是一种战斗，不是你输就是我赢。结果双方把对方看成是对手甚至是敌手，绞尽脑汁、千方百计地想压倒对手、击败对方，以达到自己单方的目的。其结果是：占据上风者，趾高气扬；处于下风者成了输家，屈辱不堪。即使双方达成协议，因没有融洽双方的关系，协议往往缺乏牢固性。自认为失败的一方会千方百计地寻找各种理由报复，拖延合同的履行，挽回自己的损失，其结果是两败俱伤。胜败乃兵家常事，成功的谈判应该是双赢策略，而不应该是一方的大笑，另一方苦恼。因此，在商贸谈判中应该树立正确的胜负观，"欲取先与"应是谈判的一大谋略。"欲致鱼者先通水，欲致鸟者先树木"，予是为了取，纵是为了擒，这就是辩证法。当然"予"和"取"要掌握有度，在谈判中不仅要考虑自己的利益，而且要学会妥协，通过自己的让步来换取更大的利益，在利人的前提下利己。只要正确理解胜败与运用取和予的辩证方法，就会"予"的主动、爽快，"取"的自然、顺畅、更多。

2. 同与异

在谈判中，同与异是对立统一的，应该求大同、存小异。求大同，指谈判各方在总体上的原则必须一致，摒弃枝末小节和不同意见，从而使参与谈判的各方都感到满意。它可以缓解双方的冰层，也是谈判成功的基础，否则谈判会陷入僵局或失败。存小异就是谈判各方必须做出适当的让步，使得与自己的利益要求不一致的"小异"也允许存在于谈判协议之中。

求同存异要求谈判双方在谈判过程中要将暂时存在的分歧放在一边，而从双方共同利益目标出发，进行建设性的磋商，寻求一致，达到谈判的成功。所以有人认为，"求同存异"是共渡谈判之水的良舟，必要的妥协是连接谈判沟壑的桥梁。

3. 刚与柔

刚柔相济、以柔克刚是谈判中常用的谋略，该谈判作风是指在谈判中既考虑实现自己的谈判目标，还注意同对方搞好关系。强硬型因过于刚硬而失去对方的友谊，合作无从谈起。因此要刚柔相济，其基本特点是：

（1）将人与事分开。对人温和，对事强硬。在商贸谈判中对人要和蔼，以诚待人。谈心要交心，交心要知心，知心要诚心，以信取人。对事讲原则，不过分迁就，也不过分苛求。

（2）利益和立场分开。在谈判中要重利益、轻立场。利益是立场的基础，立场是利益的保证，两者不能混为一谈。有时可改变立场以求利益最大化。

（3）核心特点是软硬兼施。也可采用"白脸""红脸"战术。排斥性和互引性相结合，讲究原则和感情的统一，以人和事，以理服人。

（4）评价标准是互利合作，成功的谈判是双方协商一致，互利互惠，双方都有利可图。刚柔相济要扬其所长，避其所短。柔而不固，相柔相济，各有侧重，相互配合，灵活应用，浑然一体，为各国谈判人员所推崇并采用。

4. 奇与正

在军事上，"正"指用兵之常法，"奇"则是用兵之变法。奇正相依，由正变奇，由奇变正，是无穷无尽的。犹如乐声不过五种，变化起来令人听不胜听；色彩不过七种，变化起来令人看不胜看；味道不过五种，变化起来令人尝不胜尝。博弈双方子力相同，但棋趣奥妙无穷，故有"世事如棋局局新"之慨。孙子指出："故兵无常势，水无常形；能因敌变化而取胜者，谓之神。"诸葛亮的"空城计"就是典型的例子。在谈判之中不拘常法，临时适变，从宜而行，出其不意，攻其不备。

例如，谈判人员的更换，更高权威者的出现，技术专家顾问、律师的到场，等等，出其不意，在对方尚无准备的情况下，打乱其计划布置，或者利用对方意想不到的事物，向对方反击，使局势朝着我方有利的趋势发展。运用和掌握这一策略，最常使用的方式是掌握令对方惊奇的信息，在必要时向对方摊牌，迫使对方在事实面前做出让步、承诺、保证。在谈判中强调"以正合，以奇胜"，奇正之变，不可胜穷也。运用之妙，存乎一心，奇与正不是一种静态的关系，而是随着时空与具体条件的变化而变化的，运用得好则"无空如天地，不渴如江海"。

5. 先与后

在市场经济的激烈竞争中，要根据不同的谈判场合、条件确定其先后。谈判人员有识时机者"金风未动蝉先觉"，捷足先登；有深谋远虑者"将军盘弓故不发"，等待时机，后发制人。先与后各有利弊。先发能够制人，时间就是金钱、效率就是生命。一着领先，步步领先，先下手为强。在讨价还价时先报价比后报价更具有影响力，因为先报价不仅能够为谈判规定一个难以逾越的上限（卖方的报价）或下限（买方的报价），而且还会直接影响谈判对方的期望水平，起到争取主动的作用。但先报价也有不利之处，主要表现在一方先报价之后，另一方可根据对方的报价水平调整自己的策略和报价方式，特别是报价与还价相差有较大出入时，更是如此。有时他们的叫价比你预期的要低，因为这是你经过调整了的报价。先发制人，必须有先见之明、先人而知，做到"情况明，决心大，方法对"才行，否则，先发不仅无法制人，反而会受制于人。后发也可以制人,后来者居上也是谈判中常有的现象。不过后来者必须对先入者全面地观察,认真地比较、分析,选准突破口与切入点,一矢中的。先发制人虽可以取得一定的主动和暂时的优势,但如果情况不明,贸然行动,就会暴露出许多弱点,给对方以可乘之机,使自己处于十分不利的地位。所以在情况不明时要后发制人,以逸待劳。

6. 退与进

市场竞争如同逆水行舟,不进则退。在谈判中如果出现对自己不利的局面,为了扭转这种不利的形势,促使对方降低原先的要求,我们往往需要向后退一步。退即为让步,为的是更好地前进,首先让步是尊重对方的表现,也是创造和谐友好气氛的前奏。同事之间的摩擦、邻里之间的争吵、夫妻之间的分歧,都需要做出让步,处于矛盾的双方都有责任为矛盾的转化创造条件。倘若双方都寸步不让,必然会使双方的心理差距加大,对抗情绪不断加强,使谈判陷入僵局。但如果一方高风亮节,首先让步而对方又通情达理,反省一番,相互配合,甚至会做出比你更大的让步。矛盾淡化后,问题往往也可以迎刃而解。然而,让步绝不是妄自菲薄,无原则、无限制的退让会引起对方的得寸进尺。谈判中的退让应坚持以下原则:

(1)在合理的范围内,喊价要狠,留下讨价还价的余地。

(2)不能很快做出较大的让步,因为人们并不珍惜轻而易举得到的东西。

(3)不做无谓的让步,同等级让步。

(4)让步的次数不超过三次。

凡此种种,若能综合运用,能达到因失小而得大、因退让而进取的目的。因此在谈判中要学会运用以退为进的技巧,多进行辩证思考,对进与退的关系进行辩证分析,能够做到在退时进,在进时退,进中有退,退中有进,进退结合,化害为利。这样在谈判中就一定能高屋建瓴,奇招迭出,掌握谈判的主动权,取得谈判的最后胜利。

7. 竞争与合作

商贸谈判既是合作又是竞争,谈判参与各方间存在着利益上的联系和分歧,利益分歧使各方积极地讨价还价,从而产生了激烈的竞争。利益的联系使谈判者走到了一起,变成了合作共事者。谈判双方应该把谈判看成是一项双方互利的事情,都应为实现共同的利益而努力。实行市场经济以来,个别企业之间竞争有余、合作不足,甚至搞不正当竞争。在商贸谈判中想猛咬对方一口,欺诈胁迫是十分危险的。人无信不立,谈判者要以信为本,青山似信誉,绿水如财源,只有山青才能水秀,只有源远才会流长。财自道生,利缘义取,这样的竞争与合作才会有情有义、地久天长。

资料来源:张国良,赵素萍.商贸谈判中的辩证技法[J].内蒙古科技与经济,2000(8).

📍 诗语点睛

开局策略

万事开头难在先

慎重开局少进攻

良好协商写新篇

坦诚开局信为本

高价多销不足奇

吊筑高台报价狠

抛放低球假出价

陷阱迷雾要当心

报价策略

除法报价易接受

加法报价慢升温

最小单位报价低

数字陷阱有水分

磋商报价要平等

数量多少价不同

对比报价货比货

差别报价有区分

⊘ 习　题

一、单项选择题

1. 不能作为谈判终局的判定准则的是（　　）。

A. 条件准则　　　　B. 时间准则　　　　　　C. 策略准则　　　　　D. 逻辑准则

2. 不属于谈判终结的形式的是（　　）。

A. 小结　　　　　　B. 成交　　　　　　　　C. 破裂　　　　　　　D. 中止

3. 在谈判中，中国人采用较多的让步方式是（　　）。

A. 一次性让步方式　　　　　　　　　　　　B. 坚定的让步方式

C. 小幅度递减让步方式　　　　　　　　　　D. 高额让步方式

4. 前紧后松的谈判技巧也称为（　　）谈判技巧。

A. 声东击西　　　　B. 欲擒故纵　　　　　　C. 先苦后甜　　　　　D. 先声夺人

5. 坦诚的谈判技巧是指在谈判中尽量（　　）。

A. 开诚布公　　　　B. 和盘托出　　　　　　C. 毫无保留　　　　　D. 友情为重

6. 谈判人员适当互赠礼品的做法是（　　）。

A. 贿赂　　　　　　B. 求助　　　　　　　　C. "润滑策略"　　　　D. 暗盘交易

7. 在商务谈判中针对客户性质、购买数量、交易时间、支付方式等方面的不同，采取不同的报价策略，这是指（　　）。

A. 除法报价　　　　B. 加法报价　　　　　　C. 差别报价　　　　　D. 对比报价

8. 谈判过程中发现对方刻意营造低调气氛，若不扭转会损害本方的切实利益，可以用下列哪种开局策略？（　　）

A. 协调式开局策略　　　　　　　　　　　　B. 保留式开局策略

C. 坦诚式开局策略　　　　　　　　　　　　D. 进攻式开局策略

二、多项选择题

1. 开局阶段谈判人员的主要任务有（　　　　）。

    A. 创造谈判气氛　　B. 讨价　　　　　　　　C. 开场陈述　　　　　　　D. 报价

2. 开局阶段的策略有（　　　　）。

    A. 协商式开局　　　B. 坦诚式开局　　　　　C. 慎重式开局　　　　　　D. 进攻式开局

3. 价格起点策略有（　　　　）。

    A. 吊筑高台　　　　B. 抛放低球　　　　　　C. 加法报价　　　　　　　D. 除法报价

4. 优势条件下的谈判策略有（　　　　）。

    A. 不开先例　　　　B. 先苦后甜　　　　　　C. 软硬兼施　　　　　　　D. 期限策略

5. 劣势条件下的谈判策略有（　　　　）。

    A. 吹毛求疵　　　　B. 难得糊涂　　　　　　C. 以柔克刚　　　　　　　D. 价格陷阱

6. 均势条件下的谈判策略有（　　　　）。

    A. 投石问路　　　　B. 欲擒故纵　　　　　　C. 大智若愚　　　　　　　D. 沉默寡言

7. 对付浑水摸鱼的策略有（　　　　）。

    A. 坚持事情必须逐项讨论，不给对方施展计谋的机会

    B. 坚持自己的意见，以防被别人牵着鼻子走

    C. 拒绝节外生枝的讨论

    D. 攻其不备

8. 对付假出价的技巧有（　　　　）。

    A. 要求对方预付大笔的订金，使他不敢轻易反悔

    B. 在几个关键问题上试探对方，摸出他的底细

    C. 必要时，提出一个截止的日期

    D. 最好请第三者在谈判的合同上签名做证，防止对方反悔

9. 促进成交的行为策略有（　　　　）。

    A. 适时展现对"结束谈判"的积极态度

    B. 设法采取不同的方式向对方渗透

    C. 与对方商量协议的具体内容

    D. 以行动表示达成协议

10. 不遗余"利"策略有（　　　　）。

    A. 不忘最后的获利　　　　　　　　　　B. 争取最后的让步

    C. 得寸进尺　　　　　　　　　　　　　D. 寸土必争

11. 谈判策略的作用有（　　　　）。

    A. 起好锚　　　　　B. 稳好舵　　　　　　　C. 撑好帆　　　　　　　　D. 靠好岸

三、判断题

1. 商务谈判是"合作的利己主义"的过程。（　　　　）

2. 谈判者将己方的需求隐藏起来，为了刺激对方的需求，而装着无所谓的样子，这就是在

使用欲擒故纵的谈判技巧。(   )

3.处于劣势的谈判技巧应以尽可能减少损失为前提。(   )

4."踢皮球"谈判技巧实质上是一种以守为攻的谈判技巧。(   )

5.在商务谈判中，经济实力强、谈判需求较弱的一方，处于谈判中的优势地位。(   )

6.商务谈判的特点是"利己"的，因此，根本不存在什么双赢。(   )

7.在现代瞬息万变的市场环境下，任何企业都不可能永远处于优势。(   )

8.当在谈判中处于劣势时，最好的谈判技巧就是尽可能地满足对方的要求。(   )

9.处于被动地位的谈判者，应让对方尽可能地发言，而己方少讲多听。(   )

10.在谈判桌上难以达成协议的谈判，在其他场合也不会取得谈判成功。(   )

自我测试

请扫码查看

思考题

1.制定商务谈判策略的步骤有哪些？

2.开局阶段的策略有哪些？

3.报价阶段的策略有哪些？

4.成交阶段的策略有哪些？

5.优势条件下应采用怎样的谈判策略？

6.劣势条件下应采用怎样的谈判策略？

7.均势条件下应采用怎样的谈判策略？

8.对付假出价的技巧有哪些？

商务谈判技巧

最后期限巧制胜

一位名叫荷伯的专家赴日本东京参加为期14天的谈判。一下飞机，两位日本人就非常客气地迎接他，带他通过海关，然后一起上了一辆大型豪华轿车。荷伯靠在舒适的锦绒座背上，两个日本人则笔直地坐在两个折叠椅上。荷伯大大咧咧地问："你们为什么不和我坐在一起？后面有的是地方。"两个日本人恭敬地说："不！您是重要人物，显然您需要休息。"在汽车行驶途中，一位日本人突然问："先生，您懂这儿的语言吗？"荷伯说："噢，不懂，但是我想学几句，我随身带了一本字典。"日本人又问："您是否关心您返回的乘飞机时间？我们可以安排车子送到机场。"荷伯觉得日本方面很会体谅人，于是从口袋里掏出返程机票给他们看，当时荷伯没有料到日本方面就此知道了他的谈判截止日期。随后，日本方面并没有立刻开始谈判，而是先安排荷伯参观游览，为此就花费了一星期的时间。日本方面甚至还给荷伯安排了一次坐禅英语课，以便学习他们的宗教。每晚有4个半小时，日本人让荷伯坐在软垫上进晚餐和欣赏文艺表演。每当荷伯要求开始谈判时，他们就说："有的是时间！有的是时间！"到第12天，谈判才正式开始，但又提前结束，以便能玩高尔夫球。第13天的谈判又提前结束，因为要举行告别宴会。晚上，对方还请来几位漂亮小姐陪他跳舞。

到了最后一天的早上，他们恢复了认真的谈判。正当谈到实质性问题时，小汽车开来了，接荷伯去机场。于是，日本人和荷伯都挤进汽车里，继续商谈条款。正好在汽车到达机场时，荷伯和日本人达成了协议。荷伯为了完成上司交给的任务，只好草草签订了协议。

荷伯之所以失败，就在于他万万没有料到对方会把谈判安排在时间"死线"（dead line）上，这对他来说太意外了，也超出了一般的谈判常规。而日方正是利用了这一点，取得了出其不意的效果。

资料来源：张国良. 商务谈判［M］. 杭州：浙江大学出版社，2010：121.

商务谈判是一场高智力的较量，在这个过程中，谈判人员如果能恰到好处地运用一些策略和技巧，就会对整个谈判结局产生重要乃至关键性的影响。因此，谈判人员必须对常用的谈判策略和技巧熟练掌握，如对我方有利型的谈判的技巧、对双方有利型的谈判技巧、处理冲突和争端的谈判技巧，以及终止谈判的技巧等。

7.1 对我方有利型的谈判技巧

7.1.1 出其不意

从古至今，兵家无人不知：水趋下则顺，兵击虚则利。在商务谈判中应避对手长处之实，想对手短处之虚。实以虚之，虚以实之，化虚为实。它的奇妙之处在于以假乱真，假中有真，由假达真，乱中取胜。这种策略表现为手段、观点或方法的突然改变。兵法中的"攻其不备"是两军对垒时，掌握主动权的重要谋略，而此谋略运用成功的先决条件则是"出其不意"。出敌之意外，才能攻敌之不备。毛泽东同志曾深刻地指出，优势而无准备不是真正的优势，也没有主动。

⊙ **案例 7-1**　　　　　　　　　**出其不意占主动**

毛泽东同志在指挥中国革命战争中也确曾多次成功地运用了这一策略。解放战争开始的第二年，当国民党还在向解放区发动"哑铃"式重点进攻，并认为我军正在节节败退时，毛泽东同志审时度势，命我中原野战军实施中央突破，千里挺进大别山，一举粉碎了蒋介石的"黄河战略"。此举大出蒋介石的意外，使其匆忙应付，不得要领。而我军则夺得了战略反攻的主动权。

资料来源：熊廷华. 从大转折到大决战［EB/OL］.（2021-01-22）［2014-07-25］. http://dangshi.people.com.cn/n/2014/0717/c85037-25294150.html.

案例分析

"出其不意"作为交战之术，是人类战争实践的理论总结。它不仅适用于军事领域，也同样适用于其他方面。谈判从某种意义上讲是一场没有硝烟的战争，因此，诸如"出其不意"这样的军事谋略也同样可用于谈判中。它的主动作用在于攻对手于不备，置对手于被动地位，使对手猝不及防，或无回旋余地，从而使己方处于主动地位，并进而获得尽可能大的利益。

"出其不意"策略在谈判中可从不同的角度、不同的方面加以运用，概括起来如下。

（1）出其不意的行动。

在谈判中采取一些突然的、超常的、对方意想不到的行动，往往会一举置对手于被动地位。这种策略通常用于谈判开局时较为有效。因为谈判开始前，双方一般都会对对手有一个基本估计，并据此制定谈判方略。如果一方的行动从一开始就超乎对手的估计，那么对手事先拟定的方略一下就无用武之地了。临阵磨枪乃兵家大忌，处于被动地位则是显而易见的了。

⊙ **案例 7-2**　　　　　　　　　**重庆谈判**

中国革命史上的重庆谈判是这方面的一个典型事例。抗战胜利以后，蒋介石本无和谈诚意，却连发三电邀毛泽东赴渝共商"国家大计"。国民党方面本来估计毛泽东不会去，没料到毛泽东毅然前往。由于此行出乎国民党方面的意料，结果谈判中一切提案皆由中共方面提出。中共方面 1945 年 9 月 3 日提出《谈话要点》，蒋介石于 4 日才草草拟出《对中共谈判要点》，国民党再以此为指导写出一个对中共《谈话要点》的答复。由于中共代表团来得出其不意，并且是有备而来，所以一开始就使国民党方面处于被动地位，从而为后来"双十协定"的达成打下了基础。

资料来源：张国良.商务谈判［M］.杭州：浙江大学出版社，2010：153.

当然，行动上的出其不意并不局限于开局，在谈判过程中也可运用。比如砍价策略中的假出价，在实施中就会产生出其不意的效果。

（2）出其不意的态度。

在谈判中一反常态，会使对方捉摸不定，不好做出肯定性的应对选择，而比较易于认同和接受己方随后表达的立场。例如，中美知识产权第 4 轮北京谈判时，中方一开始就由每个方面的专业代表分别做了长达 45 分钟的发言，不许美国人插话，并口气强硬地撤回以前谈判中的一切承诺。这种态度令美国方面目瞪口呆，不知所措。到谈判陷入僵局后，中方又表达了"还可以谈"的意思。

这种态度的反复变化，产生了实际效果，首先，表明了中国对知识产权是着力保护的，但也要考虑中国国情，这一点美国后来实际上是认可了；其次，如果美国单方面决定关税报复，那么谈判破裂责任不在中方，由此再次争得了公众舆论的支持。

（3）出其不意的人选。

谈判成果的多少，效果的好坏，与谈判主体各方面的素质、特点、背景、地位等有一定的关系。所以，谈判开始前，双方都希望对对手的情况有所了解，有所估计，并作为制定对策的依据之一。如果一方在人员选派上出乎对手的预料，那就会使对手在应战时处于缺少准备、较为被动的地位。比如，朝鲜停战谈判时，美国方面对谈判桌上的几位中朝代表还较为熟悉，但对实际幕后主谈人李克农将军就不是很了解了，他们只知道李克农将军长期从事秘密工作。因此，李克农将军对美国方面来讲是一个神秘人物，难以捉摸，这样在无形中增加了美国方面的谈判难度。

（4）出其不意的时间。

这种谋略最初被运用于军事，以达到实现战役或战斗的突然性。谈判无限期进行的情况是不多见的，尤其商务谈判的时间往往有一定的限制。因此，居于东道主地位的一方，在谈判时间安排上有可能要一些手段，令对方猝不及防，草草签约。

以上只是介绍了"出其不意"策略在几方面的运用。这里还要指出的是，"出其不意"并非屡试不爽。比如在商业谈判中，一方出其不意的行动，有时会造成不信任的气氛，或使对手破釜沉舟，最后有可能两败俱伤。因此，该策略要依据具体情况确定运用与否，尤其是一些不讲商业道德的做法要避免，不能因一次谈判的小利，而失掉长远的商业信誉。

7.1.2　造成既成事实

既成事实可以理解为先斩后奏，先做后商量。俗话说：生米已经做成熟饭了。在谈判中运用这个战术是指不顾对方，先为自己取得有利的地位，或争取某种做法，然后考虑对方可能的反应和反击，在此基础上再进行谈判。这在国际上，特别是政治交易中经常被采用。如先动用武力，然后再坐下来谈判，这时的局势对某一方可能会有利，有利于取得理想的谈判效果。当然，采取这一策略，必须充分考虑如果行动失败可能导致的后果。

在贸易交往中，交易的两方或某一方常常是先与对方接触，但不一定马上进入实质性洽商阶段，而是在各方面（外围）做工作，如了解情况，增进友谊，寻找权威人物，筹措必要资金，待时机成熟再与对方进行实质性洽商，迫使或诱使对方签合同。这种方法十分有效，既避免了与对方的正面冲突，又巧妙地达到了己方的目的。

◈ 案例 7-3　　　　　　　　　既成事实无怨言

谈判专家荷伯·科恩的亲身经历证明了这一点。荷伯的妻子打算另买一处房子，所以每到周六、周日她都约上荷伯去看房子。最后，不胜其烦的荷伯告诉他妻子："买房子事宜由你全权处理，只要买好了，告诉我一声，我与孩子搬进去就是了。"荷伯自己很得意，认为"把球打到了她的场上"。几周之后，妻子打电话给他，说她买了一所房子。荷伯以为听错了，修正道："你是看中了一所房子。"他妻子说："已经写了合同，但得你同意才行。"

荷伯便放下心来，与妻子一同去看房子。在路上，妻子告诉他，邻居朋友们都知道他们要搬家了，他们双方的父母也都通知了，甚至连新房的窗帘都已经做好了，孩子们都选择了自己的房间，告诉了他们的老师，新家具也已订购了。结果怎么样呢？正如荷伯所说："我妻子告诉我的是一个已经完成了的事实，为了维持我的面子，我只得同意，而且毫无怨言。"

资料来源：张国良.商务谈判［M］.杭州：浙江大学出版社，2010：155.

在商业上，运用最为普遍的既成事实是：如果你接到一份不同意的合约，最简捷有效的方法是，把不同意的条文划掉，签上名字，然后寄还给对方。一般情况下，对方都会接受这种既成事实。

采取既成事实策略，许多情况下，会严重损害对方利益，因此，一般不提倡这种做法，运用时所要掌握的度也非常重要，否则可能造成非常严重的后果。因此，有些人认为，既成事实属于一种商业欺骗或阴谋诡计。

如对方采用这种策略，应有所警惕。最重要的一点是，在买卖合约中严格规定：双方应承担的责任、违约条款、处罚措施。在必要的条件下，果断采取法律行动。其他诸如要求数目可观的预付款、寻找可靠的担保人等都是较好的办法。

7.1.3　逆向行动

这种策略，就是采取与公认的一般倾向和目标恰恰相反的行动，即反其道而行之。例如，在股票市场上获利的总是那些最先吃进而又最先抛出的人。也就是说，别人尚在消极观望之时，你应该果断吃进；一旦乐观情绪四处弥漫起来，你就该趁热脱手了。这种策略听起来好像很容易，但实际做起来极为困难。

7.1.4　设立限制

法国人一向以惯用时间限制作为策略手段而著称。严格的议事日程是一种限制。你只能就某一问题进行谈判，或者只能以某一特定的方式进行谈判，也是一种限制。这项策略的另一种用法是限制信息交流：你只能通过代理人来交涉，或者有话只能在谈判桌上说。这种方法一旦发展到极端，就会造成所谓"哑交易"。中非的一些部落有一种奇特的讨价还价方式，即想做交易的部落会把自己的货物留在河边。邻近的部落取走这些货物，留下他们认为是等值的交换品。如果前者对此不满意，他们就不去取那堆东西，等它一点点加多。要是后者不予增加，他们以后就可以不来此交易了。

7.1.5　声东击西

声东击西又称佯攻策略，简单地说，就是在谈判过程中出于种种需要，把对方的注意力集中在我方不甚感兴趣的问题上，使对方增加满足感，以引起对方的错觉。这在商务谈判中是经常被采用的。声东击西作为一种谈判策略实用性很强。它的主要做法是指在商务谈判桌上变换谈判目标，通过转移对方注意力的方法，达到谈判的目的。具体地说，就是谈判者在谈判议题进行不下去时，既不强攻硬战，也不终止谈判，而是巧妙地将议题转移到无关紧要的事情且纠缠不休，或在不成问题的问题上大做文章，迷惑对方，使对方顾此失彼。这种谈判策略的特点是富有变化，灵活机动，避开对方的锋芒，且不破坏谈判的和谐气氛，从而在对方毫无警觉的情况下实现预期谈判目标。它也是皆大欢喜谈判中最重要的策略之一，它能使我方与对方保持积极的关系，能在谋得我方利益的同时，使对方获得最大的满足。采用佯攻策略一般来说主要有以下几个目的：第一，尽管所集中讨论的问题对我方来说是次要的，但通过这种方式表明我方对之的重视，因而在做了轻微的让步之后，使对方感觉到，你已在重要的问题上做了让步，使其产生满足感。第二，利用这种策略来转移对方的视线。例如，对方关心的是价格，而我方最关心的是交货问题，那么我方采用佯攻策略可把双方的议题转移到其他问题上，如支付条件等，从而分散对方对前述两个问题的注意力。第三，利用这种策略，使得对某一议题的讨论暂时搁置起来，而转向另一议题，这样，我方即可腾出更多的时间对有关问题做更深入的了解，获取更多的信息，做更深入的讨论和研究，这实质上是一种缓兵之计。在商务谈判中，我们不但要较好地采用佯攻策略，而且还要注意对方是否在采用这种策略来拖延时间或分散我方的注意力等。如果有迹象表明对方在"佯攻"，我方就应及时地调整策略，如进行休息、规定最后期限等。

7.1.6　"意大利香肠"（又称蚕食计）

这种策略的内容是，要取得全部的胜利，必须循序渐进，一口一口地吃，直到最后胜利。采取这一策略，不能露出你正想从对方手中获取什么的意图。你必须不露声色，哪怕是一点蛛丝马迹也不要暴露。一位高明的谈判者在谈判之初并不提出自己全部的、真正的要求，而是随着谈判的不断深入，采取挤牙膏的方法，顺顺当当地使对方做出一个又一个的承诺，直到满足自己的所有欲求为止。这就好像蚕吃桑叶一样，一点一点、一片一片地统统吃光。这就是传统的蚕食谈判策略，又被称为"意大利香肠"策略。该策略的具体内容是：意欲取其尺利，则每次谋取毫厘，就像切香肠一样，一片一片把最大利益切到手。

> **小资料**
>
> "意大利香肠"出自这样一个典故：在意大利，一个乞讨者想得到某人手中的一根香肠，但对方不给。这个乞讨者乞求对方可怜他，给他切一薄片。对方认为这个要求可以，于是答应了。第二天，乞讨者又去乞求得到一片，第三天又是如此，最后这根香肠全被乞讨者得到了。"意大利香肠"策略一词据说源于匈牙利共产党前总书记拉科西·马加什，他在谈到使用这一策略时说："假如你想得到一根意大利香肠，而你的对手把它抓得很牢，这时你一定不要去抢。你先恳求他给你薄薄的一片，这样对方才不会在意，至少不会十分计较。第二天你再求他给你薄薄的一片，第三天还是如此。这样日复一日，一片接着一片，整根香肠就会归你所有。"
>
> **点评**
>
> 拉科西·马加什的形象解说深刻地揭示了"意大利香肠"策略的精髓。一般来说，人们对对方比较小的要求容易予以满足，而对较高的要求就会感到比较困难。因此，有经验的谈判者绝不会一开始就提出自己的所有要求，而是在谈判的过程中把自己真正所需的条件一点一点地提出，这样累计起来，就得到了比较优惠的条件。该策略在商务谈判中运用得十分广泛。谈判桌上常常听到"不就是一角钱吗？""不就多运一站路吗？""不就是耽误一天吗？"等，遇到这种情况，应当警觉，也许对方正在使用"蚕食计"。特别是当谈判经过双方的讨价还价阶段之后，有的谈判者总是试探着前进，不断地巩固阵地，不动声色地推行自己的方案，让人难以觉察，最终产生得寸进尺的效果。

"意大利香肠"策略给我们的启示是：在商务谈判中，与其把自己的目光总是盯着最高目标，倒不如从最容易实现的物质条件开始，一点一滴地去争取。谈判中采用此种策略时必须注意要有耐心，要小心谨慎，否则不会获得成功。因为最常见、最有效的策略，也往往是最易被人识破的策略。因此，仅仅懂得策略还是很不够的，须知，策略运用的技巧要比策略本身更重要。

7.1.7　留有余地

中国有句成语："行百里者半九十。"对另一方提出的某项需要不要马上做出答复，必要时要答复其主要内容，留有余地，以备讨价还价之用，防止得寸进尺。

7.1.8　寻找代理

寻找代理人谈判，有时比亲自交涉效果好。进有进路，退有退路，使自己有思考和回旋余地。

在聘请中间人或代理人时要选择：

（1）懂业务、有感情、商业信誉好的人。

（2）对你忠实可靠的人。

（3）有能力，说服力、应变能力很强，并且应在授权的范围内进行谈判。

7.1.9　无中生有

谈判中，有时可找一些借口，使自己更具灵活性，掌握谈判主动权。你在购买东西时，与老板讨价还价，就可以似有似无地为自己制造一个"后台老板"，说明自己在这次交易中不能完全做主，而把"后台老板"的各种要求和压力作用于对方，以此使对方的压力增加，加强自己的攻势。

"后台老板"可以是上司，也可以是家长，或是朋友。现实生活中，常有下面的实例。

买方问："请问，苹果多少钱一斤？"

卖方："2.5 元一斤。"

买方："我朋友说，2 元以上就不要买。"

卖方："如果你确实想买，给你稍微便宜一点，1.7 元一斤。"

买方："太贵了，按这个价钱买，街上到处都是，我何苦跑到这边？"

卖方："唉，现在生意很难做，你朋友根本不懂行情。"

买方："我朋友对这行情太了解了。"

卖方："算了，如果要，就 1.7 元一斤。"

买方："那就来 10 斤吧！"

来自"后台老板"的压力是各种各样的控制，如金额的限制、质量的要求、价格上的控制等。

事实上，"后台老板"经常是不存在的，只不过是一种策略而已。

7.1.10　权威效应

狐假虎威，狐狸借威于虎，而又取信于虎，以小胜大，以弱胜强，即利用权威人士当代表人，以取信对方。

某学校心理学教授曾做了一个试验。他向学生介绍了一位"世界著名化学家"，该"化学家"带来一瓶据说具有某种说不出什么气味的液体，而且一打开瓶塞，这种气味即将弥漫整个教室，要求学生闻到后立即举手，以测定自己是否有正常的嗅觉。该"化学家"只是由一个普通教师装扮的，瓶中是无色无嗅的蒸馏水，这便是权威效应。

同样，在谈判活动中，同一个问题说法不同，效果也就不一样。所以在谈判桌上，要让对方相信自己，使自己一方在对手心中树立可靠的形象，使谈判态势有利于己方。

例 1：促使外商决定投资。

普通人："我想，中国的投资环境将会得到改善。"

权威人士："我国领导人已一再强调，要动用一切力量改善我国的投资环境。"

例 2：说服对方买产品。

普通人："草珊瑚含片得到很多人的青睐。"

权威人士："草珊瑚含片是中央广播电台播音员护嗓专用品。"

事实上，权威人士说的话具有权威效应，所以更具有说服力，更能使人相信。

7.2　对双方有利型的谈判技巧

互利型谈判策略是建立在互利互惠、彼此合作的基础之上的谈判方式与技巧。在此种策略中，可以采取以下一些具体措施。

1. 开诚布公

谈心要交心，交心要知心，知心要诚心。开诚布公是指谈判人员在谈判过程中，均持诚恳、坦率的合作态度向对方吐露己方的真实思想和观点，客观地介绍己方情况，提出要求，以促使对方进行合作，使双方能够在坦诚、友好的氛围中达成协议。当然，开诚布公并不意味着己方对自己的所有情况都毫无保留地暴露给对方，因为百分之百地"开放"自己是不可能的，也是不现实的，如何采用这一策略，也要视具体情况而定。

首先，并不是在任何谈判中均可以适用这一策略。适用这一策略的前提是：双方必须都对谈判抱有诚意，都视对方为己方唯一的谈判对象，不能进行多角谈判。其次，注意在什么时机运用此策略。通常是在谈判的探测阶段结束或者报价阶段开始，因为，在此阶段，对方的立场、观点、态度、风格等各方面情况，我方已有掌握和了解，双方正处于诚恳、坦率而友好的谈判气氛中。这时提出我方要求，坦露我方观点，应是较为行之有效的。

另外，运用这一策略时，应针对双方洽商的具体内容介绍有关情况，不要什么问题都涉及。如果你在某一方面有困难，就应针对这一方面进行侧重介绍，使对方了解你在这方面的难处以及解决的方案。因为这易唤起对方的共鸣，认为你很有诚意，但应使对方感到，只要双方通力合作，就能战胜困难，并使之受益。这样，才会使双方能更好地合作。

2. 休会缓解

谈判的妥协不是非白即黑，而是灰色的，不是黑马、白马而是要斑马。这是在谈判中双方因观点产生差异，情感上出现裂痕，一方提出以缓和情绪、化解僵局的一种对策，如同法院的"休庭"、运动比赛的"暂停"。它是在谈判的进行中遇到某种障碍或在谈判的某一阶段，谈判一方或双方提出中断谈判而暂时休会的一种策略，能使谈判人有机会重新思考和调整对策，促进谈判的顺利进行。休会策略运用得当，能起到调节谈判人员的精力、控制进程、缓和谈判气氛的作用。

下面是休会缓解策略运用的时机：

（1）在会谈某一阶段接近尾声时。此时的休会，可使双方借休息之机，分析讨论这一阶段的情况，预测下一阶段谈判的发展，提出新的对策。

（2）当谈判出现低潮时。谈判人员如果开始疲劳，精力难以集中，显然不利于谈判。双方可适当休息，再继续谈判。

（3）在会谈出现僵局时。由于谈判各方的分歧加大，造成出现僵持不下的局面时，可采用休会的策略，这能使双方有机会冷静下来，客观分析问题，而不至于一味沉浸于紧张的气氛中，不利于问题有效地解决。

（4）在一方不满现状时。如果对方出现不满情绪，为避免对方采取消极态度对待双方已有合作意向的谈判时，就应进行休会，调整气氛，改变影响情绪之处，有利于谈判顺利进行。

（5）在谈判出现疑难问题时。如出现难以解决的新情况，休会后各自进行协商，提出处理办法，是一种很好的避免谈判障碍的方法。

3. 以退为进

从表面上看，谈判的一方是在退让妥协或委曲求全，但实际上退却是为了以后更好地进攻，或实现更大的目标。退一步海阔天空，进一步万丈深渊，但要慎重行事。具体做法有：

（1）先肯定，后否定。

例如，需求方说："这种包装的产品我们不要。"

供给方说："是呀，许多用户初期跟你认识相同，但深入了解了这种包装后，加大宣传力度，后来很畅销，你也没问题。"

（2）先重复，后削弱。

陈述对方的反对意见再改变。

例如，甲方："贵公司价格太不合理了，我方不可能接受。我方要退出谈判。"

乙方："是的，是比去年高，但原料涨价，我们产品跟着涨，这叫水涨船高。你可以咨询一下。"

（3）先利用，后转化。

例如，甲方："你方购买的数量虽然很大，但要求折扣太大，这笔生意没法做。"

乙方："你说得太实际了，正如贵方所讲我们买的数量之大是其他企业无法比拟的，所以折扣也要大于其他企业，这是正常的。另外，我们的成功合作从长远看对双方都是有好处的，要互利互惠，眼光应放远一些。"

对方使用这一策略时的应对策略：

（1）替己方留下讨价还价的余地，如果己方是卖方，报价要高些；如果己方是买方，还价应低些。但无论何种情况，报价务必在合理的范围内。

（2）不要急于坦露己方的要求，应诱导对方先发表其观点和要求，待机而动。

（3）让步有策略。可以先在较小的问题上让步，让对方在重要的问题上让步，但让步不要太快，因为对方等得越久，就会越珍惜。

（4）在谈判中遇到棘手问题时，应表示出愿意考虑对方的要求，使对方在感情上有被接受的感觉。

4. 润滑策略

这是指谈判人员在相互交往过程中，互相馈赠礼品，以表示友好和联络感情的策略。西方人幽默地称之为"润滑策略"，可以理解为：不抹油自转，抹上油转得更快。具有做法为：考虑文化因素，尊重习惯，赠送礼品，感情投资，拉近距离。人们对这一策略的褒贬评价各不相同。反对者认为，赠送礼品者有行贿之嫌，而接受礼品者有受贿之嫌。赞成者认为，赠送礼品是人之常情，也是表达双方感情的一种方式，有助于谈判成功。我们同意后者的观点。特别是在涉外谈判中，就许多国家的习俗来讲，互赠礼品同互致问候一样，是双方友好交往的必要手段。因此，在涉外谈判中，应当学会掌握运用这一策略。

由于各民族的风俗习惯不同，在赠送礼品上有较大的差异。

首先，要注意由文化造成的爱好上的差异。如日本人不喜欢有狐狸图案的礼品，英国人不喜欢以大象做商标的礼物，同时，受礼人不喜欢有送礼公司标记的礼品。与法国人交往不能送菊花，这是因为在法国只有在葬礼上才用菊花。在阿拉伯国家，酒不能作为礼物送给对方。

其次，要考虑礼品价值的大小。古语说："礼轻情义重。"一般地讲，送礼价值不宜太高。送礼物主要是表明或增进双方的友好情谊，不是贿赂，礼物过重，除了贪心者外，对方也不便接受，有时反会产生疑心。只要礼物符合其民族习惯，又是精心选择的即可。

最后，要注意送礼的场合。例如，给英国人送礼最好是在请人用过晚餐或看完戏之后进行，而对法国人则在下次重逢之时为宜。

赠送礼品是一个十分敏感而又微妙的问题，一定要慎重从事，否则会适得其反。如对方赠送礼品，出于礼貌，应回赠礼品。如赠礼对象是一对夫妇，其夫人则是受礼的对象。

但在使用此策略时，应注意下面一些问题：

（1）所赠礼品应不带功利性，而完全是为了联络感情，否则，会给对方一种"行贿"的感觉，使对方警觉，也破坏了己方的形象。

（2）要尊重谈判对方的风俗习惯及个人兴趣，使对方感到意外的惊喜。

（3）馈赠礼品也要选择适当的时机和场合，使对方感到很自然，易于接受。

5. 假设条件

这是指在谈判的探测阶段，提出某种假设条件，来试探对方的虚实。提出假设条件可以从两方面考虑：一是在己方认为不太重要的问题上提出假设，如果对方对此反应敏感，则说明他对这一问题比较重视；二是在我方认为比较重要的问题上提出假设条件，还应注意提出时机。如果对一个已经商讨多时、几乎可以定下来的问题，就不应再提假设条件，这会打乱已谈妥的方案。只有在双方出现分歧、均在设想解决方法时，提出假设条件，往往才能收到好的效果，可以试探出对方的底细和打算。可以这样提出假设条件：如果扩大订货，你们打算在价格上做出什么让步？如果把价格降低20%，你能事先给我们确定的订单吗？在让步之前做假设性提议，可使己方在应对时更具灵活性。

同时，在提出假设条件之前，应对假设成真后可能产生的结果有正确的估计，否则，一旦假设条件变成现实，或对方努力地实现这一假设条件时，而你又有其他的变动和要求，则会处于非常被动的局面。

6. 私下接触

私下接触是一种非正式会谈的方式，是指通过与谈判对手的个人接触，采用各种方式增进了解、联络感情、建立友谊，从侧面促进谈判顺利进行的策略。

在谈判过程中间除休息时间，如果谈判者有意识、有目的地与对方私下接触，不仅可以增进双方友谊，融洽双方关系，还可以得到谈判桌上难以得到的东西。私下交往的形式很多，比如电话联系、拜访、娱乐、宴请等。

电话联系是私下交往的一种常用交际方式。打电话之前应做好准备，打好腹稿，选择好表达方式、语言声调，注意礼貌。无论在多么紧急的情况下，不可一旦电话接通就进行实质性交谈，而要先寒暄问候。

拜访一般是主方为联络感情，关心对方食宿，及时满足其生活需求，或表示尊重等，而到客方住所进行的拜望和访问，这种做法同我国传统的"住客看过客"是相同的，可分为礼节性拜访和事务性拜访。礼节性拜访不一定有预定的目的，交谈的范围可以很广，方式也可以多样。事务性拜访应事先商定时间，不可突如其来，或强求对方会见。赴约要严格遵守时间，拜访的时间一般不宜过长，通常要依对方谈话的兴致、情绪、双方观点是否一致等，适时告退。

共同娱乐是谈判双方人员为工作而交往私人朋友的有效手段，如游览名胜、打球下棋、看戏娱乐等。

私下交往的形式很多，皆无不可，但各国、各地区商人往往有独特的偏好。比如，日本人喜欢在澡堂一起洗澡闲谈；芬兰人乐于在蒸汽浴室一起消磨时间；英国人则倾向于一同去绅士俱乐部坐坐；我国的广东人喜欢晨起在茶楼聊天。对于不同的谈判对手要了解习俗，兼顾偏好，则更有利于联络感情。私下交往策略更适用于各方首席代表，它有许多好处。它不像正式谈判，可以无拘无束地交谈，气氛融洽灵活。特别是谈判人员在谈判桌上难以启齿或求和时，在私下交往中就能轻松地把愿意妥协的方面表达出来。此外，对于细节问题的研究，可以更加深入等。

📍 **案例 7-4**　　　　　　　　**不怕"鬼"的故事**

在《中美上海公报》将要发表的前夕，美国国务卿罗杰斯对已达成协议的公报草案不满，说要在上海闹一番。周恩来总理考虑再三，决定去拜访罗杰斯。当周总理来到罗杰斯居住的上海某饭店时发现，罗杰斯被安排住在 13 层，而西方人特别忌讳"13"。周总理面对满脸怒容的罗杰斯以及他手下的专家们，说道："几十年来，国务院做了不少工作。我尤其记得，当我们邀请贵国乒乓球队访华时，贵国驻中国使馆就英明地打开绿灯，你们的外交官很有见地。"罗杰斯转怒为笑，说："周总理也很英明。我真佩服你们想出邀请乒乓球队的招儿，太漂亮了！"

"有件很抱歉的事，我们疏忽了，没有想到西方风俗'13'的避讳。"周总理转而风趣地说，"我们中国有个笑话，一个人怕鬼的时候，越想越可怕。等他心里不怕鬼了，到处上门找鬼，鬼也就不见了。西方的'13'就像中国的鬼。"众人哈哈大笑。

周总理走后，罗杰斯的助手问："怎么办？还找麻烦吗？"罗杰斯摇摇头说："算了吧，周恩来这个人，真是令人倾倒。"为了说服罗杰斯，周总理先采用赞美的方法，消除他的怒气，紧接着用诙谐幽默的语言，风趣机智地讲了中国"怕鬼"与"不怕鬼"的故事，引出了众人的笑声，在笑声中取得了对方的谅解。

资料来源：张国良.国际商务谈判[M].北京：清华大学出版社，2017：165.

采用这一策略时，也有许多注意事项：第一，小心谨慎，谨防失言，不要单方面地告白，以免泄露了我方的秘密；第二，在气氛很好的时候，不能十分慷慨而丧失原则；第三，要提高警惕，因为对方也会运用此策略，很可能在轻松的气氛里，在你没有防备的时候，轻易地使你相信了虚假的消息。

7. 有限权力

这是指谈判人员使用权力的有限性，受到限制的权力的谈判者比大权在握的谈判者处于更有利的地位。

当谈判双方就某些问题进行协商，一方提出某种要求，企图使对方让步时，另一方反击的策略就是宣称权力有限，可告诉对方在此问题上，他无权向对方做出这样的让步，或无法争论既定事实，这样，既维护了己方利益，又给对方留了面子。

一般而言，谈判人员权力受到限制的原因是多方面的，就金额限制来讲，有标准成本的限制、最高或最低价格的限制、购买数额的限制、预算限制等，另外还有诸如公司政策的限制、法律和保险的限制等。会利用限制的谈判人员，并不把这些看成是对自己的约束，相反倒更能方便行事。

首先，利用权力有限作为借口，拒绝对方某些要求、提议，但不伤其面子。

其次，利用权力有限，借与高层决策人联系请示之机，更好地商讨处理问题的办法。

另外，利用权力有限，迫使对方向己方让步，在有效权力的条件下进行谈判。

当然，有限权力也不能滥用，过多使用这一策略或选择时机欠妥会使对方怀疑你的身份、能力，如果对方认为你不具有谈判中主要问题的决策权，就会失去与你谈判的兴趣与诚意，这样双方只会浪费时间，无法达成有效协议。

8. 寻找契机

这是指寻找和创造有利条件或刻意制造出某一印象来实现某种目的的策略，使用时要掌握契机。

第一，要具有耐心。没有耐心就发现不了对己方有利的机会，会被别人加以利用。

第二，要了解对方。在各项活动中观察了解对方，发现其特点，尤其是弱点，由此能使己方正确决断。

第三，要善于判断形势。只有善于分析形势，才会寻找和发现有利时机。一个优秀的谈判者必须清楚地知道在何种场合下，谈论付款条件最有利；在何种情况下，生意谈到何种程度；在何种情况下，最好是放弃所坚持的。

第四，在出现危机时，努力将危机变为生机。任何事物都有两个方面，从危机的角度讲，人们只有面对危机时，才会感受到它，才会比其他任何时候更有动力和干劲。有时背水一战，反倒起死回生了，这就是危机的积极一面。当谈判出现危机时，不要急于反应，应根据潜在的机会分析危机，控制情绪，正确对待危机并寻找出适当的解决办法。

7.3　处理僵局与争端的技巧

商务谈判常常会遇到僵局。如果商务谈判人员不善于探究僵局产生的原因，不积极主动地寻找解决的方案，一味听任相持不下的僵局越谈越僵，就有可能导致谈判告吹，谈判双方以前所做的各种努力也就付诸东流。所有的交易都包含着冲突的胚胎。当双方一起周旋时，各自的选择自由都受到了限制，彼此之间越来越要求对方承担义务，要求对方做出许诺，最后陷入纠纷的死胡同里，以致无论哪方都很难从这些承担义务的要求中脱身。在这个时候，冲突就可能发生。

处理争端的"四部曲"

下面是一个指导处理争端的"四部曲"：

（1）迅速地收集记录，即谈话的细节和会谈的备忘录。让你方人员起草一份他们在上面签了名的关于情况发生的报告书，立即把它摆在你的面前。估算一下，你应花费多少，他们应出多少，核算一下。为了解决这个争端，你可能损失多少，对手又可能损失多少。

（2）估量一下你的谈判实力和你的优劣势。要是你所处的地位较弱，那么你不得不采取一些措施，在谈判开始前，建立你的实力。考虑一下，什么时间开始谈判对你有利，何时商谈于对手有利。

（3）在不暴露你的全部计谋的前提下，实事求是地向他们介绍你的方案。如果你处在较强的一方，那就把你们之间的差距写给他们，让对方知道。反之，若你居于弱势，那么不仅不要去威胁对方，而且还需要做好劝说工作来吸引对手。

（4）保持冷静的头脑。即使是面对强大的压力和直接受到非难，也一定要镇静；甚至当对手争辩的理由站不住脚时，你在答辩中在回答他们的要求时还是要小心谨慎，不可鲁莽。

总之，不要陷在争端之中，要诚实，你的实际付出要多于你的许诺，把难处向对方讲清楚，与正派的人做交易。无论如何，首要因素是展现实力，这适合于所有的谈判情况。同时需要记住的是，实力是能够用若干方法建立起来的。展现实力，在人的情绪上有利于你去与对方打交道，使你胸有成竹和自信。展现实力，也是一个有利于你试图首先说服对方按你所希望的那样来解决冲突的好办法。

7.4　终止谈判的技巧

终止阶段需要特别小心，由于双方的情况对结局如何至关重要，且又是不可断定的，因此终止阶段是每位谈判人员十分关心的。

倘若不能适当终止谈判，那么所有的谈判技巧对你都没有任何帮助。因为交易的几个阶段可能都需要有一个"终结"和过程协议，在下一个阶段的商讨继续进行之前，可能都需要有一个"终止"，才能向下一个阶段过渡。所以，时机选择的观念对卷入谈判的双方来说都是必要的。商谈可能很快得出结果，也可能需要很长时间，这一点在着手商谈时，是无法断定的。

不过，有时需要有一个优势、一种技巧，恰好能打消对承诺犹豫不决的念头和解除顾虑，促使协定形成。这样的终止技巧要谨慎使用，过分地使用强迫手段可能会使一些当事人中途退出。终止技巧看起来应该是自然的，是商讨的一部分，使对方全然察觉不到你在干什么。终止技巧是必要的，因为无论何时，一方比另一方总是希望谈成这宗交易。

1. 终止谈判的障碍

不管怎样，当你渴望达成这笔生意，而对方此时不能对你充分信任，不准备同你洽谈时，这是很危险的情形。要是你试图"结束"这笔交易，然而对方未能察觉到你的渴望而拖延，你可能陷入一厢情愿的境地。你将做出最后的让步，而他什么也不做，这就根本无法保证做成这笔交易。

当对方拒绝与你讨论解决这桩交易时，可能出于多种原因，首先，他可能回避决定，或许怀有使事情对他更有利的一些希望；或是抱着用拖延来削弱你的势力，以使你提供更有利于他的价格的想法。

在所有这些情形下，对有可能成为购买这些商品和接受服务的顾客，必须自始至终表现出热情。不过，在终止时，过分的热情是自拆墙脚，你必须小心谨慎地把握它，也需要保证重点，这样会使对方产生一些满怀信心的态度和风度，用以应付终止阶段。确定遗留问题的期限对你会有帮助，因为这一举动本身在当时产生了一种使人放心的效果，使对方对这桩生意的兴趣有增无减。

2. 最终意图出现的信号

应该辨别出对方用来表达自己最终意图的语言和行为。偶尔，这个所谓的最终意图，也可能是最初的想法。在一个要求速决的场合，最终意图会立刻显示出来，最后的期限也就确定下来了。因此，对方就会知道这个最终的意图也就是最初的想法，可以对谈判者的举止行为和所使用的语言进行综合考虑，发现其最终意图的信号。

如果不完全从自己的立场、方法上考虑，就可以将争论缩小到最低程度。对自己的选择十拿九稳，就使用简短精悍的语言，给对方以简洁的答复。同时，还可以用另外的方式来表示最终意图，如可以在会谈之外试着向对方传递一个非正式的消息，给对方一个将要提最后建议的印象，但只能在促使冗长而复杂的谈判结束时使用一次，展示己方的让步，做成这笔交易。

3. 实现最终意图的策略

当谈判情绪不断高涨的时刻，双方都希望有一个成功的结局。此时此刻，保持温和态度是十分有利的，但同时要保持冷静的头脑，要是对方动怒，就缓和自己的语气，以保证谈判顺利进行。然而，在这个阶段，要保持高度的警惕，以防失误而造成困难。这个时刻，任何一种意想不到的让步都可能使你精心设计的计划毁于一旦。

人们往往使用过去的经验，度过最终意图这一危险阶段。"我们早先已经用过这种方法解决了难题，为什么现在不能用它再解决一次呢？"他们可能会这样问。这种方法的逻辑是过去经验的延伸，若要直接反对它是困难的，除非提出更好的方式。一种与之不同，但又不常用的方法是"妥协"。不过要知道，双方的妥协不必均等，可能一方是 2/3，另一方则为 1/3。提出这个方案首先要弄清楚的是，如何既可以保证此方案能获得对方的赞同，又可以预先知道这个意见对你有利才行。这时，可以说："为了解决这个问题，要是我提供一些有利于你的让步，你也将同样对待我们吗？"要是你没有做到事先能确保他们会同意和估计对你有利，那么他们会玩一个最后的把戏来攻击你。

他们将让你把自己的出价打一个对折，并使这个新的形势得到巩固。他们根本就没有自己的任何新的提议，并且固执地坚持自己先前的出价。那么，要摆脱这个局面是困难的，因为他们现在已经知道你愿意改变原有的提议。照此下去，他们还会使你进一步退让。

每次会谈之后，整理出一份简单的报告，并将它公诸双方是很重要的，这将保证达成协议之后不被撕毁。类似这种文件，大多具有法律的效力。有了它，一旦出现争议，就会充分显示出它的作用。

这样的一份文件也能用来劝服你的谈判对手，在你的对手背后，常常有左右他的人，要是每次会议备忘录记录在分析问题和解决问题上有一致的意见，以及提出有利于对方的建议，那么当对方向别人谈起这桩生意时，就会将它作为一个辅助手段来使用。

在一笔长期而又复杂的交易里，会议将延续多次，这就可能需要从协议的备忘录中，整理赞同意见和记载最后存在的问题。

如果对方拿出了你同他们会谈的备忘录，那么就要警惕，要细心看看，看看他们所记录的与你对他们所做的承诺是否相符，并把自己的记录与对方的记录加以对照比较。要是对方只记录了对他们有利的情况，就拒绝他们的备忘录。要记住，不论备忘录是否公开，其中的错误是否得到更正，它都具有法律效力。

总之，终止谈判是一门选择时机的艺术。人们常常发现，要是双方没有太大的进展，谈判显然要持续很久。然而，为了使一些大的争端迅速被排除，相互间就要做出让步，最后的一些细枝末节用一些审慎的办法来解决。决定一宗买卖，要求双方处于积极寻求解决问题的状态，最好的策略莫过于采用终止谈判的策略了。

📍 案例 7-5　　　　　　　　认真倾听，大获全胜

一家日本公司要购买美国公司的机器设备，它先派了一个谈判小组到美国去。谈判小组成员只是提问题，边听美方代表解释边做记录，然后还是提问题。在谈判中，一直是美方代表滔滔不绝地讲，日方代表认真倾听和记录。当美方代表讲完后，征求日方代表的意见时，日方代表却迷惘地表示"听不明白"，要求"回去研究一下"。数星期后，第一个谈判小组回国后，日方又派出了第二个谈判小组，又是提问题，做记录，美方代表照讲不误。然后日方又派了第三个谈判小组，还是故技重演，美国人已讲得不厌其烦了，但也搞不清日本人在耍什么花招。等到美国人几乎对达成协议不抱什么希望时，日本人又派出了前几个小组联合组成的谈判代表团来同美国人谈判，弄得美国人不知所措。因为他们完全不了解日本人的企图、打算，而他们自己的底细则全盘交给了日本人。当然，日本人大获全胜，美国人在谈判中的被动地位便可想而知了。

本案例说明了什么问题？

案例分析

日本公司的成功，进一步说明商务谈判中倾听与善问的现实意义。倾听不只是尊重对方，更重要的是可以真实地了解对方的实力、立场、观点、态度；善问则可以控制谈判的方向，引导对方提供我方所需情报信息，追踪对方的动机、意向、需求、策略等，从而掌握商务谈判的主动权。

⊙ 知识拓展

谈判双赢七要诀

谈判无处不在，无时不有，可以说"人生就是谈判，谈判构成了人生的重要部分"。只有掌握了谈判的理论方法、技巧，才能拓展才能、提升自我、成就事业、完美人生。一场成功的谈判是双赢，为了获得双赢，需要掌握七要诀：望、闻、问、切、诚、谐、美。

一是"望"。望就是观察力。良好的观察力应具有以下特征：

（1）客观性。观察事物时，"不唯书、不唯上、要唯实；交流、比较、反复"，要一切从实际出发，不能以假当真，以偏概全。

（2）敏锐性。要有"火眼金睛"，要迅速抓住那些既能反映事物的本质，而又不易察觉的现象，并能透过现象看本质。

（3）准确性。观察事物要全神贯注，深入细致，追本求源。定位恰当、观察准确是谈判成功的重要前提。

（4）全面性。既要看到优势，又要看到劣势；既要看到机会，又要看到威胁；既要看到正面，又要看到反面，不能"盲人摸象"。

（5）反复性。观察分析，再观察，再分析。观察要经过反复多次才能完成。谈判不仅是语言的交流，同时也是行为的交流，"内有所思，外有所表"，只要通过仔细观察，就可以通过外在特征，知其真心，见其内心。你可以仔细观察对方的言谈举止，捕捉其内心活动的蛛丝马迹；也可以揣摩对方的姿态神情，探索引发这类行为的心理因素。运用这种方法，不仅可以判断对方思想，决定己方对策，同时可以有意识地用行为语言传递信息，促使谈判朝着有利于双方的方向发展。

二是"闻"。闻就是倾听。常言道："会说的不如会听的。"谈判中的倾听，不仅指运用耳朵这种听觉器官的听，而且还指用眼睛去观察对方的表情与动作，这种耳到、眼到、心到、脑到的听，被称为倾听。具体要做到以下几点：

（1）积极主动地听。为了摸清对方的底细，要保持积极的态度，以便在谈话中获得较多的信息，而且还能给对方留下良好印象，改善双方的关系。

（2）有鉴别地听。听话听音，锣鼓听声，要学会去粗取精，去伪存真。

（3）有领会地听。要有悟性、韧性、理性，必须谨慎从事，关键性话语不要随意出口，仔细领会对方提出问题的实质。

（4）注意察言观色。对对方的一言一行、举手投足都不放过，并通过目光、脸色、手势、仪表、体态来了解对方的本意。

（5）及时做出反馈性的表示。如欠身、点头、摇头、微笑或重复一些较为重要的句子或提出几个能够启发对方思路的问题，从而使对方产生好感和重视感。

（6）做好必要的记录，好记性不如烂笔头。

总之，"闻"是谈判技巧的重要组成部分，只有听好，才能问好、答好、辩好，从而圆满地完成谈判任务。

三是"问"。要想了解对方的想法和意图，掌握更多的信息，"闻"和"问"都是必要的，这二者相辅相成，倾听是为了发问，而发问则是为了更好地倾听。提问的方式一般有以下几种：

（1）正问：开门见山、单刀直入、直截了当地提出你所要了解的问题。

（2）反问：运用逆向思维，反其道而行之，从相反的方向提出问题，使其不得不回答。

（3）侧问：从侧面入手，通过拐弯抹角、旁敲侧击，然后再迂回到正题上来，呈现出"千呼万唤始出来，犹抱琵琶半遮面"的态势。

（4）设问：假设一个结论，用"如果……那么……"的问话方式，循循善诱，启发对方思考，诱使对方回答。

（5）追问：循着对方谈话的思路，环环紧扣，逐浪前进，打破砂锅问（纹）到底。

四是"诚"。谈判是双方（各方）观点互换、情感互动、利益互惠的人际交往活动。以诚待人，真诚求实，信誉至上，实事求是，这是商务谈判的首要原则。俗话说："精诚所至，金石为开。"真诚对于做人来讲是人格，人无信则不立，对于谈判作风而言也是至关重要的。诚信为本，顾客盈门，真是道德的基石、科学的真谛，坚持对真理的追求。谈心要交心，交心要知心，知心要诚心。言而有信，对手放心，以诚相待，才会双赢。切记：一个谈判者可以是精明强干、难以应付的，但同时必须是一个言而有信的人，要做一个既精明，又可以信赖的谈判者。

五是"谐"。谐就是要营造和谐的气氛。任何谈判都是在一定的气氛中进行的。气氛的发展变化直接影响着整个谈判的前途。营造友好合作的气氛，并不仅仅是出于谈判策略的需要，更重要的是出于双方长期合作的需要。尽管随着谈判的进行会出现激烈的争辩或者矛盾冲突，但是双方应在友好的合作的气氛中去争辩，不是越辩越远，而是越辩越近。营造和谐友好的气氛，必须要有一个合理的心态，为此要努力达到以下境界：

（1）"饱而不贪"，即谈判的基本目标已实现，可以扩大成果，但不可"吃双份"，否则过分贪图侵犯对方的基本利益，就会引起对方的反击，使谈判陷入危机之中。

（2）"饥而不急"，即在谈判中得到的条件离要求差得很远时，不能急躁从事。因为此举会造成语句不当，表达不适，施加过分的压力，使谈判气氛紧张。

（3）"急而不慌"，即当谈判出现毫无进展、己方一无所获时不要慌乱，而要根据交易的必要性、条件的差异性，以及对方的言谈态度，冷静思考对策。

（4）"放而不松"，即在谈判对手产生更强的欲望，使谈判难以达成协议时，要尽力控制对手的追求和欲望，要控制让步条件的时机，使对手感到得到的条件来之不易，倍加珍惜。

（5）"望之有望"，即在对手强攻不下且十分沮丧时，应设法使对方有希望支持谈判继续下去。在谈判中，做到不讲"绝对"，节奏松紧适当，让步适度，就会呈现"柳暗花明又一村"

的谈判景观。

六是"美"。这里的美指的是语言美。谈判者的语言文明、言辞得体，自然有利于谈判双方建立良好的人际关系，进而营造理想的谈判氛围。出色的语言艺术在谈判中还可以使人转忧为喜，转怒为乐，缓解冲突，化解矛盾，变不利态势为有利态势等。"良言一句三冬暖，恶语伤人六月寒。"在谈判这样一个社交场合中，幽默风趣的谈吐能够调节气氛，放松心情，打破僵局，化解对立。幽默的语言能增添论辩的力量，避开对方的锋芒，于谈笑之间瓦解对方的攻势。锐利而不失和气，针锋相对而不失委婉，绵里藏针而不失幽默，这就是优美语言艺术魅力之所在。

最后，必须指出对于优美语言艺术的掌握，绝非语言本身问题。陆游说："汝果欲学诗，功夫在诗外。"这就是说，语言艺术水平的高低，反映着一个人的知识、智慧、能力和思想修养。说到底，语言艺术只是谈判者知识、智慧、才华和品格内在素质的外在表现。美的语言和行动来自一颗美丽的心灵，我们永远不应忘记这个真理。悦耳的谈判语言只是天边的浮云，只有善良、真诚、朴实无华，才是我们赖以生存的大地和根本。

📍 案例 7-6　　　　　　　　　　制造僵局的策略

有一个山区的乡村，由于土地贫瘠，村民的生活十分穷苦。青壮年劳力只能靠开采附近的山石，将其廉价卖给城里的建筑队以勉强维持生计。

有一天山村来了一位地质专家，发现村民开采的石料竟是建材中的优质品种——大理石，而且品质之优足可以同进口大理石媲美。消息传出，引起了一位房地产开发商的浓厚兴趣，这位开发商便以高价收购村民们开采的所有石料。

几年以后，村民们的生活渐渐摆脱了昔日的贫困，那位房地产开发商更是事业发达，名声显赫。

村民中的年青一代开始走出山区，到大城市谋生。市场经济的大潮很快就将其中的优秀者磨炼成实力派的后起之秀，在他们与房地产开发商的贸易交往中发现仅仅提供石料的收益，比起房地产开发商的收益实在是微乎其微，渐渐地，他们萌生起参与城市房地产开发的念头。

他们提出了与房地产开发商联合开发城市房地产的议题，并提出在城市黄金地段的开发中应该有他们的份额的要求。他们提出的城乡携手开发房地产的论题已足以使议题变成一篇醒目的大文章的标题。以房地产开发商的精明，岂能容他人插足其蒸蒸日上的事业，分享其丰厚的利润？于是房地产开发商便断然拒绝了这些新生代农民企业家的要求。

年轻的农民企业家并不示弱，且志在必得，他们联合所有开采大理石的村民，制造了一个僵局，即不再将大理石出售给那位开发商。这样，房地产开发商便失去了石料的供应来源，且无法找到可以替代的石料。若用进口大理石，运费十分高昂，正在施工的建筑项目将面临中途停工，而且，这些建筑项目若不能如期竣工，收回投资，从银行借款的还本付息压力更是无法承受的。几经较量，年轻的农民企业家依然维持着僵局，寸步不让。终于在各种压力面前，综合实力远胜于对手的房地产开发商做出了妥协，年轻的农民企业家在自己的人生和事业的开拓前进中跨出了重要的一大步。

资料来源：张国良.商务谈判［M］.杭州：浙江大学出版社，2010：176.

案例分析

农民企业家如果不采取制造僵局的策略，以其实力是无法介入房地产开发商的业务的。这一策略的运用，使他们的事业达到了一个新的境界。制造谈判僵局的条件是，如果不合作必然会产生双方都不愿见到的"麻烦"，而且无法回避，否则就不可能成为僵局。运用"制造僵局"这一策略要十分慎重，一旦开始实施策略，除非对方做出某种程度的让步，否则应顶着各种压力维持僵局，才能取得预期的胜利。

📍 诗语点睛

优势策略

不开先例回绝妙
两全其美不伤人
最后期限是关键
先苦后甜多感恩
软硬兼施红黑脸
刚柔相济情理通
权力有限硬道理
难得糊涂是聪明

均势策略一

吹毛求疵挑毛病
以柔克刚软磨硬
投石问路探虚实
疲惫策略马拉松
造势当先后还价
反客为主不被动
欲擒故纵放长线
大智若愚底线清

均势策略二

走马换将多变化
情感转移新环境
浑水摸鱼偷着乐
针锋相对硬碰硬
沉默寡言也是金
此时无声胜有声
私下接触吐真言
场外交易见真情

习 题

一、单项选择题

1. 谈判队伍的人数规模一般在（   ）人左右。

　　A. 2　　　　　　　　B. 4　　　　　　　　C. 6　　　　　　　　D. 8

2. 在谈判中不顾对方，先为自己取得有利的地位，或争取某种做法，然后考虑对方可能的反应和反击，这是（   ）。

　　A. 先造势后还价　　　　　　　　B. 逆向行动

　　C. 留有余地　　　　　　　　　　D. 造成既成事实

3. 在谈判过程中出于种种需要，把对方的注意力集中在我方不甚感兴趣的问题上，使对方增加满足感，以引起对方的错觉，这是（   ）。

　　A. 出其不意　　　B. 逆向行动　　　C. 留有余地　　　D. 声东击西

4. 谈判中有时可找一些借口，使自己更具灵活性，掌握谈判主动权，就可以似有似无地为自己制造一个"后台老板"，这是（   ）策略。

　　A. 出其不意　　　B. 无中生有　　　C. 留有余地　　　D. 声东击西

二、多项选择题

1. 出其不意在谈判中可从不同的角度、不同的方面加以运用，概括起来有（   ）。

　　A. 出其不意的行动　　　　　　　B. 出其不意的态度

　　C. 出其不意的人选　　　　　　　D. 出其不意的时间

2. 休会缓解的时间出现在（   ）。

　　A. 会谈某一阶段接近尾声时　　　B. 谈判出现低潮时

　　C. 会谈出现僵局时　　　　　　　D. 谈判出现疑难问题时

3. 以退为进具体做法有（   ）。

　　A. 先肯定，后否定　　　　　　　B. 先重复，后削弱

　　C. 先利用，后转化　　　　　　　D. 先对立，后统一

4. 寻找契机是指寻找和创造有利条件或刻意制造出某一印象，来实现某种目的的策略，掌握契机需要（   ）。

　　A. 具有耐心　　　　　　　　　　B. 了解对方

　　C. 善于判断形势　　　　　　　　D. 努力将危机变为生机

5. 谈判需要营造和谐友好气氛，必须要有一个合理的心态，合理的心态要努力达到以下境界（   ）。

　　A. "饱而不贪"　　　B. "饥而不急"　　　C. "急而不慌"

　　D. "放而不松"　　　E. "望之有望"

三、判断题

1. 寻找代理人谈判，有时比亲自交涉效果好。进有进路，退有退路，使自己有思考和回旋的余地。（   ）

2. 传统的蚕食谈判策略，又被称为"意大利香肠"策略。（   ）

3.声东击西又称佯攻策略，就是在谈判过程中出于种种需要，把对方的注意力集中在我方不甚感兴趣的问题上，使对方增加满足感，以引起对方的错觉。（　　　）

4.私下接触是一种非正式会谈的方式，不利于达成谈判协议。（　　　）

5.有限权力是指谈判人员使用权力的有限性，受到限制的权力的谈判者比大权在握的谈判者处于更不利的地位。（　　　）

✓ 自我测试

请扫码查看

★ 实训题

1.在生活中找一个喜欢狮子大开口的人，尝试说服他以较合理的价格出让他的东西。

2.理赔谈判。

刘某在一家外企工作，他欲为自己上保险，于是找到保险公司。一位姓赵的业务员接待了他，在详细了解各种人寿保险后，刘某为自己上了意外伤害等5个险种，并交纳第一年保险金近1万元。

4个月后，刘某夜晚出行，因黑暗处下水道井盖没有盖好，掉入下水道中，左腿摔成骨折。临手术前，他没有忘记通知赵业务员，但多次传呼均石沉大海，电话联系也无人应答。3个月后，刘某拖着初愈的腿来到保险公司，但此时保险公司已搬迁，于是又找到其上级公司，并出示了投保单据，要求索赔。但保险公司说："你的保单是我们公司签出的，但有几个问题要说明：第一，我们保险公司没有你这张保单的存根，也就是说，我们没有收到你的保费，赵业务员已被我公司辞退，暂时无法核实；第二，出险时你没有立即与我们联系，你看病的医院又不是我们指定的医院，你的索赔问题我们需要研究一下再答复你。"刘某再说什么，公司也只是让其回去听信。

要求：模拟刘某与保险公司进行索赔谈判。

（1）拟订索赔计划。

（2）找出对方谈判的漏洞据理力争。

（3）运用规定时限策略和最后通牒策略给对方施压。

（4）对于对方实施的吹毛求疵策略要正确应付。

◉ 思考题

1.商务谈判时提问的技巧有哪些？

2. 商务谈判语言陈述的作用是什么?

3. 商务谈判语言表达技巧有哪些?

4. 相互交流的作用与技巧是什么?

5. 克服交流障碍有哪些方法?

6. 报价的技巧与策略有哪些?

7. 让步的策略有哪些?

8. 简述处理冲突和争端的谈判技巧。

9. 处理冲突和争端的谈判技巧有哪些?

10. 如何运用终止谈判的技巧?

国际商务谈判与沟通

松下初出茅庐，寒暄中失先机

松下幸之助先生是日本松下电器公司创始人，初出茅庐时，曾被对手以寒暄的形式，探测了自己产品的价格底线，因而使自己产品的销售价格大打折扣，使企业蒙受较大的损失。

当他首次到东京开拓市场，找批发商谈判时，初次见面，批发商比较友善地对他寒暄说："你是第一次来东京吧？以前我好像从来没见过你。"其实批发商想用寒暄的方式探测对手的底细，在生意场上是谈判老手还是新手。松下先生缺乏经验，毫无防备并恭敬地回答："我是初次来东京，什么都不懂，请您多多关照。"正是这番极为平常的寒暄问答却使批发商获得了重要的信息：对方原来只是个商务谈判的新手。批发商问："你打算以多少钱销售你的产品？"松下毫无防备地告知对方："我的产品每件成本是 20 元，我以 25 元出售。"

批发商得知松下在东京人生地不熟，又迫不及待地想开拓市场，因此趁机杀价："你来东京初次做买卖，为了打开市场，刚开张应该保本销售或卖得更便宜些。每件只能给你 20 元，你看怎么样？"结果由于没有市场销售和商务谈判与沟通的经验，松下先生在这次交易中只能吃亏。

一个有富有经验甚至"老奸巨猾"的谈判者，会通过相互寒暄掌握对方的信息及其心理，了解对方的性格爱好、处事方式、文化特色、市场经验及谈判风格等，出其不意，攻其不备，进而在商务谈判中赢得主动，甚至大获全胜。

案例思考

在实际谈判中，如何更好地结合民族文化特色？

谈判风格受谈判人员个人气质、心理素质的影响，也会因每个人所处的国度、地区不同，受到不同的政治、经济、文化传统的影响而有所不同。

8.1　商务谈判风格的特点与作用

1. 对谈判风格的理解

谈判风格是一个使用频率很高的词，但是至今它仍没有准确的定义。我们认为，谈判风格是指谈判人员在谈判过程中，通过言行举止表现出来的，建立在其文化积淀基础上的，与对方谈判人员明显不同的，关于谈判思想、策略和行为方式等的特点。这一概念包括以下几层含义。

（1）谈判风格是在谈判过程中表现出来的关于谈判的言行举止；

（2）谈判风格是谈判人员文化积淀的折射和反映；

（3）谈判风格有其自身的特点，与不同国家或地区的风格存在明显差异；

（4）谈判风格历经反复实践和总结，被某一国家或民族的谈判人员所认同。

2. 谈判风格的特点

谈判风格所包含的内容太多、太广，所以我们很难用简短的语言来概括它，但我们还是可以概括出它的一些特点。

（1）对内的共同性。

对内的共同性是指同一个民族或有着相同文化背景的谈判人员，在商务谈判中会表现出大体相同的谈判风格。比如，受儒家文化影响的中国人和日本人，都有"爱面子"的思想。从这个意义上讲，世界上才存在不同国家或地区商人的不同特点。

（2）对外的独特性。

对外的独特性是指特定群体及其个人在判断中体现出来的独特气质和风格。任何集团里的人的集合都是一个群体，会体现出群体与群体之间的差异。在同一个群体内，个体与个体之间也存在着差异。谈判风格的独特性决定了它表现形式的多样化。所以，不同国家、民族，或同一个国家、同一个民族，由于文化背景、生活方式、风俗习惯等的影响，会表现出不同的风格。

（3）成因的一致性。

无论哪种谈判风格，其形成原因大体一致，即主要受文化背景、人的性格以及文化素养等方面的影响。

任何一个民族都根植于自己文化的土壤中。谈判者必然会受到本民族风俗习惯、价值观念和思维方式等的影响，形成他们的世界观，并指导自己的行为处事方式。如果忽视这一点，谈判者很难对对方表现出来的谈判风格做出合理而深刻的理解，很难适应对方的谈判风格，当然也就难以获得谈判的成功。

3. 谈判风格的作用

谈判风格对谈判有着不可忽视的作用，甚至关系到谈判的成败。研究谈判风格，具有重要的作用。

（1）营造良好的谈判氛围。

良好的谈判气氛是保证谈判顺利进行的首要条件。如果我们对谈判对手的谈判风格十分熟悉的话，言行举止会十分得体，能比较快地赢得对方的好感，使他们从感情和态度上接纳你。在这样的氛围下开展谈判，深入探讨问题，自然会容易得多。

（2）为谈判谋略提供依据。

学习和研究谈判风格不仅仅是为了创造良好的谈判氛围，更重要的是为谈判谋略的运筹提供依据。如果我们不研究对方的谈判风格,不了解谈判风格的形成、表现形式及作用,那就会在制定谈判谋略的时候无从下手,更谈不上主动根据对方的谈判风格设谋用略。

(3)有助于提高谈判水平。

商务谈判往往是很理性化的行为,但理性往往受到非理性或感性东西的引导或驱使。谈判风格在认识上有可能是理性的,但其表现形式多为感性。我们研究和学习谈判风格的过程本身,就是一种学习和提高的过程。我们要实行"拿来主义",汲取不同国家、不同民族和地区谈判风格中优秀的东西,汲取它们优秀的谈判经验与艺术,减少失误或避免损失,进而形成自己的谈判风格,或使自己的谈判风格更加完善、更加完美。

4. 考察商务谈判风格的方法

不同国家的商人在长期谈判实践中形成的谈判风格,零碎地表现在他们的日常言谈举止中。想要用比较少的文字来描述或总结这些风格显得非常困难。因此,需要我们先确立考察商务谈判风格的方法。

8.2 亚洲民族的文化特征

亚洲是世界文明古国——中国、印度、古巴比伦的所在地,也是世界三大宗教——佛教、伊斯兰教、基督教的发源地,对世界文明的发展有着重大影响。亚洲虽然是世界上语言、种族、宗教种类最多的地区,但亚洲各国有一个共同特点,就是都很注重交际礼仪。亚洲各国崇尚个人的谦恭和整体的和谐,对待客人热情周到,特别是在有儒家传统和影响的国家,人们更是把传统礼仪摆在了至高无上的位置。

8.2.1 日本商务谈判风格与应对策略

日本与中国一衣带水,同属东方文化类型的国家。早在公元 7 世纪,中国的儒教文化就传入日本,儒家思想中的等级观念、忠孝思想、宗法观念深深根植于日本人的内心深处,他们把忠、义、信、勇作为人格修养信条,形成富有特色的大和民族文化——武士道精神。同时,日本通过历代的社会变革,从明治维新开始吸纳西方文明,逐渐将传统的价值观念与崭新的西方现代观念结合起来,从而形成了富有特色的大和民族文化。

这些文化特征表现在商务谈判风格上有如下特色。

1. 强调团队,集体决策

日本文化所塑造的日本人的价值观念与精神取向都是集体主义的,以集体为核心。日本人认为压抑自己的个性是一种美德,人们要循众意而行,因此即使缺乏个人魅力,只需多和团体配合,也能攀上高位。所以日本企业的谈判组织多是由有地位、资格老、曾经共过事的人员组成,提倡相互信赖、配合默契的团队精神。

2. 重视人际关系和信誉

日本人相信良好的人际关系会促进业务的往来和发展,因此与欧美商业文化相比,日本人做生意更注重建立个人之间的人际关系。要与日本人进行合作，朋友之间的友情、相互之间的信任是十分重要的。日本人不喜欢对合同讨价还价，他们特别强调能否同外国合伙者建立可以相互信赖的关系。因为对于日本人来讲，大的贸易谈判项目有时会延长时间，那常常是为了建立相互信赖的关系，而不是为防止出现问题而制定细则。一旦这种关系得以建立，双方都十分注重长期保持这种关系。

3. 执着坚忍，不易退让

涉外谈判中的日本人经常表现出彬彬有礼和富有耐心，日本人在谈判中的耐心是举世闻名的。日本人的耐心不仅仅是缓慢，而且是准备充分，考虑周全，洽谈有条不紊，决策谨慎小心。为了一笔理想的交易，他们可以毫无怨言地等上两三个月，只要能达到他们预想的目标，或取得更好的结果，时间对于他们来讲不是第一位的。

4. 持重暧昧，顾惜面子

在许多场合，日本人在谈判中显得态度暧昧、婉转圆滑，通常不愿先表明自己的意愿，因此会长时间沉默，采取静观事态发展的策略。在遇到出乎意料的问题时，日本人对任何要求都不做答复。日本人也认为"沉默是金""祸从口出"，只要保持沉默就可以避免麻烦。只要不将自己的意见告诉别人，就是一种高深莫测、进退自如的做法。

5. 讲究礼仪，尊卑有序

日本是传统的礼仪之邦，日常一切行为都要受严格的礼仪的约束，待人接物都有诸多讲究。日本人在贸易活动中常有送礼的习惯。他们认为礼不在贵，但选择时要讲究特色，有一定的纪念意义。如果礼物能体现出对本人或对公司的尊重的话，那肯定是件上好的礼物。

针对日本商务谈判风格的特点，我们需要注意在商务谈判中采取下列对策进行沟通。

（1）初次与日方进行谈判时，为了尽快建立和谐关系、获取对方信任，最好的办法就是取得一个日方认为守信可靠的中间人的支持，通过中间人来引见推介。

（2）一旦发出了邀请，就要耐心等待。日本人会通过其信息网络来了解你的情况，他们要对你的介绍信和委托书进行核查，要了解你公司的情况，与哪些公司有贸易往来，直到满意为止。最好的办法是让日方相信你的时间非常宽裕，因为急躁和没有耐心在日本人看来是软弱的表现。在等待的时间里，你也可以自己做些调查，从别处尽量多地了解对方的情况。

（3）在选择谈判成员时，首先不宜选择女性加入，因为日本女性是不允许参与大公司的经营活动的，一些重要的社交场合也是不带女伴的。如果不加以重视，则会引起日方怀疑，甚至流露不满。此外还要注意成员的职位资历，可以利用日方尊老敬长的心理，选派职位资历都高于对方的成员，以便在谈判中赢得主动。

（4）谈判中对日本人"以礼求让，以情求利"的习惯要胸有成竹，熟谙应付之法，既不能因为言行失礼而影响了谈判，又不要因注重"笑脸"放松戒备，而在"讨价还价"上丧失利益。与日方谈判时，我方人员的谈吐也应尽量婉转一点，要不动声色，表现出足够的耐心，举止又不失彬彬有礼。谈判前要充分做好准备工作，摸清情况，有备赴会。

（5）虽然日本人自己往往开价太高，但是他们不喜欢别人报价高。提高报价，日本人就会对你的诚意失去信心。对日本人来说，诚意和一致性比最低标准或最大利润更为重要。他们对对方及对方公司的信誉和信心是谈判能否成功的关键。

（6）谈判中应把保全面子作为与日本人谈判需要注意的重要问题，具体来讲有以下几个方面：第一，不要当面和公开批评日本人。如果他们在同事和对方面前丢了脸，他们会感到羞辱和不安，谈判也会因此终结。第二，不要直接拒绝日本人。日本人非常讲面子，他们不愿对任何事情说"不"字。他们认为直接的拒绝会使对方难堪，甚至恼怒，是极大的无礼。

8.2.2　韩国商务谈判风格与应对策略

因为韩国是半岛国家，由此培养出韩国人相互矛盾的个性。一方面，韩国濒临大海，韩国人形成了大洋般豁达的性格；另一方面，韩国向北伸展的无边无际的大地，包藏了韩国人进军大陆的热望。韩国民族形成了文静而有力、乐观而伤感的既矛盾又互补的性格。这样的民族文化反映在商务谈判中，表现出如下风格。

1. 重视谈判前的准备工作

"知彼知己，百战不殆"，韩国商人深谙此道。他们非常重视商务谈判的准备工作。在谈判前，他们会千方百计对对方的情况进行咨询了解。他们一般会通过海内外的有关咨询机构了解对方情况，如经营项目、生产规模、企业资金、经营作风以及有关商品的市场行情等。了解、掌握有关信息是他们坐到谈判桌前的前提条件。

2. 注重营造良好谈判气氛

韩国人重视在会谈初始阶段就营造友好的谈判气氛，十分在意谈判地点的选择，一般喜欢在有名气的酒店、饭店会晤洽谈。他们一见面总是热情地打招呼，向对方介绍自己的姓名、职务等。就座后，若请他们选择饮料，他们一般会选择对方喜欢的，以示对对方的尊重和了解，然后再寒暄几句与谈判无关的话题，如天气、旅游等，以此营造一个和谐融洽的气氛，之后才正式开始谈判。

3. 重视谈判逻辑与技巧

韩国商人逻辑性强，做事条理清楚，注重技巧。谈判时，他们往往先将主要议题提出讨论，然后灵活地使用谈判的两种手法——横向谈判与纵向谈判。谈判过程中，韩国商人会针对不同的谈判对象，使用"声东击西""疲劳战术""先苦后甜"等策略，不断地讨价还价，并且显得十分顽强。有的韩国商人直到谈判的最后一刻还会提出"价格再降一点"的要求。

4. 交流中习惯间接表达

韩国人在谈话中很少直接表达看法，往往需要对方揣摩。为了准确了解对方的意思，韩国商人可能会反复问同一个问题，以使在做决定时能确保正确性。同遵守职业道德的日本人相比，韩国商人可以说还略胜一筹，但这不等于说和韩国商人签订的合约可以一次成功，他们也会因为其他原因要求修改，或与你重开谈判。

针对韩国商务谈判风格的特点，我们需要注意在商务谈判中采取下列对策进行沟通。

（1）初次交往，宜于寻人介绍。

与韩国商人谈判时，最好找一个中间人做介绍。韩国是一个组织严密的社会，所有有影响的人物大家都熟悉，如果由其出面介绍与一家韩国公司接触，而不是贸然前去，那就可以为双方谈判奠定良好基础，有利于取得良好成果。

（2）注意尊重感情，留有余地。

如果韩国商人找上门来谈某项交易，而你并不感兴趣，也不要直接表明你不喜欢。要记住，韩国人对人的感情非常敏感，他们非常注意人们的反应和感情，也希望你与他们的感情协调起来。他们不愿意说"不"字来拒绝别人，同时，他们也不希望你说出"不"字来伤害他们的面子。

（3）语言平和冷静，条理清晰。

一个习惯于同外国人打交道的、有礼貌的韩国人，会一直听你讲话而不打断你。因此作为谈判对手，在阐述己方的情况时，不要过于咄咄逼人、言辞激烈或带有威胁性。关键在于应当冷静而有条理地叙述清楚，这样韩国人才有可能对你的建议做出有利的反应。

（4）讲究谈判策略，通情达理。

与韩国商人谈判要非常讲究策略和通情达理，和气与协调也很重要。如果你已经回答过某个问题，而对方又有人提出这一问题，也不要吃惊。韩国商人在做出决定前，要确保其正确性。因为一个大错误会给他们带来麻烦，甚至会导致辞职或被解雇。正是由于韩国人在交谈中不够直接和坦诚，你更要仔细倾听对方的讲话和辨别其真意。有时书面合同也会改变而需要重新谈判，因此你要有耐心，成果会很缓慢地取得。

（5）谈判结束之后，适时离境。

由于韩国在历史上屡遭侵略，因此韩国人的防卫意识很强，他们不想被人利用，韩国人也不希望你在他们国家里待的时间比他们认为需要的时间长。因此谈判结束后，你就应当及时离境。

8.2.3　东盟地区商务谈判风格与应对策略

东盟十国社会历史背景各异，因此具有非常明显的文化差异，在商务谈判中表现出的风格也有所不同。

1.印度尼西亚

印度尼西亚除了雅加达等大城市使用英语外，一般都使用马来语。印度尼西亚人中90%是穆斯林，他们的宗教信仰十分坚定，所以与之进行贸易往来必须特别注意宗教问题。印度尼西亚人非常有礼貌，与人交往也十分小心谨慎，绝对不讲别人的坏话。在商务洽谈时，如果双方交往不深，虽然他们表面上十分友好亲密、谈得投机，但心里想的可能完全是另一套。只有建立了推心置腹的交情，你才可能听到他们的真心话，这时他们也可以成为十分可靠的合作伙伴。

因此，与印度尼西亚人打交道不能性急，要花时间努力与其建立友谊，让他们慢慢了解。如果能同他们建立一种推心置腹的关系，那他们往往在以后的许多年里，都会成为极为可靠的合作伙伴。此外，因为印度尼西亚是一个多民族国家，移民较多而且关系复杂，所以尽量避免谈论政治和民族问题，尤其不要当着印度尼西亚当地人夸奖华裔。

2. 新加坡

新加坡位于连接太平洋和印度洋的咽喉要道，凭借优越的地理位置大力发展外向型经济，取得了举世瞩目的经济发展奇迹，被誉为亚洲"四小龙"之一。在新加坡的种族构成中，华人约占 70% 以上，其次是马来西亚人、印度人、巴基斯坦人、白人、混血人种等。

新加坡华人有着浓重的乡土观念，同甘共苦的合作精神非常强烈。他们的勤劳能干举世公认。他们注重信义和友谊，看重面子。在商业交往中，他们十分看重对方的身份、地位及彼此间的关系。对老一辈华人来说，"面子"在商业洽谈中具有决定性意义，交易要尽可能以体面的方式进行。在交易中遇到重要决定时，新加坡华人往往不喜欢签订书面字据，但是一旦签约，他们绝不违约，并对对方的背信行为十分痛恨。

在日常交流中，新加坡人一般不喜欢与外国人谈论政治、宗教等问题，而喜欢多谈论该国的文明、管理制度、经济发展的成就。在新加坡进行商务谈判，要竭力避免任何构成贿赂的暗示。在廉洁、高效方面，新加坡政府有着享誉世界的声誉。如果新加坡人的公司属于私营公司，则几次洽谈后便可款待吃饭，但政府官员不能接受这类邀请。

3. 泰国

泰国是东南亚地区新兴的发展中国家，国内市场以曼谷和曼谷周围地区为中心，市场条件较好，而且泰国政府为外商提供了优惠的投资环境。中泰关系良好，贸易前景光明。

在泰国控制经济产业的也多为华侨，但泰国华侨已消除了与其他民族之间的隔阂，完全融入了泰国的民族大家庭中。泰国商人崇尚艰苦奋斗和勤奋节俭，不愿过分依附别人，他们的生意也大都由家族控制，不相信外人。同业之间会互相帮助，但不会形成一个稳定的组织来共担风险。

因此，在同泰国人谈判时，要尽可能多地向他们介绍个人创业及公司经营的情况，以此获得了解和好感；要尽可能表现出诚实、善良、富有人情味的性格特点，而不仅仅表现出精明能干，这点至关重要。此外就是力戒铺张浪费，他们懂得创业不易，"小气"完全可以理解，而且他们会对此大加赞赏。否则，他们会对对方的人品产生怀疑。

4. 菲律宾

菲律宾是个岛国，资源丰富，教育普及，国民共分 42 个种族，其中马来西亚裔人、印度尼西亚裔人占 90% 以上。菲律宾人天性和蔼可亲，善于交际，作风落落大方。他们在商务活动中应酬颇多，常常举行聚会。

菲律宾人比较重信用，但商业意识不太强，缺乏计划性，懂外贸业务的人不太多。同菲律宾人做生意，最容易取得沟通的途径是入乡随俗，在社交场合尽可能做到应酬得体，举止有度，言行中表现出良好的修养和十足的信心。

8.2.4　阿拉伯国家商务谈判风格与应对策略

阿拉伯国家 90% 以上的人口都信仰伊斯兰教，在文化上具有很高的趋同性，商务谈判风格也相似。

1. 谈判节奏缓慢，重视开端阶段

阿拉伯人认为，一见面就谈生意是不礼貌的行为，因此他们往往会在开局阶段（即广义上的营造气氛和寒暄阶段）花费很多时间。所以，谈判者最好把何时开始谈生意的主动权交给阿拉伯人，并且在此过程中保持清醒头脑。经过长时间地、广泛地、友好地交谈来增进彼此间的敬意，也许会出现双方共同接受的成交可能性。于是，似乎是在一般的社交场合，一笔生意就可以自然而然洽谈成功。

2. 家族主义严重，十分热情好客

在多数阿拉伯国家，商业活动一般由扩大了的家族来指挥。在这些国家中，人们以宗教划派，以部落为群，喜欢结成紧密和稳定的部落集团，十分看重对家庭和朋友所承担的义务，相互提供帮助和救济，家族关系在社会经济生活中占有重要地位。

3. 习惯讨价还价，擅长巧妙拒绝

阿拉伯人在谈判中喜欢讨价还价。他们认为没有讨价还价的谈判不是真正的谈判。在他们看来，评价一场谈判不仅要看通过谈判争取到什么利益，同时还要看是如何争取的，只有经过艰苦努力争取来的利益才是最有意义和价值的。更有甚者认为，不还价就买走东西的人不受卖主的尊重，他们认为精于讨价还价者是行家，并以能胜于行家而骄傲，否则会采取不屑一顾的态度。因此，为适应阿拉伯人善于讨价还价的习惯，外商应建立起见价即讨的意识：凡有交易条件，必须准备"讨"与"还"的方案；凡想成交的谈判，必定把讨价还价做得轰轰烈烈。高明的讨价还价要显示出智慧，即找准理由，把理说得令人信服，做到形式上重习俗、实质上求实利。

4. 缺乏时间观念，不愿谈论政治

美国人称中东人是"远离钟表的人"，阿拉伯人的确不太讲究时间观念，会随意中断或拖延谈判，决策过程也较长。但阿拉伯人决策时间长，不能归结于他们的拖拉和无效率。这种拖延也可能表明他们对你的建议有不满之处，而且尽管他们暗示了哪些地方令他们不满，你却依然没有捕捉到这些信号，也没有做出积极的反应。这时，他们并不当着你的面说"不"字，而是根本不做任何决定。他们希望时间能帮助他们达到目的，否则就让谈判的事在置之不理中自然地告吹。

需指出的是，中东是一个敏感的政治冲突地区，在谈生意时要尽量避免涉及政治问题，更要远离女性话题，在任何场合都要得体地表示你对当地宗教的尊重与理解。

5. 习惯通过代理进行谈判

几乎所有的阿拉伯国家,都坚持让外国公司通过阿拉伯代理商来开展业务——不管他们的生意伙伴是个人还是政府部门,从而为阿拉伯国民开了一条财路。此举在一定程度上也为外国公司提供了便利。对于阿拉伯国家独特的商务谈判风格,需要注意在商务谈判中采取下列对策沟通。

(1)尊重伊斯兰宗教习惯。

伊斯兰教规定的一些特殊活动,如礼拜、献金、禁食、朝圣等,在阿拉伯人的眼里是至高无上、神圣不可侵犯的。因此,尽管没必要为了商务谈判而皈依伊斯兰教,但掌握有关知识,了解其历史和如何予以尊重,还是十分明智的。也就是说,如果你对阿拉伯人的举止感到奇怪,千万不要用语言或表情来加以嘲笑,绝对不能对他们的信仰和习俗发表任何贬低或者开玩笑性质的言论,否则,会产生很深的误会甚至怨恨,谈判告吹自不必说了。

(2)适当放缓谈判节奏。

在商务交往中,阿拉伯人看了你的某项建议后,会将它交给手下去证实是否有利可图并且切实可行。如果感兴趣,他们会安排专家和你会谈,以缓慢的节奏,推动谈判进程。请千万记住,同阿拉伯人打交道,往往欲速则不达。因为他们喜欢用悄无声息的方式来开展自己的业务,而不是那种紧张逼人的竞争推销方式。因此,不管实际情况如何,你都要显得耐心、镇定。倘若原定计划不能实现,也应从容不迫。

(3)善用拜访笼络感情。

阿拉伯人有好客和讲礼貌的传统,对远道而来并且登门拜访的外国客人,他们十分尊重,在首次拜访结束之时,你要有礼貌地感谢对方的盛情款待,并借机询问是否可以再来拜访。但这只是第一步,即使谈判有所进展,也不见得能一直稳定发展下去。因为在阿拉伯国家,客商在时,才会考虑其要求。一旦客商离开,他们可能就会去处理其他问题,直到客商下次再来。当一个合同生效后,拜访次数可以减少,但定期重温良好的关系,这是在阿拉伯国家取得成功的关键。它使崇尚兄弟之情的阿拉伯人,看到你是重信义、讲交情的人,而这种印象将使你获得意外的回报。

(4)使用图文说明增强说服力。

如果某家公司销售的是市场研究、高新技术等难以理解的产品,就应该使抽象的产品形象化。因为许多阿拉伯人不习惯花钱买原始理论和统计数据,他们不欣赏看不见、摸不着的产品。

(5)根据阿拉伯语言习惯做好翻译。

假如在谈判中必须提供一些抽象介绍和说明,哪怕成本高些,也应尽可能雇用最好的翻译官,以免因用语不当而造成灾难性的后果。比如无意冒犯了他们的宗教、自尊,或者因为表达不符合习惯而使对方看不懂。

(6)不要派女性到阿拉伯国家谈判。

在许多阿拉伯国家,女性是不能抛头露面的。如果谈判小组里有女性,她应该处于从属的地位。当她要发表意见时,应该由谈判小组的男性成员转述,以示对他们民俗的尊重。

8.3   美洲人的谈判风格

8.3.1   美国人的文化观念

伴随着美国在全球强大的经济政治影响力，美国人的谈判方式在世界上恐怕是最有影响的。由于美国在国际贸易中的地位，美国文化给谈判带来的特点引人注目。从总体上来说，美国人的性格通常是外向的。因此，有人将美国人的性格特点归纳为：外露、坦率、真挚、热情、自信、滔滔不绝，以及追求物质上的实际利益。

8.3.2   美国人的谈判风格

在商务谈判过程中，美国商人难免会把这些美国人的性格带到谈判桌上来，表现为如下谈判风格。

1. 自信心强，不易让步

美国是当今世界上的强国，科学技术发达，国民经济实力无人能够望其项背，政治军事势力突出，这一切都使美国人对自己的国家深感自豪，对自己的民族充满强烈的自尊感和荣誉感，进而在商务谈判中的以下两个方面表现出强烈自信心：①他们对本国产品的优越品质、先进技术会加以毫不掩饰的称赞。因为他们认为，如果你有 10 分的能力，就全部表现出来，千万不要遮掩或谦虚，要让购买你产品的人认识到；②他们习惯批评、指责谈判对手。当谈判没有按照他们的意愿进行时，他们常常直率地批评或抱怨。这是因为他们往往认为自己做的一切是合理的，缺少对别人的宽容与理解。美国人已经习惯以我为中心，喜欢别人按他们的意愿行事，因此经常会让含蓄内敛的东方人产生咄咄逼人、傲慢自大的不良观感。

2. 热情坦率，干脆利落

美国人属于性格外向的民族，认为直截了当是尊重对方的表现，喜怒哀乐大多通过言行举止表现出来。在谈判中，他们精力充沛、感情洋溢、头脑灵活、喜欢迅速切入正题，不喜欢拐弯抹角，并总是兴致勃勃，乐于以积极的态度来谋求自己的利益。为追求物质上的实际利益，他们善于使用策略，玩弄各种手段。正因为自身精于此道，所以美国人十分欣赏那些说话直言快语、干脆利落，又精于讨价还价，为取得经济利益而施展策略的人。

3. 注重效率，珍惜时间

美国经济发达，工作、生活节奏极快，造就了美国人注重效率、珍惜时间、尊重进度和期限的习惯。在美国人看来，时间就是金钱，如果不慎占用了他们的时间，就等于偷窃了他们的钱财。因此美国文化有句著名的谚语：不可盗窃时间。所以在谈判过程中，他们连一分钟也舍不得拿出来进行无聊的、毫无意义的谈话，他们十分珍惜时间、遵守时间。美国人的时间观念还表现在做事要一切井然有序，有一定的计划性，不喜欢事先没安排妥当的不速之客来访。因此与美国人约会，一定要注意提前预约而且准时到达，迟到或早到都是不礼貌的。

4. 关注利益，积极务实

美国人做生意往往以获取利润作为唯一目的，而对私人交情考虑得不多。在多数情况下，双方素昧平生，并不需要相互认识，只要条件、时间合适就可进行洽谈。如果双方看起来有可能再次在一起做生意，那么双方也许会决定继续进行交往，但这是在生意做成之后，而不是之前。这一点同许多国家的商人（东方国家尤为典型）不一样，在日本等东方国家往往是先交朋友后做生意。

5. 尊重法律，重视合同

美国是一个高度法制的国家，据有关资料披露，平均每 450 名美国人中就有一名律师，这与美国人解决矛盾纠纷习惯于诉诸法律有直接的关系。美国人的这种法律观念在商业交易中也表现得十分明显，他们认为交易最重要的是经济利益，保护自己利益最公正、最妥善的解决办法就是依靠法律、依靠合同。因此，他们特别看重合同，会十分认真地讨论合同条款，而且特别重视合同违约的赔偿条款。如果一旦签订了合同不能履约，他们就要严格按照合同的违约条款支付或索求赔偿金和违约金，没有再协商的余地。

8.3.3　与美国人谈判时采取的策略

针对美国商务谈判风格的特点，我们需要注意在商务谈判中采取下列对策进行沟通。

1. 坦率直接表达观点

同美国人进行谈判，表达自身观点想法务必坦率直接，"是"与"非"必须保持清楚，这是一条基本的原则。如果无法接受对方提出的条款时，你可以明白地告知对方，而不应含糊其词，使对方存有希望。

2. 认真磋商确认合同

与美国人进行谈判，你必须高度重视合同文本的磋商确认，因为这是双方履约的唯一标准。在解决己方有责任的索赔谈判中，你不能笼统地表示"我们有责任""我们愿意负责"。这样足以使对方确信，他们是毫无过失的，一切后果由别人承担。

3. 避免指名批评他人

与美国人谈判，你绝对不要指名批评某人。指责客户公司中某人的缺点，或把以前与某人有过摩擦的事作为话题，或把处于竞争关系的公司的缺点抖搂出来进行贬抑，等等，都是绝对不可以的。这是因为当美国人谈到第三者时，他们都会顾及避免损伤对方的人格。这点，请务必牢记于心。

4. 提高效率节约时间

除非必要，同美国人谈判时间不宜过长。因为美国公司每月、每季度都必须向董事会报告经营情况。如果谈判时间太长，你就会失去吸引力。因此，只要报价基本合适，谈判进行了两三个回合，你就应该抓住时机成交。另外，美国人一般不请客送礼，也不喜欢对方如此，有时甚至会因此而产生误会。

8.3.4　加拿大人的谈判风格

加拿大是个移民国家，民族众多，各民族相互影响，文化彼此渗透。大多数人性格开朗，强调自由，注重实利，发挥个性，讲究生活舒适。受多元文化的影响，加拿大商人一般懂英法两种语言。

加拿大居民大多是法国人和英国人的后裔。在谈判决策上，有非常深的法国人和英国人的风格。对于加拿大国内不同族群的不同谈判风格，需要在商务谈判中分别采取下列对策。

（1）加拿大谈判者比美国商人更显得有耐心和温和，加拿大商人的时间观念很强，所以要严格遵守合同的最后期限。

（2）与加拿大商人谈判要注重礼节，情绪上要克制，不要操之过急。对英裔商人要有足够的耐心，从开始接触到价格确定这段时间，要不惜多费脑筋，认真地与对方斟酌，多用实际利益和事实来加以引导，稳扎稳打，切不可过多地施加压力；对法裔商人应力求慎重，不弄清对方的意图与要求，切不要贸然承诺。另外，不要被对方的催促牵着鼻子走，对主要条款与次要条款都要一丝不苟，力求详细明了和准确，否则不予签约，以免引出日后的麻烦。法裔商人签订的合同条款往往详尽而冗长，因此你还须准备法文资料并将合同译成法文。

（3）加拿大公司的高层管理者对谈判影响较大，应将注意力集中在他们身上，以使谈判能尽快获得成功。

8.4　欧洲人的谈判风格

8.4.1　德国人的谈判风格

在商务谈判中，德国人强调个人才能。个人意见和个人行动对商业活动有重大影响。各公司或企业纪律严明，秩序性强。决策大多自上而下做出，不习惯分权或集体负责。

尽管德国人比较保守，但他们办事雷厉风行，考虑事情周到细致，注重细枝末节，力争任何事都完美无缺。就德国的民族特点特征而言，德国人刚强、自信、谨慎、保守、刻板、严谨；办事富有计划性、雷厉风行；工作注重效率、追求完美；纪律观念强，有军旅作风。诚实和正直是德国人最欣赏的品质，德国人身上所具有的这种日耳曼民族的性格特征会在谈判桌上得到充分的展现，表现为如下谈判风格。

1. 严谨保守，前期准备完善

日耳曼民族严谨保守的民族文化使德国商人在谈判前往往就准备得十分周到。他们会想方设法掌握大量翔实的第一手资料，不仅要调查研究你购买或销售的产品，还要仔细研究你的公司，以确定你能否成为可靠的商业伙伴。只有在对谈判的议题、日程、标的物品质、价格以及对方公司的经营、资信情况和谈判中可能出现的问题及对应策略做了详尽研究、周密安排之后，他们才会坐到谈判桌前。这样，立足于坚实的基础之上，他们就处于十分有利的境地。

2. 重视效率，思维富有逻辑

德国商人的思维富于系统性和逻辑性，工作态度认真负责，办事非常注重效率，日常信奉的座右铭是"马上解决"。他们认为那些"研究研究""考虑考虑""过段时间再说"等拖拖拉拉的行为意味着缺乏能力。因此，德国谈判者在谈判中会表现果断、不拖泥带水。他们喜欢直接表明所希望达成的交易，准确确定交易方式，详细列出谈判议题，提出内容详尽的交易条件，清楚、准确地陈述问题。

3. 充满自信，缺乏灵活妥协

德国产品素以品质卓越而享誉世界，因此德国商人对本国的产品极有信心，在谈判中常会以本国的产品作为衡量标准。他们对企业的技术标准相当严格，对于出售或购买的产品都要求很高的质量，因此要让他们相信你公司的产品是满足交易规定的、高标准的，他们才会与你做生意。此外，德国商人还会在谈判中表现不轻易做出让步的固执风格。他们考虑问题系统周到，但缺乏灵活性和妥协性。大多数德国商人虽然固执，但更重理性。只要把握这点，本着合理、公正的精神，以理服人，谈判最终会取得好的效果。

4. 严守信用，崇尚时间观念

德国人素有"契约之民"的雅称，他们崇尚契约，严守信用，时间观念很强。在谈判中，权利与义务划分得非常明确，合同中的任何条款都经过仔细推敲，他们要求合同中的每个字、每句话都十分准确。德国商人对交货期限要求严格，一般会坚持严厉的违约惩罚性条款。如果想与德国商人成功地签署协议，必须同意严格遵守交货日期和严格的索赔条款。德国商人受宗教、法律等因素的影响，比较注意严格遵守各种社会规范和纪律。在商务往来中，他们尊重合同，一旦签约，就会努力按照合同条款一丝不苟地执行，不论发生什么问题都不会轻易毁约。

5. 注重建立长期合作关系

德国谈判者往往希望通过某笔生意，与对方建立起长久的合作关系，而不是一锤子买卖。他们如果认为你合适，常常采用的做法是：在合约正式敲定之前，会用共进午餐、晚餐，共同到社交场合或到郊外度假等方式，同你多接触。一旦他们认定你是可以信赖之人，他们就会把长期合作的机会交给你。

对于以上种种德国商人的谈判风格，我们需要在商务谈判中采取下列沟通策略。

（1）事先做足准备工作。

德国商人在谈判前，习惯进行认真细致的准备工作，因为他们觉得只有搞清楚有关问题，才能胸有成竹地坐到谈判桌前和对手洽谈。因此，谈判者也必须在事前做好有关准备工作，其中不仅包括德国公司情况及谈判者个人情况，也包括自身信息资料的准备，以便在谈判中用快速准确的回答，来应付德国商人的各种问题，并借此证明自身的诚意与实力。

（2）掌控节奏合理报价。

德国商人在谈判中经常表现出难以妥协的固执风格，因此在与德国商人打交道时，从程序上看，最好在他们报价之前进行适当的摸底，并首先做出自己一方的开场陈述。其中对将成为双方争论焦点的问题做尽量客观的分析，或抢先报价，并陈述自己的理由，以使对方理解或心中有数，从而改变他们还未出口的立场和期望值。

（3）尊重协议守时守信。

德国人一贯尊重契约、信守承诺，因此德国谈判者订立合同后，一定会如约履行。因此，要保证成功地和德国商人打交道，不仅要同意严格遵守交货、付款等条件，可能还要同意严格的索赔条款。只有认真履行合约，才能在德国商人心目中树立良好形象，才能使合作更顺利、更愉快。在时间问题上，也应该努力适应德国人的时间观念，不仅谈判不迟到，而且其他社交活动也不能随便迟到。

8.4.2　法国人的谈判风格

在世界近代史上，法兰西文化以其社会科学、文学、科学技术等方面的卓越成就，培养出法国人民强烈的民族自豪感。法国人友善、浪漫、富有幽默感，连在商务谈判中都充满法国式的人情味。法国人乐观、开朗、热情、幽默，并注重生活情趣，富有浓郁的人情味、爱国热情和浪漫情怀，非常重视相互信任的朋友关系，并以此影响生意。热情的法国人将家庭宴会作为最隆重的款待，但决不将家庭宴会上的交往视为交易谈判的延伸。一旦将谈判桌上的话题带到餐桌上来，法国人会极为不满。

法国人的性格坚强，谈判立场非常坚定，他们都具有戴高乐似的依靠坚定的"不"字以谋取利益的高超本领。法国商人的谈判风格表现为以下几点。

1. 喜欢通过个人友谊影响生意

在商务交往中，法国商人注重信誉，注重交易过程中的人际关系，相信以个人为基础的关系要比公司的信用重要得多。因此有人说，在法国"人际关系是用信赖的链条牢牢地互相联结的"。一般说来，在尚未结为朋友之前，他们是不会轻易与人做大宗生意的，而一旦建立起友好关系，他们又会乐于遵循互惠互利、平等共事的原则。所以，与法国商人做生意，必须善于和他们建立起友好关系。这不是件十分容易的事，需要做长时间的努力。

2. 以使用法语为荣，话题广泛

法兰西民族具有悠久的历史和丰富的文化传统，法国人对他们的种族、语言和文化艺术非常自豪，认为法语是世界上最高贵、最优美的语言，因此常常表现出以捍卫法语和保持法语的纯洁性为己任的态度。在进行商务谈判时，他们往往习惯于要求对方同意以法语为谈判语言，即使他们的英语讲得很好，也很少让步，除非他们在国外或在生意上对对方有所求。有专家指出，如果一个法国商人在谈判中对你使用英语，那可能就是你争取到的最大让步。所以，要与法国商人长期做生意，最好学些法语，或在谈判时选择一名好的法语翻译，他们会因此很高兴并对你产生好感。

3. 思维灵活，偏爱横向式谈判

与西方许多国家习惯由点到面的谈判方式不同，法国商人在谈判方式上偏爱横向式谈判，由面到点，即先为协议勾画出一个轮廓，然后达成原则协议，最后再确认谈判协议各方面的具体内容。

4. 重视个人，缺乏时间观念

法国商人大多注重依靠自身力量达成交易，因此个人办事的权力很大，担任要职的人可以果断地做出决策，很少有集体决策的情况。这是由于他们组织机构明确、简单，每个人所承担的工作的范围很广，实行个人负责制，所以谈判的效率也较高。法国人生活中时间观念不强，在商业往来或社会交际中经常迟到或单方面改变时间，而且总会找一大堆冠冕堂皇的理由。

对于以上种种法国商人的谈判风格，我们需要在商务谈判中采取下列沟通策略。

（1）热情大方，广交朋友。

根据法国人谈生意注重友情的特点，与法国商人谈判时，我们应当热情大方，以礼相待，利用各种场合、机会与法国人交朋友，注意感情的培养，形成良好的谈判气氛，获得对方的信任与好感，这样谈判会顺利很多。一旦成为朋友，甚至深交，就可能带来大宗的贸易。

（2）尊重礼仪，恪守时间。

法国可能是世界上最讲究穿戴的国家，因此，在会谈时要尽可能穿最好的衣服；见面时候是握手而不是拥抱；招待对方要特别注意宴请时间、场合的选择，并且在宴请招待时切忌谈生意。尤其需要注意的是，虽然法国商人的时间观念不强，但他们不能原谅谈判对手不遵守时间的行为，所以，在法国最好不要迟到。

（3）使用法语，审时度势。

因为法国人都以法语为荣，在商务谈判中习惯使用法语。因此与法国商人谈判，我们一定要派会讲法语的谈判人员进行谈判，或者配备法语翻译。另外，在大多数法国人看来，谈判是进行辩论和阐述哲理的机会，往往是为了争论而争论。虽然他们很快就能谈生意，但是谈判可能没完没了地拖下去，因此，我们要尊重这种癖好，同时也不要生硬地打断，而要小心提醒你的对手讨论正题。

（4）慎重细致，重视合同。

鉴于法国商人在签订合同时往往急于求成、匆忙行事，不多做细节的考虑，因此与其谈判时我们要对重要条款详细讨论，逐一明确，对于细节问题也要确认，防止在执行合同时出现问题和麻烦。因此，与法国商人签订合同时，必须慎之又慎。

8.4.3　英国人的谈判风格

英国因为地处英伦三岛，与欧洲大陆隔海相望，而且曾经一度称霸全球，号称"日不落帝国"，所以和欧洲其他国家的风土人情有很大的不同。作为往日世界的霸主，英国人总带有一种悠然自得的绅士风度，讲究礼仪、对人友善，但不愿介入他人的生活。英国的民族特性比较保守，对新鲜事物不是很积极。英国人有很强的民族自豪感和排外心理，总带着一种强国之民悠悠自得的样子。

英国人的这些独特的民族文化，在商务谈判中表现为如下谈判风格。

1. 冷静持重，充满自信

英国商人在谈判初期，尤其在初次接触时，通常与谈判对手保持一定距离，决不轻易表露感情。随着时间的推移，他们才与对手慢慢接近，熟悉起来，并且你会逐渐发现，他们精明灵活，善于应变，长于交际，待人和善，容易相处。他们常常在开场陈述时十分坦率，愿意让对方了解他们的有关立场和观点，同时也常常考虑对方的立场和观点，对于建设性意见，反应积极。

2. 崇尚礼仪，注重等级

英国商人十分注重礼仪，崇尚绅士风度。他们谈吐不俗、举止高雅、遵守社会公德，很有礼让精神。无论在谈判场内还是谈判场外，英国谈判人员都很注重个人修养，尊重谈判对手，不会没有分寸地追逼对方。同时，他们也很关注对方的修养和风度，如果你能在谈判中显示出良好的教养和风度，就会很快赢得他们的尊重，为谈判成功打下良好的基础。

3. 忽视准备，履约率低

英国商人习惯简明扼要地阐述立场、陈述观点，在谈判中表现更多的是沉默、平静、自信、谨慎，而不是激动、冒险和夸夸其谈。英国商人还有一个共同特征，就是不能保证合同的按期履行。他们为改变这一点也做了很大努力，但效果不明显。据说这一点举世闻名，这也使得英国商人在涉外谈判中经常陷于被动地位。

对于以上英国商人的谈判风格，我们需要在商务谈判中采取下列沟通策略。

（1）通过中间人建立信任。

英国商人对建立谈判桌上的人际关系有独特的方式，开始交往时往往保持一定的距离，给人以"高傲"或"难以接近"的印象，而后才慢慢接近融洽，进而发展成信任的合作关系。因此，谈判时不能操之过急。如果你没有与英国商人长期打交道的历史，没有赢得他们的信任，没有最优秀的中间人做介绍，你就不要期望与他们做大买卖。

（2）注重礼节慎选谈判者。

英国人以绅士风度著称，其举止的优雅在世界上首屈一指，与英国商人洽谈，要注意不卑不亢，并且以礼相待，遵守礼节，注意言谈举止，你就可以逐渐缩短双方的距离。英国有强烈的等级意识，地位大体上是由一个人的出身、社会阶层、家庭背景和口音决定的。所以，与英国商人谈判，派有较高身份、地位的人，有一定的积极作用，恰当的联系会给谈判项目带来不同的影响。对于中小型项目，开始时最好从政府机构和行业协会入手，较大型的项目需要社会关系的介绍。

（3）使用英语，忌谈政治。

历史上英国曾经建立世界霸权，拥有遍及全球的广大殖民地，目前仍有很多国家把英语作为官方语言或第二语言，这使得英国人对英语有一种骄傲情绪，也使得英国谈判者往往除了英语外，不会讲其他语言。因此，和英国人谈判时，最好是讲英语或带英语翻译，如果能直接用英语和英方谈判者洽谈，更能得到对方的赏识，从而增进双方的情感。

（4）耐心引导，重视索赔。

根据英国商人善于争辩、顽固、不轻易改变自己观点这一特点，与他们进行谈判时，一定要有耐心，不能急躁或指责对方，也不要热衷于讨价还价。应该利用其"修养和风度"，耐心细致地启发诱导，并辅之以有说服力的证明材料，有理有据、平和委婉地指出问题所在，使对方逐步放弃原立场向我方靠拢。

8.4.4　意大利人的谈判风格

意大利是著名的欧洲文明古国，拥有丰厚的艺术文化遗产，国内各地随处可见古罗马时代的宏伟建筑和文艺复兴时代的绘画、雕刻、古迹和文物。这些也成为意大利发展旅游业取之不尽、用之不竭的源泉，旅游业因此成为意大利国民经济的支柱。意大利人朴素、豪迈、爽朗、乐观，爱好音乐、艺术。意大利民族文化在商务谈判中表现为下列谈判风格。

1. 具有故乡情结，看重个人作用

意大利人不习惯提国名，他们更愿意提故乡的名字。意大利的商业交往大部分都是公司之间的交往，在商务谈判时，往往是出面谈判的人决定一切，个人在交往活动中比其他任何国家的商人都更有自主权。所以，与谈判对手关系的好坏，是能否与之达成协议的决定性因素。

2. 善于社交，情绪多变

意大利人善于社交，但情绪多变，做手势时情绪激动，表情富于变化，他们生气时，简直近于疯狂。意大利人喜好争论，他们常常会为了很小的事情而大声争吵，互不相让。如果条件允许的话，他们会整天争论不休。意大利人这样做并非单纯要与同事争论，而是因为他们比较慎重。如果对方给他们一个做出决策的最后期限，他们会迅速拍板决定。这说明他们办事胸有成竹而且有较强的处理紧急情况的能力。

3. 注重价格，力争节约

意大利人特别看重商品的价格，在进行价格谈判时寸步不让，而在商品的质量、性能、交货日期等方面则比较灵活。他们力争节约，不愿多花钱，追求高品质。

4. 信赖国内企业，忽视外部世界

意大利的商业贸易比较发达，意大利商人与外商交易的热情不高，他们更愿意与国内企业打交道。由于历史和传统的原因，意大利人不太注意外部世界，不主动向外国观念和国际惯例看齐。他们信赖国内企业，认为国内企业生产的产品一般质量较高，而且国内企业与他们存在共性。所以，与意大利人做生意要有耐性，要让他们相信你的产品比他们国内生产的产品更为物美价廉。

5. 崇尚时髦，重视家庭

意大利人崇尚时髦，不论是商人还是旅行家，都衣冠楚楚、潇洒自如。他们的办公地点及设施都比较讲究，他们在生活中追求舒适，如对住宿、饮食等都十分注重，对自己的国家及家庭也感到十分自豪与骄傲。

8.4.5　俄罗斯人的谈判风格

俄罗斯横亘于欧亚大陆，自其文明成熟以来，俄罗斯就像一个巨大的文化钟摆，不断地在东西方之间来回摆动。

俄罗斯的民族性格同时并存有东西方不同文化的基因，俄罗斯国徽上那个左顾右盼的双头鹰，似乎就是俄罗斯民族性格和文化构成的一个意味深长的象征符号。如此矛盾的民族个性，使得俄罗斯人在商务谈判中具有下列商务谈判风格。

1. 固守传统，缺乏灵活

由于受多年计划经济体制以及官僚作风的影响，俄罗斯人日常行为也多习惯照章办事、上传下达。在涉外谈判中，一些俄罗斯商人仍带有明显的时代烙印，在进行正式磋商时，他们喜欢按计划办事，如果对方的让步与他们原来制定的具体目标相吻合，则容易达成协议；如果有差距，那么要他们让步就特别困难，甚至他们明知自己的要求不符合客观标准，也拒不妥协让步。一些俄罗斯商人缺乏灵活性，还因为他们的计划制订与审批要经过许多部门、许多环节，这必然要延长决策与反馈的时间。

2. 节奏缓慢，效率不高

俄罗斯商人办事习惯断断续续，节奏缓慢。他们一般不会让自己的工作节奏适应外商的时间安排，除非外商提供的商品正是他们急切想要的，否则，他们的办事人员绝不会急急忙忙奔回办公室，立即向上级呈递一份有关谈判的详细报告。在谈判过程中，如果外商向他们发信或打电话征求其意见，根本没什么意义，因为他们不会回答，即使回答了，也会使外商认为已完全没必要了。因此，与俄罗斯人谈判做生意，我们切勿急躁，要耐心等待。

3. 技巧高明，擅长讨价

俄罗斯人十分善于寻找合作与竞争的伙伴，也非常善于讨价还价。他们在谈判桌前显得非常精明，会千方百计地迫使对方降价。不论对方的报价多么低，他们都不会接受对方的首轮报价，而仍要想方设法挤出其中的水分。他们还经常采取各种离间手段，让争取合同的对手之间竞相压价，相互残杀，最后从中渔利。

4. 重视谈判技术细节

俄罗斯人的谈判能力很强，他们特别重视谈判项目中的技术内容和索赔条款。这是因为他们认为引进技术要具有先进性、实用性，技术引进项目通常都比较复杂，对方在报价中又可能会有较大的水分。为了尽可能以较低的价格购买最有用的技术，他们特别重视技术的具体细节，索要的资料包罗万象。因此为了能及时、准确地对技术问题进行阐述，我们在谈判中要配置技术方面的专家，同时要十分注意合同用语的使用，语言要精确，不能随便承诺某些做不到的条件，对合同中的索赔条款也要十分慎重。

对于俄罗斯商人的谈判风格，我们需要在谈判中采取下列沟通策略。

（1）安排计划、培养耐心。

根据俄罗斯商人的行为风格，商务交往进展速度可能相当缓慢，所以我们要准备在高层行政上投入大量时间，但没有必要期待与对方建立长期个人关系。谈判前我们要做好技术准备，争取让技术专家加入谈判。谈判期间我们需要妥善安排计划，陈述详尽、准确，要给自己多留余地。谈判中最重要的就是我们要有耐心，要适应俄罗斯商人经常使用的拖延战术。

（2）灵活进行谈判报价。

俄罗斯商人在讨价还价上堪称行家里手。许多比较务实的欧美生意人都认为，不论你的报价是多么公平合理，怎样精确计算，他们都不会相信，还会千方百计地压价，达到他们认为理想的结果。

（3）适当采取易货贸易。

在俄罗斯，由于缺乏外汇，他们喜欢在外贸交易中采用易货贸易的形式。由于易货贸易的形式比较多，如转手贸易、补偿贸易、清算账户贸易等，这就使贸易谈判活动变得十分复杂。你一定要认真考虑其中所涉及的时间、风险和费用。

8.4.6　北欧人的谈判风格

北欧是政治地理名词，特指北廷理事会的五个主权国家：丹麦、瑞典、挪威、芬兰、冰岛。北欧五国经济比较发达，社会稳定，政府推行高福利政策使国民生活水平日益提高，各种基础服务设施十分齐全，使其成为谈判、做生意的理想去处。再加上当地优美的风光和丰富的资源，近年来北欧吸引了越来越多的客商前去做生意。他们的谈判特点，也越来越为谈判者所关注。

北欧诸国具有下列商务谈判风格。

1. 按部就班，不急不躁

正如北欧人的务实型性格所体现的，北欧商人在谈判中工作计划性很强，凡事按部就班、沉着冷静。谈判时，他们往往言语不多，待人彬彬有礼，从容不迫，谈吐坦率，有问必答，乐意帮助谈判对手，他们希望以此使他们也能及时获得有关信息。他们谈判的特点是有条不紊，按议程顺序逐一进行，所以谈判一般进展缓慢。然而，他们的处事从容和他们的反应机敏并不矛盾，他们善于发现和把握达成交易的最佳时机。

2. 开诚布公，不喜还价

北欧商人在谈判中态度谦恭，待人温和真诚，善于同外国客商搞好关系。他们的谈判风格坦诚，不隐藏自己的观点，善于提出各种建设性方案。在谈判的探测阶段，他们愿意直率地告诉对方真实的情况，也希望对方坦诚。因此北欧商人不喜欢无休止地讨价还价。

3. 倾向保守，重视质量

作为性格保守的表现，北欧商人倾向于把精力用于保护他们现有的东西上，尤其是高附加值和高度专业化的产品，而不愿致力于开拓新领域。他们重视压缩现有生产线的成本，而不是致力于开发大有前途的新兴产业。在谈判中，他们更多地将注意力放在怎样让对方能达成某项协议上，而不是着手准备另一个备选方案，以防做出最大限度让步也不能达成协议的情况出现。

对于北欧各国的谈判风格，我们可以在商务谈判中采取下列沟通策略。

（1）追求朴实，力戒铺张。

北欧商人一般比较朴实，工作之余的社交相对较少，特别是瑞典人和挪威人。当然，为了增进友谊，他们也常常招待客人，但晚宴通常在家里举办，很少到饭店去。午宴尽管经常在大饭店预订，但从不铺张，有时甚至只用三明治和咖啡进行招待，决不会因为什么原因而大摆宴席。因此，作为客方，我们必须了解他们的性格，理解他们的做法。这不是不尊重客人，而是把对方当作朋友的表示。同样，如果为了答谢他们而请客，我们也同样不要大手大脚，否则会引起误会。

（2）宽容待人，公私分明。

北欧商人特别是瑞典商人在社交活动中非常守时，但在谈判时却不怎么守时。有许多公司发出的商业信函可能得不到及时的答复，合同规定的履约期限已过，他们才匆匆来尽自己的义务，而且连起码的解释也没有。如果遇到这种情况，只要没有造成后果，我们都不应把它看得太重，更没有必要流露不满。否则，倘若他们把你当作一个斤斤计较、生硬古板的人，那将对合作不利。但如果因此造成了损失，我们也应理直气壮地追究其责任。

（3）妥善安排时间，适应对方习惯。

北欧地区所处纬度较高，冬季时间较长。所以，那里的人们对阳光比较珍惜，夏天和冬天分别有3个星期和1个星期的假期。在这段时间里，几乎所有公司的业务处于停顿状态。因此安排谈判时间时，我们应设法避开这些假期，对已经进行的谈判、交易，最好赶在假期开始之前办妥。当然，在有些时候，我们也可以拿假期逼近作为借口来催促对方成交。

◉ 诗语点睛

国际商务出国门
文化背景各不同
固守传统俄罗斯
一衣带水是日本
绅士风度英格兰
契约之民德国人
浪漫幽默法兰西
美国商人有自信

◉ 习　题

一、单项选择题

1.素有"契约之民"雅称的是（　　）。

A. 德国人　　　　　B. 美国人　　　　　C. 英国人　　　　　D. 日本人

2. "不敢越雷池一步"，具有这种性格特征的谈判对手属于（　　　）。

A. 迟疑型　　　　　B. 沉默型　　　　　C. 深藏不露型　　　　D. 谨慎稳重型

3. 日本人的谈判风格是（　　　）。

A. 豪放热心　　　　B. 浪漫随意　　　　C. 沉默寡言　　　　D. 直接刻板

4. 国际商务谈判对手的特点是（　　　）。

A. 多国性　　　　　B. 多民族性　　　　C. 不确定性　　　　D. A 和 B

5. 日本谈判手普遍信奉的谈判哲理是（　　　）。

A. 耐心说理、恭敬待人、唯上司是从、顽抗到底。

B. 笑脸讨价还价、吃小亏占大便宜、放长线钓大鱼、抓关键人物

C. 顽强讨价还价、吃苦耐劳、团体作战、关系是钱

D. 耐心说理、恭敬待人、放长线钓大鱼、抓关键人物

6. 面对具有北欧文化背景的谈判对手，应采取的谈判措施有（　　　）。

A. 坦诚相待、以危求安、以理服人　　　　B. 依阵进退、以危求安

C. 以危求安　　　　　　　　　　　　　　D. 以理服人、坦诚相待

7. 下列属于英国谈判对手性格特征的是（　　　）。

A. 尊重谈判业务　　　　　　　　　　　　B. 待人和善、尊重谈判业务

C. 刻板固执　　　　　　　　　　　　　　D. 注重礼仪、待人和善、刻板固执

二、多项选择题

1. 下列属于美国谈判对手性格特征的是（　　　）。

A. 外露　　　　　　　　　　　　　　　　B. 坦率

C. 热情自信　　　　　　　　　　　　　　D. 追求物质上的实利

2. 对于具有美国文化背景的谈判对手，应采取的谈判措施有（　　　）。

A. 利用性格优点　　B. 利用心理特征　　C. 以实对实　　　　D. 巧用其大

3. 下列属于德国谈判对手性格特征的是（　　　）。

A. 性格倔强　　　　B. 灵活性差　　　　C. 原则性强　　　　D. 谈判中不易妥协

4. 对于具有德国文化背景的谈判对手，应采取的谈判措施有（　　　）。

A. 以严谨求实效　　B. 以柔克刚　　　　C. 以理克刚　　　　D. 巧用其大

5. 下列属于法国谈判对手性格特征的是（　　　）。

A. 性格开朗　　　　B. 眼界豁达　　　　C. 强烈的自豪感　　D. 浪漫幽默

6. 对于具有法国文化背景的谈判对手，应采取的谈判措施有（　　　）。

A. 珍惜友情　　　　B. 讲究历史　　　　C. 慎立文件　　　　D. 巧借外力

7. 下列属于英国谈判对手性格特征的是（　　　）。

A. 注重礼仪　　　　B. 待人和善　　　　C. 刻板固执　　　　D. 尊重谈判业务

8. 比较讲究效率与计划性的谈判者有（　　　）。

A. 印度人　　　　　B. 美国人　　　　　C. 阿拉伯人

D. 菲律宾人　　　　E. 德国人

9.对于具有英国文化背景的谈判对手，应采取的谈判措施有（   ）。

    A.注重礼节   B.信誉求利   C.简捷求快   D.巧借外力

10.下列属于日本谈判对手性格特征的是（   ）。

    A.进取性强   B.态度认真   C.工作严肃细致   D.很少说真心话

11.对于具有日本文化背景的谈判对手，应采取的谈判措施有（   ）。

    A.激将让利、官高一级   B.依阵进退

    C.友谊有价、舍小吃大   D.利虑远近、保卫首长

12.下列属于北欧谈判对手性格特征的是（   ）。

    A.态度谦恭   B.不易激动   C.极具自主性   D.自尊心很强

13.下列属于北欧谈判对手的谈判风格的是（   ）。

    A.坦诚   B.自认为正确时，很顽固

    C.善于提出建设性方案   D.喜欢追求和谐的气氛

14.面对具有北欧文化背景的谈判对手，应采取的谈判措施有（   ）。

    A.坦诚相待   B.依阵进退   C.以危求安   D.以理服人

15.下列属于东欧谈判对手性格特征的是（   ）。

    A.个性解放、言论自由   B.作风散漫、待人谦恭

    C.随和   D.缺乏自信

16.下列属于东欧谈判对手的谈判风格的是（   ）。

    A.追求实利，急于求成   B.方案不多、谈判简单

    C.注重历史关系   D.注重现实利益，变化因素较多

17.谈判风格的特点包括（   ）。

    A.对内的共同性   B.对外的独特性

    C.成因的一致性   D.性格上外向性

18.谈判风格的作用（   ）。

    A.营造良好的谈判氛围   B.有助于提高谈判水平

    C.为谈判策略提供依据   D.实现己方利益最大化

三、判断题

1.积极地听，就是指在一般的交谈中，听者处于比较松弛的状态中，即处于一种随意状态中接受信息。（   ）

2.阿拉伯商人极爱讨价还价，人们有时以讨价还价作为阿拉伯商人的代名词。（   ）

3.法国谈判手性格开朗，眼界豁达，以民族丰富的文化为背景，自豪感强。（   ）

4.美国谈判手性格比较内敛，灵活性比较差，谈判思维原则性强，不易妥协。（   ）

5.日本谈判手的谈判作风顽强，工于计算，很少盲动。（   ）

6.国际商务谈判的人际关系存在三种状态：初次交易关系、多次交易关系和中间人。
（   ）

7.美国谈判对手常从交易条件入手定下总条件后再谈具体的分条件。（   ）

8.美国谈判对手心理感觉较好，往往不太估计对手而气势咄咄逼人，不喜欢开玩笑。
(　　)

9.德国谈判对手其文化特征既有很强的建设性因素，也有很强的攻击性一面。(　　)

10.鉴于日耳曼民族的个性特征，在谈判中应尽量采用针锋相对的讨论方法。(　　)

11.绝大多数德国谈判对手把"理性"放在"个性"之前，因此可以以理克刚。(　　)

12.法国文化背景的谈判对手，在谈判中不喜欢借助外力达成协议。(　　)

13.英国文化背景的谈判对手颇具绅士风度，不喜欢按程式进行谈判，谈判条件不喜欢大起大落。(　　)

14.日本文化背景的谈判对手，性格较为乖僻，不到一定程度很难讲真心话，而且谈判中等级观念强烈。(　　)

15.东欧谈判对手谈判中待人傲慢无礼。(　　)

16.东欧谈判对手的谈判风格特点之一是谈判过程非常复杂。(　　)

17.国际商务谈判对手的特点是不确定性。(　　)

18.谈判中谁的情绪调整得快，谁成功就快。(　　)

19.面对具有北欧文化背景的谈判对手，可以采取坦诚相待的谈判措施。(　　)

思考题

1.日本商务谈判风格与沟通策略是怎样的？
2.韩国商务谈判风格与沟通策略是怎样的？
3.阿拉伯国家商务谈判风格与沟通策略是怎样的？
4.俄罗斯商人的谈判风格与沟通策略是怎样的？
5.美国商务谈判风格与应对策略是怎样的？
6.加拿大商人谈判风格与应对策略是怎样的？
7.拉美商人的谈判风格与应对策略是怎样的？

第9章 CHAPTER9

商务沟通礼仪

礼貌是无声的力量

有一批应届毕业生22个人，实习时被老师带到北京的国家某部委实验室里参观。全体学生坐在会议室里等待部长的到来。这时有秘书给大家倒水，同学们表情木然地看着她忙活，其中一个还问了句："有绿茶吗？天太热了。"秘书回答说："抱歉，刚刚用完了。"林晖看着有点别扭，心里嘀咕："人家给你倒水还挑三拣四。"轮到他时，他轻声说："谢谢，大热天的，辛苦了。"秘书抬头看了他一眼，满含着惊奇，虽然这是很普通的客气话，却是她今天唯一听到的一句。门开了，部长走进来和大家打招呼。不知怎么回事，大家静悄悄的，没有一个人回应。林晖左右看了看，犹犹豫豫地鼓了几下掌，同学们这才稀稀落落地跟着拍手。由于不齐，越发显得零乱起来。部长挥了挥手说："欢迎同学们到这里来参观。平时这些事一般都是由办公室负责人接待，因为我和你们的导师是老同学，非常要好，所以这次我亲自来给大家讲一些情况。我看同学们都好像没有带笔记本，这样吧，王秘书，请你去拿一些我们部里印的纪念手册，送给同学们做纪念。"接下来，更尴尬的事情发生了，大家都坐在那里，很随意地用一只手接过部长双手递过来的手册。部长的脸色越来越难看，来到林晖面前时，已经快要没有耐心了。就在这时，林晖礼貌地站起来，身体微倾，双手握住手册，恭敬地说了一声："谢谢您！"部长闻听此言，不觉眼前一亮，伸手拍了拍林晖的肩膀："你叫什么名字？"林晖照实回答，部长微笑点头，回到自己的座位上。早已汗颜的导师看到此情景，微微松了一口气。

两个月后，毕业分配表上，林晖的去向栏里赫然写着国家某部委实验室。有几位颇感不满的同学找到导师："林晖的学习成绩最多算是中等，凭什么选他不选我们？"导师看了看这几张尚属幼稚的脸，笑道："是人家点名来要的。其实，你们的机会是完全一样的，你们的成绩甚至比林晖还要好，但是除了学习之外，你们需要学的东西太多了，修养是第一课。"

资料来源：张国良. 商务谈判 [M]. 杭州：浙江大学出版社，2010：178.

案例思考

1. 这个故事对你有什么启示？

2. 为什么说礼貌是无声的力量？

生活中最重要的是有礼貌，它是最高的智慧，比一切学识都重要。人无礼则不生，事无礼则不成，国无礼则不宁。礼貌体现习惯，更能体现品德。在交流沟通中都需要人与人之间的平等相待与尊重。怎样才能体现对他人的尊重呢？人类需要寻找一种规范，这就是礼仪。

礼仪作为重要的生活规范和道德规范，是对他人表示尊敬的方式与体现，同时也是人类文明的重要表现形式，它在一定程度上反映了一个国家、一个民族、一个地区或个人的文明程度和社会风尚。礼仪是人类社会发展的产物，是人们进行交往的行为规范与准则。礼仪具体表现为礼貌、礼节、仪表、仪式等。

谈判是有关双方和多方相互交往的重要活动，谈判各方都希望在谈判过程中获得谈判对手的尊重和理解。因此，懂得并掌握必要的礼仪与礼节，是商务谈判人员必须具备的基本素养。

礼仪和礼节是人们自重和尊重他人的生活规范，是对别人（客户）表示尊重的方式。商务谈判中的礼仪主要表现为：端庄的仪表仪容，礼貌的言谈举止，彬彬有礼的态度，周到、合作的礼节。它是保障谈判过程得以顺利进行的重要因素之一，因此，每一位谈判者都应当掌握和讲究谈判礼仪，以便谈判顺利进行并取得成功。为此，本章着重介绍与商务谈判和经济交往有密切联系的一些礼仪。

9.1　礼仪的起源及发展

9.1.1　中国古代礼仪的起源

礼仪起源于人类最原始的两大信仰：一是天地信仰；二是祖先信仰。"礼仪"是原始人为祭祀天地神明、保佑风调雨顺、祈祷祖先显灵、拜求降福免灾而举行的一项敬神拜祖的仪式。

9.1.2　中国古代礼仪的形成与发展

1. 奴隶社会的礼仪

奴隶社会礼仪正式形成，制定了符合奴隶社会政治需要的礼制，并专门制定了系统完备的礼的形式和制度。

特征：由单纯的祭祀到全面制约人们行为的领域。

目的：不断强化人们的尊卑意识，以维护统治阶级的利益，巩固其统治地位，对后世的治国安邦、施政教化、规范行为、培养人格起到了不可估量的作用。

2. 封建社会的礼仪

形式：尊君的观念。"君权神授说"的完整体系，即"惟天子受命于天，天下受命于天子，天不变，道亦不变"。封建社会将"道"具体化为"三纲五常"："三纲"为"君为臣纲""父为子纲""夫为妻纲"；"五常"即仁、义、礼、智、信五种封建伦理道德的准则。

特征：进入了一个发展、变革的时期，将人们的行为纳入了封建道德的轨道，形成了以儒家学派为主导的正统的封建礼教。礼仪在这一时期成为制约人们思想自由的精神枷锁。

3. 中国古代礼仪的特点

中国古代礼仪的特点有：

（1）礼仪涉及内容广泛，原始礼仪以崇拜为主。

（2）强调尊君，将人划分为不同的尊卑等级。

（3）强调男权思想，歧视妇女。

（4）压制民主，扼杀个性，实行强权统治。

9.1.3　现代礼仪

现代礼仪是指现代人们在社会交往中共同遵守的行为准则和规范。它既可以单指为表示敬意而隆重举行的某种仪式，又可以泛指人们交往的礼节、礼貌。

礼仪作为人类社会活动的行为规范和社交活动中应该遵守的行为准则，实际上包含了三层含义，即礼节、礼貌、仪式。

礼仪作为一种文化现象，属于上层建筑领域。它随着社会经济的发展而变化，随着人类文明的进步而不断地发展和完善。

礼仪从属于伦理道德，必须符合伦理道德的准则规范。礼仪影响社会风化，社会的文明程度主要通过礼仪来体现。所以国民是否按礼仪的规范立身处事，直接反映着国家文明程度的高低。礼仪规范着每个人的行为，所以是否懂礼节、讲礼貌直接反映着一个人的综合素养。仪式是行礼的具体过程或程序，是礼仪的具体表现形式。与"礼"相关的三个词是礼貌、礼节、礼仪。

礼貌指人际交往中，通过语言、动作，向交往对象表示谦虚、恭敬。它侧重表现人的品质和素养。

礼节指人际交往中，相互表示尊重、友好的惯用形式。它是礼貌的具体表现形式。没有礼节就没有礼貌，有了礼貌，就必须有具体的礼节。

礼仪是礼节、仪式的统称。它是指人际交往中，自始至终地以一定的、约定俗成的程序和方式来表现的律己、敬人的完整行为。

三者间的关系：礼貌是礼仪的基础，礼节是礼仪的基本组成部分。礼节是一种做法，礼仪是一个表示礼貌的系统的、完整的过程。礼仪层次上高于礼貌、礼节，其内涵更深、更广。

社交礼仪也称交际礼仪，指社会各界人士在一般性的交际应酬之中所应当遵守的礼仪。

📍 **案例 9-1**　　　　　　　　**少年养成的好习惯**

一次在瑞士，龙永图与几个朋友去公园散步。上厕所时，听到隔壁的卫生间里"砰砰"地响，他有点纳闷儿。出来之后，一位女士很着急地问他有没有看到她的孩子，她的孩子进厕所10多分钟了，还没有出来，她又不能进去找。龙永图想起了隔壁厕所里的响声，便进去打开厕所门，看到一个七八岁的孩子在修抽水马桶，怎么弄都抽不出水来，急得他满头大汗，这个小孩觉得他上完厕所不冲水是违背规范的。

这位儿童自觉遵守礼仪规范的精神是值得人们学习的。

资料来源：张国良.商务谈判［M］.杭州：浙江大学出版社，2010：180.

9.2　商务谈判礼仪的一般要求

9.2.1　谈判者的服饰要求

在谈判活动的正式场合，服饰的颜色、样式及搭配等，对谈判者的精神面貌及其给对方的印象和感觉，都会带来一定的影响。所以，商务谈判者的服饰有其个性的原则和要求。出入谈判场合者，应当讲究着装艺术。整洁、美观的服装不仅可以美化一个人的外表，也反映出着装者的个性、审美情趣和文化品位等。一位衣冠整洁的谈判者，能给谈判对手留下良好的第一印象，而一位衣着不整的谈判者，不仅有失身份，给人邋遢的感觉，还易被谈判对手轻视。因此，谈判者应重视服饰。穿衣服不一定非要穿品牌驰名、样式时髦、质地优良的高级服装，但着装应合体（不长不短、不肥不瘦）、合适（与时间、场地相协调）、合意（穿出个人的风格，或庄重，或潇洒）。此外，要按规范着装，例如穿西装必须穿长袖衬衣，还应配上皮鞋。如果穿的是双排扣西服，要扣好纽扣；若是单排两个扣子，一般只扣上扣；若是三个扣子，则扣中扣。另外，不宜在西服衣裤兜内放太多太沉的物品，以免显得鼓鼓囊囊，不雅观。服饰礼仪是国际商务谈判中最基本的礼仪。得体的服饰，不仅是个人仪表美、素质高的表现，而且是对他人的尊重。商界历来最重视服饰规范，服饰是商人成功的关键。国际商务谈判这种正规场合更是要求穿得传统、庄重、高雅。对于男性，一般应穿西装系领带，一套非常合体的深色套服（通常是蓝色、灰色或黑色）会适合大多数国家，也可用于出席谈判宴会或看演出。对于女性，职业套装则是最佳选择，这在世界任何地方都适用。谈判场上，男性切忌穿非正式的休闲装、运动装；女性切忌穿得太露、太透，也切忌佩戴太多首饰，适当点缀一两件即可。无论男性或女性，稀奇的发型、过分的化妆、大量的珠宝、浓浓的香水味都会损坏商务职业人员的形象，给外国商人发送错误的信号。

中国有句俗话：穿衣戴帽，各有所好。在日常生活中人们可以凭个人喜好穿戴，可在国际商务谈判中却不能过于随意。

📍 **案例 9-2**　　　　　　　　　　**割草机谈判**

中国某企业与德国一家公司洽谈割草机出口事宜。按礼节中方提前 5 分钟到达公司会议室。客人到后，中方人员全体起立，鼓掌欢迎。不料，德方脸上不但没有出现期待的笑容，反而均显示出一丝不快的表情。更令人不解的是，按计划一上午的谈判日程，半个小时便草草结束，德方匆匆离去。

事后了解到：德方之所以提前离开，是因为中方谈判人员的穿着。德方谈判人员中男士个个西装革履，女士个个都穿职业装。而中方人员呢？除经理和翻译穿西装外，其他人有穿夹克衫的，有穿牛仔服的，有一位工程师甚至穿着工作服。

德国是个重礼仪的国家，德国人素以办事认真而闻名于世。在德国人眼里，商务谈判是一件极其正式和重大的活动，中国人穿着太随便说明了两个问题：一是不尊重他人；二是不重视此活动。既然你不尊重人，又不重视事，那还有必要谈吗？所以，德方在发现中国人服饰不规范时脸上露出不快，并且提前离去就不足为奇了。

资料来源：张国良.商务谈判［M］.杭州：浙江大学出版社，2010：181.

1. 服饰的总原则

服饰应与穿着者的年龄、身份、地位及所处场合相符。服饰应整洁、挺括；发型、化妆应较正规，不应标新立异；指甲、胡须要修净、清洁。

2. 服饰要求

谈判者的服饰要求如下。

（1）基本特点：高雅大方。

（2）基本要求：稳重、端庄、严肃。

（3）着装色彩：男士外装应为较深的颜色，全身上下的颜色不应多于三种。

（4）着装样式：男士应穿西装套装或深色中山装，女士可着西装套裙或礼服。

（5）佩戴饰物：酌情佩戴，饰物应档次高、款式新、做工精。

（6）女士化妆：浓淡适宜，与环境相协调，忌浓妆艳抹。

（7）发型设计：精心修饰，与实际身份相符。

9.2.2　谈判者的举止要求

举止是指行为者的坐姿、站姿、行姿及其他姿态，它直接作用于交往者，影响人们交往的结果。在谈判中，对举止的总体要求是举止得体，给他人的印象是：自信而不显孤傲；热情友好又不显曲意逢迎；落落大方、挥洒自如又不显粗野放肆、有悖常规；对不利于自己的事物与机会不垂头丧气、心烦意乱，应成竹在胸、处变不惊。具体表现如下。

1. 坐姿

谈判者的坐姿要求落座后身体尽量端正，挺腰笔直。

2. 站姿

谈判者的站姿要求挺拔，优美典雅。站立时，竖看要有直立感，即以鼻子为中线的人体应大体成直线；横看要有开阔感，即肢体及身段应给人舒展的感觉；侧看要有垂直感，即从耳至脚踝骨应大体成直线。男女的站姿亦应形成不同的风格。男子的站姿应刚毅洒脱、挺拔向上；女子应站得庄重大方、秀雅优美。

站立时切忌东倒西歪，耸肩驼背，左摇右晃，两脚间距过大。站立交谈时，身体不要倚门、靠墙、靠柱，双手可随说话的内容做一些手势，但不能太多太大，以免显得粗鲁。在正式场合站立时，不要将手插入裤袋或交叉在胸前，更不能下意识地做小动作，如摆弄衣角、咬手指甲等，这样做不仅显得拘谨，而且给人一种缺乏自信、缺乏经验的感觉。良好的站姿应该有挺、直、高的感觉，真正像松树一样舒展、挺拔、俊秀。

9.3　见面礼仪

见面打招呼是人际交往中的起码常识。打招呼合乎礼节，不仅表达出对交际双方关系的认定，而且是良好交际或进行有效交谈的起始点。见面是商务谈判中的一项重要活动。见面礼仪主要包括介绍礼仪和握手礼仪。介绍一般是双方主谈各自介绍自己小组的成员。顺序是女士优先，职位高的优先。称呼通常为"女士""小姐""先生"。中国人有一个称呼叫"同志"，翻译成英语是"comrade"，在西方的某些国家，意思是"同性恋"，所以为避免误会，在商务谈判中应禁用此词。

9.3.1　称呼与寒暄

1. 称呼礼节

称呼礼节主要体现在称呼用语上。称呼用语是随着交际双方相互关系的性质而变化的，因此，应根据具体情况和国内外的习惯灵活运用。称呼根据对象的具体情况（如性别、年龄、身份等）和关系亲密程度，可分为尊称与泛称。

尊称是指对人尊敬的称呼。它在初次见面和正式场合中经常被采用，如"贵姓""贵公司""贵方"等。

泛称是对人的一般称呼。它根据具体情况，又分为正式场合中的泛称与非正式场合中的泛称。谈判正式场合的泛称有：姓＋职务／职称／职业、姓名＋先生／女士／小姐。

2. 寒暄礼节

寒暄，是社会交往中双方见面时为了沟通彼此之间的感情，创造友好与和谐气氛，以天气冷暖、生活琐事及相互问候之类为内容的应酬话。较常见的寒暄形式有以下三种类型。

（1）致意型。

致意型寒暄表达人们相互尊重、相互致意和相互祝愿的情谊，是最常用的寒暄形式，如"旅途辛苦了"。

（2）问候型。

问候型寒暄以一种貌似提问的话语表达一种对人关心和友好的态度，如"休息得好吗"。

（3）攀认型。

攀认型寒暄是在交往过程中，寻找契机，发掘双方的共同点，从情感上靠拢对方，如"张先生祖籍广州，这么说我们还是同乡呢"。

（4）敬慕型。

敬慕型寒暄是对初次见面者表示敬重、仰慕，这是热情有礼的表现，如"见到您，不胜荣幸"。

9.3.2　介绍

介绍的一般规则是：把别人或自己介绍给你所尊敬的人。谈判人员的介绍，通常分为他人介绍、自我介绍和互相介绍三种。在一定场合中究竟采用哪种方式，要依当时具体情况，合乎礼仪规范地灵活运用。

1. 他人介绍

他人介绍是指作为中间人的接待者把主客双方加以引见并进行介绍。介绍时一般遵循以下三种原则：其一，把年轻的或地位偏低的介绍给年长者或地位较高者；其二，介绍洽谈双方相见；其三，把男性介绍给女性。

2. 自我介绍

自我介绍亦称"自我推销"。人与人之间的相识，人们对你的良好印象，往往是从自我介绍开始的。自我介绍作为成功谈判的良好开端，应当得到足够的重视。掌握自我介绍的礼仪，首先应了解以下几条原则：

（1）必须镇定而充满自信。

（2）根据不同的交往目的，注意介绍的繁、简。

（3）自我评价要掌握分寸。

3. 互相介绍

当你要将某人介绍给别人时，按礼宾顺序应该是：把年轻的介绍给年长的，把职务低的介绍给职务高的。如果介绍对象双方的年龄、职务相当，异性就要遵从"女士优先"的原则，即把男士介绍给女士；对于同性，可以根据实际情况灵活掌握，比如把和你熟悉的介绍给和你不熟悉的；介绍双方职务有高有低的时候，就把职务低的介绍给职务高的；也可以从左到右或从右到左介绍，等等。在人数众多的场合，如果其中没有职位、身份特殊的人在场，又是年龄相仿的人聚会，则可按照一定的次序——介绍。

⊙ 小讨论　应聘

小　李：（推门进来，重重地关上门，坐在主考官面前，默不作声。）

主考官：你是李东吧？请问，你是从哪所学校毕业的？什么时候毕业的？

小　李：（不解地）您没有看我的简历吗？您问的这些问题简历上都写着呢。

主考官：看了。不过我还是想听你说说。那么，请用一分钟叙述一下你的简单情况。

小　李：（快速地）我在大学里学的是文秘专业，实习时在一家广告公司负责文案工作。这几年，我报考了英语专业的自学考试，目前已通过五门功课的考试。我很想到贵公司工作，因为贵公司的工作环境很适合年轻人的发展。我希望贵公司给我一个机会，而我将回报贵公司一个惊喜。

主考官：（皱起眉头）好吧，回去等通知吧。

小　李：（急匆匆走出去，又急匆匆返回来拿放在椅子脚旁的帆布包。）

讨论题

小李这次面试为什么失败？

9.3.3 握手

> **📍 小资料 握手起源**
>
> 起源说一：
>
> 握手礼起源于很久的古代。在"刀耕火种"的原始社会，人们用以防身和狩猎的主要武器就是棍棒和石头。传说当人们在路上遭遇陌生人时，如果双方都无恶意，就放下手中的东西，伸开双手让对方抚摸掌心，以示亲善。这种表示友好的习惯沿袭下来就成为今天的握手礼。
>
> 起源说二：
>
> 握手礼源于中世纪，当时打仗的骑兵都披挂盔甲，全身除了两只眼睛外都包裹在盔甲中。如果想表示友好，互相接近时就脱去右手的甲胄，伸出右手表示没有武器，消除对方的戒心，互相握一下右手，即为和平的象征。沿袭到今天，这种做法便演变成了握手礼。

1. 握手礼的作用

（1）能体现交往双方对对方的态度。

（2）能体现人们的礼仪修养。

（3）能促进人们的交往。

握手是国内外通用的交际礼节，一般是在相互介绍和会面或离别时进行，表示友好、祝贺、感谢或相互鼓励之意。

2. 握手姿势

身体以标准站姿站立；上体略前倾；右手手臂前伸，肘关节弯曲；拇指张开，四指并拢。

3. 握手的次序

（1）拜访与离别时的握手次序。

在登门拜访时，一般应是主人先与客人握手，以表示欢迎和对拜访者的感谢。但在离别时，应是客人先伸手握手，以表示对主人接待的感谢和打扰的歉意，这时，主人切不可先伸出手去与客人握手，否则容易造成不欢迎客人继续谈话或催促对方离开的误会。

（2）不同身份的人的握手次序。

一般是主方、职务高的或年长者先伸手，以表示对客方、职务低的或年少者的关心和重视，而客人、职务低的或年少者见面时可先问候，待对方伸出手后再握手，同时面带笑容，身体微欠，或用双手握对方的手，以表示敬意和尊重。

（3）异性之间的握手次序。

在异性谈判人员之间，一般来说，男性不要主动与女性握手，以免失礼或尴尬。如果女性主动先伸出手，做出握手的表示，男性应在判断准确后可以使握着的手上下摇晃几下，表示热烈、真诚的感情。应当注意，如果握手的时间过短、彼此两手一经接触后即刻松开，所表明的意思是双方完全出于客套、应酬或没有进一步加深交往的期望，或者是双方对此次谈判信心不足。

4. 握手的方式和表情

（1）握手的方式。

正确的握手方式是：笔直站立着，用右手稍稍用力握住对方的手，然后身体略微前倾，全神贯注地注视对方，以表示尊重。一般不要坐着与人握手；不能在与别人交谈中漫不经心地与另一个人握手，冷落握手人；严禁在他人头顶上与对方握手；如果就餐时，确有握手的必要，应离开座位与对方握手，不能在餐桌上或食物上面握手。

（2）握手的表情。

握手人在握手时，为了加深印象、表示更为友好的感情，应辅之以自然的表情。因为，握手者的自然微笑与喜悦，确实可以表达发自内心的情感与真诚，反映双方友好、亲切的关系。而毫无表情或表情呆滞、冷淡，则会引起对方的不悦、猜疑，造成不信任感，最终可能会影响双方和谐的气氛。美国著名盲人女作家海伦·凯勒说："握手，无言胜有言。有的人拒人千里，握着冷冰冰的手指，就像和凛冽的北风握手。有些人的手却充满阳光，握住你使你感到温暖。"

（3）握手的力度与时间。

1）握手的力度。

握手的力度一般为 2 千克左右，握手时用力的大小往往也传递着某种感情与信息。一般来说，握手有力，表示握手者对对方感情较深，关系亲密，以及见面后的兴奋与激情，有时还可表示深切的谢意和较强的自信心。但凡事不可过，若用力过猛，使对方有痛感，就会使对方难以接受，感觉到你可能不怀好意，或者是在显示"力量"和向对方"示威"，这又难免引起反感。而毫无力度、漫不经心的握手，常常使人感到缺乏热情和诚意，给人一种轻蔑非礼之感。

2）握手的时间。

双方握手的时间一般以 3～6 秒为宜。异性间握手时间应以 1～3 秒为宜。如果双方个人间的关系十分密切或熟识，握手的时间可适当延长。

（4）握手的禁忌。

1）忌用左手握手。

2）忌坐着握手。

3）忌戴有手套。

4）忌手脏。

5）忌交叉握手。

6）忌与异性握手用双手。

7）忌三心二意。

📍 **案例 9-3**   **左手引起的麻烦**

某厂长去广交会考察，恰巧碰上厂里的出口经理和印度尼西亚客户在热烈地洽谈合同。见厂长来了，出口经理忙向客户介绍，厂长因右手拿着公文包，便伸出左手握住对方伸出的右手。谁知刚才还笑容满面的客人忽然笑容全无，并且就座后也失去了先前讨价还价的热情，不一会儿便声称有其他约会，急急地离开了摊位。

资料来源：张国良. 商务谈判［M］. 杭州：浙江大学出版社，2010：186.

案例分析

在印度尼西亚，左手是不能用来从事如签字、握手、拿食物等干净的工作的，否则会被看作粗鲁的表现，因为左手一般是用来做不洁之事的。这次商务谈判失败，就是因为厂长不了解这一文化差异，而是用了对中国人来说可以接受的左手与对方握手。

9.3.4　其他社交礼仪形式

1. 拥抱礼

两人正面对立，各自举起右臂，将右手搭在对方的左臂后面；左臂下垂，左手扶住对方的右后腰。首先向左侧拥抱，然后向右侧拥抱，最后再次向左侧拥抱，礼毕。拥抱时，还可以用右手掌拍打对方左臂的后侧，以示亲热。

2. 合十礼

把两个手掌在胸前对合，指尖和鼻尖齐高，手掌向外倾斜，头略低，兼含敬意和谢意双重意义。

3. 举手礼

行举手礼时，要举右手，手指伸直并齐，指尖接触帽檐右侧，手掌微向外，右上臂与肩齐高，双目注视对方。待受礼者答礼后方可将手放下。

4. 鞠躬礼

基本姿势：身体呈标准站姿，手放在腹前。

角度：20 ~ 30 度。

表情：自然，符合场景。

眼神：视对方或视地面。

5. 拱手礼

一般以左手抱握在右拳上，双臂屈肘，拱手至胸前自上而下或自内而外有节奏地晃动两三下。

6. 吻手礼

女方先伸出手做下垂式，男方则可将其指尖轻轻提起吻之。若女方身份地位较高，男方以一膝做半跪姿势，再提手吻之。

7. 点头礼

这是同级或平辈间的礼节，如在路上行走时相遇，可以在行进中点头示意。若在路上遇见上级或长者，必须立正行鞠躬礼。但上级对部下或长者对晚辈的答礼，可以在行进中进行，或伸右手示意。

下面是接递名片的礼仪。名片既是身份的说明，也是进行交际和商务活动的信息来源与手段。名片的接递应注意以下基本要求。

迎接客人时，若属初次见面，客方应首先主动递交名片。访问客人时，访问者应首先拿出名片给被访问者，如果对方首先拿出名片，另一方应回送自己的名片，若未带名片，应表示歉意并对对方所递名片表示谢意。

如果是事先约好的访问，由于对方对情况有大体的了解，可以不必一进门就递出名片，可先做自我介绍，然后进行交谈。如果想用名片加深印象，发展关系，可在临别时顺手递交名片。如果自己在彼地还需停留几天，就应事先在名片上写上投宿的地址和电话号码，以便对方日后联系。如果在有介绍人介绍的商谈场合，应在介绍人介绍后再递名片，或在会谈后再递交名片，并请对方多联系、多关照。

如果是组团出国从事商务谈判，理想的方法是将各团员的姓名、职业、职务，甚至连同照片一起印在一张明信片般的纸片上，在见面寒暄后，由领队递给对方，以方便彼此了解和洽谈。

如果是己方递交名片给对方，则应恭敬地用双手或用右手递给对方，并说一些请对方关照之类的寒暄语。如果是对方递交名片，则己方应恭敬地用双手接过名片，并要认真看一看，必要时可说一些恭维的话，然后放在名片夹里或上衣口袋里。切忌看也不看，随便塞在口袋里，随后又去询问对方姓名，这是极不礼貌的。

索要名片的技巧：

（1）交易法。

"张教授，非常高兴认识你，这是我的名片，请张教授多指教。"

（2）明示法（向同年龄、同级别、同职位索要名片）。

"老王，好久不见了，我们交换一下名片吧，这样联系更方便。"

"不知道如何和你联系？"

（3）谦恭法（向长辈、领导、上级索要名片）。

"汪老，您的报告对我很有启发，希望有机会向您请教，以后怎样向您请教比较方便？"

9.4　迎送礼仪

迎接为谈判礼节序幕，事关谈判氛围之情状。迎接礼仪周到得当，可先入为主地为谈判准备好恰当氛围及情感基础，会化解双方矛盾，促进谈判的成功。欢送则为谈判礼节的闭幕，关系到双方的信任、协议的贯彻维护、继续合作与继续谈判等，也是为之奠定感情基础的环节，所以万万不可认为谈判已结束或中断，便随随便便应付。迎送均应善始善终，不可虎头蛇尾。下面具体介绍一下迎送礼仪。

9.4.1　确定迎送规格

迎送规格的确定主要依据的是前来谈判人员的身份与目的，并适当考虑双方关系。己方主要迎送人的身份和地位通常都应与对方主谈人对等，业务也应对口，一般以己方主谈人为宜。己方当事人因故不能前往，应由己方职位相当人士和当事人之副职或助手出面。无论如何替代，均应向对方做出详尽解释。

迎送人员应比对方抵达人员略少，为己方谈判班子的主要成员。若有发展双方关系或其他方面的需要，也可破格迎送，安排较大的场面，出场职位更高的己方领导，等等。

> ⓐ 小思考　迎访礼仪有哪些
>
> 精心准备
> 热情迎客
> 周到待客
> 礼貌送客

9.4.2　掌握抵达和离开的时间

准确掌握对方谈判班子乘坐的交通工具及其抵达和离开的时间，及早做好迎送车辆的准备。迎接则应在对方乘坐的交通工具抵达之前到达迎接地点。迎接地点一般均为对方所乘的交通工具的停泊之地，即车站、码头、机场。送行时，己方人员可与对方人员同车而往。特殊情况下迎接时，也可先派一般工作人员前往接人，然后在己方场所或客方下榻之地专门举行迎接仪式。

9.4.3　介绍

通常先将前来迎接的人员介绍给来客，介绍过程中，主动的一方如条件具备，应同时赠予对方自己的名片。赠予名片时，应持恭敬态度，双手递与对方，双手高度以介于腰胸之间为宜。接受对方所赠名片，也应持恭敬态度，双手接过，并仔细观看后，慎重地放入自己的衣服口袋或名片盒内。客人初来乍到，较为拘谨，主人应主动招呼和关心客人，为谈判奠定良好的情感基础。

9.4.4　陪车

陪车时应请客人坐在主人的右侧，并主动为客人打开其乘坐一侧的车门，如有译员，可坐在司机旁边。在特殊情况下，若己方负责人亲自开车，则可邀对方负责人坐在自己身旁。

9.4.5　食宿安排

迎接客人之后，应将其直接送至下榻处。在客方住宿落实后，应陪同客人进入其房间，检查一下客房设施是否完好，问客人起居有无不便，并主动征询客人的意见。若无须更换房间，则稍坐即应告辞。客人旅途疲劳加之准备谈判，应让其安静独处，休息思考。一般而论，在客人抵达当天，应为其设便宴接风。迎接人员在告辞时，应将接风之便宴时间安排告知客人，请其届时在客房内等待我方人员前往引导，亦可委托其下榻处公关人员、服务人员前往引导。

9.4.6 会见

会见，国际上一般称接见或拜会。凡身份高的会见身份低的，或是主人会见客人的会见，特别称之为接见或照会。反之，凡身份低的会见身份高的，或是客人会见主人的会见，一般称为拜会或拜见。

1. 会见座次的安排

会见时座次的安排是会见礼节的重要方面。因此，在商务谈判中应引起足够的重视。

会见通常被安排在会客厅或办公室。有时宾主各坐一边，有时穿插坐在一起。有时候还有一些特定的礼仪议程，如双方简要致辞、赠礼、合影等。我国习惯在会客厅安排会见，客人安排在主人的右边，译员、记录员安排在主谈和主宾的后面，其他陪谈按礼宾顺序在主宾一侧就位，主方陪见人员在主人一侧就位，座位不够可加在后排。

2. 会见中的几项具体工作

（1）谈判中提出会见要求时，应将要求会见人的姓名、职务及会见何人、会见的目的告知对方。接见一方应尽早给予答复并约定时间，因故不能接见时应婉言解释。

（2）作为接见一方的安排者，应主动将会见的时间、地点、主方出席人、具体安排及相关注意事项通知对方。双方都应准确掌握会见的时间、地点及相关人员的名单，并将此通知有关人员和单位，做出必要安排，主人应提前到达。

（3）会见场所应安排足够的座位，必要时宜安排扩音器，现场事先放置好中外文座位卡等。如有合影，要事先安排好合影图，合影图一般主人居中，主客双方间隔排列。

（4）客人到达时，主人要在大楼正门或会客厅门口迎接。如主人不在大楼门口迎接，则应由工作人员在大楼门口迎接，并将其引入会客厅。

9.4.7 洽谈礼仪

与一般的会见活动相比，洽谈活动具有时间长、内容多的特点，往往会涉及各方的实际利益，因而它是商务谈判活动的中心，直接影响着最后交易的达成，在洽谈活动中遵守相应的礼仪就显得尤为重要。

1. 洽谈中座次安排的礼仪

座次安排是洽谈礼仪中一个非常重要的方面。业务洽谈多使用长方形的桌子，通常宾主相对而坐，各占一边。谈判桌横对入口时，来宾对门而坐，东道主背门而坐；谈判桌一端对着入口时，以进入正门的方向为准，来宾居右而坐，东道主居左而坐。双方的主谈人是洽谈中的主宾和主人。主宾和主人居中相对而坐，其余人员按职务高低和礼宾顺序分坐左右。原则是以右为尊，即主谈人右手第一人为第二位置，主谈人左手第一人为第三位置，依此类推。

2. 洽谈中的其他礼节

在商务谈判中，洽谈的礼节并不仅局限在谈判席上，在洽谈的间歇或离开谈判席之后的闲谈也要注意表现出适当的礼仪。洽谈的话题也并不局限于谈判的主题，还可能涉及生活中的方方面面，所以具有一般社交活动交谈的性质。在此，现将应注意的其他礼节总结如下：

（1）洽谈时表情要自然，态度要和蔼可亲。交谈时不要离对方太近或太远，不要拉拉扯扯、拍拍打打。

（2）谈话的内容一般不涉及不愉快和荒诞离奇、耸人听闻的事情。一般不询问妇女的年龄、婚姻等状况，不径直询问对方的履历、工资收入、家庭财产、衣饰价格等私生活方面的问题。对于对方不愿回答的问题，不要刨根问底。对于对方反感的问题，应示歉意并立即转移话题。不对某人评头论足，不讥讽别人，也不要随便谈论宗教问题。

（3）谈判用语的基本要求是清晰、明确，能充分、完整、快速、确切地表达己方的意见和意思，避免含糊难解、模棱两可的用语。语言尽量文雅有礼，任何出言不逊、恶语伤人的行为都会引起对方的反感，无助于洽谈目标的实现。

（4）洽谈中陈述意见时应尽量在平稳中进行。语速过快或过慢对意思的表达都有影响。说话太快，一下子讲得很多而无停顿，使对方难以抓住你说话的主要意思，难以集中注意力正确领会并把握你的实际表达，从而导致双方的交流不畅，难以沟通。说话太慢，节奏不当，吞吞吐吐或欲言又止，易被人认为不可信任或过于紧张，对方会对谈判成员的能力产生怀疑而失去谈判兴趣。

（5）谈判中还应注意身体语言的运用。洽谈中，有人会在不经意间做出一些动作，这恰恰能反映出其内心的想法，比如频繁地擦汗、抚摸下颌、敲击桌面等都反映心情的紧张不安。有经验、训练有素的洽谈人员能自我控制，能最大限度地避免无意识动作，在任何情况下都能镇定自若，不慌不忙，稳如泰山。另外，自觉的体态运用也能微妙地、不知不觉地影响对方的心理。如抱着胳膊，这表示警觉和戒备心理。摸鼻梁、扶眼镜及闭目休整，表示正在集中精力思考某个问题，准备做出重大决策。因而合适的身体语言的运用也表现出一定的人情味，也是一种礼仪和风度，甚至能够影响对方，发挥无声的作用。

案例 9-4　　　　　　　竖起大拇指的故事

让我们看一下一个英国商人在伊朗的例证：一个月来事事顺利，英国商人同伊朗同事建立了关系，在谈判中尊重伊斯兰教的影响，避免了任何潜在的爆炸性的政治闲谈。英国商人兴高采烈地签署了一项合同。他签完字后，对着他的伊朗同事竖起了大拇指。几乎是立刻出现了紧张氛围，一位伊朗官员离开了房间。英国的这位商人摸不着头脑，不知发生了什么，他的伊朗同事也觉得很尴尬，不知如何向他解释。

资料来源：张国良.商务谈判［M］.杭州：浙江大学出版社，2010：191.

案例分析

在英国，竖起大拇指是赞成的标志，它的意思是"很好"；然而在伊朗，它是否定的意思，表示不满，近似令人厌恶，是一种无礼的动作。

9.4.8　宴请礼仪

在谈判活动中，宴请本身就是谈判双方之间的一种礼节形式。通过宴请，可以使谈判双方增进了解和信任，在感情上拉近距离，从而有利于谈判协议的达成。在宴请的过程中也有一些必须注意的礼节。

（1）宴请的时间选择应对主宾双方都适宜。一般应先征求对方的意见，注意不要选择对方的重大节假日、有重要活动或有禁忌的日子。宴请地点的选择，可根据宴请的性质、规模大小、形式、主人意愿及实际可能而定。

（2）各种宴请活动，一般都发请柬，这既是有礼貌的体现，也可提醒客人做备忘之用，便宴也可约妥而不发请柬，工作进餐一般不发请柬。请柬一般要提前一至两周发出，以便被邀人及早安排。请柬的内容主要包括活动形式、举行时间、地点、主人姓名等。

（3）正式宴会一般均排席位，也可只排部分客人的席位，其他人只排桌次或自由入座。无论哪种做法，都要在入席前通知到每个入席者，现场还要有人引导。

（4）宴请的酒菜根据宴请形式和规格及规定的预算标准而定，选菜不以主人的爱好为准，主要考虑主宾的爱好与禁忌。餐桌上的一切用品都要十分清洁卫生，桌布、餐巾都应洗净、熨平。

（5）餐桌前的坐姿和仪表也很重要。身体与餐桌之间要保持适当距离，太远不易处理食物，太近则易使手肘过度弯曲而影响邻座。理想的坐姿是身体挺而不僵，仪态自然，既不呆板，也不轻浮。餐巾须等主人动手摊开使用时，客人才可将其摊开置于膝盖上。用餐完毕时，将餐巾放在桌上左边，不可胡乱扭成一团。

（6）主人一般在门口迎接客人，与客人握手后，由工作人员引进休息厅，无休息厅可直接进入宴会厅，但不入座。主宾到达后，由主人陪同进入休息厅与其他客人见面，如其他客人尚未到齐，可由其他迎宾人员代表主人在门口迎接。

主人陪同主宾进入宴会厅，全体客人就座，宴会即开始。吃完水果，主人与主宾起立，宴会即告结束。

9.4.9　拜访礼仪

在商务交往过程中，相互拜访是经常的事，如果懂得商务拜访礼仪，无疑会为拜访活动增添色彩。

1. 拜访前的准备

有句古话说得好：不打无准备之仗。商务拜访前同样需要做好充分准备。

（1）预约不能少。

拜访之前必须提前预约，这是最基本的礼仪。一般情况下，应提前三天给拜访者打电话，简单说明拜访的原因和目的，确定拜访时间，经过对方同意以后才能前往。

（2）明确目的。

拜访必须明确目的，出发前对此次拜访要解决的问题应做到心中有数。例如，你需要对方为你解决什么，你对对方提出什么要求，最终你要得到什么样的结果等，这些问题的相关资料都要准备好，以防万一。

（3）礼物不可少。

无论是初次拜访还是再次拜访，礼物都不能少。礼物可以起到联络双方感情、缓和紧张气氛的作用。所以，在礼物的选择上还要下一番苦功夫。既然要送礼就要送到对方的心坎里，了解对方的兴趣、爱好及品位，有针对性地选择礼物，尽量让对方感到满意。

（4）自身仪表不可忽视。

肮脏、邋遢、不得体的仪表，是对被拜访者的轻视。被拜访者会认为你不把他放在眼里，对拜访效果有直接影响。一般情况下，登门拜访时，女士应着深色套裙、中跟浅口深色皮鞋配肉色丝袜；男士最好选择深色西装配素雅的领带，外加黑色皮鞋、深色袜子。

2. 拜访过程

商务拜访过程中的礼仪众多，归纳为以下几点以供参考。

（1）具备较强的时间观念。

拜访他人可以早到，不能迟到，这是一般的常识，也是拜访活动中最基本的礼仪之一。早些到可以借富余的时间整理拜访时需要用到的资料，并正点出现在约定好的地点。而迟到则是失礼的表现，不但是对被拜访者的不敬，也是对工作不负责任的表现，被拜访者会对你产生看法。

值得注意的是：如果因故不能如期赴约，必须提前通知对方，以便被拜访者重新安排工作。通知时一定要说明失约的原因，态度诚恳地请对方原谅，必要时还需约定下次拜访的日期、时间。

（2）先通报后进入。

到达约会地点后，如果没有直接见到被拜访对象，拜访者不得擅自闯入，必须经过通报后再进入。一般情况下，前往大型企业拜访，首先要向负责接待人员交代自己的基本情况，待对方安排好以后，再与被拜访者见面。当然，生活中不免存在这样的情况，被拜访者身处某一宾馆，如果拜访者已经抵达宾馆，切勿鲁莽直奔被拜访者所在房间，而应该由宾馆前台接待打电话通知被拜访者，经同意以后再进入。

（3）举止大方，温文尔雅。

见面后，打招呼是必不可少的。如果双方是初次见面，拜访者必须主动向对方致意，简单地做自我介绍，然后热情大方地与被拜访者行握手之礼。如果双方已经不是初次见面了，主动问好致意也是必需的，这样可显示出你的诚意。说到握手不得不强调一点，如果对方是长者、尊者或女性，自己绝对不能先将手伸出去，这样有抬高自己之嫌，同样可视为对他人的不敬。

见面礼行过以后，拜访者在主人的引导之下，进入指定房间，待主人落座以后，再坐在指定的座位上。

（4）开门见山，切忌啰唆。

谈话切忌啰唆，简单的寒暄是必要的，但时间不宜过长。因为，被拜访者可能有很多重要的工作等待处理，没有很多时间接见来访者，这就要求，谈话要开门见山，简单的寒暄后直接进入正题。

当对方发表自己的意见时，打断对方讲话是不礼貌的行为。应该仔细倾听，将不清楚的问题记录下来，待对方讲完以后再请求就不清楚的问题给予解释。如果双方意见产生分歧，一定不能急躁，要时刻保持沉着冷静，避免破坏拜访气氛，影响拜访效果。

（5）把握拜访时间。

在商务拜访过程中，时间为第一要素，拜访时间不宜拖得太长，否则会影响对方其他工作的安排。如果双方在拜访前已经设定了拜访时间，则必须把握好已规定的时间，如果没有对时间问题做具体要求，那么就要在最短的时间里讲清所有问题，然后起身离开，以免耽误被拜访者处理其他事务。

3. 拜访结束

拜访结束时，如果谈话时间已过长。起身告辞时，要向主人表示"打扰"歉意。出门后，回身主动与主人握别，说"请留步"。待主人留步后，走几步再回首挥手致意"再见"。

商务拜访是当今最流行的一种办公形式，也是对礼仪要求最多的活动之一。掌握好上述礼仪要领，将有助于你的商务工作顺利进行。过程可总结为：

事先有约

时间恰当

认真准备

遵时守约

进门有礼

为客有方

适时告辞

9.4.10 馈赠礼品的礼仪

馈赠礼品既是国际商务谈判中的一种润滑剂，又是一种文化地雷阵，因为它一方面能加深感情，促进与客户的关系，另一方面却又由于文化差异而易犯种种禁忌。比如赠酒在法国很流行，但是备受法国人欢迎和引以为豪的红葡萄酒或白葡萄酒，在阿拉伯国家却是禁品。赠送绿色领带给沙特阿拉伯人会大受欢迎，因为绿色是穆斯林喜欢的颜色，但赠送给捷克人则意味着断绝关系，因为绿色在那里是毒药和毒素原料的象征。欧美人较重视礼物的意义，而不在价值，礼太重则有贿赂之嫌，而在亚洲、非洲、拉丁美洲国家，礼太轻则不受欢迎。在中国，送礼以双数为吉祥，在日本则以奇数表示吉利。在美国，收到礼品时应当场打开，然后对礼品大加赞赏（即使你不喜欢），并对送礼者表示感谢。而在日本，除非应送礼者请求，否则当面打开礼物是不礼貌的。

谈判人员在相互交往中馈赠礼品，一般除表示友好、进一步增进友谊和今后不断联络感情外，更主要的是表示对本次合作成功的祝贺，和对再次合作能够顺利进行所做的促进。因此，选择适当的时机，针对不同对象选择不同礼品馈赠成为一门很有艺术的学问。其中应注意以下几个方面：

（1）赠送礼品，价值应视洽谈内容及谈判的具体情况而定。送礼前，要了解因何事送礼，以便选择合适的礼品以取得良好的效果。不同的目的，选择的礼品是不一样的。一般而言，西方社会比较重视礼物的意义和感情价值，而不是值多少钱，正所谓"礼轻情义重"。因而选择礼品时应注重它的纪念价值、实用性和民族特点，无须太贵重，只要对方喜欢并接受就达到了送礼的目的。

（2）赠送礼品，要注意对方的习俗和文化修养。由于谈判人员所属国家、地区间有较大差异，文化背景各不相同，爱好和要求必然存在差别。比如不同的国家对礼品的颜色、造型、图案、数量等都有不同的要求。

（3）赠送礼品，需注意包装。精致的包装也反映出赠送者的一份情谊，而粗劣的包装则可能会让人大倒胃口，效果适得其反，但包装也不要过分。

（4）赠送礼品，还要注意时机和场合。比如英国人多在晚餐或看完戏之后乘兴赠送，法国人喜欢下次重逢时赠送礼品，我国以在离别前赠送纪念品较为自然。一般情况下，各国都有初交不送礼的习惯。

一般来说，在大庭广众之下，可以送大方得体的书籍、鲜花一类的礼物。与衣食住行有关的生活用品不宜在公开场合相赠，否则会产生受贿的嫌疑。

礼品最好亲自赠送。如果因故不能亲自赠送，要委托他人转交或邮寄时，应附上一份礼笺，注上姓名，并说明赠礼缘由。

赠礼时，态度要平和友善，举止大方，双手把礼物送给受礼者，并简短、热情、得体地加以说明，表明送礼的原因和态度。

案例 9-5　　　　　　　　　　绿帽子的故事

1992 年，中国的 13 名不同专业的专家组成一个代表团，去美国采购约 3 000 万美元的化工设备和技术。美方自然想方设法令中方满意，其中一项是在第一轮谈判后送给中方每人一个小纪念品。纪念品的包装很讲究，是一个漂亮的红色盒子，红色代表吉祥。可当中方代表团高兴地按照美国人的习惯当面打开盒子时，每个人的脸色却显得很不自然——里面是一顶高尔夫球帽，颜色是绿色的。第二天，中方代表团找了个借口，离开了这家公司。

资料来源：张国良.商务谈判［M］.杭州：浙江大学出版社，2010：193.

案例分析

美国人这次送礼，可以说也是经过精心策划的，一是礼品盒的颜色是红色，红色在中国代表吉祥；二是礼品本身是时尚的高尔夫球帽，意思是签合同后去打高尔夫，这在 20 世纪 90 年代对中国人来说是很奢侈的，也是很有品位的。但美国人的工作毕竟没有做细，而且犯了中国男人最大的禁忌——戴绿帽子。

9.4.11　送别礼仪

送别人员应事先了解对方离开的准确时间，提前到达来宾住宿的宾馆，陪同来宾一同前往机场、码头或车站，也可直接前往机场、码头或车站恭候来宾，与来宾道别。在来宾临上飞机、轮船或火车之前，送行人员应按一定的顺序同来宾一一握手话别。飞机起飞或轮船、火车开动之后，送行人员应向来宾挥手致意，直至飞机、轮船或火车在视野里消失，送行人员方可离去，否则对来宾便是失礼。

9.5　电话联系礼仪

电话是现代主要的通信工具之一。一般看来，对着话筒同对方交谈似乎已是日常生活的基本技能，尤其对于从事商务工作的人来说，根本不会存在什么问题。其实不然，无论是一般性交往还是商务谈判，双方互通电话，在礼仪上都大有讲究。

9.5.1　接听电话的礼仪

接听电话的礼仪如下。

（1）迅速接听：三响之内便接起电话。

（2）问候、报名："您好，我是××"或"您好！这里是宇翔宾馆总服务台，很高兴为您服务。"

（3）认真聆听：忌吃东西、忌和他人讲话、忌不耐烦。

（4）应答、互动。

（5）认真记录。

（6）礼貌地结束通话：由打电话者先放电话或长者先放电话。

9.5.2　电话记录要点

电话记录要点如下。

（1）When——何时。

（2）Who——何人。

（3）Where——何地。

（4）What——何事。

（5）Why——为什么。

（6）How——如何进行。

9.5.3　拨打电话的礼仪

拨打电话的礼仪如下。

（1）选择恰当的时间打电话：工作日早上7点以后；节假日上午9点以后；三餐时间，不要打电话；晚上10点以后不要打电话；办公电话宜在上班时间10分钟以后和下班时间10分钟以前拨打。

（2）做好打电话前的准备。

（3）问候、确定对方的身份或名称，再自报家门，然后再告知自己找的通话对象以及相关事宜。

（4）简洁明了。

（5）礼貌地结束通话。

（6）拨错电话要道歉。

9.5.4　手机使用礼仪规范

手机使用礼仪规范如下。

（1）特殊场合不能使用。

（2）重要场所关闭或静音。

（3）公众场所要小声。

（4）有熟人的未接电话要迅速回。

9.5.5 日常交往中的其他礼仪

日常交往中的其他礼仪如下。

（1）遵守时间，不得失约。参加谈判或宴请活动，应按约定时间到达。过早到达，会使主人因没准备好而感到难堪，迟到则是失礼。万一因特殊原因迟到，应向主人表示歉意。若因故不能赴约，应尽早通知主人，并以适当方式表示歉意。

（2）尊重老人、妇女。很多国家的社交场合，上下楼梯或车船、飞机，进出电梯，均让老人和妇女先行。对同行的老人和妇女，男子应为其提较重的物品。进出大门，男子帮助老人和妇女开门。同桌用餐，男子应主动帮助他们入座就餐等。

（3）尊重各国、各民族的风俗习惯。因受国家的历史、文化、风俗习惯及宗教信仰等方面的影响，不同国家、不同民族的人对同一礼品的态度是不同的，或喜爱或忌讳或厌恶。不同的国家、民族，由于不同的历史、文化、宗教等原因，各有特殊的宗教信仰、风俗习惯和礼节，应该受到理解和尊重。

（4）举止得体。在谈判或其他活动中，谈判者应做到落落大方，端庄稳重，态度诚恳谦恭，不卑不亢。在公共场合，应保持安静，不要喧哗。

📍 **案例 9-6** 温文尔雅，效果迥然不同

1975 年美国总统福特访问日本，美国哥伦比亚广播公司（CBS）受命向美国转播福特在日本的一切活动。在福特访日前两周，CBS 的谈判人员飞抵东京租用日本广播协会（NHK）的器材、工作人员、保密系统及电传设备。美方代表是一个 30 岁左右的年轻人，雄心勃勃，争强好胜。在与 NHK 代表会谈时，他提出了许多过高的要求，并且直言不讳地表述了自己的意见。可是，随着谈判的进展，NHK 方面的当事人逐渐变得沉默寡言。第一轮谈判结束时，双方未达成任何协议。

两天以后，CBS 一位要员飞抵东京，他首先以个人名义就本公司年轻职员的冒犯行为向 NHK 方面表示道歉，接着就转播福特总统访日一事询问 NHK 能提供哪些帮助。NHK 方面转变了态度并表示支持，双方迅速达成了协议。

资料来源：张国良. 商务谈判 [M]. 杭州：浙江大学出版社，2010：193.

案例分析

好的礼貌、礼仪是商务谈判成功不可或缺的一种元素，在日常的社交中一定要关注别人的感受，理解并尊重他人。

📍 **案例 9-7** 商务谈判礼仪

翻译林娟于上午 7∶50 带领外方到达公司会议室。中国开发陈总走上前去和布朗先生一行人一一握手，其他人则在谈判桌原地起立挥手致意。陈总请外方人员入座，服务员立即沏茶。

下面是陈总（A）和布朗先生（B）在正式谈判之前的寒暄、介绍、致辞：

A：昨天在现场跑了一天，一定很累吧！

B：不累。北京的城市面貌很美。来北京的第二天就开始"旅游"，这样的安排简直太好了。

A：北京是一座千年古都，有很多不同于西方的文化古迹和自然景观，如长城、故宫、颐和园、天坛等。

B：东方文化对我们来讲的确十分神秘。有时间的话，我们首先想去参观长城，当一回好汉；其次去一趟故宫，体验一下中国的皇帝和美国的总统有什么不同的待遇。

A：好的。那我们就言归正传，尽早完成谈判。

首先，我代表中国开发的全体员工对美国机械代表全体成员表示热烈的欢迎。

参加今天技术交流的各位昨天都已经认识了，就用不着我一一介绍了。我方对技术交流十分重视，特地请我公司顾问、中国农业大学教授、乳制品机械专家张教授参加。

（张教授起立，点头致意。）

中国是一个巨大的、正在高速增长的市场。随着人民生活水平的不断提高，普通百姓对高档乳制品的需求越来越大。我公司4年前引进的年产4 000吨奶粉的生产线已经远远不能满足市场的需求，而且产品档次亟待提高。因此，我们决定在今年再引进一套年产8 000吨奶粉的生产线。

美国机械是国际知名的食品机械生产厂家，其质量得到中国用户的一致好评。我们相信我们和美国机械的合作一定能够取得双赢的结果。

现在热烈欢迎布朗总经理讲话。

B：我们十分高兴来到美丽的、充满活力的北京。我们对你们为本次谈判所做的细致的准备工作表示感谢。特别是国际知名的张教授能在百忙之中参加今天的技术交流，我们感到十分荣幸。

美国机械的主要产品为仪器机械，其中以乳制品设备尤为著名。从1985年开始，我们已经向中国境内的企业（包括一些外资企业）提供了15套乳制品生产线。随着我们在中国的客户越来越多，我们于2004年在上海建立了一个制造、维修中心，从而可以为中国的用户提供更加便利的售后服务。和20年前相比，我们的产品不仅质量更加可靠，而且价格更低、服务更加周到。我们相信有远见的中国开发一定会选择我们的设备。

现在，请我公司的技术副总、技术专家鲍尔·史密斯先生向大家介绍我公司产品的性能。

📍 诗语点睛

人无和颜莫沟通

微笑交流暖人心

事无礼节白费力

国无礼仪不安宁

生意成功礼为先

忠厚为人不赔本

注重礼节定成败
人格魅力大无穷

习 题

一、单项选择题

1. 面对上级和下级、长辈或晚辈、嘉宾或主人，先介绍（ ）。

A. 下级晚辈主人　　　　B. 上级长辈嘉宾　　　　C. 上级晚辈嘉宾　　　　D. 下级晚辈主人

2. 商务谈判中最基本和最重要的礼节是（ ）。

A. 遵时守约　　　　B. 尊重习俗　　　　C. 谈吐举止恰当　　　　D. 讲究社会公德

3. 在商务谈判中，尤其是国际商务谈判中，（ ）对谈判的成败起着重要的影响作用。

A. 时间　　　　B. 民族　　　　C. 风俗　　　　D. 文化并异

4. 若接他人电话，应首先（ ）。

A. 问清对方姓名　　　　B. 问清对方何事　　　　C. 报清自己姓名　　　　D. 等候对方说话

二、多项选择题

1. 礼仪作为人类社会活动的行为规范和社交活动中应该遵守的行为准则，实际上包含了（ ）。

A. 礼节　　　　B. 礼貌　　　　C. 仪式　　　　D. 诚信

2. 常见的寒暄形式有（ ）。

A. 致意型　　　　B. 问候型　　　　C. 攀认型　　　　D. 敬慕型

3. 握手的禁忌（ ）。

A. 忌用左手握手　　　　B. 忌坐着握手　　　　C. 忌戴有手套

D. 忌交叉握手　　　　E. 忌与异性握手用双手

4. 握手时的基本要求是（ ）。

A. 目视对方　　　　B. 面带笑容　　　　C. 稍事寒暄　　　　D. 稍微用力

5. 迎访礼仪有（ ）。

A. 精心准备　　　　B. 热情迎客　　　　C. 周到待客　　　　D. 礼貌送客

6. 拜访礼仪有（ ）。

A. 事先有约　　　　B. 遵时守约　　　　C. 认真准备　　　　D. 适时告辞

7. 日常交往中的其他礼仪包括（ ）。

A. 遵守时间，不得失约　　　　　　　　B. 尊重老人、妇女

C. 尊重各国、各民族的风俗习惯　　　　D. 举止得体

8. 商务谈判的馈赠礼仪有（ ）。

A. 赠送礼品要注意对方的文化背景　　　　B. 赠送礼品要有意义或特色

C. 赠送礼品要讲究数量　　　　　　　　　D. 赠送礼品要注意时机和场合

9. 沟通对个人的好处包括（ ）。

A. 事先有约　　　　B. 遵时守约　　　　C. 认真准备　　　　D. 适时告辞

三、判断题

1. 谈判人员交谈时，一般不询问女性的年龄、婚姻情况。（   ）
2. 商务谈判一般不需要献花。（   ）
3. 用餐过程中，抽烟须征得主人或邻座的同意。（   ）
4. 在选择赠送礼品时，首先要考虑礼品的价值。（   ）
5. 国际惯例是女士优先，因此，在男女两人之间做介绍时，应先介绍女士。（   ）
6. 接过名片之后一定要认真通读一遍，以表示重视对方。（   ）
7. 在商务谈判迎送礼仪中，主要迎送人的身份和地位通常要与对方对等。（   ）
8. 对欧美人一定不要当面亲自拆开礼物包装。（   ）
9. 拜访客人，应按事先的约定、通知按时抵达，早到或迟到都是失礼的。（   ）
10. 谈判人员在谈判中必须着正式的西服。（   ）
11. 生活中最重要的是有礼貌，它是最高的智慧，比一切学识都重要。（   ）
12. 礼仪是礼貌的基础，礼节是礼仪的基本组成部分。（   ）
13. 没有礼节就没有礼貌，有了礼貌，就必须有具体的礼节。（   ）

🔘 思考题

1. 简述礼仪的起源及发展。
2. 握手时的基本要求及禁忌是什么？
3. 简述洽谈礼仪及拜访礼仪。
4. 馈赠礼品的礼仪及其注意事项是什么？
5. 商务谈判应注意哪些礼仪？
6. 日常交往中的其他礼仪有哪些？

商务管理沟通

孔子错怪颜回

有一次，孔子带着学生们周游列国。由于受到小人的陷害，孔子被困在去陈国和蔡国的半路上。这地方荒芜偏僻，没有人烟，有银子也买不到任何食物。孔子师徒一行连野菜汤也喝不上，7 天未进一粒米，饿得实在没办法，只好在一间没人住的破屋子里睡大觉。

孔子的大弟子颜回出门，走了好远，才讨了一点米回来煮饭给孔子吃。当锅里的饭将熟之际，饭香飘出，这时饿了多日的孔子虽贵为圣人，也受不了饭香的诱惑，缓步走向厨房，想先弄碗饭来充饥。不料孔子走到厨房门口时，只见颜回掀起锅的盖子，看了一会儿，便伸手抓起一团饭来，匆匆塞入口中。孔子见到此景，又惊又怒，一向最疼爱的弟子竟做出这等行径。读圣贤书，所学何事？学到的是偷吃饭？肚子因为生气也就饱了一半，孔子懊恼地回到大堂，沉着脸生闷气。没多久，颜回双手捧着一碗香喷喷的米饭来孝敬恩师。

孔子气犹未消，正色道："天地容你我存活其间，这饭不应先敬我，而要先拜谢天地才是。"颜回说："不，这些饭无法敬天地，我已经吃过了。"这下孔子可逮到了机会，板着脸道："你为何未敬天地及恩师，便自行偷吃饭？"

颜回笑了笑："是这样的，我刚才掀开锅盖，想看饭煮熟了没有，正巧顶上大梁有老鼠窜过，落下一片不知是尘土还是老鼠屎的东西，正掉在锅里，我怕坏了整锅饭，赶忙一把抓起，又舍不得那团饭粒，就顺手塞进嘴里……"

至此孔子方大悟，原来不只心想之事未必正确，有时竟连亲眼所见之事都有可能造成误解。于是他欣然接过颜回的大碗，开始吃饭。

资料来源：张国良.管理原理与实践［M］.北京：清华大学出版社，2014.

案例思考

1. 这个故事对你有什么启示？
2. 有效的沟通应该如何进行？

10.1   沟通的基本原理

10.1.1   沟通的含义及作用

1. 沟通的含义

沟通是指信息从发送者到接收者的传递和理解的过程。首先，沟通包含着意义的传递。如果信息或想法没有被传送到，则意味着沟通没有发生。也就是说，说话者没有听众或写作者没有读者都不能构成沟通；其次，要使沟通成功，信息不仅需要被传递，还要被理解。比如，我收到一封来自美国的英文信件，但我本人对英语一窍不通，那么不经翻译我就不能看懂，也就无法称之为沟通。

所以根据上述定义，沟通有以下三个方面的含义：

（1）沟通表示人与人之间的某种联络。就是说单独的个人是不会发生沟通的，沟通不是发送者单方的活动，沟通必须是至少由两个以上的人共同完成的活动。

（2）信息要被传递。发送者将信息发给对方并为对方接受。若信息没有发出或者信息虽然已发出但未为对方所接受，即信息未被传递或传递未完成，都等于未进行沟通。

（3）所传递的信息要被对方所理解。沟通不仅指信息被对方所接收，还要为对方所理解。在沟通时，接收者接收到的仅仅是一些符号（如声音、文字、图像、数字、手势、姿势、表情）而已，而不是信息本身。接收者必须将这些符号按照发送者的原意进行翻译，正确理解发送者的意思，沟通才算成功。假如接收者对这些符号不能理解，不能将这些符号翻译成与发送者原意相符的信息，那么沟通就没有完成。

2. 沟通的作用

沟通是人们社会活动的重要组成部分，沟通几乎伴随着人们各种社会活动而存在。

（1）沟通是组织实现目标的重要手段。

组织的设立是有着特定目标的，组织的发展也取决于目标的实现，但组织目标的制定、实施和完成，是需要组织员工充分地交流，统一思想，步调一致。沟通的首要作用是把抽象的组织目标转化为组织中每个成员的具体行动，并使成员意识到实现目标对其的重要意义，以及如何能有效地实现目标。

（2）沟通有助于管理者更好地决策。

沟通可以提高管理者决策的质量、缩短决策时间。首先，管理者决策前，通过各种沟通形式，搜集大量相关信息，供决策者考虑，利用不同的信息数据制订多种决策方案可供决策者选择。其次，由于人的"有限理性"，所以在决策时，很难完全正确认识客观现实，但集中多人的智慧，采取多种选择方案，可以相对减少决策的失误。要实现这一过程，沟通是必不可少的。最后，决策的过程时刻伴随着信息的传递，信息交流的快速充分与否直接决定了决策的质量和效果。

（3）沟通能有效激励员工。

组织管理者的重要职能之一就是激励和影响下属，而主管人员对下属的评价是影响员工积极性的主要方面。研究表明，管理者与员工的定期沟通会提高员工的满意度，从而提高工作效率，降低组织的缺勤率和流动率。但在实际的组织活动中，管理人员时刻都在与组织中的其他员工沟通或联系，召开会议，委派任务，交换意见，调查问题等。如果管理人员掌握良好的沟通技巧，会有效激发员工的工作积极性，提高员工士气，增强组织内部的凝聚力。

☞**名人名言**

美国沃尔玛公司总裁山姆·沃尔顿说："如果你必须将沃尔玛管理体制浓缩成一种思想，那可能就是沟通。因为沟通是我们成功的真正关键之一。"

> 📍 **小思考　沟通对个人的好处有哪些**
>
> 　　　　　　　互相尊重，善解人意，志同道合；
> 　　　　　　　家庭和睦，生活幸福，融洽相处；
> 　　　　　　　学习经验，汲取智慧，产生创意；
> 　　　　　　　化解冲突，关系和谐，事业成功。

10.1.2　沟通的过程及要素

1. 沟通过程

沟通过程是发送者通过一定的渠道将特定内容的信息传递给接收者的双向互动过程。这一过程首先需要有被传递的信息，然后在信息源（发送者）与接收者之间传送。信息首先被转化为信号形式（编码），然后通过媒介物（通道）传送至接收者，接收者再将收到的信号转译回来（解码），并对此做出反馈。由此可见，沟通过程一般包括发送者、编码、信息、媒介物、解码、接收者、反馈七个部分。这种复杂过程可以用图 10-1 简要反映出来。

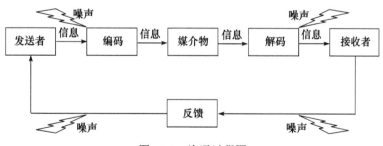

图 10-1　沟通过程图

在这个过程中，至少存在着一个发送者和一个接收者，即信息发送方和信息接收方。其中沟通的载体成为沟通渠道，编码和解码分别是沟通双方对信息进行的信号加工形式。信息在两者之间的传递是通过下述七个环节进行的：

（1）发送者需要向接收者传递信息或者需要接收者提供信息。这里所说的信息是一个广义的概念，它包括观点、想法、资料等内容。

（2）发送者将所要发送的信息译成接收者能够理解的一系列符号。为了有效地进行沟通，这些符号必须适应媒体的需要。例如，如果媒体是书面报告，符号的形式应选择文字、图表或照片；如果媒体是讲座，就应选择文字、投影胶片和板书等。

（3）发送的符号被传递给接收者。由于选择的符号种类不同，传递的方式也不同。传递的方式可以是书面的，如信、备忘录等，也可以是口头的，如交谈、演讲、电话等，甚至还可以通过身体动作来表述，如手势、面部表情、姿态等。

（4）接收者接受符号。接收者根据发送来的符号的传递方式，选择相应的接收方式。例如，如果发送来的符号是口头传递的，接收者就必须仔细地听，否则符号就会丢失。

（5）接收者将接收到的符号译成具有特定含义的信息。由于发送者翻译和传递能力的差异，以及接收者接收和翻译水平的不同，信息的内容和含义经常被曲解。

（6）接收者理解被翻译的信息内容。

（7）发送者通过反馈来了解他想传递的信息是否被对方准确地接收。一般来说，由于沟通过程中存在着许多干扰和扭曲信息传递的因素（通常把这些因素称为噪声），这使得沟通的效率大为降低。因此，发送者了解信息被理解的程度也是十分必要的。沟通过程中的反馈，构成了信息的双向沟通。

2. 沟通过程的要素

一个完整的沟通过程一般由七个基本要素组成，即信息源、信息、通道、信息接收者、反馈、噪声和背景。

（1）信息源：拥有信息并试图进行沟通的人，即信息发送者。在有效的沟通前，信息发送者应明确需要沟通的信息，并将它们转化为信息接收者可以接受的形式，如文字、语言、表情等。

（2）信息：发送者试图传达给他人的观点和情感。信息发送者在传递信息时往往附加自己的观念、态度和情感，这种附加的情感主要通过声调、语气、语速、附加词、语句结构以及表情、神态、动作等方式加以传递。

（3）通道：沟通过程的信息载体，指信息得以传递的手段和媒介。人的五官如视觉、听觉、味觉、嗅觉、触觉都可以接收信息，但在日常生活中最主要和运用最为广泛的信息传递的手段是视觉和听觉。沟通的方式有很多，如面对面、广播、电视、报刊、网络、电话等，影响力最大的还是面对面的沟通方式。但随着信息技术的高速发展，电子信息通道正被广泛使用。

（4）信息接收者：接收信息的人。信息接收者的信息接收是一个复杂的过程，包括一系列注意、知觉、转译和储存等心理活动。信息接收者有可能是多人，如正在听课的学生、听取演讲的听众、群体性事件中被说服的人群等，也可能仅仅是自己，如自我沟通。

（5）反馈：信息接收者对信息的反应。反馈可以反映出信息接收者对信息的理解和接受状态。反馈不一定来自对方，沟通者也可以在信息发送过程中自行获得反馈信息，比如沟通者发觉自己所说的话有误或不够准确，也会对此自行做出调整，心理学家称之为自我反馈。

（6）噪声：导致收到的信息与发出的信息不一致的任何会干扰沟通成功的因素，简单来说就是妨碍沟通的一切因素。噪声可存在于沟通过程的各个环节，造成信息的失真，使信息扭曲传递。典型的噪声包括难以辨认的字迹、电话中的静电干扰、接收者的疏忽大意，以及生产现场中设备的背景噪声。

（7）背景：沟通发生的环境。所有的沟通都发生在一定的背景下，并被当时的背景所影响。在沟通过程中，背景可以提供许多信息，也可以改变或强化词语、非词语本身的意义。所以，在不同的沟通背景下，即使是完全相同的沟通信息，也有可能获得截然不同的沟通效果。

10.1.3 沟通的类型

依据不同的划分标准，可以把沟通分为不同的类型。

1. 按方向分

按照方向，沟通可分为上行沟通、下行沟通、平行沟通和斜行沟通。

（1）上行沟通。它是指在组织中信息从较低的层次流向较高的层次的一种沟通，主要是下属依照规定向上级所提出的正式书面或口头报告。除此之外，许多机构还采取某些措施以鼓励向上沟通，例如态度调查、征求意见座谈会、意见箱等。它有两种表达形式：一是层层传递，即依据一定的组织原则和组织程序逐级向上反映。二是越级反映，指的是减少中间层次，让决策者和团体成员直接对话。上行沟通的优点是：员工可以直接把自己的意见向领导反映，获得一定程度的心理满足。管理者也可以利用这种方式了解企业的经营状况，与下属形成良好的关系，提高管理水平。其缺点是：在沟通过程中，下属因级别不同造成心理距离，形成一些心理障碍，害怕"穿小鞋"，受打击报复，不愿反映意见。同时，上行沟通常效率不佳。有时，由于特殊的心理因素，经过层层过滤，去掉对自己不利的信息，导致信息曲解，出现适得其反的结局。上行沟通是领导了解实际情况的重要途径，它往往带有民主性、主动性。

（2）下行沟通。它是指组织中信息从较高的层次流向较低层次的一种沟通。其中的信息一般包括：有关工作的指示；工作内容的描述；员工应该遵循的政策、程序、规章等；有关员工绩效的反馈；希望员工自愿参加的各种活动等。下行沟通的优点是：它可以使下级主管部门和团体成员及时了解组织的目标和领导意图，增加员工对所在团体的向心力与归属感；它也可以协调组织内部各个层次的活动，加强组织原则和纪律性，使组织机器正常地运转下去。下行沟通的缺点是：如果这种方式使用过多，会在下属中造成高高在上、独裁专横的印象，使下属产生心理抵触情绪，影响团体的士气。此外，由于来自最高决策层的信息需要经过层层传递，容易被耽误、搁置，有可能出现事后信息曲解、失真的情况。下行沟通是组织执行任务的基础，它往往带有权威性、指令性。

（3）平行沟通。它是指在组织中同一层次不同部门之间的信息沟通，例如，高层管理者之间、中层管理者之间、生产工人与设备修理工之间，以及任务小组和专案小组内部所发生的沟通，就属此类。平行沟通具有很多优点：第一，它可以使办事程序化、手续简化，节省时间，提高工作效率。第二，它可以使企业各个部门之间相互了解，有助于培养整体观念和合作精神，克服本位主义倾向。第三，它可以增加职工之间的互谅互让，培养员工之间的友谊，满足职工的社会需要，使职工提高工作兴趣，改善工作态度。其缺点表现在，平行沟通头绪过多，信息量大，易于造成混乱。此外，平行沟通尤其是个体之间的沟通也可能成为职工发牢骚、传播小道消息的一条途径，造成涣散团体士气的消极影响。平行沟通是分工协作的前提，它往往带有协商性和双向性。

（4）斜行沟通。它是指发生在组织中不属于同一层次和部门之间的信息沟通，例如销售员与财务经理间的沟通。斜行沟通常常指发生在具有某种业务方面的联系，但又分属不同职能部门、不同层级之间的沟通，它可以缩短沟通线路，减少沟通的时间，从而加快信息的传递，所以它主要用于相互之间的情况通报、协商和支持，带有明显的协商性和主动性。

2. 按组织的结构特征分

按照组织的结构特征，沟通可分为正式沟通和非正式沟通。

（1）正式沟通。

正式沟通指在组织系统内，依据一定的组织原则所进行的信息传递与交流。例如组织与组织之间的公函来往，组织内部的文件传达、召开会议，上下级之间的定期情报交换等。另外，团体所组织的参观访问、技术交流、市场调查等也在此列。

组织和群体中正式的沟通网络存在五种基本形式，它们分别是链式沟通、轮式沟通、Y 式沟通、环式沟通和星式沟通。这五种正式沟通形态如图 10-2 所示。

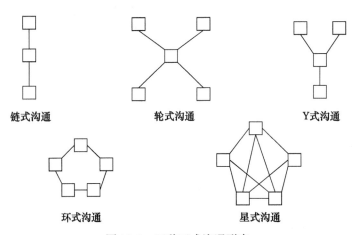

链式沟通　　　　　轮式沟通　　　　　Y式沟通

环式沟通　　　　　星式沟通

图 10-2　五种正式沟通形态

链式、轮式、Y 式三种网络的信息传递需经过某个中心人物，并在此处形成信息的集中，因此被称为核心网络。其中，链式网络的信息是单线、顺序传递的，沟通保密性较好，如非法贩毒组织就经常采用这种链式沟通网络。在轮式和 Y 式网络中，信息的传递都是经由中心人物而同时向周围多线联系，所不同的只是前者沟通的中心环节是领导者本人，而后者则是所增添的帮助筛选信息的秘书或助理等。环式和星式在沟通过程中不存在任何中心人物，每个成员都有均等的机会参与沟通，彼此分享信息，因而可以获得较高的满足感，是非核心网络。在环式网络中，信息是按圆圈方向依次传递的，因而沟通速度较慢，准确性也较低。星式网络可以多渠道和全方位地传递信息，成员之间直接、全面沟通的结果会使信息传递速度和准确性获得提高。

环式沟通和星式沟通的沟通速度快，由于能获得大量的信息，在处理复杂问题时比其他形式的信息沟通快且失误少。链式、Y 式和轮式沟通一般沟通准确性比较好，在处理简单的问题时速度快且失误少。轮式沟通有利于管理者控制各项活动，轮式沟通和星式沟通则能较好地满足成员的社交需求。

正式沟通的优点是，沟通效果好，比较严肃，约束力强，易于保密，可以使信息沟通保持权威性。重要的信息和文件的传达、组织的决策等，一般都采取这种方式。其缺点是由于依靠组织系统层层传递，所以较刻板，沟通速度慢。

（2）非正式沟通。

非正式沟通指企业非正式组织系统或个人为渠道的信息传递。例如团体成员私下交换看法、朋友聚会、传播谣言和小道消息等都属于非正式沟通。非正式沟通是正式沟通的有机补充。在许多组织中，决策时利用的情报大部分是由非正式信息系统传递的。同正式沟通相比，非正式沟通往往能更灵活、迅速地适应事态的变化，省略许多烦琐的程序，并且常常能提供大量的通过正式沟通渠道难以获得的信息，真实地反映员工的思想、态度和动机。因此，这种动机往往能够对管理决策起重要作用。

非正式的沟通网络有 4 种不同的传递形式，它们分别是单线式、偶然式、流言式和集束式，如图 10-3 所示。

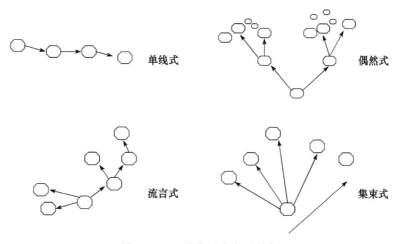

图 10-3 四种非正式沟通形态

1）单线式：一个人传递给另一个人，通过一长串的人际关系来传递信息，而这一长串的人之间并不一定存在着正规的组织关系。

2）偶然式：每一个人都是随机地传递给其他人，信息通过一种随机的方式传播。道听途说就是其中的一种形式。

3）流言式：信息发送者主动寻找机会，通过闲聊等方式向其他人散布信息。

4）集束式：信息发送者有选择地寻找一批对象传播信息，这些对象大多是一些与其亲近的人，而这些对象在获得信息后又传递给自己的亲近者。

非正式沟通的优点是，沟通形式不拘，直接明了，速度很快，容易及时了解到正式沟通难以提供的"内幕新闻"。非正式沟通能够发挥作用的基础，是团体中良好的人际关系。其缺点表现在，非正式沟通难以控制，传递的信息不确切，易于失真、曲解，而且，它可能导致小集团、小圈子，影响人心稳定和团体的凝聚力。

3. 按是否进行反馈分

按照是否进行反馈，沟通可分为单向沟通和双向沟通。

（1）单向沟通。一般来说，单向沟通指没有反馈的信息传递，一方只发送信息，另一方只接收信息。单向沟通具有沟通有序、速度较快、信息发送者压力小的优点。但是接收者没有反馈意见的机会，不能产生平等和参与感，不利于增加接收者的自信心和责任心，不利于建立双方的感情，减弱沟通效果。

（2）双向沟通。双向沟通指有反馈的信息传递，是发送者和接收者相互之间进行信息交流的沟通。双向沟通具有沟通信息准确性高，发送者可以及时知道接收者对所传递信息的态度及理解程度，有助于双向交流，增强沟通效果。但双向沟通一般费时较多，速度慢，且易受干扰。

📍 **拓展阅读**　　　　　　　　　　　**韦尔奇的沟通技巧**

美国通用电气（GE）公司前执行总裁杰克·韦尔奇（Jack Welch）被誉为"20世纪最伟大的经理人"之一。在韦尔奇带领通用电气走出困境、重塑辉煌的过程中，非正式沟通发挥着重要的作用。在他上任之初，通用电气公司内部等级制度森严、机构臃肿，韦尔奇通过大刀阔斧的改革，在公司内部引入"非正式沟通"的管理理念。他从来没有给任何人发过正式的信件、备忘，几乎所有的信息都是依靠个人便条、打电话或面对面直接沟通传递的。

韦尔奇担任通用电气公司执行总裁近20年，每天必做的事情之一，就是亲自动笔给各级主管、普通员工乃至员工家属写便条，或征求对公司决策的意见，或询问业务进展，或表示关心关注。员工则把收到和答复韦尔奇的便条作为荣耀和情谊，倍感幸运，倍加珍视。久而久之，"韦尔奇便条"演变升华为一种"非正式沟通"氛围，一条通"心"路，一种凝聚力、亲和力。

此外，为时刻保持与下属的高效沟通，每周韦尔奇都要对工厂或办公室进行突击访问，和公司各个层次的人员进行交谈。他定期和那些与自己低好几级的经理们共进他们想都想不到的正式午餐。在进餐间隙，他可以吸收他们的观点和看法。韦尔奇平均每年都会见通用公司的几千名员工并与之交谈。

韦尔奇通过个人便条、打电话，以及面对面会谈而不是给他关心的职工发送正式的信件及备忘，这种沟通方式使韦尔奇获得了真实的第一手资料，为其做出正确的决策打下了基础。

现在，各种形式的"非正式沟通"广为盛行。一些知名企业在这方面各支其招，各有其法。如英特尔公司有开放式沟通，管理层通过网上聊天，与员工进行"一对一"面谈，并由员工决定谈话内容；摩托罗拉总裁和各级经理通过"每周一信"，就经营活动和内部事务与员工沟通，征集意见建议；三菱重工从总裁到各级管理人员以至普通员工，则借助别开生面的"周六例会"，以周末聚会为由头进行沟通。

"非正式沟通"之所以受到青睐，甚至不可或缺，原因就在于它能让沟通双方具有对等的位置、宽松的环境、无拘无束的感觉，能让双方的情感距离和心理位差最小化，能让理念、思想、智慧充分展现和涌流，能使沟通真正成为"情"的升华、"力"的聚集和"心"的链接。

资料来源：张国良.管理原理与实践［M］.北京：清华大学出版社，2014：329.

10.2 沟通的方式与技巧

10.2.1 沟通方式

组织中最普遍使用的沟通方式有口头沟通、书面沟通、非言语沟通和电子媒介。

1. 口头沟通

口头沟通是指借助于口头语言实现的信息交流，是一种语言信息的传递。它是日常生活中最常采用的沟通形式，主要包括口头汇报、讨论、会谈、演讲、电话联系等。口头沟通最大的优点是快速、简便和即时反馈。在这种沟通方式下，信息可以被直截了当地快速传递并当场得到对方的反应，若有疑问或曲解，当即澄清。此外，口头沟通还有一个优点，就是可以附以表情、手势等体态语言或声调、语气等副语言，加强沟通的效果。

但是，当信息经过多人传递后，口头沟通的主要缺点就会暴露出来。信息以口头方式经过多个层次传递时，由于每个人都会以自己的方式传递信息，因此信息会衰减和失真，往往到最后信息会发生歪曲。在这个过程中卷入的人越多，信息失真的潜在可能性就越大。此外，口头沟通通常口说无凭，也容易被忘记，使得事后无据，无法核实。

2. 书面沟通

书面沟通是以文字为媒体的信息传递，它是比较正规的沟通形式，主要包括备忘录、协议书、信函、布告、通知、报刊、文件等以书面文字或符号进行信息传递的形式。书面沟通的优点是有文字为据，信息可长久地被保存。若有有关此信息的问题发生，可以进行检查核实。书面语言在正式发表之前，可以被反复琢磨修改，因此一般比较周密、逻辑性强，可以更准确地表达信息内容。它可使许多人同时了解到信息，提高了信息传递速度和扩大了信息传递范围。

书面沟通也有自己的缺陷，主要是耗时较多和不能即时反馈。书面沟通需要花一定的时间来形成文字，用 10 分钟可讲完的事可能要花半小时才能写好，写得不好会词不达意，影响对方对信息的理解。由于缺乏反馈机制，书面传递难以确知信息是否送达，接收者是否能正确理解。

3. 非言语沟通

非言语沟通是人们经常应用并且不被人们注意的沟通表达方式，它比言语交流更常见，也更富有表达力。所谓非言语沟通是指通过非语言文字符号进行信息交流的一种沟通方式，一般通过身体动作、体态、语气语调等方式进行信息传递。非言语沟通中最常见的是体态语言和语调。体态语言包括手势、面部表情和其他的身体动作。例如，微笑表示友好，对人嗤之以鼻表示轻蔑，有意眨眼或故意咳嗽是一种暗示，面无表情则有可能是拒人以千里之外等。无须言语的表达，其信息已基本明确。此外，语调也会影响信息的传递。声调的轻重、抑扬、快慢的变化都会对信息产生影响。轻柔、平稳的语调与刺耳尖厉的语调相比，前者会让人觉得是在寻求更清楚的解释，而后者则表明了攻击性或防卫性。

非言语沟通的优点是可以传达语言难以表达的意思，内涵丰富，含义隐含灵活，此时无声胜有声就是这个意思。另外，非言语沟通通俗易懂，比如喜、怒、哀、乐、惊、恐等基本表情，攻击和防卫的姿态，爱恋或厌恶的神情等，是全人类都能发出并理解的。语言信息可能会"言不由衷"，但非语言信息却常常是"真情流露"。因此，非言语沟通还具有信息更加真实、意义较为明确的优点。但各种非言语之间不能确切地表达复杂具体的思想，只能在语言的主导之下，表达明确的信息。因此，非言语沟通的缺点是易产生误解，其含义往往只能意会不可言传。此外，非言语沟通传递的距离也较为有限，这都影响信息的传递。

📍 案例 10-1　　　　　　　　你的心思他永远不懂

星期五下午 3：30，宏远公司经理办公室。

经理助理李明正在起草公司上半年的营销业绩报告，这时公司销售部副主任王德全带着公司销售统计材料走进来。

"经理在不？"王德全问。

"经理开会去了，"李明起身让座，"请坐。"

"这是经理要的材料，公司上半年的销售统计资料全在这里。"王德全边说边把手里的材料递给李明。

"谢谢，我正等着这份材料哩。"李明拿到材料后仔细地翻阅着。

"老李，最近忙吗？"王德全点燃一支烟，问道。

"忙，忙得团团转！现在正起草这份报告，今晚大概又要加夜班了。"李明指着桌上的文稿回答道。

"老李，我说你呀，应该学学太极拳。"王德全从口中吐出一个烟圈说道，"人过40，应该多多注意身体。"

李明闻到一股烟味，鼻翼微微翕动着，心里想：老王大概要等这支烟完了才会离开，可我还得赶紧写这份报告呢。

"最近我从报纸上看到一篇短文，说无绳跳动能治颈椎病。像我们这些长期坐办公室的人，多数都患有颈椎病。你知道什么是'无绳跳动'吗？"王德全自顾自地往下说，"其实很简单……"

李明心里有些烦，可是碍于情面不便说，他瞥了一眼墙壁上的挂钟，已经下午4点钟了。李明把座椅往身后挪了一下，站立起来伸了个懒腰说："累死我了。"又过了一会儿，李明开始整理桌上的文稿。

"'无绳跳动'与'有绳跳动'十分相似……"王德全抽着烟，继续自己的话题。

资料来源：张国良．小微企业经营与管理［M］．北京：清华大学出版社，2020：224．

案例分析

这则故事中不仅有语言沟通，更重要的信息体现在非语言沟通上。当王德全在经理办公室抽烟时，李明的鼻翼微微翕动，这表明李明对烟味比较敏感或者不喜欢烟味。如果王德全注意到这种非语言的信息，就应该立即将烟熄掉。另外，李明抬头看墙上的钟、起身整理桌上的文稿，这些举动都传递出一种暗示：你应该离开这里，我现在很忙。如果王德全感觉到这种暗示，就应该起身告辞了。

从这则故事，我们可以了解到非语言沟通在人际沟通过程中是十分常见且重要的，甚至比通过语言表达的信息更重要。非语言沟通的类型主要包括身体动作（手势、面部表情、眼神等）、个人身体特征（体型、体格、姿势、高度等）、副语言（音质、音量、语速、大笑等）、空间利用（座位的布置、谈话距离等）、时间安排（迟到、文化差异对时间的不同理解等）、物理环境（大楼及房间的构造、家具和其他摆设等），通过这些非语言可以解读人的地位、心理、态度、情绪、个人偏好等。

4. 电子媒介

电子媒介沟通是随着电子信息技术的兴起而新发展起来的一种沟通形式，包括传真、闭路电视、计算机网络、电子邮件等。

电子媒介沟通除了具备书面沟通的一些优点外，还具有传递快捷、信息容量大、成本低和效率高等优点。一份信函要从国内寄往国外，恐怕要数天才能到达收信者的手中，而通过电子邮件或传真，可即时收到。电子媒介沟通的缺点是看不到对方的表情，如手机短信、邮件来往都无法看到对方真实的表情和情感。此外，电子媒介沟通中如录像等视频资料一般不能提供信息的反馈，是单向传递。在网络上的某些交流中，沟通者甚至搞不清对方的真实身份。

以上四种沟通方式，各有其优缺点，哪一种最好，具体需取决于当时的情境。这些沟通方式的比较如表 10-1 所示。

表 10-1 各种沟通方式比较

沟通方式	举　例	优　点	缺　点
口头沟通	交谈、讲座、讨论会、电话	快速传递、快速反馈、信息量大	事后无据，容易忘记；信息经多层传递后易失真
书面沟通	报告、备忘录、信件、内部期刊、布告	持久、有形、可以核实、传递范围大	耗时、效率低、缺乏反馈
电子媒介	传真、电视、网络、邮件	快速传递、信息容量大、一份信息可同时传递给多人、廉价	单向传递，电子邮件可以交流，但看不见表情
非言语沟通	体态、语调、动作、神情	信息意义十分明确、内涵丰富、含义隐含灵活	传递距离有限，界限模糊，只能意会，不能言传

10.2.2 沟通的障碍

在实际中，沟通障碍是普遍存在的，它会阻止信息的传递或歪曲信息。这些障碍可能来自信息发送者，也可能来自信息接收者，或者来自环境因素，但无论障碍来自何方，均会破坏整条信息沟通链的连续性和有效性。

1. 沟通参与者、渠道和反馈方面的障碍

（1）语言障碍。由于沟通中的信息发送方和接收方都是人，语言是沟通中的主要媒介。由于语言的障碍会产生理解的差异，甚至是误解。

（2）信息损耗。在沟通中，由于环节过多，导致信息损耗现象时有发生。研究表明，信息从一个人传到另一个人的一系列传递过程中会越来越失真，一般每经过一个中间环节，就要丢失30%的信息。这一方面是由于人的性别、年龄等生理特点影响所致，另一方面由于人们的文化程度、信仰、观念、态度不同，从而造成一个人的感觉和知觉不同以及接收水平上存在差异。另外，对信息的遗忘性也是一个问题。因此，在管理沟通中，采用什么沟通渠道或媒介是管理者应考虑的重要方面。

（3）选择性知觉。管理学家罗宾斯认为选择性知觉是人际间有效沟通的障碍。这主要是指个人的兴趣、经验和态度会影响其有选择地解释所看或所听的信息。研究已经证实人们会有选择地接受信息以保护自己。当然如果人们在沟通中存在着偏见、猜疑、威胁和恐惧等心理，对沟通的影响就更大了。如信息发送者在接收者心目中的形象不好，则后者对前者所讲述的内容往往不愿意听或专挑毛病，有时虽无成见，但认为所传达的内容与己无关，从而不予理会，或拒绝接收。管理活动中，如果是在含有不利因素的气氛中进行沟通，任何信息的有效传递都会受到影响。如果一个员工在过去因向上司如实反映真实情况，但与己不利而受到惩罚，这就会导致出现报喜不报忧的情况。因此，组织创造一种信任的气氛，以此促进公开而真诚的沟通是十分重要的。

（4）地位差异。一般人在接收信息时不仅判断信息本身，而且判断信息的发送人。信息发送者的层次越高，便越倾向于被接受。相反，信息发送者地位较低，其发出的信息也将跟着打折扣。一般来说，地位高的人对地位低的人沟通是无所顾忌的，而下级对上级沟通时往往是有所顾忌的。企业的高层管理人员在沟通时可能会隐瞒某些信息，为的是让自己看起来比别人懂得更多，或者是能够更好地树立自己的权威。为了保护自己，低层次的员工也可能采取类似的行为，这就会形成人为的沟通障碍。但更多的情况是，由于地位的差异，下级往往观察上级领导者的真实意图进行沟通，如当领导者不愿意听取不同意见时，下级更愿意保持沉默或沟通与领导意见一致的信息。

（5）信息传递方式。对信息表达不清，沟通要求不明，渠道不畅，都会在不同程度上影响沟通。尽管信息发送者头脑中的某个想法是多么清晰，但仍有可能受措辞不当、疏忽遗漏、缺乏条理、思想表达紊乱、行文陈词滥调、乱用术语以及未能阐明信息的含义等现象的影响，使信息表达不清楚和不正确，造成相应损失。有些领导者并不明确为了完成组织的任务和做出正确的决策自己需要哪些信息，致使组织的信息沟通呈现自发的无组织状态，以致别人提供的信息并不需要，而需要的信息又没有，会降低组织的运行效能。

（6）地理障碍。由地理位置所造成的沟通困难也是不可忽视的。在管理中，由于组织规模庞大、地理位置分散所造成的信息传递失真或延误并不在少数。大企业病最典型的表现之一就是企业对市场反应迟缓，机制不灵活。其主要原因就是信息传递不畅。

（7）信息超负荷。管理失误或冲突产生被许多人认为是信息沟通不够造成的，但还有一种现象也应引起管理者的注意，就是信息沟通过度也会造成上述问题。研究也表明，大量的信息流动有助于克服信息沟通中的不畅问题，但是，不受限制的信息流动会导致信息过量，信息超负荷也会导致一系列问题。第一，人们可以无视某些信息。例如，一个人收到的信件太多，干脆就把应该答复的信件也置之不顾了。第二，一旦人们被信息沟通过度所困扰，在处理中就会出差错。最常见的就是人们会把信息所传送的"不"字忽略了，从而使原意颠倒。第三，信息过量，可能会降低人们的工作效率，无限期地拖延处理信息。第四，人们会对信息进行过滤，很可能忽略了关键性的信息。第五，人们会干脆从沟通中脱身以对待信息超负荷的情况。综上所述，由于信息超负荷，人们会把信息束之高阁或者不进行有效沟通。

除了上述障碍外，还有其他许多影响有效沟通的障碍，如人的情绪、态度、注意力等方面的影响。人们往往以他们想要了解或喜欢的事物为知觉基础，这在信息沟通中意味着人们听到了要听到的信息，却忽略了其他相关的信息。态度是一种有关事实或事态的心理定位，显然，倘若人们已经认定了什么，那么就不可能客观地聆听别人的说话，多数情况下会根据自己的主观意见解释沟通信息，从而导致信息失真。

案例 10-2　　　　　　　　　心情沮丧的张先生

张先生是一位已有五年工龄的模具工，工作勤奋，爱钻研。半年前，张先生利用业余时间独立设计制作了一套新型模具，受到设计部门的嘉奖。为了鼓励张先生的这种敬业精神，当时的生产部主任王先生特别推荐他上夜校学习机械工程学。从那以后，张先生每周有三天必须提早一小时下班，以便准时赶到夜校。这也是经原生产部主任王先生特许的，王先生当时曾说过他会通知人事部门。

然而，上周上班时，张先生被叫到现任生产部主任陆先生的办公室进行了一次面谈。陆先生给了他一份处罚报告，指责他工作效率低，尤其批评他公然违反公司的规定，一周内三次早退。如果允许他继续这样工作下去，将会影响其他员工。因此，陆先生说要对他进行处罚，并警告说，照这样下去，他将被解雇。

当张先生接到处罚报告时，感到十分委屈。他曾试图向陆先生解释原因，然而，每次陆先生都说太忙，没时间与他交谈，告诉他不许早退，并要求他提高工作效率。张先生觉得这位新上司太难相处，心情十分沮丧。

资料来源：张国良.小微企业经营与管理［M］.北京：清华大学出版社，2020：227.

案例分析

这则故事显示的最主要的问题是张先生和陆先生出现了倾听障碍。作为一名刚上任的管理者，陆先生不仅要熟悉其工作环境，还必须深入下去了解情况，做好与下属的沟通，培养自己良好的倾听习惯。如果故事中陆先生抽一点时间来听王先生的解释，这样就可以避免因为一个错误的决定而挫伤员工的积极性和进取心，给公司利益带来不必要的损失。

倾听是沟通过程中的一个重要方面，与计划、组织、领导及控制等管理环节密切相关。要想口头沟通融洽有效，学会倾听是非常必要的。作为管理者要学会倾听，并且还要善于倾听，以随时了解员工的观点、意见及建议等。

这则故事中除张先生和陆先生之间存在沟通问题，王先生和人事部也存在沟通问题，如果王先生将张先生的情况及时通知人事部，那么新上任的陆先生也不会认为张先生无故早退，公然违反公司规定，做出错误的处罚决定。

2. 沟通环境方面的障碍

（1）社会环境的影响。社会环境障碍主要是指社会中的生活方式、价值观、态度体系等方面对沟通的影响。例如在美国的社会文化背景下，组织中的上下级沟通显得较为民主，下级可以直接向上级提出自己的意见。而在日本的公司中则是等级森严，沟通一般都是逐层进行的。因此，在日本公司中，人们之间的正式交往显得非常慎重。在我国的组织中，员工的非正式沟通行为更多地受社会关系的影响。比如，很多人热衷传播小道消息，喜欢打听别人隐私等。

（2）组织结构的影响。组织内正式沟通渠道在很大程度上取决于组织的结构形式，所以，结构形式对有效的组织沟通往往有决定性的作用。传统的组织结构具有严格的等级概念，所以，组织中的命令和信息都是沿着正式的组织渠道层层传递的。在这种信息传递过程中，每一层次的信息传递都伴随着过滤现象，过多层次必然会导致信息过滤的增多、信息传递的失真、减缓信息传递的速度。因此，在这种组织里，正式渠道的沟通障碍极大。而在现代组织结构形式中，以网络为代表的沟通渠道，极大地改变了沟通的速度和方式，较好地克服了传统组织结构给沟通带来的信息过滤和信息延误的问题。

10.2.3　沟通的技巧

从上述的沟通障碍看，只要采取适当的行动方式将这些沟通障碍有效消除，就能实现有效沟通。因而，有效沟通的实现取决于对沟通技能的开发和改进。

1. 清晰表达

有效的沟通不仅需要信息被接受，而且需要信息被理解。有效的沟通依赖于信息发送者能够有效地向组织内外的人发出信息。当发出的信息容易被接收者理解和领会时，信息是清楚的。由于语言等障碍的存在，管理者需组织语言和信息，以达到有效沟通。因此，管理者应准确、正确地应用语言，考虑信息所指向的受众，同时注意表达的方式，向接收者清晰地表达信息内容，使所使用的言语适合于接收者理解。例如在向非同一职业、群体、组织的成员发送信息时，避免使用行话。

2. 积极倾听

倾听和讲话一样具有说服力。倾听是人们交往活动的一项重要内容。据专家调查，人在醒着的时候，至少将 1/3 的时间花在听上，而在特定条件下，倾听所占据的时间会更多。许多时候，良好的沟通就等于积极倾听。

对管理人员来说，"听"不是件容易的事。要较好地"听"，也就是要积极倾听。要成为好的聆听者，管理者需要做好以下几件事。第一，管理者不要随便打断别人说话；第二，管理者要与讲话者保持眼睛接触；第三，在接收信息后，管理者对模糊不清或混淆的地方要提出疑问；第四，管理者应该用自己的语言解释，重复信息内容，指出讲话者认为最重要的、复杂的或者可以换一种解释的地方，这些反馈要素对成功的沟通是关键的。

📍 **管理故事**　　　　　　　　　**三个小金人**

古时，有个小国的使者不远千里来中国，带来了很多的贡品，其中最惹人瞩目的是三个小金人。那三个小金人一模一样，大小、重量乃至表情都不差分毫，金灿灿的，发出耀眼的光芒，在一旁观看的大臣都忍不住发出啧啧的赞叹声。皇帝也高兴得不得了，放在手上把玩，爱不释手。

"这三个金人虽然一模一样，但是其中一个最有价值。素闻贵国人才济济，想必这个问题不难解决，我们也希望这满朝文武大臣中能有人给我们一个完满的解释。"使者口气带着明显的挑衅。

皇帝被激将起来，应道："这个自然不在话下，待我的臣子们研究一番后，自然给你们答复。"

可是事情并不像想象的和说的那样简单。各个地方的珠宝匠来了又去，称重量、查做工，都没有看出一点差别。使者在一旁看了，阴阳怪气地说："你们泱泱大国，怎么连这么个小问题都解决不了呢？"

这时，一位素来沉默寡言的老臣站出来对皇帝说："老臣愿斗胆一试！"

只见老臣取来三根细铁丝，分别穿入三个人的耳朵，结果，第一根铁丝穿过了一个金人的耳朵，然后从另一只耳朵穿了出来；第二根铁丝则从第二个金人的嘴巴里出来了；第三根铁丝却被金人整个都吞进去了。

"禀告圣上，第三个金人最有价值！"老臣说。

使者叹服地点点头，称赞道："佩服！佩服！当初制作这些金人时，特意在耳朵和嘴巴相连处做了区别，意在说明要少说多听。这位大人高明，可见也是深谙此理的高人……"

造物主给了我们两只耳朵和一张嘴巴，它是不是意在告诉我们要多听少说呢？有的人听不进别人的话，他们左耳进，右耳出，把别人的话当作耳边风；有的人喜欢说话，口若悬河，滔滔不绝，根本就不给别人说话的机会；还有的人很少说话，但注意倾听。口才好、能说会道自然惹人羡慕，也是人生的一大资本，但是最有价值的人往往不是最能说的人，而是最会听的人。

资料来源：张国良.管理原理与实践［M］.北京：清华大学出版社，2014.

3. 重视反馈

一个完整的沟通过程需要反馈，即信息的接收者在接收信息的过程中或过程后，及时地回应对方，以便澄清"表达"和"倾听"过程中可能产生的误解和失真。反馈是有效的双向沟通的一个关键条件，很多沟通问题是由于误解或信息传递不准确造成的。如果管理者在沟通过程中使用反馈，及时交流，就会减少沟通障碍。

如何有效地提供反馈呢？第一，反馈要站在对方的立场和角度上，善于回应别人的观点和设身处地理解他人的情绪，并针对对方最为需要的方面给予反馈。第二，反馈应是具体、明确的，避免空洞、模糊的表达。第三，反馈应对事不对人，永远不能因为一个不恰当的活动而指责个人，比如"你是猪脑子啊，没吃过猪肉还没有看过猪跑"之类的言语只能加深双方的敌对和对抗情绪，与最初的沟通愿望适得其反。第四，要把握反馈的时机，接收者的行为与获得该行为反馈的间隔时间越短，反馈意义越大。比如，当新员工犯了一个错误时，最好在错误发生之后或在一天工作结束时就能够从主管那里得到改进的建议，而不是要等到几个月后的绩效评估阶段才获得。

4. 真诚互信

管理者需要创造一个相互信任、有利于沟通的环境。他们必须明白，信任不是人为的或从天上掉下来的，而是诚心诚意争取来的。有人对一些经理所做的沟通进行过分析，一天用于沟通的时间约占70%，其中撰写占9%，阅读占16%，言谈占30%，用于聆听的时间占45%。但一般经理都不是一个好听众，聆听的效率只有25%，究其原因，主要是缺乏诚意。缺乏诚意大多发生在自下而上的沟通中，所以要提高沟通效率，必须诚心诚意地去倾听对方的意见，既给予反馈也要求得到反馈，从感情上建立联系，形成一种相互信任、有利于沟通的气氛以及支持下属工作的作风。

⊚ 知识拓展

和谐沟通是管理艺术的精髓

人生无处不交流，生活事事有沟通。沟通是人类信息交流、观点互换、情感互动、利益互惠的人际交往活动。当今世界就是一张巨大的沟通平台，不管你喜不喜欢、愿不愿意、接不接受，你都扮演一个沟通者的角色。不论人与人之间建立什么样的关系，只要生活在这个社会中，总会产生这样或那样的矛盾，小到家庭纠纷，大到国际争端，都需要沟通来解决实际问题。你事业的如愿、理想的实现、生意的成功、意图的表达、情感的交流、家庭与社会关系的和谐、生活的美满与幸福都与有效的沟通密切相关。英国作家萧伯纳指出："假如你有一个苹果，我有一个苹果，彼此交换以后，我们每个人都只有一个苹果。但是，如果你有一种思想，我有一种思想，彼此交换后我们双方都有了两种或两种以上的思想。""快乐与别人分享，快乐的效能就能增加一倍；痛苦与别人分担，别人的痛苦感受将减轻一半。"话是开心的钥匙，事理通达才能心气平和，沟通是协调人际关系的润滑剂、消炎剂、兴奋剂、凝聚剂。沟通虽然不是万能的，但没有沟通是万万不能的！

一、和谐是管理沟通的精髓

沟通是组织系统的生命线，管理精髓在沟通，沟通核心和为本，天地之道美于和，沟通之道和为美。和谐沟通技巧对于我们每个人都有极其重要的意义。心与心的沟通、灵与魂的认同、你与我的双赢，才有利于管理目标的实现。修身、齐家、治国、平天下，用心体悟"和"文化。中华"和"文化源远流长，博大精深，为我们提供了最高真理和最高智慧，它是真善美的内在统一。至诚至真，至善至美，达己达人，和为帅也。"和"文化是中国传统文化的核心，也是当代先进文化之精髓。上升为哲理，"和"文化超越时空，福泽民众，达善社会，具有普遍的指导意义。

放之于世界，"和平与发展"是时代主题；放之于国家，构建和谐社会、政通人和是发展的根本前提；放之于民族，"和平崛起"是必由之路；放之于社区，讲睦修和、安定祥和是人心所向；放之于企业或单位，和气生财，事以人为本，人以和为贵；放之于家庭或个人，事理通达，心平气和，父慈子孝，兄友弟恭，夫妇和好，家和万事兴……国家、民族、社会、企业、家庭和个人是一体相统、互为影响的。国以和为盛，家以和为兴，人以和为贵，企以和为本。以企业为例：日本佳友生命公司 1985 年调查了日本 3 600 家公司，其中用"和谐、团结"为意的企业基本理念有 549 个。松下公司的企业精神为："产业报国，光明正大，和亲一致，奋斗向上，礼节谦让，适应同化，感激报恩。"再如日本日立公司的企业理念："和，诚，开拓。"和，广开言路，上下沟通，和谐团结；诚，讲信用，守信誉，重承诺；开拓，积极进取，自我超越，勇于挑战，不断创新。"和"文化始终是企业文化的核心。"和"文化就是生产力，使日本大和民族迅速崛起，成为世界经济强国。

管理的核心是处理好人际关系，调动职工的积极性，结合群力，达致目标。人的成功实际上是人际关系的成功，完美的人际关系是个人成长的外在根源，环境宽松，和谐协调，关系融洽令人向往；生活安定，心情愉悦，氛围温馨，人的激情就能得到充分的释放。试想在一个"窝里斗"的企业里工作，人际关系紧张，人心难测，无所适从，甚至让人提心吊胆，为自己担心，不是人琢磨工作，而是工作折磨人，这种环境是留不住人才的，"以人为本"也只能是"叶公好龙"而已。

企业内部亲和力的存在才会使员工具有强烈的责任心和团队精神，组织富有朝气和活力，才能营造人格有人敬、成绩有人颂、诚信有人铸、和睦有人护的良好文化氛围。企业善待员工，员工效忠企业。以和为贵、以诚相待才能激发员工的积极性与创造性，增强企业向心力。企业暂时的困难甚至亏损并不可怕，最可怕的是职工感情的亏损，一旦职工对企业失去了希望和热情，没有了愿景，失去了人心，这个企业绝对是没有希望的。有道是天时不如地利，地利不如人和，人和更离不开沟通。"和"文化就是企业的凝聚力，也是企业的核心竞争力。

二、沟通是企业组织系统的生命线

沟通是管理活动和管理行为中最重要的组成部分，也是企业和其他一切组织管理者最为重要的职责之一。人类的活动中之所以会产生管理活动，人类的种种行为中之所以会产生管理行为，是因为随社会的发展产生了群体活动和行为，而在一个群体中，要使每一个群体成员能够在一个共同目标下，协调一致地努力工作，就绝对离不开有效的沟通。在每一个群体中，它的成员要表示愿望、提出意见、交流思想；群体领导要了解人情、发布命令，这都需要有效的沟通。

因此可以说，组织成员之间良好有效的沟通是任何管理艺术的精髓，其核心价值是认知互动，上下同欲，以和为本。管理的核心是协调人际关系，调动职工的积极性，结合群体达到目标。面对现代社会日益复杂的人际关系，你希望自己能获取和谐的客户、朋友、同事关系吗？在愈演愈烈的市场竞争中，你希望自己能够锻造出和谐协调、上下同欲的精诚团队吗？你希望自己的企业能够生活在一种关系良好的"外部生态环境"中吗？你的企业能在顾客、股东、上下游企业、社区、政府及新闻媒体的交往中，塑造出良好的企业形象吗？

上述问题的答案是由一系列相关要素构成的，但沟通是解决一切问题的基础。对于管理者而言，沟通是企业管理中的基础性工作，在一个有共同目标的群体或组织中，要协调全体成员为实现目标而努力工作，有效沟通是必不可少的。据统计，一个成功人士之所以成功，75%靠沟通，只有25%靠天才。一个大公司的经理每天都将70%～80%的时间花费在沟通活动上，尤其在企业发生重大情况时。例如，当企业实施重大举措时，当员工士气低落时，当企业内部发生重大冲突时，当企业遇到重大危机时，当员工之间的隔阂加深时，当部属对主管有重大误解时，有效的管理沟通都将会发挥其巨大的威力。沟通对企业的作用如下。

1. 传递信息

交流实际上是信息双向沟通的过程。美国社会思想家托夫勒说，信息革命实质上就是沟通革命，大到国家发展，小到个人前途，都有赖于有效沟通的能力。知识的运用比知识的拥有更重要。出门看天气，经营识环境，生意知行情，信息抵万金。从内部来讲，沟通可以了解职工的意见倾向、需求，处理好人际关系，调动职工的积极性；从外部来讲，沟通可以处理好企业与外部的关系，适应环境，以变应变，谋求生存和发展。组织的生存和发展必然要与政府、社会、顾客、供应商、竞争者等发生各种各样的联系，组织要按照客观规律和市场的变化要求调整产品结构，遵纪守法，担负社会责任，获得供应商的合作，并且在市场竞争的环境中获得优势，这使得组织不得不与外部环境进行有效的沟通。由于外部环境永远处于变化之中，因此，组织为了生存和发展就必须适应变化，不断地与外界保持持久的沟通。

2. 改善人际关系

无论是在人们的日常生活中还是在工作中，人们相互沟通思想和感情都是一种重要的心理需要。沟通可以消除人们内心的紧张和怨恨，使人们感到心情舒畅，而且在相互交流中容易使双方产生共鸣和感情，增进彼此间的了解，改善相互之间的关系，减少人与人之间不必要的冲突，保证企业内部上下、平级之间各种沟通渠道的畅通，以利于提高企业内部员工士气，增进人际关系的和谐，为企业的顺利发展创造"人和"条件。沟通可以协调各个体、各要素，使组织成为一个整体。当组织内做出某项决策或制定某项新的政策时，由于各个体的地位、利益和能力的不同，对决策和制度的理解和执行的意愿也不同，这就需要互相交流意见，统一思想认识，自觉地协调各个体的工作活动，以保证组织目标的实现。因此，沟通可以明确组织内员工做什么、如何来做，没有达到标准时应如何改进。可以说没有沟通就不可能有协调一致的行动，也就不可能实现组织的目标。

3. 改变行为与态度

在沟通过程中信息接收者收到并理解了发送者的意图，一般来讲会做出相应的反应，表现出合作的行为，否则交流是无效的。通过交流可以调整心态乃至平心静气，以达到"心气平和，事理通达"，改变行为与态度。比如，伊利集团独董风波（罢免独立董事引起的风波）之后，为了不影响企业的正常生产经营与管理，保持良好的人际关系，公司高层领导及时召开新闻发布会，并于2004年年底在内蒙古饭店召开顾客订货会，与客户交流沟通，使企业经得住风险的考验，重振雄风并在消费者心目中树立了良好的形象。

4. 增强企业创新能力

西蒙说："管理的核心在经营，经营的核心在决策，决策的核心在创新。"在有效的沟通中，沟通者积极讨论，相互启发，共同思考，大胆探索，往往能迸发出有神奇创意的思维火花，产生新的创意。主意诚可贵，思维价更高，思路决定出路，出路决定财路。金点策划可点石成金，创造性思维是企业发展之母。许多经营决策与方案的设计，无论事先考虑得多么合理，往往会在实践的时候暴露出这样那样的缺陷。职工是企业实践工作的主体，对决策的优劣和方案的实施最有发言权，同时群众在劳动实践中会总结出许多生产管理与技术诀窍，管理者听取非专门人员的合理化建议，可以发现问题，开拓视野，寻找构思，采取措施。创意是策划的灵魂，它是一个美妙的幻想，是一束智慧的火花。策划是创意的实施，它是一个完美的方案，是一道闪亮的电光。群众智慧的创意与策划是企业发展的加速器，是经济效益增长的推动力，因此要虚心倾听职工的合理化建议，集中职工的智慧和力量。好的创意策划能力挽狂澜，扭转败局。它能出其不意，转危为安；它能奇峰突起，独领风骚；它能快马加鞭，不断前进。集体的创意与策划能使企业的经营管理蒸蒸日上，产值利润滚滚而来，从而不断提升企业的核心竞争力。

5. 更有效的决策

沟通是科学决策的前提和基础，它可以激励员工的工作热情和参与管理的积极性，使员工提高工作激情，把"要我做变成我要做"，积极主动地为本企业的发展而献计献策，增强企业的凝聚力，提高职工的工作积极性，使职工工作富有成效，企业向前蓬勃发展。一人不如两人计，三人出个好主意，"三个臭皮匠顶个诸葛亮"。在激烈的市场竞争环境中，决定企业经营成败的关键往往不是企业内部一般性的生产管理，而在于重大经营方针的决策，为使组织决策科学合理和更加有效，需要准确可靠而又迅速地收集、处理、传递和使用信息情报。这里的信息情报包括组织内外经济环境、市场、技术、资源、文化等内容。事实证明，许多决策的失误是由于信息资料不全、沟通不畅造成的。因此，没有沟通就不可能有科学有效的决策。

三、有效管理沟通的途径

1. 态度诚恳，氛围和谐

谈心要交心，交心要知心，知心要诚心，在沟通中要营造开放的沟通氛围，要明确沟通的重要性，创造一个相互信任、有利于沟通的小环境。经理人员不仅要获得下属的信任，而且要得到上级和同事们的信任，缩短信息传递链，拓宽沟通渠道，保证信息的畅通无阻和完整性，加强平行沟通，促进横向交流，定期加强上下级的沟通。

当事者相互之间所采取的态度对于沟通的效果有很大的影响，只有当双方坦诚相待时，才能消除彼此间的隔阂，从而促成双方合作。增加沟通双方的信任度，在沟通中创造良好的沟通气氛，保持良好的沟通意向和认知感受性，使沟通双方在沟通中始终保持亲密、信任的人际距离。这样一方面可以维持沟通的进行，另一方面可以使沟通朝着正确的方向进行。

2. 充分准备，明确目的

沟通要有认真的准备和有明确的目的性，发起者在沟通前要先对沟通的内容有正确、清晰的理解，沟通要解决什么问题，达到什么目的。重要的沟通最好事先征求他人的意见。此外，沟通不仅是下达命令、宣布政策和规定，而且也是为了统一思想、协调行动。所以，沟通之前应对问题的背景、解决问题的方案及依据、决策的理由和对组织成员的要求做到心中有数。沟通的内容要有针对性，语意确切，尽量通俗化、具体化和数量化。一般一件事情对人有利，易被记忆。所以管理人员如希望下级能记住要沟通的信息，则表达时的措辞应尽量考虑到对方的利益和需要。

3. 多听少讲，用心感悟

多听少讲，但少讲不等于不讲，讲要讲到点子上，切不可漫天乱讲。沟通中的倾听，不仅指运用耳朵这种听觉器官的听，而且还指运用眼睛去观察对方的表情与动作。这种耳到、眼到、心到、脑到的听，被称为倾听。

4. 把握时机，及时反馈

由于所处的环境、气氛会影响沟通的效果，所以信息交流要选择合适的时机。对于重要的信息，在办公室等正规的地方进行交谈，有助于双方集中注意力，从而提高沟通效果；对于思想上或感情上的沟通，则适宜于在比较随便、独处的场合下进行，这样便于双方消除隔阂，要选择双方情绪都比较冷静时进行沟通，更让人接受。

在沟通中及时获得沟通反馈信息是非常重要的。沟通要及时了解对方对信息是否理解和愿意执行，特别是企业中的领导，更应善于听取下层报告，安排时间充分与下层人员联系，尽量消除上下级之间的地位隔阂及所造成的心理障碍，引导、鼓励和组织基层人员及时、准确地向上层领导反馈情况。对合理化建议在具体实施过程中的进展和出现的问题跟踪检查，应及时反馈给所提供建议的人，对实际实施的情况应及时沟通，保护职工的积极性，有利于形成齐心协力、精诚团结、认知互动、上下同欲的团队精神，努力形成讲诚信、守信誉、献良策、比奉献的文化氛围，让职工感到人格有人敬，成绩有人颂，信誉有人护，良策有人听，就能信心百倍、振奋精神。

实践证明，当一个组织内的成员都深信其所从事的事业有广阔的前景和崇高的社会价值，并有拓展才能、提升自我、成就事业、完美人生的发展空间时，他们就会充满热情，才思敏捷，锲而不舍，积极进取；就会最大限度地发掘自己的才能，为企业的生存和发展思奇谋、想良策而绞尽脑汁，为实现自己和企业的共同目标而做出不懈的努力，并与企业同舟共济，夺取更大的胜利。

管理沟通，以和为贵。屹立世界舞台，展现民族风采，构建和谐社会，彰显自我价值，"和"文化始终是管理的主线与灵魂。企业组织生命系于沟通，核心理念以和为本，体悟沟通，和谐永恒。

资料来源：张国良. 和谐沟通是管理艺术之精髓［J］. 人力资源，2008（21）：20-21；后被中国人民大学复印资料《管理科学》（2009年1月）全文转载。

📍 诗语点睛

人生无处不交流
生活事事有沟通
行健不息须自强
营造和谐方为本
修身齐家平天下
开心钥匙巧运用
天地人道美于和
政通人和万事兴

习　题

一、单项选择题

1.（　　）指在组织中信息从较低的层次流向较高的层次的一种沟通。

A. 上行沟通　　　　　B. 下行沟通　　　　　C. 平行沟通　　　　　D. 斜行沟通

2.（　　）指组织中信息从较高的层次流向较低层次的一种沟通。

A. 上行沟通　　　　　B. 下行沟通　　　　　C. 平行沟通　　　　　D. 斜行沟通

3.（　　）指在组织中同一层次不同部门之间的信息沟通。

A. 上行沟通　　　　　B. 下行沟通　　　　　C. 平行沟通　　　　　D. 斜行沟通

4.（　　）指发生在组织中不属于同一层次和部门之间的信息沟通。

A. 上行沟通　　　　　B. 下行沟通　　　　　C. 平行沟通　　　　　D. 斜行沟通

5. 备忘录、协议书、信函、布告、通知、报刊、文件等以书面文字或符号进行信息传递的形式属于（　　）。

A. 口头沟通　　　　　B. 书面沟通　　　　　C. 非言语沟通　　　　　D. 电子媒介

二、多项选择题

1. 按照组织的结构特征，沟通可分为（　　）。

A. 正式沟通　　　　　B. 平行沟通　　　　　C. 斜行沟通　　　　　D. 非正式沟通

2. 非正式的沟通网络有四种不同的传递形式，它们分别是（　　）。

A. 单线式　　　　　B. 偶然式　　　　　C. 流言式　　　　　D. 集束式

3. 按照是否进行反馈，沟通可分为（　　）。

A. 正式沟通　　　　　B. 单向沟通　　　　　C. 斜行沟通　　　　　D. 双向沟通

4. 沟通环境方面的障碍有（　　）。

A. 社会环境的影响　　　　　　　　　　B. 组织结构的影响

C. 地位差异　　　　　　　　　　　　　D. 语言障碍

5. 沟通的技巧有（　　）。

A. 清晰表达　　　　　B. 积极倾听　　　　　C. 重视反馈　　　　　D. 真诚互信

6. 沟通对个人的好处有（　　）。

A. 互相尊重，善解人意　　　　　　　　B. 家庭和睦，生活幸福

C. 学习经验，汲取智慧　　　　　　　　D. 化解冲突，关系和谐

三、判断题

1. 沟通是指信息从发送者到接受者的传递和理解的过程。（　　）

2. 沟通可以提高管理者决策的质量，延长决策时间。（　　）

3. 组织管理者的重要职能之一就是激励和影响下属，而主管人员对下属的评价是影响员工积极性的主要方面。（　　）

4. 沟通过程是发送者通过一定的渠道将特定内容的信息传递给接收者的单向互动过程。（　　）

5. 反馈一定来自对方，沟通者也可以在信息发送过程中自行获得反馈信息，比如沟通者发

觉自己所说的话有误或不够准确，也会对此自行做出调整，心理学家称之为自我反馈。（　　）

6.正式沟通的优点是，沟通效果好，比较严肃，约束力强，易于保密，可以使信息沟通保持权威性。（　　）

7.传播谣言和小道消息等都属于正式沟通。（　　）

8.非正式沟通的优点是，沟通形式不拘，直接明了，速度很快，容易及时了解到正式沟通难以提供的"内幕新闻"。（　　）

9.单向沟通有反馈的信息传递，是发送者和接收者相互之间进行信息交流的沟通。（　　）

10.言语沟通是人们经常应用并且不被人们注意的沟通表达方式，它比非言语交流更常见，也更富有表达力。（　　）

11.沟通是企业组织系统的生命线。（　　）

🕐 思考题

内容理解

1.如何理解沟通？沟通的要素有哪些？

2.正式沟通和非正式沟通的优缺点是什么及各自的沟通网络有哪些形式？

3.组织中最普遍使用的沟通方式有哪些？

4.沟通的主要障碍有哪些？为消除这些障碍应采取何种方式？

5.有效管理沟通的途径有哪些？

技能训练

小张在工作中任劳任怨，与同事们相处也不错，因此获得上司的赏识而被提拔为部门主管。该部门的员工均为精兵强将，个个认为自己不比小张差，因此小张上任后与同事们的关系却有些微妙。同事们都对他很客气，但小张却感到得不到同事们的支持。另外，由于是新上任的主管，小张与同级其他部门主管之间原先并不太熟，其他部门主管对小张的部门也远不如以前那么支持。此时，上司又交给他的部门一项时间性很强的工作。假设你是小张，你认为应该如何去完成此项任务？

📍 案例应用

一次战略方案制订引起的风波

天讯公司是一家生产电子类产品的高科技民营企业。近几年，公司发展迅猛，然而，最近在公司出现了一些传闻。公司总经理郑强为了提高企业的竞争力，在以人为本、创新变革的战略思想指导下，制订了两个战略方案：一是引人换血计划，年底从企业外部引进一批高素质的专业人才和管理人才，给公司输入新鲜血液；二是内部人员大洗牌计划，年底通过绩效考核调整现有人员配置，内部选拔人才。郑强向秘书小杨谈了自己的想法，让他行文并打印。中午在附近餐厅吃饭时，小杨碰到了副总经理张建波，小杨对他低声说道："最新消息，公司内部人员将有一次大的变动，老员工可能要下岗，我们要有所准备啊。"这些话恰好又被财政处的会计小刘听到了。他又立即把这个消息告诉他的主管老王。老王听到后，愤怒地说道："我真不敢相信公司会有这样的事情，换新人，辞旧人。"这个消息传来传去，两天后又传回到郑强的耳朵里。公司上上下下的员工都处于十分紧张的状态，唯恐自己被裁，根本无心工作，有的甚至还写匿名信和恐吓信对这样的裁员决策表示极大的不满。

郑强经过全面了解，终于弄清了事情的真相。为了澄清传闻，他通过各部门的负责人把两个方案的内容发布给全体职工。他把所有员工召集在一起来讨论这两个方案，员工们各抒己见，但一半以上的员工赞同第二个方案。最后郑强说："由于我的工作失误引起了大家的担心和恐慌，很抱歉，希望大家能原谅我。我制订这两个方案的目的就是想让大家参与决策，来一起为公司的人才战略出谋划策。其实前几天大家所说的裁员之类的消息完全是无稽之谈。大家的决心就是我的信心，我相信公司今后会发展更好。谢谢！关于此次方案的具体内容，欢迎大家向我提问。"

通过民主决议，该公司最终采取了第二个方案。由此，公司的人员配置率得到了大幅度的提高，公司的运行效率和经营效益也因此大幅度地增长。

问题

1. 案例中的沟通渠道或网络有哪些？请分别指出，并说出各自的特点。
2. 案例中郑强的一次战略方案的制订为什么会引起如此大的风波？
3. 如果你是郑强，应从中吸取什么样的教训？

第11章 CHAPTER11

组织与会议沟通

三星会议的337原则

韩国三星集团是全球盈利增长最快的企业之一，取代索尼成为消费类电子产品的领袖。2004年上半年三星的盈利甚至超过IBM、Intel。三星的巨大成功应追溯到20世纪90年代的会议文化改革。

1993年，三星总裁李健熙通过历时4个月的洛杉矶—法兰克福—尾崎—东京—伦敦的长征式会议，将1 800多名高级职员召集到海外进行了500多个小时的漫长讨论，确立了名为"三星新经营"的战略转型。自那时起，三星的会议就朝着一旦开始就不是徒费时间，而是向目标指向性会议的转变。

三星公司在召开会议时所遵守的337原则充分体现了该公司高效务实的会议文化。所谓337原则是指3种思考、3个原则以及7条规定。

一、3种思考

要召开计划好的会议，而不是即兴会议。就即兴会议而言，可能参加者连理由都不知道，会浪费时间，而且由于没有切实进行准备，会议无法达到效果。因此，3种思考的内容包括：

（1）为了提高会议效率，尽可能不召开即兴会议。所以，领导者需首先思考一下会议的必要性：

- 是一定要召开的会议吗？
- 不能由自己决定吗？
- 没有更好的方式吗？

（2）如果一定要召开会议，要从多个角度进行检查：

- 不能减少参加者吗？
- 不能减少会议频率、时间和资料吗？
- 不能进行更为妥帖的运作吗？

（3）一旦决定召开会议，就试着摸索一下是否有能够与其他会议合并或委托的方法：

- 不能与其他会议一起召开吗？

- 不能通过权限委托来解决吗？
- 加入其他会议中就不是好的内容吗？

二、3 个原则

如果是必须召开的会议，就要更加高效率地召开。

根据上述 3 种思考，尽可能不召开会议或者努力精简会议。但是，不能如此对所有会议精简，因为最少限度的会议是必需的。一旦决定召开会议，就要遵循以下 3 个原则，使其成为高效率的会议。

以下 3 个原则认识到会议的非生产性和弊端，是三星为了改进会议文化而订立的原则。

（1）确定不召开会议的工作日。

各个公司自主性地确定不召开会议的工作日，但是大部分公司将周三定为不召开会议的工作日。不仅确定不召开会议的工作日，不召开会议的时间也要进行指定。

（2）将会议时间定为 1 个小时，最多不超过 1.5 个小时。

召开会议时，将定量 1 个小时的沙漏放置在会议室里，为严格遵守时间而施加无形的压力。并且，还采取将会议时间不定在整点开始，而是从 10 分或 15 分开始、整点结束的方法。

（3）将会议记录整理成一张纸。

有时只要一说会议结束了，谈论了什么、结论是什么、必须如何实施就不是很清楚。而对会议内容进行整理并分发给参加者和相关人员则是不错的方法，但是要把整理内容简洁地记在一张纸上。

三、7 条规定

与 3 种思考和 3 个原则一道，三星还要在召开会议的时候遵循 7 条规定。

规定 1：就召开会议而言，最重要的是严格遵守时间。要求所有人准时参加，即使参加者没有全部到场，会议也要准时开始。同时，公布会议结束时间，最大限度地减少时间浪费。

规定 2：在会议材料中写明投入会议的经费，去除不必要的浪费。为了创造建设性的、高效率的会议文化，计算出所有会议的成本，事先告知参加者。

规定 3：将会议参加者限制为必要的合适人选和负责人，使会议规模尽可能小。

规定 4：明确会议目的，不要转移到其他主题上或者成为闲谈或讨论，旨在做决定的会议还是共享信息的会议，会议目的要明确区分并事先通知参加者。

规定 5：事先分发会议资料，在参加会议之前进行讨论，以顺利召开会议。这一点大部分企业可以通过引进公司内部互联网进行解决，在召开会议前事先通过电子邮件发送议题等。

规定 6：就召开会议而言，为了防止以某个特定的人为主进行发言，要让所有参加者发言，并且相互尊重所发表的意见。让所有人发言是为了培养一个意识：参加会议就不应浪费时间。

规定 7：为了尽可能地减少会议记录，仅记录决定的事项并进行保存；与其他记录方式相比，使用电子黑板时，则复制电子黑板上的内容用作会议记录。

资料来源：金咏韩，金咏安 . 开会就要学三星［M］. 王明辉，译 . 北京：新华出版社，2005：25.

案例思考

1. 如何提高会议效率？
2. 三星会议的 337 原则给我们带来的启示是什么？

11.1   组织沟通的方式

1. 指示与汇报

（1）指示是上级指导下级工作、下级传达上级决策时经常采用的一种下行沟通方式，它可以使一个项目启动、更改或终止。指示一般是通过正式渠道进行沟通的，具有权威性、强制性等特点。指示可以具体分为书面指示和口头指示，或一般指示、具体指示、正式指示、非正式指示等。

（2）汇报则多是下级向上级反映情况、提出设想、汇报思想而经常采用的一种沟通方式。汇报也可分为书面汇报、口头汇报、专题汇报或一般性汇报、非常正规的汇报或较为随意的汇报。

2. 汇报要有技巧

（1）调整心理状态，创造融洽气氛。

向上司汇报工作要先营造有利于汇报的氛围。汇报之前，可先就一些轻松的话题做简单的交谈。这不但是必要的礼节，而且汇报者可借此机会稳定情绪，理清汇报的大致脉络，打好腹稿。这些看似寻常，却很有用处。

（2）以线带面，从抽象到具体。

汇报工作要讲究一定的逻辑层次，不可"眉毛胡子一把抓"，讲到哪儿算到哪儿。一般来说，汇报要抓住一条线，即本单位工作的整体思路和中心工作；展开一个面，即分头叙述相关工作的做法措施、关键环节、遇到的问题、处置结果、收到的成效等内容。

（3）突出中心，抛出"王牌"。

泛泛而谈、毫无重点的汇报显得很肤浅。通常，汇报者可把自己主管的或较为熟悉的、情况掌握全面的某项工作作为突破口，抓住工作过程和典型事例加以分析、总结和提高。汇报中的这张"王牌"最能反映本单位工作特色。

（4）弥补缺憾，力求完美。

下属向领导汇报工作时，往往会出现一些失误，比如对一些情况把握不准或漏掉部分内容、归纳总结不够贴切等。对于失误，可采取给领导提供一些背景资料、组织参观活动、利用其他接触机会与领导交流等方法对汇报进行补充和修正，使其更加周密和圆满。向上司汇报自己的工作要把握好分寸。作为下属，要不要经常找上司谈谈，汇报自己的工作呢？这也常常是人们在工作中难以把握的一件事。如果经常找领导或上司聊聊，固然可以使其了解自己的工作情况，了解自己的能力，熟悉自己的情况，加深对自己的印象。但是，找多了，有时也常常会惹领导烦心，以至于讨厌自己。而且，这样做也容易给同事们一个爱拍上司马屁，或喜欢走上层路线的坏印象。因此，这里有一个"度"的问题。也就是说，找多了不好，但完全不与上司接触，也并不是明智之举，应当适度，不过分。那么，这个"度"在哪儿呢？

首先，这个"度"在于你的工作状况和进程。当自己的工作已经取得了初步的成绩，达到了一定的阶段，并有了新的开始，这时，向上司汇报自己前一阶段的工作和下一步的打算是十分必要的，从而使上司能够了解你的工作成绩和将来的发展，并给予必要的指导和帮助。

其次，这个"度"也在于你的工作性质。如果你的工作性质本身决定了你必须经常找上司联系，汇报工作，那么，你切不可因其他顾虑而不去汇报，否则，只会让上司觉得你不称职。如果你的工作性质与上司不是直接联系的，没必要经常找上司汇报，否则容易招致人们的猜测怀疑，以及领导本人的一些想法。

最后，这个"度"还在于你与上司的私交如何。如果你们之间私交很深，那么，不妨把这个"度"放宽一些。如果仅仅是泛泛之交，则不要太随便。实际上，让上司过于了解自己也并不是一件好事。接触多了，固然可以知道你的长处和优点，但同时也更清楚你的缺点和不足。所以，保持适当的距离，往往可以达到一种意想不到的效果。真正明智的领导和上司完全可以及时地、客观地了解其下属的种种情况。对这样的上司，与其说依靠汇报去加强他对你的了解，还不如更好地工作，用你的成绩去赢得上司的赏识。汇报只是一种形式，更重要的是你所汇报的内容如何，是不是真正让上司感兴趣，是不是真正有意义，这才是关键。

3. 汇报工作要选择时机

聪明的下属不仅善于向领导汇报工作，而且还会把握恰当的时机。某机关有位科长工作很认真又能干，但是处长却对他牢骚满腹，原因是这位科长常常向处长提出下属或自己的计划，而时机总是不凑巧。比如：处长准备外出时、处长心情不好时或处长正忙时。就常识而言，这些时候应尽力避免向上司提出烦琐、麻烦的问题。但这位科长不知是运气不好，还是其他什么原因，他总是碰上这种时候和处长谈工作。最后处长终于忍不住了，沉下脸对他说："非要现在说吗？你没看到我现在正忙吗？"自此以后，这位科长在要给处长谈工作时，总会先确定一下处长是否有空。在进处长办公室时，还会问一句："您现在是否有空？"说完，他就说："有……"这个时候处长忍不住说："有什么事，快说，我还有事，别这么啰唆。"如此这位科长真有点不知所措了。要成为上司的好助手，应该耳聪目明，手脚灵活，能够关心自己周围和整体的事情，尤其要用心观察周围的动态，正确地掌握对方的心理，然后再采取行动。如果那位科长能事先掌握处长的情况，再说"现在是否方便"，就不会弄错谈工作的时机。

4. 请示与汇报的基本态度

（1）尊重而不吹捧。

作为下属，我们一定要充分尊重领导，在各方面维护领导的权威，支持领导的工作，这也是下属的本分。首先，在工作上对领导要支持、尊重和配合；其次，在生活上要关心；最后，在难题面前要解围。有时领导处于矛盾的焦点上，下属要主动出面，勇于接触矛盾，承担责任，排忧解难。

（2）请示而不依赖。

一般来说，作为部门主管在自己职权范围内大胆负责、创造性工作，是值得倡导的，也是为领导所欢迎的。下属不能事事请示，遇事没有主见，大小事不做主。这样领导也许会觉得你办事不力，顶不了事。该请示汇报的必须请示汇报，但绝不要依赖、等待。

（3）主动而不越权。

对工作要积极主动，敢于直言，善于提出自己的意见，不能唯唯诺诺，四平八稳。在处理同领导的关系上要克服两种错误认识：一是领导说啥是啥，叫怎么着就怎么着，好坏没有自己的责任；二是自恃高明，对领导的工作思路不研究、不落实，甚至另搞一套，阳奉阴违。当然，下属的积极主动、大胆负责是有条件的，要有利于维护领导的权威，维护团体内部的团结，在某些工作上不能擅自超越自己的职权。

11.1.1　与下属沟通的技巧

1. 让下属知道你关心着他们

每个人都有自己的尊严，都希望得到别人的认可。而领导对下属的关心，对下属倾注感情，尤其是对下属私事方面的关怀与照顾，可以使他们的这种尊严得到满足。有许多身居高位的大人物，会记得只见过一两次面的下属的名字，在电梯上或门口遇见时，点头微笑之余，叫出下属的名字，会令下属受宠若惊，感到被重视。美国著名总统罗斯福就善于使用这种方法。克莱斯勒汽车公司为罗斯福制造了一辆轿车，当汽车被送到白宫的时候，一位机械师也去了，并被介绍给罗斯福。这位机械师很怕羞，躲在人后没有同罗斯福谈话。罗斯福只听到他的名字一次，但他们离开罗斯福的时候，罗斯福寻找这位机械师，与他握手，叫他的名字，并谢谢他到华盛顿来。

经常给能干的下属以关心和肯定，可以给他们带来一种极大的荣誉感和自豪感，当他们得到这种奖赏后，会很有价值感。为了回报领导的赏识，他们必定要像以前一样甚至是比以前更加勤奋地工作，这也正是奖赏的本意。领导对于下属，不仅仅是在工作上的率领和引导，要想把你的事业干好，要想下属在你需要他的时候甘心效力，在工作之外，在下属的生活方面，给予一定的关爱是极其必要的。特别是下属碰到什么特殊的困难，如意外事故、家庭问题、重大疾病、婚丧大事等，作为领导，在这种时候，伸出温暖的手，那真可谓雪中送炭。这时候，下属会对你产生一种刻骨铭心的感激之情。并且，他会时时刻刻想着要报效于你，时时刻刻像一名鼓足劲的运动员，只等你需要他效力的发令枪一响，他就会冲向前去。这时的"雪中送炭"比"锦上添花"更有价值。

2. 激励下属，催人奋进

在美国的历史上，有一位鞋匠的儿子后来成了美国伟大的总统，他就是林肯。在他当选为总统的那一刻，整个参议院的议员都感到尴尬。因为美国的参议员大部分都出身于名门望族，自认为是上流、优越的人，从未料到要面对的总统是一个卑微鞋匠的儿子。但是，他却从强大的竞争势力中脱颖而出，赢得了广大人民的信赖。这除了他卓越的才能外，与他从平民中来，走平民路线，把自己融于广大百姓之中的平民意识是分不开的。

当林肯站在演讲台上时，有人问他有多少财产。人们期待的答案当然是多少万美元、多少亩田地，然而林肯却扳着手指这样回答："我有一位妻子和一个儿子，都是无价之宝。此外，租了三间办公室，室内有一张桌子、三把椅子，墙角还有一个大书架，架上的书值得每人一读。我本人又高又瘦，脸蛋很长，不会发福。我实在没有什么依靠的，唯一可依靠的只有你们。"这正是林肯取得民心最有效的法宝。这话也应该成为所有领导者调动群众力量建树自己事业的武器。这是调动员工尽心竭力为之工作的最好方法。因为每个人都希望自己受到重视，都在乎别人对自己的态度，都希望承认他们工作以及存在的价值。"唯一可依靠的只有你们"，这话便能激发人的主人翁意识，能带给员工心理上的满足和精神上的激励，使他们感受到领导对自己的关注与重视。他们也会由此更加珍爱自己，他们的工作热情会像火一样燃烧起来，他们的工作潜力便可以发挥到最大限度。

3. 宽容大度，虚怀若谷

为官者不仅要对部下予以认可，同时还要向他们显示自己的大度，尽可能原谅下属的过失。俗话说："宰相肚里能撑船。"对于那些无关大局之事，不可同部下锱铢必较。要知道，对部下宽容大度，是制造向心效应的重要方法。公元 199 年，曹操与实力最为强大的北方军阀袁绍相持于官渡。袁绍拥众十万，兵精粮足，而曹操兵力只及袁绍的十分之一，又缺粮，明显处于劣势。当时很多人都以为曹操这一次必败无疑了。曹操的部将以及留守在后方根据地许都的许多大臣，都纷纷暗中给袁绍写信，准备一旦曹操失败便归顺袁绍。

相持半年以后，曹操采纳了谋士许攸的奇计，袭击袁绍的粮仓，一举扭转了战局，打败了袁绍。曹操在清理从袁绍军营中收缴来的文书材料时，发现了自己部下的那些信件。他连看也不看，命令立即全部烧掉，并说："战事初起之时，袁绍兵精粮足，我自己都担心能不能自保，何况其他的人！"这么一来，那些动过二心的人便全部都放了心，对稳定大局起了很好的作用。这一手的确十分高明，它将已经开始离心的势力收拢回来。不过，没有一点气度的人是不会这么干的。做领导的具有这样的胸怀，下属当然愿意尽心竭力为他做任何事情。

4. 巧用暗示，切忌命令

有些领导时时刻刻都把自己放在"领导"这个位置上，任何事情都用命令的方式去指使下属去办。殊不知，到头来，很多事情办得都不尽如人意。其实有一些事情是不适宜用命令去解决的，而用暗示的方法则更能达到满意的效果。当然，这里所说的巧用暗示，关键是个巧字，你要看对象、看时机、看场合，巧妙运用，而不是在任何情况下、在任何时候、对任何人都适用。

一般来说，你作为领导或上司，下属对你所说的话是会去琢磨含义的，所以，只要你运用得当，必能收到意想不到的奇效。这样下属既为你办好事情，又心情舒畅。而用命令的方法让下属办事，因为下属处于一种不自愿的心态之下，不仅事情办不好，而又影响互相之间的感情，作为领导，这些不该不三思而行之。

11.1.2　与同级沟通的艺术

与不同风格的同事进行有效沟通，总体而言，和谐相处是关键，具体讲有以下几点。

1. 与同级沟通，遇事要协商

工作中会遇到许多需要相互协同完成的事，这时，不要自作主张，而要多和同事商量，以取得他们在实施行动中的配合。如"这件事，你们看怎么办好""大家看这样做行不行"以确定今后的行动不使他人为难。遇事常与同事商量，不自傲，不自卑，相互尊重，容易达成工作中的协作。

2. 与同级沟通，要谦虚坦诚

身为同事，地位相等，谈话中切不可表现出高人一等的样子。如不同意同事的意见，可阐述理由，正面论述，切不可语带讥讽，好为人师。像"真奇怪，你怎么会有这样无聊的想法""你好好听着，这件事应该这样去做"这样的话语，表达出的是对他人智商的怀疑与讥讽，会伤害他人感情，难以赢得合作。

3. 与同级沟通，要消除误解

同事间随时都可能产生矛盾，或意见相左。这时，应当面把自己的意见谈出，来谋求相互的了解和协作，不可背后散布消息，互相攻击。在当面交谈时，语调要平和，用词忌尖刻，就事论事，不翻旧账，不做人身攻击。

4. 与同级沟通，要联络感情

人与人的交谈，有时是一种礼貌的表示，不见得有什么重要的事要商量或有什么意见要交换。这时，可以用平常而无害的话题来联络感情。如谈谈近期的气候，谈谈旅游，谈谈菜价等。这些话题不直接指向某人，不触及"雷区"。一般来说，礼貌性的闲聊是适宜的话题。

5. 与同级沟通，要大事化小

同事之间难免有问题，有矛盾，这时心要放宽，大度能容。大事化小，小事化了。同事之间是这样，夫妻之间也应该这样。苏格拉底为我们做了榜样。古希腊哲学家苏格拉底有一位脾气暴烈的太太。有一天，当苏格拉底正跟客人谈话时，他夫人突然跑进来，大骂苏格拉底，并将手上一盆水往苏格拉底头上一倒，把全身都弄湿了。这时，苏格拉底笑了一笑，对客人说："我早就知道，打雷之后，接着一定会下大雨。"说得客人和他的太太都笑了起来。这样，本来很难为情的场合，经苏格拉底幽默的话语，也就大事化小了。

6. 与同级沟通，共事不混事

批评同事的关键不是越界去干涉他的事。比如你不要说："老宋，你怎么又迟到，这像什么话？"你可以说："老宋，我们俩都应该准时到场，有一个人迟到了，就会在别人眼中留下坏印象，这对我们俩都不利。"

批评同事的第二个障碍就是同事之间存在着竞争心理。因此，批评的时候，你的措辞要强调合作，不要含敌对竞争的语气。与其说"你如果不快点弄好统计数字，我的报告就来不及交了"，不如说"你来整理统计数字，我来撰文，我们才好把报告及时交上去"。言语间多用"我们""咱们"，强调共同的努力和成果，可减少排斥心理。

在批评同事时，还要谦虚地兼顾自己的缺点，应说："其实，我过去也常犯这样的毛病……""其实，我也不是别人说的那么好……"等等。做这样的表白后，对方会感到你的批评是诚心诚意的，而不是借批评他来抬高你自己。

7. 与同级沟通，不要说闲话

在一个组织中，听见别人说闲话是常有的事，但并不是坏事。相反，对于闲话，你应该听一听。但你得忍耐，不加评论、不参与或不予转述。只听闲话，不说闲话，如果你善于这样做，你会受益无穷。

如果有人告诉你："这可真有意思，你知道吗？小王和老谢吵翻脸，小王可能会被厂长扣发奖金了。"此时，最恰当的反应不是说"开玩笑"，也不是讲"请你说详细点"，而是不动声色地坐在原地"嗯"一声。如果这消息很有用，你可记在心里留待以后应用；如果这消息毫无价值，你则不要把它放在心上。不论怎样，你都不应去向他人复述。

组织沟通的本质是组织成员间交流思想、情感或交换信息。而采取开会的方式，就是提供交流的场所和机会。个别交流则是指组织成员之间采用正式或非正式的形式，进行个别交谈，以交流思想和情感，或征询谈话对象对组织中存在问题和缺陷提出自己的看法，或对其他员工的看法和意见等。

11.2　组织沟通与职工合理化建议

信息是财富，知识是力量，经济是颜面，策划是灵魂。成功的企业背后必然有卓越的企业文化。没有强大的企业文化，即价值观和哲学信仰，再高明的经营战略也无法成功。企业文化是企业生存的前提、发展的动力、行为的准则、成功的核心。企业文化是企业的人格化，是企业成员思想行为的精华，它只有在大部分员工认同的基础上才会有效，因此企业文化咨询与建设应该贯彻全员参加的原则，使企业文化具有坚实的群众基础，只有贯穿"从群众中来，到群众中去"的群众路线，才能在职工认同企业文化的基础上转化为全体员工的思想意识和自觉行动。凝聚和激励是企业文化的重要功能，为了实现这种功能，在管理咨询中广开思路、虚心纳谏、鼓励职工提合理化建议是一条重要的途径。

11.2.1　职工合理化建议在组织沟通的作用

1. 创意策划，集思广益

企业要经营，策划是引擎，主意诚可贵，思维价更高。智能策划是财富的种子，财富是智能策划的果实。金点策划，可点石成金，"一人不可两人计，三人出个好主意"。集思广益，充分反映了群体智慧的整合优于个体智谋力量的客观规律，积极倾听职工合理化建议，是企业低成本获得咨询策划的好办法。

2. 发扬民主，凝聚人心

咨询策划中听取职工合理化建议的做法，能充分发扬民主，营造出人人是企业的主人、人人关心企业成长的良好文化氛围。职工合理化建议会在最大程度上让员工觉得受到了企业的赏识，认清自己在企业中的地位和作用，产生"士为知己者死"的知遇之感，从而产生高度的自觉性和责任感，激发出主动工作热情和巨大的潜能。有道是天时不如地利，地利不如人和，企业一时的困难甚至亏损并不可怕，最可怕的是职工的感情亏损。一旦职工对企业失去信心和热情，这个企业是绝对没有希望的，只有领导在咨询策划中具有高度的民主意识，员工具有积极的参与意识，才能志同道合，同气相求。职工才能在企业里过得安心，学得用心，干得舒心。领导和职工才能心往一处想，劲儿往一处使，在其位，谋其政，尽其责，效其力，善其事。

3. 相互尊重，和谐协调

尊重他人是企业文化建设的重要内容，而管理的核心是处理好人际关系，调动职工的积极性。环境宽松，和谐协调，人际关系融洽令人向往。生活安定，心情愉悦，氛围温馨，相互尊重，人的潜能就能得到充分的发挥。和谐，就是创造出一种公平竞争、充满活力的机制，一种蓬勃宽松融洽的气氛，从而增强企业的亲和力。企业内部亲和力是指企业内员工之间的亲密程度，在以企业为主核心的吸引力作用下，员工为实现企业共同目标，相互理解，相互支持，紧密配合，团结合作，奋发工作。亲和力的存在使企业员工具有强烈的责任心和团队精神，富有活力和朝气，它使企业既能在恶劣的环境下克服困难，渡过危机，也能激起员工工作的积极性和创造性。

4. 激励斗志，鼓舞士气

在管理咨询中，听取职工合理化建议，还能使职工产生强烈的心理满足感，让他们确实感受到自己是企业的主人翁。职工合理化建议，也是参与管理的重要内容。职工在提供合理化建议的过程，自身的价值得到了肯定，同时也明确地看到了自己对企业所能做的贡献，这对他们进一步培养自己的咨询策划能力、树立参与意识有积极的促进作用。职工合理化建议是企业文化的重要组成部分，它渗透在企业物质和精神的活动之中，形成一种强大的推动力，激发员工们做出难以估量的贡献。好的企业文化是职工的心，是企业的根。以人为本，目的是把企业职工的荣誉感、责任感、自豪感融为一体，鼓励职工士气，激励职工斗志，使他们从心理和生理上产生旺盛的精神、奋发的热情和自觉的行动，为实现企业的经营目标而做出不懈的努力。当大家都认准一个正确方向，树立理念，高擎战旗，结合群力，不达目的绝不罢休时，还有什么是不可战胜的呢？

11.2.2　组织沟通中听取职工合理化建议的方法

1. 领导重视，确立制度

首先，领导重视，常抓不懈。领导要树立群众是真正英雄的观念，要看到人民群众的力量，要相信员工的智慧，放手发动群众提合理化建议。

其次，领导要虚怀若谷，善于倾听职工的建议。海纳百川，有容乃大，对那些敢提不同意见的人，应抱着"闻过则喜""忠言逆耳利于行"的态度，有则改之，无则加勉。善于交几个敢说"不"字的朋友大有益处，有时真理往往在少数人一边，从表面上看来不好使用和驾驭的人，有时甚至"牢骚满腹"，但也不乏许多真知灼见，一旦利用得当就能帮你成功。

再次，要真诚求实，心心相印。谈心要交心，交心要知心，知心要诚心。在与职工的相互交流中鼓励职工畅所欲言，积极讨论，相互启发，共同思考，大胆探索，往往能迸发出有神奇创意的思维火花，如"松下的意见箱"制度就收到了良好的效果。所以企业领导若有了"三人行必有我师""不耻下问"的宽大胸怀，拥有诚实态度，尊重群众，经常向群众请教，就能使合理化建议落到实处，真正发挥作用。

最后，要把合理化建议作为一项制度，将其明确成文进行处理。为了更好地进行有效沟通，企业应设立多种渠道并形成制度和体系：

（1）每周一次的早会制度。由领导向全员总结本周生产经营状况，通报企业各方面信息，阐述经营意图。

（2）每周一次的接见制度。员工有何建议和想法，都可以找上属或分管领导甚至总经理面谈。

（3）坚持访问制度。要求管理者定期或不定期地对职工家属进行访问，以解决职工的后顾之忧。还要对客户进行定期访问，保持与客户的紧密联系，紧跟用户，围绕需求，创造市场，招揽顾客，提升顾客对企业的忠诚度和美誉度。

（4）设立建议信箱活动。鼓励员工通过建议信箱（也可用电子信箱）以书面形式提出合理化建议等。

2. 专家评审，客观公正

在文化咨询策划中，对职工提交的合理化建议不能草率应对，更不能置之不理。应成立专家小组，根据建议实施的轻重缓急及时有效安排评审。要对合理化建议客观公正地做出评价。"公生明，偏生暗"，只有实事求是，客观公正，出于公心，才能赢众望，得人心。对经过评审发现能给企业带来效益的建议，应迅速反应马上行动，具体安排实施；对达不到预期理想或暂时无法实施的建议，也应迅速地向提建议者做出明确的反馈，告知不能实施的缘由，并提出改进措施和方向。

3. 精心组织，规范实施

在管理咨询中一项建议被认定为合理有效、切实可行时，必须精心组织，规范实施。这样才能让提供建议的人觉得受到了真正的重视，而且也能让合理化建议真正发挥其作用，实现其价值。如若不然，只是评定而不组织实施，会让提供建议者觉得是画饼充饥，走过场，搞形式，从而挫伤他们关心企业的热情，疏远决策者与普通员工，甚至使其心灰意冷，造成人际关系紧张。

4. 反馈信息，交流沟通

对合理化建议在具体实施过程中的进展和出现的问题跟踪检查，应及时反馈给所提供建议的人，因为这项建议在他看来就像自己的宝贝孩子一样，总想精心呵护，这是他们对企业关心和忠诚度的表现。对实际实施的情况应及时沟通，保护职工的积极性，有利于形成齐心协力、精诚团结、认知互动、上下同欲的团队精神。

5. 表彰奖励，及时兑现

在管理咨询中，对于切实可行、合理有效的建议，必须给予表彰和奖励，坚持以物质和精神奖励相结合的原则,大张旗鼓地进行褒奖,以满足提供建议者的心理需要和名誉追求。在这样的企业文化氛围中工作,员工以企为家,以家为荣,把企业当作自己小家的延伸,把工友当作自己的亲友拓展,从而增强企业的向心力与亲和力。企业善待员工,员工效忠企业,努力形成讲诚信、守信誉、献良策、比奉献的文化氛围,这样职工就能信心百倍,振奋精神。

11.3　会议沟通

会议概述

会议可以集思广益,与会者在意见的交流过程中要能获得一种满足,在意见交流后,会产生一种共同的见解、价值观念和行动指南,还会了解决策的过程,并密切相互之间的关系。通过会议,可能发现人们所未曾注意到的问题并加以认真研究和解决。

1. 组织和参加会议

与参加会议相比,会议的组织工作是千头万绪的。一个会议是否可以取得成功,很大程度上取决于准备工作是否做得充分。对于会议的每个细节都不应该忽略,这样不仅可以给召集并主持会议的领导者带来召开会议的自信,而且也可以提高会议参加者的满足感和满意度,从而轻而易举地达成团队目标。此外,会议主持者的组织能力也十分关键。西方一些国家的公司在掀起会议革命时,已经开始在公司内部实施会议召集人制度,所有会议召集人都必须经过选拔和培训,并且制定了一套严格的制度来对会议召集人的工作业绩进行绩效考评。下面介绍组织会议需要做的一系列准备工作以及会议主席的工作技巧和职能。

高效会议的标准:

- 只在必要时才召开。
- 经过认真筹划。
- 拟定和分发了议程表。
- 遵守时间。
- 一切按部就班。
- 邀请了有相关经验和才能的人出席。
- 做出了评论和归纳。
- 记录所有决定和建议。

2. 明确会议的目的

会议的目的一般包括以下方面:

(1)开展有效的沟通。会议是一种多项交流,集思广益、实现有效沟通是召开会议的一个主要目的。

(2)传达资讯。通过会议,可以向员工通报一些决定及新决策,也就是说向员工传达来自上级或其他部门的相关资讯。

（3）监督员工、协调矛盾。许多公司或部门会召开常规会议，其主要目的是监督、检查员工对工作任务的执行情况，了解员工的工作进度；同时，借助会议这种"集合"的、"面对面"的形式，来有效协调上下级以及员工之间的矛盾。

（4）达成协议与解决问题。通过会议讨论，最终实现协议的产生和问题的解决。

（5）资源共享。利用开会汇集资源，以期相互帮助、共同进步。

（6）开发创意。开发创意的会议目的突出反映在广告公司、媒体公司中。通过举行会议，形成新的构思，并且论证新构思，使其具有可行性。

（7）激励士气。年初或年底的会议通常具有这一目的性。这种会议是为了使公司上下团结一心，朝着一个方向共同努力。

（8）巩固主管地位。经理或主管为了体现自身的存在价值，更为了巩固自己的地位，经常会召开一些上下协调会议，以此来强化自己的地位。

3. 确定是否需要开会

首先必须明确开会的成本是比较高的，具体包括：

（1）显性成本，如场地租用费用，与会人员的餐饮费、差旅费等。这些费用是可以在账面上显示、直接计算为会议成本的。

（2）隐性成本。这些成本虽然在账面上不会显示或者即时显示，也不会直接以会议成本的方式显示，但是在确定会议成本时也必须考虑在内。一个方面是与会人员的工资。每个与会人员每开会一小时的费用大约是：工资总额 × （1+25%）/220 × 8。考虑到在会议上耗费的时间与管理者的等级层次成正比，这项成本在企业中将是一项较大的开支。另一个方面是机会成本，即这些员工如果不来参加会议可以去做其他有收益的工作，但因为参加会议而失去了机会。例如，销售人员可以通过销售为公司创收；高级管理人员能够策划可在未来创收（或节约资金）的新产品或新设计。这项成本虽然难以准确计算，但是在进行会议的财务分析时也必须考虑到。

综上所述，会议的成本是相当高的，因此在确定是否开会时应该非常慎重。定出会议的费用后，值得考虑的是，在基本上不影响效果的前提下，是否有其他的更加廉价的替代方式以达到会议目的。对会议的必要性进行评估，只有当大量的信息需要在短时间内扩散到较大范围，并且需要多方协商时，才有必要召开会议。如果确实如此，确定没有更好的替代方式，会议的收益大于成本，则可以开始进行会议结构的策划。

4. 确定会议议程

（1）确定会议时间、地点。

确定了会议的目的和必要性后，要制定会议的议程。而制定会议议程之前，首先必须确定会议时间和地点。

在确定会议时间时应注意根据情况选择合适的时间段。一般而言，按照一天 8 小时工作制，安排会议的时间规范大致为：

1）上午 8 ～ 9 点，正是员工从家到公司，准备开始一天工作的时候。这个时候的员工，心绪尚且混乱，还需一段时间才能进入工作状态。因此，试图在这一时间段举行会议、试图让员工回应会议提议或进行业务分析，从人的生理和心理角度来看，是不现实的。

2）上午9～10点，员工已经开始进入工作状态。在这个时间段最适合进行一对一的会谈，同样也是进行业务会谈的最佳时机。

3）上午10～12点或下午1～3点，最适合调动员工集思广益。大家利用头脑风暴，不断想出新点子、新方法。

4）下午3～5点，最好不要安排会议。员工在这个时段开始进入一天当中的倦怠期，人人希望马上回家，在这个时段举行会议往往会事倍功半。

确定会议地点，一般要遵循交通方便的原则。可能的话，应是距离与会者工作或居住场所较近的地方，以保障与会者可以方便及时地到场。会场应该能够适应会议的级别和与会者的身份，不能太简陋。当然也不必太奢侈，应符合经济适用原则。为了防止会议被频繁打断，无法正常进行，地点应尽量设置在一个封闭的会议室内，而且最好围着圆桌进行。

（2）制定会议议程。

"议程"一词来源于拉丁文，意为"必须做的事"。通常人们把会议议程定义为"在会议上所要讨论的问题以及讨论的先后顺序"。会议的议程应由组织者精心考虑。议程涉及的问题不应该太多，否则开会时间过长，会使与会者感到疲倦。如果确实需讨论的事情较多，可以分成若干个会议召开。议程表上的内容不能写得太简单，让会议参与者不知道将要干什么。应将要讨论的部分重点标出来，并且有条理，让与会者事前有所准备。在安排所讨论问题顺序时，应遵守以下原则：

1）由重要到不重要——会议开始时即讨论重要议题，以免延误时间影响到后面的重要议题。

2）由不尖锐到尖锐——将尖锐议题挪后，让与会人员建立默契和信任感，再接触尖锐议题，使气氛不尴尬。

3）由容易到困难——让大家渐渐融入会议进行的节奏，不要开始就接触到未熟悉的议题而造成挫折感。

会议议程示例如下。

博大音像制品公司2004年第三季度销售总结会议

日期：××年×月×日，星期×

时间：下午2:30～3:45

地点：B大厦第二会议室

会议目的：总结第三季度销售情况，并确定第四季度计划议程

（1）上次会议记录中提出的问题（2:30～2:45）

（2）××经理做第三季度销售情况总结报告（2:45～2:55）

（3）讨论、分析第三季度存在的问题（2:55～3:15）

（4）××经理宣读第四季度销售计划及重点（3:15～3:30）

（5）全体讨论（3:30～3:45）

附件：

（1）第三季度销售情况总结

（2）第四季度销售计划

议程应该在会议前发放给与会者，提前多长时间，具体视与会者需要准备多少时间而定。

（3）确定与会者。

理想的会议规模应该有 10 位参加者，一方面可保证会议中有不同的意见，另一方面也可避免由于人数太多使一些不善言谈的人难以加入讨论。当然，由于会议目的不同，会议规模会有所不同。

11.4 会议的组织

在我们的工作过程中，会议可以说是一项最经常的工作。一项调查表明：大多数商务人士有 1/3 的时间用于开会，有 1/3 的时间用于旅途奔波。有感于繁重不堪的会议邀请，万科集团创始人王石曾经说过一句很形象的话，他说："我如果不是在开会，就是在去往下一个会议的路上。"

虽然大家都很了解会议所带来的资源、人力、物力的巨大耗费，但人们也不得不承认，会议是一种很有效的沟通手段，因为面对面的交流可以传递更多的信息，尤其是很多需要各部门协作的工作，就更是需要会议的纽带来协助运作。

有效控制会议进程

会议主持组织能力的高低使得会议的效果有天壤之别。如果会议主席不能够胜任主持会议的工作，则很容易使会议陷入无序或遇到困难，会议将会出现一些不成功的场面。

和其他的很多场合一样，准备工作是避免表现紧张的关键。如果你知道自己将会说些什么来作为开场白，你就会放松下来。更重要的是，你可以给整个会议带来一个富有组织的、卓有成效的开始。会议开场注意的事项如下。

1. 准时开会

对于每一位职业的商务人士而言，最头疼、最深恶痛绝的事情莫过于对方不准时、不守时。在高速运转的信息社会，时间意味着抢占商机，时间意味着金钱和财富，时间意味着一切。我们说"浪费别人的时间就等于谋财害命"，也是毫不夸张的。对于会议而言就更是如此，因为不准时召开会议浪费的是所有与会者的时间，这不仅会加剧与会者的焦躁抵触情绪，同时也会令与会者怀疑组织者的工作效率和领导能力。

2. 向每个人表示欢迎

用洪亮的声音对每个人表示热烈的欢迎。如果你面对的是一队新的成员，让他们向大家做自我介绍。如果他们彼此已经见过面了，也要确保把客人和新来乍到的成员介绍给大家。

3. 制定或者重温会议的基本规则

会议的基本规则是会议中行为的基本准则，你可以使用"不允许跑题""聆听每一个人的发言"以及"每人的发言时间不能超过5分钟"这样的规定。如果准则是由与会者共同制定的，而不是由主持人强加给与会者的，效果要更好一些。你可以向与会者询问"我们都同意这些规定吗"，要得到每一个人的肯定答复，而不要想当然地把沉默当成是没有异议。

4. 分配记录员和计时员的职责

如果可能的话，让大家志愿来承担这些职责而不要由主持人指定。计时员负责记录时间并保证讨论持续进行，记录员则负责做会议记录。对于一些例行会议而言，不妨由所有人轮流承担这些职责。

5. 会议主席的五项基本职能

下面我们来分析一下会议主席这一角色。

情形一：某公司的年终市场销售分析会议正在进行，公司总经理担任会议的主席。在会议进行过程中，公司负责市场工作的副总经理提出，公司明年的市场营销重点应从"以巩固国内市场为主"转向"以开拓国际市场为主"。他希望他的设想能在这次会议上得到大家的支持和通过。但在会议进行过程中，负责市场营销的部门经理、副经理对这个设想提出了反对意见，他们认为国内的市场潜力还很大，而企业的资金实力不够，如让其全面开发，还不如采用"各个击破"的方略，先在国内市场取得绝对优势地位。结果双方争论得不可开交。如果你是会议主席，面临与会代表这种相争不下的局面，你准备如何解决？如果最终需要你就这次分析会议做总结，你又如何对"市场营销的重点"问题做出总结呢？

情形二：某高校科学馆会议厅内正在召开"中国21世纪的管理教学发展趋向"的研讨会。会议进行期间，就MBA教育的发展方向问题，不同的与会者提出了不同的看法，有的认为MBA教学应该以"案例教学"为主；有的认为应以理论修养的培养为主；也有的主张像美国哈佛商学院那样采用大量的案例教学，甚至可以取消传统的教师讲解的形式……这些不同观点在讨论过程中，争论得比较激烈。眼看讨论时间将近尾声，但与会代表为了充分表达自己的主张，很难"刹车"。如果现在你是这次研讨会的主席，面对这种不同主张分立的局面，你将如何应付呢？你又将如何就研讨的问题做总结？

上述情形就是我们在会议中经常遇到的两种典型现象。会议主席面临这两种情况时，所采取的对策是不一样的，因为这两种类型的会议在性质上有很大的差别。但是，作为会议主席，在上述两种情况下都需要承担基本的五个职能。只是由于会议目的、性质的不同，会议主席实际所扮演的角色以及所承担的职责会有所差别。会议主席应该承担的五项职责包括：

（1）会议控制。会议控制的方式取决于召开会议的目的。会议控制工作应当着眼于建立行为标准，以这些标准衡量会议结果，并在必要时进行调整。会议常见的问题大致可以分为两类：开放式的问题和封闭式的问题。开放式的问题需要我们花费更多的时间和精力来思考回答，而封闭式的问题则只需一两句话就可以回答了。比如说："小王，你对这个问题怎么看？"这就是开放式的问题。"小王，你同意这种观点吗？"这就是封闭式的问题。一个优秀的会议领导者总是经常提出他们简短的意见以指引会议讨论的进程。比如说"让我们试试""这是一个好的思路，让我们继续下去"。事实上，如果我们仔细观察，就会发现优秀的会议主持人最常用的引导方式是提问题，针对目前所讨论的问题引导性地提问，能使与会者的思路迅速集中到一起，提高工作的效率。领导者的责任是必须确保做到这一点，因为他们个人必须对小组的表现最终负责。作为有效的会议主持人，应当遵守以下五个基本原则：第一，决定讨论主题；第二，明确讨论范围；第三，确保人们围绕主题依次发言；第四，尽可能做到公正，尽全力避免与会者的争论；第五，确保其他成员了解会议进展情况。

（2）会议引导。作为会议主持人，必须能够保证会议议程，并且确保以良好的秩序进行与主题相关的问题讨论。为此，主持人需要明确以下四个基本步骤。

1）识别主题与问题：对会议主题清楚地加以说明，如有必要，会议间隔后要重复强调；

2）交换和开发建议：在取得解决问题的建议之前，收集和解释依据；

3）评价不同方案：列出可选方案，预测每个方案的可能结果（时间、成本、资源、政治因素）；

4）选择行动计划（5W1H）：为达到预期效果，决定"谁""何地""何时""怎样做"，并确保每个人都明确自己的责任。

（3）促进讨论。会议是一个集思广益的过程，主席应当经常以提出恰当问题的方式激励与会者。提问不仅有助于激励会议成员，也是控制讨论的手段，还可以被用于打断滔滔不绝的人，征询更多未发言者的意见。

主席应善于处理不同意见。由于与会者的观点不一致，他们可能在讨论过程中会因为意见不一致而产生争论。这种争论很容易导致群体沟通中人际关系和情绪等问题的出现，从而会影响、转移群体的注意力，使会议无法达到预期效果。此时，会议主席需要做一些协调工作以"维持群体"。这些工作包括：

对争论双方或各方的观点加以澄清；

分析造成分歧的因素；

研究争论双方或各方的观点，了解协调的可能性；

将争论的问题作为会议的主题之一，展开全面的讨论，以便把会议引向深入；

若分歧难以弥合，那就暂时放下，按会议议程进入下一项。

◉ 案例 11-1　　　　　　如何对待会议中的"闷葫芦"

小李刚刚调到一个新的项目组任项目经理，当他刚刚接手这个团队时，就遇到这样的问题：开会讨论时，每次小李滔滔不绝之后并没有起到抛砖引玉的效果，因为团队中间的"闷葫芦"太多。所谓"闷葫芦",就是那种无论遇到什么情况、什么事情都一言不发的人。给人的感觉是让他开口比铁树开花还难。这些"闷葫芦"在执行 3S 会议管理战略,即沉默(Silent):领导问我意见时,我就是不说话;微笑(Smile):当有人注意时,我就微笑;Sleep(睡觉):当没人注意时,我就睡觉。

在这种情况下,要开展工作很难,因为很多事情是需要集思广益的,很多创新的火花是在思想碰撞下产生的。如何让这样一些沉默寡言的人开口说话,是当前小李觉得很为难的一个问题。

经过一段时间的琢磨,小李发现其实还是有办法让一个不说话的人开口的。他总结出以下几点:

1. 赞扬加提问

每个人在听到赞扬的时候,一般都有心花怒放的感觉,哪怕他再害羞。小李首先让不愿说话的同事知道,小李会欣赏并感激他的讲话,并认为他的观点将非常有价值。小李甚至曾经暗示只有那些有专业背景的人才能回答自己的问题,然后再让对方详细陈述观点。

2. 直接提问

小李认为那些少言寡语的人,即那些只说"是"或"不是"的人会觉得说话越少越自在。小李应该利用这点而不是抵制这一特点。小李首先弄清自己究竟想要知道什么,然后直截了当地提出只需回答"是"或"不是"的问题,或者提出只需回答一两句话的简短而切中要害的问题。

3. 引发议论

只要有合适的鱼饵,再不容易上钩的鱼也会上钩。为了使不愿意说话的同事打破沉默,小李还经常用容易引发议论的陈述或问题做鱼饵。如有时候小李围绕想了解的主题,对现有的一些共识提出疑问,或直接对一些观点(尤其是不愿意说话的同事的观点)提出反对意见。当自鸣得意的观点受到挑战,或有机会拆穿一个广为流传的谬误时,很少有人会无动于衷。

4. 不要打断

一旦小李想方设法让不愿意开口说话的人开了口,小李要做的就是把自己的嘴闭上。如果在他们说话的时候插嘴,陈述自己的观点,那么就会使他们有借口停止说话。而此时,再想让他们开口将会非常困难。即使小李想到一个重要的问题,或有什么高见,也要等到不愿说话的同事说完之后再说出自己的见解。

5. 适当反馈

要想让不愿意说话者继续讲话,还需要告诉他们,他们说得非常有趣、非常有价值,纵使他们算不上世界上最好的说话者,小李还是非常希望他们能继续说下去。这里要强调一点,不能用语言来鼓励他们,这只会让他们分心。小李想最好是运用身体语言,通过看得见的信号对他们做出积极反馈,同意时点点头,赞许时微微一笑。有意识地盯着说话人的眼睛,就好像他在说一件小李从未听过的、有意思的事情。

资料来源:胡巍.管理沟通:案例 101 [M].济南:山东人民出版社,2005.

(4)做出决策。

1)权威决策。权威决策出现于最高掌权者具有决策权和否决权,单方面做出决定时。

适宜使用的场合包括当组织授权团队领导人做最终决策并全权负责时。不宜使用的情况包括：当团队领导人希望团队成员接纳并支持某项决策时，如特别行动小组向部分领导提交报告并等待最后决策；经理决定工作日程表，然后通知该小组。这种决策方式的优点表现在决策迅速高效、在急需行动的情况下最实用、在权力界限明显的地方最有效。不足之处表现在虽然可迅速做出决策，但实际支持和执行建议也不易。当复杂性增高时，权威决策的质量会由于考虑面不宽而受到影响。

2）少数服从多数决策。少数服从多数决策出现于多数成员同意提案时，它以民主原则为基础。当时间有限，而决策结果不会对反对者造成消极影响时可以使用这种方法决策。不过投票容易导致输赢之争，输方将难以尽职和投入。诸如团队成员投票接受一项新的工作程序，团队成员投票选举团队领导等都是少数服从多数的决策实例。这种决策方法的优点表现在允许多数人对问题发表自己的意见，保证大多数人获胜，决议可通过简单唱票的方式相对迅速和高效地做出。不足之处是在小集团内，投票将促成人们分派，这种竞争会影响一项决议的质量和执行。

3）共识决策。共识决策产生于所有成员都不同程度地支持某项提议，每一团队成员均有否决权。共识决策提供一种反映所有成员想法的全面解决办法，能够提高成员实施决策的积极性，体现平等之风。但是如果决策时间有限或团队成员不具备决策的足够技巧，决策就难以形成。这种决策方法的优点表现在保证所有问题和思想得到公开辩论，每个团队成员有机会发表意见；复杂的决议会经过深思熟虑，从而产生高质量决议。不足之处是达成一致需要相对长的时间，并具挑战性，而且需要大量的沟通、耐心的聆听并理解他人观点；为确保所有团队成员有机会发表意见和分享其见解，必须进行有效的推动。

4）无异议决策。无异议决策产生于所有成员对某项决策完全赞同时。当提案非常重要，要求所有成员意见完全一致时，团队应做出无异议决策。但是无论团队具备什么样的经验，无异议决策都很难达成。只有当一项决策的结果对每个成员都至关重要时，才有可能做出无异议决策。这种决策的优点是可以确保团队每个人都认为所达成的决议是最佳的，并公开支持它。缺点表现在因为没有哪两个人的思想完全合拍，达成无异议决策也许会花费很长的时间，无异议决策常常难以做出。

（5）会议收尾。

无论是什么类型的会议，在会议结束的时候重新回顾一下目标、取得的成果和已经达成的共识，以及需要执行的行动都是很必要的。

总结会议主要的决定和行动方案以及其他主要结果。

回顾会议的议程，说明已经完成的事项以及仍然有待完成的事项；说明下次会议的可能议程。

给每一位与会者一点时间说最后一句话。

就下次会议的日期、时间和地点问题达成一致意见。

对会议进行评估，在一种积极的气氛中结束会议。你可以对每一位与会者的表现表示祝贺，表达你的赞赏，然后大声地说"谢谢各位"来结束会议。

⊙ 知识拓展

灵活地应对会议的困境

会议依赖于与会者的相互作用。开会时出现问题是不可避免的。有时问题因为人而产生，有时因为程序或逻辑而产生。在任何情形下，主持者都有责任令讨论热烈，确保与会者都参与讨论，并保持讨论的正确方向。

下面将阐述会议常见的困境及巧妙的应对方式。

1. 某些人试图支配讨论的局面

在会议中，常常会出现"一言堂"的局面。如果我们会议的目的是找出不同观点，那么广泛的参与是会议成功所必不可少的因素。有时有些人可能因为富有经验或职位较高而处于支配地位。当这种情形发生时，其他人通常就会只是坐着听。这时，主持者就应该提一些直接的问题，将与会者调动起来。

如果其他办法都不能奏效，不妨尝试在中间休息时与那个人私下谈一谈，也许会有所帮助。

2. 某些人想争论

这种人可能自称无所不知，或者掌握的信息是完全错误的，或者是个吹毛求疵的家伙，喜欢插话打断主持者。在任何情形下，主持者都要保持清醒的头脑。通过提问，主持者可以引出这些人愚蠢的或牵强的发言，然后不再理睬他们。通常，这种人会激怒全体，会有人讲出不欢迎他们的话，然后一片沉默。这时，主持者可再问其他与会者一些直接的问题，从而维持会场讨论气氛的平衡。

通常地，这个喜欢辩论的人会意识到情况如何，然后不再提出问题。但如果这个人不敏感的话，主持者就必须直截了当地向他指出，他这种吹毛求疵的做法扰乱了会议的进程，浪费了宝贵的时间。然后主持者立即向另一个人提问，以便让讨论继续下去。

3. 某些人和身边的人开小会

当与会者人数很多时，经常会发生这种情形。开小会往往是因为某个人想讲话，但又没有机会，或者某个谨慎的与会者在向大会提出某种想法前，想先试探别人的看法。通常，会议中有人开小差是不可避免的。不过这种小会一般比较简短。只有当小会时间持续长了才会成为一个问题。

一个办法是请这个人告诉大家他刚才所讲的内容，另一个办法就是沉默，然后看着那个破坏秩序的人。通常，这样就会恢复会议秩序。

4. 习惯性的跑题者

我们可以运用 FAST 法来解决这个问题。这一谈话技巧可以训练一个习惯性跑题者采取一些更富有建设性的行动。

F：面对造成问题的人；

A：感谢或肯定这个人以及他的良好意图；

S：建议一种新的行为方式；

T：多做几次尝试，可以逐步改变或者提高你的要求。

　　例如，假设小王总是在开会的时候讲很多的笑话。他是个很风趣的人，但是他总是会让会议跑题。为了管住他，可采用如下做法。

　　F：注视他，说："小王，我有个建议……"

　　A："首先，你讲的笑话都棒极了……"

　　S："但是我仍然不清楚你那聪明的脑袋对这个问题真正是怎么看的。说真的，你是否能够告诉我们你的建议？"

　　T：如果他还是没有改变，你可以更加严厉一些："别这样了。我们已经乐过了，但是现在的要点究竟是什么呢？"

　　如果这些公开的干预仍然不能够见效，你可以问小王是否可以在休息的时候和他单独谈一谈。私下里告诉他：你看到了他做的那些事情，你如何评价他的这些做法，你的感受和你希望他做些什么。这样的谈话可以比公开场合中的语气更为坚定和严厉。

诗语点睛

文山会海大难题

领导就是会务迷

会上会下一言堂

何必天天要开会

会而有议无主题

议而不决效率低

决而不行只务虚

行而不果白费力

习　题

一、单项选择题

　　1. 当与会者问了你一个难以回答的问题时，（　　）。

　　A. 把问题转回给小组　　　　　　　　B. 询问小组的反馈意见

　　C. 问小组一个开放式的问题　　　　　D. 问小组一个具体的问题

　　2. 为了防止会议被频繁打断，无法正常进行，地点应尽量设置在一个封闭的会议室内，而且最好围着（　　）进行。

　　A. 方桌　　　　　　　B. 圆桌　　　　　　　C. 长桌　　　　　　　D. 任意

　　3. 当两名与会者就一个观点争执时，（　　）。

　　A. 请每个与会者总结其他人发言　　　B. 询问小组的反馈意见

　　C. 问小组一个开放式的问题　　　　　D. 问小组一个具体的问题

二、多项选择题

　　1. 汇报也可分为（　　）。

A. 书面汇报   B. 口头汇报   C. 专题汇报   D. 一般性汇报

2. 汇报要有技巧（   ）。

A. 调整心理状态，创造融洽气氛   B. 以线带面，从抽象到具体

C. 突出中心，抛出"王牌"   D. 弥补缺憾，力求完美

3. 如何对待会议中的"闷葫芦"（   ）。

A. 赞扬加提问   B. 直接提问   C. 引发议论   D. 适当反馈

4. 由于与会者的观点不一致，可能在讨论过程中会因为意见不一致而产生争论。此时，会议主席需要做一些协调工作以"维持群体"，这些工作包括（   ）。

A. 对争论双方或各方的观点加以澄清

B. 分析造成分歧的因素

C. 研究争论双方或各方的观点，了解协调的可能性

D. 若分歧难以弥合，那就暂时放下，按会议议程进入下一项

5. 明确会议的目的一般包括以下方面（   ）。

A. 开展有效的沟通   B. 传达资讯

C. 监督员工、协调矛盾   D. 达成协议与解决问题

6. 高效会议的标准（   ）。

A. 只在必要时才召开   B. 经过认真筹划

C. 拟定和分发了议程表   D. 立竿见影

7. 低效率的会议是（   ）。

A. 会而有议   B. 议而不决   C. 决而不行   D. 行而不果

三、判断题

1. 提问是会见中获取信息的最主要手段，这一步骤成功与否直接决定了会见的成效，它最能体现会见者的会见技巧与运用水平。（   ）

2. 提前将每一项会议任务安排给相关的工作人员去落实，并在会议开始前加以确认。（   ）

3. 会议开始前半小时还在为是否进行某几个议题而犹豫不决。（   ）

4. 会议室布置恰当，令与会者感觉舒适又便于沟通。（   ）

5. 你想让会议讨论热烈，于是请每个与会者总结其他人发言。（   ）

6. 你想打断某项讨论，问小组一个开放式的问题。（   ）

🕐 思考题

1. 试述会议沟通的特征有哪些？又具有哪些优点？

2. 组织会议的准备工作有哪些？

3. 会议主席高效主持会议的技巧有哪些？

4. 简答积极参加会议的指导原则。

自我测试

请扫码查看

自我训练

请扫码查看

第12章 CHAPTER12

会见沟通与面试

会见沟通，柳暗花明

肖亚如是一位聪明、受人欢迎和见多识广的环保专业大学生，于1992年6月大学毕业，拥有工程学士学位。在毕业前的一段时间里，她到一些招聘会上参加了许多招聘面试，感到这些面试大多数是礼貌的、令人容易接受的。

现在，她决定正式应聘一家环保工程公司，她很喜欢这家公司所从事的工作。她承认，这是一家她最想去工作的公司，因此，她对这次面试抱有很大的期望。由于她一直对保护环境抱有强烈的兴趣，并坚信只有在这样的公司工作，才能最好地发挥自己的技能。她认为，在环保公司工作能使自己拥有一个成功的职业生涯，同时使世界变得更美好。但是，面试对她来说却像是一场灾难。

当肖亚如满怀希望地走进公司的面试室时，她被指定在屋子中间一张孤零零的椅子上坐下，在她面前的长条桌子后面，齐刷刷坐着五个人，包括公司总经理、两位副总经理、市场部经理以及一位工程师。刚一坐定，他们就开始铺天盖地地提问起来了，肖亚如甚至感觉这些问题就像一个个圈套，主要目的好像是使自己犯错误，而不是了解自己在工程技术方面能为公司做些什么。

提问首先是从一些没有必要的甚至是不礼貌的问题开始的。例如："如果你是那么聪明能干的一个人，你为什么在大学时没有获得社会工作方面的奖励？"后来甚至有人问："你准备工作多长时间后结婚、生孩子？"东拉西扯的面试结束之后，肖亚如已经有点心灰意冷了，她不知道这家公司到底想要什么人，他们到底对员工有什么期望。接下来，她又被要求分别与两位技术专家会面，会见内容几乎全部集中在她的技术专长方面。她认为这些后来的会见进行得非常好。但是，小组面试的明显无目的和不够得体，使得她对于这份工作的热望有所下降，而且，她对自己的面试结果也是如坠云海。

令她吃惊的是，几天后她得到了该公司的录取通知。

从她个人兴趣的角度来看，工作本身是不错的——她喜欢自己将要做的事情，喜欢这个行业以及公司的地理位置。只是，公司的这种会见方式到底意味着什么？

会见是管理沟通中的重要方式，其类型多种多样。面试是其中常见的一种。那么，在上面的案例中，你将怎样解释肖亚如经历的小组面试？

案例思考：

你认为是否应该做些改进？如果你是肖亚如，你会接受这份工作吗？

12.1　会见沟通

1. 什么是"会见"

会见是为了达到预定的目的而有组织、有计划开展的交换信息的活动。会见，简单地说就是"人与人面对面的相会"。管理人员每天大部分时间都会与各种各样的人接触，而接触的目的多半是与有关的人员会见、交谈。通过会见，人们可以获取各种有用的信息，以满足各种不同的需求，具体如下。

（1）为了选择适当人员完成特定的工作；

（2）为了提供、获取或者交流信息；

（3）为了监控、评价或者纠正工作表现；

（4）为了咨询、商讨并解决问题。

可以说，会见是日常管理工作中最普通、发生频率最高的活动，也是管理沟通中最常用的工具。但是，优秀的会见者并不是与生俱来的。事实上，如何才能实施有效的会见，用最短的时间达到预期的目标，是长期困扰着管理者的一个难题。人们常常抱怨被淹没在无休止的会见之中，却依然一无所获，毫无进展。

2. 会见的全过程

（1）准备阶段。

会见前的准备通常包括如下细节：

1）明确会见欲达到的目的；

2）明确需要收集信息的类型；

3）选择拥有这些信息的受试者并了解其个性习惯；

4）选择在会见中将提出的问题以及提出它们的方法；

5）确定一个合适的会见场合。

（2）实施阶段（以面试为例）。

1）营造氛围。

受试者进入会见场所以后，会见者首先就应该有意识地努力为有效会见创造良好的沟通氛围。由于所处地位的被动性以及可能出现的尴尬局面，对大多数受试者而言，总不免有些紧张。因此，会见者有必要在会见双方之间建立融洽和谐的关系，营造令人放松的良好气氛，这将有助于受试者放松紧张的神经，使信息流顺利通畅地互换，提高会见成功的概率。为此，会见者可不必急于进入正题（除非会见目的本身需要向受试者传递压力），而用几分钟时间进行有关社会生活的谈话。一声主动、亲切的问候或对共同关心的问题简短地讨论等，都是可选的方案。作为会见者，应尽早建立这种关系，它能够为你获取需要的信息铺平道路，即使在初始阶段一切都进行得相当顺利，也应该为维持良好的氛围花费必要的精力，因为紧张的气氛随时可能会影响到会见的效果。

2）交代目的。

在必要的松弛之后，会见者应该简短、清晰地向受试者说明会见的目的、步骤、进度安排以及会见者的期望等。对于会见者而言，切不可因为这只是举手之劳或自认为会见目的显而易见而将其忽视或者省略，除非由于某些特殊的会见目的而有意不向受试者透露这些信息。否则，会见目的没有明示或单凭会见者的主观臆断，常常会造成受试者对会见本身摸不着头脑，从而使会见的效果大打折扣。

3）提问控制。

完成了前续工作，会见便可进入核心部分——提问阶段。提问是会见中获取信息最主要的手段，这一步骤成功与否直接决定了会见的成效，它最能体现会见者的会见技巧与运用水平。下面我们以面试为例对这个问题展开论述。

A. 适时提问，朴实清晰。

从应聘面试的具体过程来看，主要是主考官发问与应聘者应答的过程，但应聘者除了注意应答礼节和技巧外，有时为了及时了解有关情况，还应学会适时提问或询问，这样通过面试可使主考官和应聘者双方都能达到预期的目的。通过这种交流，也可调整面试交谈的气氛。因此，应聘者应仔细观察，了解对方，一般当面试基本结束的时候，巧妙地向对方提出你所关心但尚不甚清楚的问题，但问题提得要得体，不唐突，不莽撞，从而获得你所需要的信息。同时由于你十分重视主考官的谈话，也能激起主考官的兴趣，有利于主考官向你提供更多的信息。

回答问题之前，首先在脑海中将自己的思绪梳理一下。对自己要讲的话稍加思索，想好了什么是可以说的，什么是不可以说的，还没有想清楚的就不说或少说，切勿信口开河、夸夸其谈、文不对题、话不及义，这样会给人一种无内涵的感觉。其次，语言要朴实文雅。这是一种美德，也是知识渊博的自然流露。有些人喜欢装腔作势，故意卖弄，往往弄巧成拙。应答中只要用词准确、表达清晰、流畅就可以了。

B. 专注有礼，巧妙沟通。

在我们的日常生活和社会交往中，不仅需要交谈应答，还要学会聆听别人的说话。聆听是一门艺术，也是交往中尊重他人的表现，是形成良好人际关系的需要。外国有句谚语："用10秒钟的时间讲，用10分钟的时间听。"有关社会学家经多年研究发现，在人们日常的语言交流活动中，听的时间约占54%，说的时间约占30%，读的时间约占10%，写的时间约占6%，这说明聆听在人们的交往中居于最重要的地位。对于求职者来说，聆听在面试中也非常重要。面试中主要是回答主考官的提问。因此，要留意主考官介绍的情况和提出的问题，一定要听清后再作答，切不可凭空推断。

从交谈的礼节来说，应聘者在面试中的应答要讲究礼仪。当主考官发问时，应聘者应动动脑筋，搞清对方发问的目的，要求尽力做到有礼有节，说话可以慢，但不能乱，不可随意答复或敷衍了事。同时，应聘者还应表现出注意倾听的样子，目光应该关注对方，必要时要点头应和，切不可注意力分散、左顾右盼，更不能打哈欠、看手表、抖动双腿等，这些都是十分失礼的表现。

我们强调聆听要聚精会神，但并不是完全被动地、静止地听，而是要不时地通过表情、手势、点头、必要的附和等，向对方表示你在认真倾听。如果巧妙地插入一两句话，效果则更好，如"原来如此""你说得对""是的""没错"等，这样便使对方感到你对他的谈话很感兴趣，因而有利于接下去的面试在和谐、融洽、友好的气氛中展开。

一个出色的聆听者，具有一种强大的感染力，他能使说话人感到自己说话的重要性和权威性。在主考官向面试者提问或介绍情况时，你应该目光注视对方以表示专注聆听，还可以通过目光的交流、赞许认同地点头，表示在认真地倾听他的讲话，从而赢得主考官的好感，以便让主考官向你提供更多的信息。

C. 捕捉信息，有所判断。

听比说快，听者在聆听的空隙里，应思考、分析、回味、捉摸主考官的话，从中得到有用的信息。聆听是收集信息、处理信息、反馈信息的过程。一般来说，谈话是在传递信息，听到人谈话是收集信息，一个优秀的聆听者应当善于通过主考官的谈话捕捉信息。

在日常的人际交往中，不少人口是心非，他们往往把真实意图隐藏起来。在应聘面试过程中，与主考官的交谈也一样。所以面试者在倾听时就需要仔细、认真地品味对方在话语中的言外之意、弦外之音。微妙之处见真情，细细咀嚼品味，以便正确判断他的真正意图。

此外，应聘者在面试中，为了了解主考官的真实心理和意图，以使自己能做出相应的反应，在察言的同时更要观色，借助于对主考官一些"非言辞表达"，包括对行动、表情、姿态的观察，迅速做出正确的判断，及时调整、应答，并掌握好提问的节奏和时机。有一位小姑娘曾到一家企业求职，她对这家公司的人事部经理滔滔不绝地谈了好半天，等到面试临结束时人事部经理对她说了句："很遗憾，我们没有空缺了，你到别的地方再去看看吧。"这位小姑娘很奇怪，对自己刚才所谈的明明感觉良好，为什么人事部经理还不想录用她呢？其实，小姑娘的失误在于自己口若悬河地讲话，丝毫没有留心观察一下对方对自己所谈的是否感兴趣。如果她能认真地留意一下，就会发现在谈话中，人事部经理的右手总是撑在脸上，中指封住了嘴巴，食指直伸向右眼角，其左臂则横搂在胸前，目光经常离开她。这种姿势清楚地表明了经理的态度，你现在讲的我不感兴趣。如果此时小姑娘能注意察言观色，及时改换谈话的方式和内容，以引起对方的兴趣，还是来得及补救的。在通常情况下，听话人抓耳挠腮，这是对讲话人的讲话产生消极反应的表现，是不感兴趣、烦躁的表示；用手掌支撑脑袋，这也是一种对所谈的内容感到索然无味、暗示反感的手势。当主考官双手放在膝盖上，上身微微欠向前方，或者把双手放在椅子边缘时，这是想结束会谈并随时准备站起来的典型姿态。所以应聘者若能及时觉察出来这些，及时收住话头，就不会因对方的不耐烦而影响面试的结果。

D. 巧妙地提出问题。

应聘者不仅要认真倾听，还要学会适时提问的技巧。提问时切记：不要问一些太注重个人利益的问题。凭借着你所提的问题，让对方知道你在面试中是在很仔细地倾听他的谈话。如对自己没有弄清或没有把握的问题，可及时提问："这么认为，对吗？"以此可以确认自己是否真正弄明白了对方提出的问题。在面试即将结束时，一般考官通常会主动提出："你有什么问题想问吗？"这不是一种客气话，大多数招聘者希望应试者提出问题，更多地发表一下自己的见解，同时考官也可借此进一步了解应聘者的水平。当遇到这样的问题时，最不好的回答是："我没有问题了。"你应该抓住时机，弄清自己还未弄清的问题，显示出你对新工作的重视与关心。

考官说完话时，面试者在回答问题时，可以再重复一下考官说的某一个部分，这不仅证明面试者在注意听他所讲的话，而且可以采用下列的答话陈述面试者的意见："正像您所说的，我也认为……""我完全赞同您的意见……"

许多考官在仔细地评价了应聘者的综合素质后，做出是否录用的决定并不完全根据客观的评价，而是根据自己的感觉。当面试结束后，会有一个很小的声音在考官内心提醒他："我感到这个小伙子（或姑娘）适合干这项工作。"

那么，应聘者如何才能使考官有这种感觉呢？首先，要确保你讲的话和做的事能促使他有这种感觉，而不要太明显地迎合他。我们都有喜欢被别人夸奖或赞美的内在要求，社交专家曾说过："人的本性中最基本的本性就是渴望被赞美。"人们在普遍的要求中最本质性的愿望就是能得到别人的重视。

奉承来自嘴唇，而赞美发自内心。如果你在事前已对考官的情况做过调查，那么，面试中你将处于十分有利的地位，有策略地引导谈话向他爱听、能增强他自豪感的地方讲。你可以间接提及近期商业出版物或报纸上有关他或他任职公司的新闻报道，你也可以描述有关评价他在某专业会议或其他场合扮演重要角色的文字。如果没有预先研究材料，那么你可以称赞他的职务对公司的重要性和他是多么的精明及在行；或者你可以赞扬他的秘书或接待员给予你的友好和礼貌。你可以挑些好话说，如墙壁的名言字画、办公室或接待室优美的装潢等。有一点要注意的是，所有这些都要避免过于明显的奉承，尽量做得高明些。

如果你想使考官喜欢你，要有反应地认真倾听，对他讲的内容表现出兴趣。有不同意见时不要试图打断他的话，甚至更正他的错误。如果你那样做，只能给你带来片刻的满足，但这肯定对你不利，不管你是多么的正确，他是多么的错误。千万不要以任何方式轻视考官。没有人希望你谦卑（那样表现对自己不利），但也不要倚老卖老或自认为通晓一切，而冷落考官。要尊重他，如果有必要，你要做好准备听从他的安排。

记住考官的名字是非常重要的。预先从接待员那里搞清楚他名字的正确写法和发音，这会拉近你与考官之间的关系。

🔍 **小知识　职场人一定要掌握的七大会面应试技巧**

会面是职场人常有的社交活动，然而，职场会面中也存在着一些技巧，如果职场人不懂得，将会造成尴尬的局面。那么，职场会面中常见的技巧有哪些？世界工厂网的小编就总结了七大职场会面技巧，以供参考。

1.问候时最好点名道姓。迈进会客室的门，你的第一句话可能是："您好，见到您很高兴。"但这不如说:"李经理,您好,见到您很高兴。"后者比前者要热情得多。

2. 若对方没请你坐下,你最好站着。坐下后不应掏烟,如对方请你抽烟,你应说:"谢谢。"把烟灰和火柴头弄到地板上,是很不得体的。

3. 不要急于出示你随身带的资料、书信或礼物。只有在你提及了这些东西,并已引起对方兴趣时,才是出示它们的最好时机。当对方询问你所携带资料中的有关问题时,你应给予详细的解释或说明。

4. 主动开始谈话,珍惜会见时间。尽管对方已经了解到你的一些情况和来访目的,你仍有必要主动开口。你可再次对某些问题进行强调和说明,这是礼貌的需要,也反映了一个人的精神面貌。

5. 保持相应的热情。在谈话时,你若对某一问题没有倾注足够的热情,对方会马上失去谈这个问题的兴趣。

6. 当愤怒难以抑制时,愤怒会使你失去理解他人和控制自己的客观尺度。它不仅无助于问题的解决,反而会把事情搞得更糟,此时应提早结束会见。

7. 学会听的艺术。听有两个要求,首先要给对方留出讲话的时间,其次要"听话听音"。如对方首先讲话,你不可打断对方。应做好准备,以便利用恰当的时机给对方以响应,鼓励对方讲话。

资料来源:义乌人才网。

12.2　招聘面试

所谓面试,就是由用人单位安排的对求职者的当面考试。面试是选聘人才的重要方法和步骤,它比笔试具有更大的灵活性和综合性。它不仅可以考核应聘者的知识水平,而且可以面对面地观察求职者的身材、体态、仪表、气质,还可以直接了解应聘者的口才、应变能力和某些特殊技能等。所以,面试已成为用人单位选择人才的普遍方法。对于求职者来说,面试无疑是一次重要的机会,应很好地加以把握。

案例 12-1　　　　　　　　　茫茫职海,苦苦寻觅

赵某是天津某大学的本科毕业生。四年级第一学期结束,校方让学生们自寻单位实习,赵某便联系了一家勘察设计院做设计。半年的实习很快就过去了,赵某觉得自己不大适合做设计,于是便放弃了可能留在勘察设计院的机会,开始在茫茫职海中寻觅工作。

求职的日子并不好过。整天看人才报或上网寻找适合自己的工作,然后是寄出简历、发求职信,接着是一家家地面试。和很多求职者一样,对于工作的渴望使赵某从不放弃每一次面试机会。也正因如此,他差点陷入一场骗局之中。

那是一家装饰设计公司。面试有点出乎他的意料,是采用会谈的方式。在简单的自我介绍之后,一位主持者便切入正题——走上设计之路。这个话题似乎很有吸引力,公司对员工的职业远景规划也很辉煌:第一年,基础培训期,由专家讲课,熟悉专业设计与练习操作软件为

主，要达到熟练运用的程度；第二年，开始正式工作，不过是在自己家中，公司通过网络把业务传给员工，按工作量计酬，多劳多得；第三年，和上年的工作一样，不过薪水固定为每月3 000元；第四年，由公司提供场地给员工成立个人工作室。在座的十几名应聘者除了个别表示还要考虑外，大多已经开始心动。赵某想，反正暂时也找不到合适的工作，在这里先干起来也好。于是，他从学校领了一份就业协议，表示愿意与公司签约。但面试他们的小姐告诉他，不需要签署就业协议，只签公司提供的合同书就可以了。在他的一再坚持下，公司与赵某草签了协议。当他拿着签好的协议书回学校盖章时，学校就业部门的老师告诉他，公司的单位机构代码和信息登记号没有填写，让他回公司问清楚再来盖章。

赵某带着疑惑与公司联系，公司负责人却轻描淡写地说，这个不要紧，他们招人一向都是这种程序，另外单位安排的培训马上要开始了，如果他不来参加培训，就要被取消录用资格。为了保住这份不错的工作，赵某骗取了学校老师的信任，先盖了章。单位通知的培训日期到了，带着对新工作的憧憬，赵某兴冲冲地去参加培训。到了公司后，公司的负责人告诉他，每个员工要交5 000元包括教材、食宿等在内的培训费。赵某一听傻了眼，哪有培训费要员工出的道理？并且一下子要那么多？他这才意识到上当了，后悔当初签约心切，没有认真审查单位的资质，没有征求他人的意见，以致酿成大错。

在职场竞争日益激烈的时代，求职已经成为困扰在校大学生的一大问题。在形形色色的招聘信息中如何找到适合自己的机会，在面试中又如何脱颖而出，如何制作一份高质量的求职应聘材料等，这都是现在的毕业生所关心的问题。

资料来源：会见沟通与面试.道客巴巴，2018-09-12，P2.

12.2.1 面试前的准备

面试的准备，应该是求职者平时生活中就要注意的问题，如养成良好的生活习惯、文明礼貌、注意社会交际礼仪、积累知识等。对于大学生来说，进入大学后就应该注意培养这类素质。在全面学习好自己的专业知识和提高能力的基础上，要尽可能地扩大知识面，交叉学科学习。大学生平时就要有意识地加强语言表达能力的训练，养成与陌生人自如交谈的习惯，多参加集体活动，课堂讨论大胆发言，这些有助于讲话能力的训练，并提高自己的组织能力和协调应变能力。

在参加面试前再进行一些必要的准备，对取得面试的成功是必不可少的。

1. 了解用人单位

所谓"知彼知己，百战不殆"，主考官提问的出发点，往往与招考单位有关。因此，面试前应尽可能多地了解用人单位。另外，了解招聘具体岗位对知识技能的要求也有利于有针对性地展示自己的特长。

（1）搜集背景信息。

对用人单位的性质、地址、业务范围、经营业绩、发展前景、应聘岗位职务及所需的专业知识和技能等要有一个全面的了解。单位的性质不同，对求职者面试的侧重点便不同。如果是公务员面试，内容和要求与企业公司相差很大。公务员招聘侧重于时事、政治、经济、管理、服务意识等方面的知识。如果是企业面试，招聘人员一般认为：面试时，主要是了解求职者对公司了解多少，他本人的素质怎样，如果他能很详细地回答出公司的历史、现状、主要产品，我们会高兴，认为他很重视我们公司，对我们也有信心。应聘者应通过熟人、朋友或有关部门了解当天对你进行面试的考官的有关情况及面试的方式过程以及面试时间安排，索取可能提供给你的任何说明材料。

（2）信息来源渠道。

关于用人单位的信息大体来源于以下几个方面。

一是通过社会关系向亲朋好友或向他们的亲朋好友间接打听，很可能其中有人就在该单位工作或很熟悉相关行业，这样获得的信息较可靠；二是借助于大众传播媒介，如书报杂志、广播电视、互联网收集信息，积累资料，特别是在寻找小公司时使用互联网的搜索引擎要比收集印刷资料更好；三是收集相关印刷资料，如目标单位可能会有关于其业务、发展方向的书面材料及其领导发表谈话的文本，此外单位一般还会发放介绍自己的小册子或年度报告等，不过若是查找大公司信息，印刷材料提供的信息会更全面、更准确，而对于不起眼的小公司则使用其他方法可能会更好；四是到人才交流中心和毕业生就业指导处去了解情况，这种信息来源一般较权威，但不一定会有你需要的；五是直接去用人单位了解情况。

案例 12-2　　　　　　了解组织，赢得成功

一家沿海城市的家用电器公司是以质量第一享誉国内外的著名企业，其招聘人员在北京招聘应届毕业生时总要问一个问题："你对我公司有何了解？"回答了解不多或不了解的人很快就被"淘汰出局"，那些对公司有深入了解的毕业生备受青睐。一位受到考官连连赞许的考生是这样回答的："贵公司最大的特点就是高度重视质量，用质量去占领市场，用质量去获得信誉，用质量赢得市场高价位，用质量去进行国际竞争，贵公司老板曾因此应邀去美国哈佛大学授课。我本人性格内向，对任何事情都严谨认真、一丝不苟，符合贵公司的企业文化要求，我愿为贵公司的发展贡献微薄之力。"这名毕业生能够较熟练地讲述对用人单位的详细了解，极大地缩短了考官与考生之间的心理距离，给人以"未进厂门，已是厂里人"的亲切感觉，这样的毕业生能不受欢迎吗？

资料来源：会见沟通与面试.道客巴巴，2018-09-12，P21.

2. 了解自己

求职者事先要进行自我评估，对自己的能力、特长、个性、兴趣、爱好、长短处、人生目标、择业倾向有清醒的认识，认真阅读你所收集到的所有信息并牢记它们，尽量使自己的能力与工作要求相适应。主试者往往以询问面试者的有关情况作为面试的切入点。因此面试前准备一份简短的自我介绍腹稿是必要的，以免到时在主试者的询问下反应迟钝，张口结舌。因为在很短的时间内将自己较完整地介绍给陌生人并不是一件容易的事，而且还要简繁得当，谈吐流利，有备而来才不至于手足无措。

3. 准备回答问题

面试前不经过角色模拟，便无法达到最佳的效果，因此求职者应事先模拟招聘者可能

询问的问题，对这些可能遇到的问题进行准备。这样有助于认清自己真正的想法，有助于在面试的现场能够清晰地自我表达。

（1）面试中具有实质性意义的5个问题。

这5个基本问题是在任何情况下，招聘者都十分想知道的：

- "你为什么到这儿来？"
- "你能为我做什么？"即"如果我聘用了你，你会成为我的累赘还是能帮助我解决问题？你有什么技能？你对我们关心的主题和领域有什么了解？"
- "你是什么样的人？"即"你是否随和？是否与我们的价值观一致？"
- "你与其他1万个具有同样技能的人有何区别？"即"你是否比其他人拥有更好的工作习惯，上班早，下班晚，工作细致，讲求效率？"
- "我能否雇得起你？"即"如果我们决定聘用你，你想要多少钱？我们需要根据预算，并且在低于主管人的工资的条件下决定你的薪水。"

（2）对应届毕业生最有可能问的15个问题及解析。

- "请介绍一下你自己。"这个问题看似简单，但回答时，不能从出生到毕业平铺直叙。因为用人单位主要是想通过你对这个问题的回答来判断你的概括能力和表达能力。因此，你必须以精练的语言，简明扼要地介绍自己在校期间学习并掌握的知识和技能、取得的成绩，并表示自己的资格和能力能为用人单位做出贡献。叙述时应根据你想应聘的职位扬长避短，尽量突出自己的强项，淡化自己的弱点，要强调自己的职业忠诚度。
- "你在学校学了哪些课程，成绩如何？"回答这个问题不能面面俱到，应该把学习的主要课程，如主要的基础课、专业基础课、专业课等，特别是与应聘的工作有关的课程讲出来，并稍做详细介绍。这个问题也是在考查你在学校学习的好坏、对学校学习所持的态度和将来的职业意向等。
- "你是否有出国、考研的打算？"有的单位希望你将来继续学习深造，有的单位则希望你安心工作，因此，回答这个问题时，可以表明你有进一步深造的愿望，但必须表示将以工作为重，如需要可以在工作中学习，不一定非要脱产深造。
- "你有什么特长和爱好？"对这个问题要据实回答，有什么特长就讲什么特长，有什么爱好就讲什么爱好，不要无中生有，也不要过分谦虚。因为爱好广泛、多才多艺的人，才是备受用人单位青睐的人。
- "你如何评价你的大学生活及室友？"这个问题主要是在考查你处理人际关系的能力。有的毕业生会在不经意间流露出对他人的一些不满和抱怨，这会给面试官不好的印象，他们也会就此判断你的团队合作能力不好，而这一点正是所有的用人单位都非常重视的。
- "你懂何种语言？熟悉程度如何？"这主要是考查你具有的语言能力是否符合用人单位某种工作的要求，一定要据实回答。
- "你承担过何种社会工作？组织或者参加过什么社会活动？"这主要是考查毕业生的动手能力及组织协调能力和工作积极性。

- "你为什么应聘本单位?"回答这个问题要多从工作条件、工作性质如何有利于发挥自己的才能,有利于为单位、为社会多做贡献的角度来回答,一定要以事业和发展为主题。不能讲因工资高、福利好才来的,否则会给对方以目光短浅的印象。
- "你找工作重要的考虑因素是什么?"该问题与上一个问题类似,要从发展的角度回答。
- "你了解我们单位吗?"这个问题主要是想考察你对单位关注的原因和程度,有的甚至在暗示该单位的福利待遇不高,或工作很辛苦,以试探你是否有心理准备。对这个问题的回答应该坦率,不要胡编乱造,并要表明自己看重的是工作和今后的发展,而不是福利待遇、工作条件等。
- "如果单位的安排与你的愿望不一致,你是否愿意服从?"这有可能是暗示你应聘的职位已经招满了而你又比较优秀,不想放弃你,也有可能是考验你的组织纪律性和忠诚度。
- "如果工作安排与你的专业无关,你怎样考虑?"这是在考察你对专业、工作和再学习三者之间关系的看法。
- "如果本单位与另一个单位要同时聘用你,你如何选择?"这是在考查你对人是否诚实,对事是否忠诚。
- "谈谈你的家庭。"和睦的家庭对于培养一个人的健康心理和人格有密切的关系,而且和家人和睦相处、关系融洽也体现出毕业生的健全人格,以及关心他人、与人相处的能力。一个和亲人关系紧张的毕业生会在工作中有很多无形的压力。
- "你还有什么想问的?"这实际上是告诉你面试将要结束,对方目的已经达到,再给你一个自由发挥的机会来阐述或提出你没有提及但有意义的事情,你应把握住机会,通过提问或表态来强化对方对你的印象,表现出你对这个单位这个职位的兴趣和关心,但你的发言不要离题,更不能长篇大论,回答完这个问题就应该主动称谢告辞。

（3）对面试中"陷阱"问题的分析。

- "你有哪些缺点?"回答这个问题要避免陷入过分谦虚和过分自信的陷阱。有的同学会说"我的缺点就是散漫、不善于表达、性格比较急躁"等,也许这样说只是为了表明你有足够的自知之明,敢于剖析自我,但这会让对方认为你有待完善,怀疑你驾驭工作和处理人际关系的能力。也有的同学连连摇头说没有,甚至有人反问:"您说呢? 您能给我指出来吗?"遇到这种情况,应该既不掩饰回避,也不要太直截了当,可以联系大学生的共同弱点,比如缺乏实践经验、社会阅历等,再结合本专业的发展趋势对自己的知识结构、专业知识的挑战讲讲自己正在克服和能够改正的弱点,谈谈理想与现实中的差距,讲那些表面是缺点但对某项工作有益的个性,比如"我很丑可是我很温柔""我很笨,但是我很忠于职守",这样既体现了谦虚好学的美德又正面回答了这一难题。因此,最明智的做法是,明谈缺点,实论优点。
- "你希望获得多少工资?"对求职者而言,在用人单位拿出一个底价之前自报薪金价位,永远都不是一个明智的选择。这样容易进入两个误区:你可能感觉特别好,以你的资历和能力抬高身价，结果吓跑了本来很不错的单位；也可能因你不谙行情，进入用人单位后才发现自己把自己给降价处理了。让对方先说出一个数字，既可避免因自己开出没有把握的高价而错失良机，又能避免开价过低造成的遗憾。正确的办法是，在对方谈到一个确定的数字之后，再根据自身的资历及人才市场上的薪金行情进行客观分析，在此基础上合理报价。这样价位不会出入太大，合作的概率也就增加了。

- "依你现在的水平，恐怕能找到比我们更好的单位吧？"如果你回答是"Yes"，那么说明你这个人也许脚踏两只船，"身在曹营心在汉"；如果你回答"No"，又说明你对自己缺少自信或者你的能力有问题。面试官设定的这两个答案，任何一种都不能让对方满意，这时候就需要用模糊语言来回答。这类问题可以先用"不可一概而论"作为开头，然后回答："或许我能从别的单位得到比贵单位更好的待遇，但别的单位或许在人才培养方面不如贵单位重视，机会也不如贵单位多，我想，珍惜已有的最为重要。"这个问题实际上是面试官在考查你看中了该单位的什么以及你是否更适合在这里工作。

- "你如何看待事业和家庭？"对男人而言，似乎这从来都不是问题。从传统定位来说，家庭是男人的港湾、女人的城堡。双重角色的困惑，使女人既失去了温柔，又难以坚强。所以，与其打肿脸充胖子，强调你不会因家庭事务影响工作，倒不如坦然承认，你知道家庭对职业女性意味着什么，而且，你既不准备追求完美，也不可能做到完美，但会尽力去做好。这样，一来表明你知道择业后面临的压力，二来也可以让对方确认你作为职业女性的素质。你能清醒认识精明强干的职业生涯与相夫教子的贤妻良母之间的矛盾和冲突，就说明你对此有足够的心理准备，不会因没有预见困难而在问题来临时出现顾此失彼的现象。

📍 案例 12-3　　　　　精心准备，巧答难题

临近毕业，一家地市级日报社招聘采编人员。在入围面试的 10 人中，无论从学历，还是所学专业来看，我都处于下风，唯一的一点优势就是我有从业经验——在学校主办过校报。

接到面试通知后，我把收集到的厚厚一摞报纸重新翻了一遍，琢磨它办报的风格、特色、定位，它主要的专栏等，做到心中有数。我还记下了一串常在报纸上出现的编辑、记者的名字。

参加面试时，评委竟然有 8 个。第一个问题是常规性的自我介绍。第二个问题是"你经常看我们的报纸吗？你对我们的报纸有多少了解？"我便把自己对这张报纸的认识，包括它办报的风格、特色、定位等全部说了出来。最后我说："我还了解咱们报社许多编辑、记者的行文风格。例如某某老师写得简洁明了，某某老师文风清新自然。虽然我与他们并不相识，但文如其人，我经常读他们的文章，也算与他们相识了。"我当时注意到，许多评委露出了会心的微笑。后来，我才了解到，我提到的许多老师就是当时在场的评委。

第三个问题是"谈谈你应聘的优势与不足"。我说："我的优势是有过两年的办报经验，并且深爱着报业这一行。我的缺点是拿起一张报纸，总情不自禁地给人家挑错，甚至有时上厕

所，也忍不住捡起地上的烂报纸看。"听到这里，评委们不约而同地笑了。

面试结束的时候，我把自己主办的校报挑出了几份分给各位评委，请他们翻一翻，提出宝贵意见，并说"权当给我们学校做个广告"。评委们又笑了。

最终，我幸运地被录用了。

资料来源：会见沟通与面试 . 道客巴巴，2018-09-12，P21.

12.2.2　参加面试

面试的方法和技巧可以说因人而异、千姿百态、种类奇多。而最为关键的是，在参加面试时，衣着打扮要整洁、大方、得体，要注意非语言交流以及提高自己在面试中的说服力。

1. 衣着打扮

案例 12-4　　　　　　　　最初七秒钟

1993 年夏，美国一家跨国公司来华寻找代理人，某猎头公司向他们推荐了一位年轻有为的女强人。在见面那天，该女士精心挑选了一套面料较薄、色彩轻柔的大摆连衣裙前往，美方代表一见面，顿时露出不悦之色，因为对方不愿让一个"小女孩"来负责自己公司的业务。这一事例告诉我们，若想应聘面试成功，必须注意最初七秒钟里自己的外表和衣着，要给对方留下美好的印象。

资料来源：会见沟通与面试 . 道客巴巴，2018-09-12，P24.

心理学研究表明，在应聘面试的最初七秒钟里，应聘者的外表能给人留下深刻的印象，并将在很大程度上决定你最终能否应聘成功。一个人得体的打扮不仅体现了求职者朝气蓬勃的精神，还有意无意地反映着一个人的修养。

案例 12-5　　　　　　　　三句半话显能力

某校市场营销系毕业生小马前去应聘推销员。一早他就准备好求职信以及能证明他大学期间辉煌历史的各种证书，满怀信心地去面试了。他左转右转寻至某大厦某层某号房，敲门，推门进去后看到三个男子正跷起二郎腿，斜躺在沙发上吞云吐雾地闲聊。

"请问这是某公司的招聘办公室吗？"小马很有礼貌地问。

"你搞错了，这不是某公司的招聘办公室。"一男子侧着身答道。

小马一愣，回身看看房号，又走了进来："对不起，招聘启事上写的应该是这里。"

"哦，现在还没到面试的时间呢。"另一男子答道。

"那我可以坐在这儿跟你们一起聊聊天吗？"小马问道。

"别等了，应聘的人已经满额了。"又一男子说。

"可是招聘启事上的截止时间是明天。请务必听听我的自我介绍，给我一个机会，我会给你们一个惊喜。"小马坚持用简短的语言把自己的情况及工作设想说完。

"行！"那三个男子相视一笑。

小马就这样通过三句半话被录用了。而在他之前，却有数十名应聘者被这三句话打发走了。原来他们的三句话考的是推销员应该具备的判断力、自信心、融洽性和锲而不舍的推销素质。

资料来源：会见沟通与面试．道客巴巴，2018-09-12，P25．

面试后应该注意以下几个问题：

求职者应有礼貌地道谢，及时退出考场，不能在考试后拖泥带水，影响其他人。在一般情况下，考官组每天面试结束后都要进行讨论和投票，后由人事部门汇总，最后确定录用人员名单，这个过程可能要等三到五天，甚至更长的时间。求职者在这段时间内一定要耐心等候，切不可到处打听，更不要托人"刺探"，急于求成往往会适得其反。

2. 学会感谢

面试结束后，即使对方表示不予录用，也应通过各种途径表示感谢。如果是电话相约面试的，可再打一个电话表示感谢；如果是托熟人相约面试的，可通过熟人表示感谢；如果是写信相约的，则可再写一封简短、热情的信表示感谢，使自己的求职善始善终。要注意，面试后表示感谢是十分重要的，它能显示你的个人修养。因为据调查，10 个求职者中有 9 个往往不表示感谢，如果你没有忽略这个细节，则显得"鹤立鸡群"，格外突出，说不定会使对方改变初衷，令你有补缺的机会。

3. 做好两手准备

参加面试往往是自己被单位挑选的时候，或被录取，或被淘汰，无论结果如何，都要有所准备。面试后的一段时间内最好不要到外地出差或游玩，当必须外出时最好向招聘单位事先说明，以表示你的诚意。

4. 要表现得积极热情，让用人单位知道你非常有诚意

虽然面试后不能过早地打听面试结果，但也不是说面试后你就不闻不问不管，只等着别人通知了。特别是竞争激烈的情况下，而你的"硬件""软件"又和别人差不多，在适当的时候主动联系该单位，表示出热情和诚意，那么成功多半是属于你的。

⊙ 知识拓展

充分做好面试的准备

抓住面试的机会是面试成功的关键，其重要性不言而喻，为此我们应从以下 15 个方面着手准备。

（1）穿与你谋求工作相适应的衣服，这样就让人产生你适合于这一工作的印象，如果没条件做到，那也应该衣装整洁得体。

（2）准时。最好提早几分钟。迟到会给人留下不守时或者对这份工作不重视的印象。

（3）如果还没有填好有关表格，一定要抓紧时间提前填好，字迹要清晰、端正，不要有错别字，并想想如何回答有关问题。

（4）握手要稳重有力，但不要捏痛对方。如果约见者走出办公室，你该站起来，握手，然后拿起自己的东西立刻跟随其后，且脚步声不宜过重。

（5）进办公室后，坐姿端正，给对方一种你很注意姿态的印象。不要靠在桌子上或者躺在椅子上，把腿伸得太远。不要双臂叉胸而坐。坐着时别弯腰，姿态保持端正。

（6）说话要吸引对方的注意。眼睛不可望着别处，更不可话音含含糊糊就像在喃喃自语，否则会给人你想隐瞒什么的印象。务必声音清晰，直截了当。

（7）陈述你的专长时要直爽。不必过于自谦，但也不要带有自夸的语气。不管你对自己受过的教育感到骄傲还是自卑，都用平静的声音直述，并多强调你愿意多学，多努力。

（8）面带微笑。无论遇到怎样的情况，都要给人以友好的笑脸，这是征服对方的有力武器。

（9）别故意装老练。不要用说笑话来化解紧张，这会使对方反感。称对方为先生或女士，不要直呼其名。

（10）表达出你对应聘职位的兴趣，并指出自己为什么特别适合这项工作。比如，你要应聘办事员或者秘书，就要强调自己的办事能力、会打字和电脑、文字功底较好等。

（11）要热情饱满，但是不要天马行空乱谈一气。仔细听取提问、集中精力回答，否则，别人会认为你不能专心致志，或者缺乏听话技巧。

（12）如有必要，向对方介绍自己以前的工作经验，特别是讲述自己从中学到了什么，包括社交能力、销售技巧和理财能力等。

（13）及时把工作经历、成功案例等面试前准备好的材料呈给对方，必要的时候可以进行一些解释。

（14）不要开始就谈论报酬，而是当对方提出时才提出自己的要求。如果对方已答应录用但是又没有提到工资，你可以问自己这份工作的报酬。

（15）约见结束时，不要忘记与对方握手并表示感谢。回来后立即写信表示感谢，并着重指出自己对这份工作和该公司很感兴趣。如果两个星期后还没有得到答复，可打电话询问是否已经录取他人，或者自己还在对方的考虑之中。如果这份工作已录用了别人，就请对方留意自己，以后有机会时再联系。

📍 诗语点睛

以诚相待来相会
将心比心靠真诚
首要印象最珍贵
晕轮效应易失真
应聘面试要自然
胸有成竹功底深
尊重对方礼当先
风雨过后是彩虹

习　题

一、单项选择题

1. 几个与会者在开小会，（　　　）。

A. 问小组一个开放式的问题　　　　　　B. 问小组一个具体的问题

C. 把问题转回给小组　　　　　　　　　D. 请某个与会者总结讨论

2. 当你想知道自己是不是个成功的会议主持人时，（　　　）

A. 请每个与会者总结其他人发言　　　　B. 询问小组的反馈意见

C. 问小组一个开放式的问题　　　　　　D. 问小组一个具体的问题

二、多项选择题

1. 会见的目的有（　　　）。

A. 为了选择适当人员完成特定的工作

B. 为了提供、获取或者交流信息

C. 为了监控、评价或者纠正工作表现

D. 为了咨询、商讨并解决问题

2. 会见前的准备通常包括如下细节（　　　）。

A. 明确会见欲达到的目的

B. 明确需要收集信息的类型

C. 选择在会见中将提出的问题以及提出它们的方法

D. 确定一个合适的会见场合

3. 面试实施阶段要求（　　　）。

A. 营造氛围　　　　B. 交代目的　　　　C. 提问控制　　　　D. 巧妙回答

4. 提问控制应该做到（　　　）。

A. 适时提问，朴实清晰　　　　　　　　B. 专注有礼，巧妙沟通

C. 捕捉信息，有所判断　　　　　　　　D. 巧妙地提出问题

5. 参加面试的要求（　　　）。

A. 了解用人单位　　　　B. 了解自己　　　　C. 准备回答问题　　　　D. 巧答难题

三、判断题

1. 会见，简单地说就是"人与人面对面的相会"。（　　　）

2. 回答是会见中获取信息的最主要手段，这一步骤成功与否直接决定了会见的成效，它最能体现会见者的会见技巧与运用水平。（　　　）

3. 听有两个要求，首先要给对方留出讲话的时间，其次要"听话听音"。（　　　）

4. 面试的方法和技巧可以说因人而异、千姿百态、种类奇多。（　　　）

5. 若想应聘面试成功，必须注意最初七秒钟里自己的外表和衣着，要给对方留下美好的印象。（　　　）

思考题

1. 求职信息的获取渠道一般有哪些？请分类列出并举例说明。

2. 阅读招聘启事时，一般应注意哪些事项？

3. 面试之前一般应做哪些准备？

4. 你认为用人单位在面试中最有可能问的问题有哪些？应该如何回答？

5. 什么是非语言交流？应从哪几个方面予以重视？

6. 如何提高在面试中的说服力？

7. 面试结束后有哪些需要注意的？

第13章 CHAPTER13

演讲沟通

 先导案例

创业成就未来，成功始于现在

尊敬的各位领导、老师们、同学们：

上午好！今天我们在这里隆重举行12级创业班新生典礼仪式，请允许我作为一名教师代表对此表示热烈的祝贺！对同学们参加创业班的学习表示真诚的欢迎，并对支持、关心创业班的领导和老师们表示衷心的感谢！

知识是力量，经济是颜面，文化是灵魂，人才是关键。当今世界信息革命风靡全球，"网络社会"悄然兴起，"知识经济"扑面而来。近年来创业教育已成为知识经济时代世界高等教育的必然发展趋势。就业是民生之本，创业是就业之源。自主创业，挑战自我，是人生的最大资本。

用兵之道，以计为首；创业之要，理念先行。信念是世界上最伟大的力量，信念是企业的生命，也是创业管理者的使命。使命领导责任，责任完成使命。如果你渴望成功，就要建立必胜的信念。大学生要有想创业、敢创业、能创业、会创业的那么一股敢闯敢拼的劲头，并体现和融入个人创事业、家庭创企业和为社会创大业的实践之中。激情推动创业，创业带动就业。梦想能燃烧奋起创业的激情，智慧将引领创造企业的理性。决心创业，矢志不渝，就应该勇敢地去接受创业征途上的各项挑战。目标一定，就要打拼，不达目标，绝不罢休，你就一定能实现你的梦想，你将成功地塑造崭新的人生。创业因为有梦想而伟大，因为实现梦想而更伟大！

知人者智，自知者明。播下一种行动，你将收获一种习惯；播下一种习惯，你将收获一种性格；播下一种性格，你将收获一种命运。创业出精英，寝室要文明。个人内务整洁是一种生活习惯，更是个体精神状态的外在表现。仪容整洁、朝气蓬勃、积极阳光、乐观向上、规范有序的生活状态可以感染别人，更能感染自己。腹有诗书气自华，形象良好更伟大。

我国近现代杰出的教育家张伯苓先生被尊为"孔后办学第一人""中国的富兰克林""伟人中的伟人"。他曾创造了南开中学的奇迹，他的学生遍天下，其中不乏周恩来、张学良这样改变中国历史进程的重量级人物。前任国家总理温家宝，著名经济学家吴敬琏、茅于轼，以及一大批科学家、艺术家同样出自南开中学。步入南开中学的教学楼,立刻会发现一面大穿衣镜,镜子上端的横匾上镌刻着40字箴言:"面必净,发必理,衣必整,钮必结。头容正,肩容平,胸容宽,背容直。气象:勿傲,勿暴,勿怠;颜色:宜和,宜静,宜庄。"

当年,美国哈佛大学校长伊里奥来南开中学参观,他不愧为教育专家,很快就发现南开中学的学生在精神状态、言谈举止、仪表风度上与其他学校明显不同,便问张伯苓原因所在。张伯苓把他带到穿衣镜前,将上面的箴言细细解释。伊里奥听后十分钦佩,回国后逢人便讲,于是这件事就在美国传开了。不久,美国洛克菲勒基金会派人来到南开中学,将镜上的箴言拍摄下来,刊登在美国的报纸上,对张伯苓和南开的教育方式给予高度评价。

留心之处是学问,校园事事皆育人。寝室环境对人的熏陶和影响更直接,作用力更强大。有人说,看一所高中学生的风气,看他们的厕所就可以;看一所大学学生的风气,看他们的课桌就可以。那么现在,我们看一个学校的校风学风,看他们的学生寝室状态就可以。学生寝室作为学生参与校园活动的最基本单元,是个人成长的基本平台。寝室成员朝夕相伴互为影响,积极向上的集体生活可以感染人,教育人,培养人,春风化雨,润物无声。文明寝室一枝花,我要精心呵护它。雏鸟也知爱鸟巢,温馨家园洁丽雅。修身治国平天下,不扫一屋扫天下?

创业班的学生如染上不良习惯:内务杂乱,衣衫不整,两眼无神,郁郁寡欢,邋里邋遢,消极避世,将情何以堪,怎能创业?

创业班学生的行为准则应该是:尚德、明礼、博学、健美。

尚德:尚道德,崇伦理,明事理,守诚信,讲卫生,爱清洁,这不仅是大学生应有的道德修养,而且也是学校以德育人、以文化人的主旨,同时也是精神文明的主要表现。

明礼:礼貌是无声的力量。生活中最重要的是有礼貌,它是最高的智慧,比一切学识都重要。人无礼则不生,事无礼则不成,国无礼则不宁。

博学:大学生要博学笃志,应该以开放的心态放眼世界,纵览古今;以宽广的心态,熔铸新知。

健美:体格健壮,体魄完美,全面发展,止于至善。

时势造英雄,机遇盼人杰。机指时机,遇指对象,时机就看遇到了谁。只有时刻有准备的头脑才能与机遇发生共振,产生共鸣。时机碰到了没有见识的头脑,就会与之擦肩而过。时机好比江中水,只能流去不复回。中国的四个成语说明了时机的四大特性:千载难逢,指时机的稀缺性;机不可失,说明时机的客观性;时不我待,说明时机的短暂性;时不再来,说明时机的不可逆性。失落黄金有分量,错过时机无处寻。

同学们,创业学习科学地讲述利用时间是一门艺术,如何以较少的时间学到更多的创业知识,关键在于用好今天,今日事今日毕。今天是生活,今天是行动,今天是行为,今天是创业。昨日是过期支票,明日是空头支票,只有今日才是现金支票。创业管理者在利用好"今天"的同时还要有战略眼光规划"明天"。

创业有道"动"起来,抢抓时机"干"起来,经营有方"转"起来,适应环境"活"下来。创业真知,贵在实践。离开实践运营,创业就成了无本之木,创富就成了无源之水。因此,创业者既要有韧性、悟性、理性,更要有学识、胆识、见识。只有通过创业实践,才能使创业者丰富阅历、拓展才能、砥砺品格、锤炼作风、成就事业，缔造完美人生。同学们既要注重学识和理论，更要注重"实践"，必须把知识转化为能力，实践出真知，"纸上得来终觉浅，绝知此事要躬行"。直接经验是源，间接经验是流，只有源远才能流长。要大胆实践，先探索，后真干；先试行，后判断；先运转，后规范；对的坚持，错的纠正；丢掉的是贫穷，得到的是发展。

明天的路在计划，今天的路在脚下！让我们共同努力吧！

谢谢大家！

资料来源：本书作者 2012 年在浙江农林大学天目学院大学生创业班开学典礼大会上的演讲词。

13.1 演讲概述

13.1.1 演讲概念

演讲，又叫演说或讲演。广义上说，凡是以多数人为对象的讲话都可叫演讲。一般来说，是指就某个问题面对听众发表意见的一种口语交际活动。在特定的时空环境下，通过有声语言和相应的体态语言，公开传递信息，表达见解，阐明事理，抒发感情，以达到感召听众的目的。

谁都希望自己出口成章、妙语连珠，谁都希望自己在任何场合能恰当地表达自己的观点和见解。一个人的演讲口才不仅能体现一个人的口头表达能力，更是一个人综合素质的体现。美国总统亚伯拉罕·林肯被公认为美国历史上口才最好的总统，他一生中做过无数次演讲。1963 年 11 月 19 日，他在葛底斯堡的演说以其思想的深刻、行文的严谨、语言的洗练，成为演讲史上彪炳青史的大手笔。其实，这篇演讲稿译成中文只有短短 400 字左右，却被认为是英语演讲中最富有诗意、最漂亮的文章之一。只有两分钟的演讲，却赢得了长达 10 分钟的掌声，被媒体评价为"是在合适的地点说了恰到好处的话"。

精彩的演讲离不开好的讲稿，所谓"巧妇难为无米之炊"。同样，技巧再高的演讲者也无力将肤浅空洞的内容演绎得天花乱坠。所以踏踏实实地写出一篇精彩讲稿，是每一个演讲者必须具备的意识。

如果你能细心地品味一下世界演讲大师们的成功演讲，就会明白：除去他们演讲时的神情风采，除去演讲场面的热烈气氛，光看那些凝固成文字的讲稿，就足以让人振奋。写出一篇好的讲稿，让你的语言闪现出思想的光芒、感情的火花，你就成功了一半。什么样的讲稿才是好的讲稿呢？怎样才能写出好的讲稿呢？明白讲稿的特点，学习精彩讲稿的成功之处，我们也能够写出优美、深刻、动人的篇章。

◉ 案例 13-1　　　　　　热烈欢送白衣天使演讲词

尊敬的白衣天使们：

在这春暖花开、风和日丽的日子里，我们送别敬爱的你们，心情是复杂的。有激动，有感恩，有不舍，更有深深的祝福！

因为在疫情刚暴发的时候，在我们最需要支援的时候，在我们急切盼望能够有人来帮我们共同撑起一片天的时候，是你们披上铠甲，英勇而来。

我们不知道你们每一个人的具体的名字，但是你们却有相同的名字——白衣天使、白衣战士！我们不知道你们是谁的孩子、谁的丈夫、谁的妻子、谁的父亲、谁的母亲……你们无畏牺牲，英勇上阵。披上白衣铠甲，你们就是勇往直前的战士，你们无畏且勇敢，你们善良且坚强，你们伟大且无私。

是什么样让你们这样无畏无惧？又是什么让你们放弃与家人团聚的时间，奋战在第一线？

感恩你们的善良，感恩你们的勇敢。我们深知，在这场疫情当中，我们国家体现出的伟大的、团结的民族精神，我们身为中华儿女自豪且骄傲，因为站在祖国的大地上，才有底气和自信去迎接一切未知的暴风雨。因为我们有强大的国家做后盾，更有你们这群战士在保家卫国。

2020 年是不平凡的一年，注定也是让人记忆深刻的一年。高兴的是，今天你们能够回到自己最亲爱的家乡，能够跟家人团聚；不舍的是，你们在这里洒下了太多的泪水，留下了太多的感动，串起了这一个个度过疫情的每一天；当然更有对你们深深的祝福，期待疫情结束之日，我们再一起携手相聚，去看我们心中的春暖花开！

资料来源：香当网，https://www.xiangdang.net。

13.1.2　演讲的特点

1. 针对性

演讲是一种社会活动，它以思想、情感、事例和理论来晓喻听众，打动听众，必须要有针对性。演讲者提出和解决的问题必须是听众所关心的，能使听众受到教益，明辨是非，这样才能达到良好的演讲效果。例如，李燕杰是 20 世纪 80 年代著名的演讲家，一次他应清华大学的邀请为大学生做婚姻爱情的演讲，但他考虑到如果单纯和学生讲怎样树立正确的爱情婚姻观，可能会遭到年轻人的抵制，演讲的效果会适得其反。所以他以自己潜心研究的红楼美学为讲述内容，用宝玉黛玉对纯洁爱情的追求为清华学生做了一次生动的爱情婚姻观教育。演讲历时 9 个半小时，座无虚席，受到了广大学生的欢迎。其实李燕杰就是很好地把握了演讲对象的心理，清楚他们不喜欢说教，但喜欢古典名著和名著中感人的爱情故事，以形象的爱情观叙说收到了很好的演讲效果。

2. 真实性

演讲中最打动观众的是真情，说实事，讲实话，吐真情。因此演讲者要十分注重自己与听众之间的情感交流。但演讲中情感的表达还要注意一个"度"，演讲者应合理运用与控制情感，否则容易造成情绪失控，让听众有情感虚伪之感。例如，被誉为"铁嘴"的宁波商管公司的柳宛成于 2006 年参加"情商学习"演讲比赛，获得了特等奖。事后她回忆自己的演讲过程，认为主要是得力于"以情制胜"。柳宛成以一个让人耳目一新的题目——"我们都是被上帝咬过的苹果"引发了观众极大的好奇心，其中一个盲人小男孩勇于战胜挫折与困难而获得成功的故事十分感人，而她又把自己的亲身经历融入演讲中，每位听众都为她所讲述的故事而动情。但她也谈到，刚开始演讲时没有很好地控制情感，让听众和评委感觉很不自然。所以用情过度也是演讲的一大忌讳，特别是演讲刚开始，听众还没有完全进入状态，此时不合理的情感流露会让观众觉得虚伪，也会造成自己难以继续演讲，严重者会造成情绪失控的后果。

3. 论辩性

演讲的目的是表达自己的见解和观点，使听众认同演讲者所讲的道理。所以，演讲要注重主题的阐述，鲜明地亮出观点，旁征博引地论证，把自己对某一问题的观点看法阐述清楚，引起听众的共鸣。例如，帕特里克·亨利是美国革命时期杰出的演说家和政治家。《不自由，毋宁死》这篇脍炙人口的演说在美国革命文献史上占有特殊地位。其时，北美殖民地正面临历史性抉择：要么拿起武器，争取独立；要么妥协让步，甘受奴役。亨利以其敏锐的政治家眼光、饱满的爱国激情，以铁的事实驳斥了主和派的种种谬误，阐述了武装斗争的必要性和可能性。从此"不自由，毋宁死"的道理激励了千百万北美人为自由独立而战，达到了演讲以理服人的效果。

4. 艺术性

演讲是一种极富吸引力和感召力的宣传艺术，它可以使人开阔视野，增长见识，启迪思想，焕发热情，激励斗志。它是思想、逻辑、感情和文采的结晶体，是言语、声音、目光、动作和姿态的综合运用，具有极强的鼓动性和艺术性。

讲出真情，讲稿必须讲出心里话。演讲必须以情感人，情感是演讲的生命线。没有人愿意坐上几个小时，就为听你这些空而又空、玄而又玄的大话。这样的大话连你自己都不能感动，又怎么能感动别人呢？

让我们先看看一位大学生写的《英雄赞》的片段吧：

> 在这个英雄辈出的年代，男英雄，女英雄，老英雄，少英雄，何止成千上万。前线的战士，更是顶天立地的英雄，他们住猫耳洞，受风吹雨淋，他们冒着敌人的枪林弹雨，他们高唱着"苦了我一个，幸福千万人"的歌，他们是当代的雷锋、黄继光，他们是最可爱的英雄。英雄伟大，英雄光荣，英雄是火车头，英雄是指路灯。"苦不苦，想想长征两万五""累不累，想想革命老前辈"。不管我们遇到什么风险，只要想到这些英雄，我们就能无往而不胜。

从文法上看，这段文字并没有什么不通；从思想上看，也没有什么不对。另外，这位大学生也讲得十分深情，看样子并非新手，但听众没有什么反应。原因在哪儿呢？原因就在于他没有说出生活的真实。如果他真的接触过英雄，哪怕仅仅是一位；如果他真的有过触动，哪怕仅仅是一次，他就不会写得如此空洞干瘪，毫无真情实感。

13.1.3 演讲的分类

根据有无文字材料的凭借，我们可以将演讲分为命题演讲与即兴演讲两类。根据预定的题目事先写好讲稿，有文字材料凭借的演讲，被称为命题演讲；在特定场景和主题的诱发下，或者是自发或者是他人要求，不凭借文字材料立即进行的演讲，被称为即兴演讲。根据演讲的内容和目的的不同，演讲又可分为教育性演讲、鼓励性演讲、报告性演讲、说服性演讲、娱乐性演讲等。

13.1.4　演讲的作用

演讲的作用有：赢得关注与认同，影响与鼓舞他人，获得尊重；巩固你的人际关系，以你的睿智与幽默声名远播，向他人清楚传达你的思想与信息，推广你的公司及其产品或服务，以提升你的事业。具体如下：

1. 说明情况，陈述己见。
2. 说服听众，心悦诚服。
3. 激励听众，焕发激情。
4. 娱乐听众，欢乐开怀。

📍 **案例 13-2**　　　　　　　　　**寿如东海碧水长**

尊敬的各位长辈、各位亲朋好友：

大家好！在这欢天喜地的日子里，我们高兴地迎来了我敬爱祖母的百岁生日。我们欢聚一堂，共同欢庆祖母百岁华诞。各位本家、亲属、嘉宾、邻居、朋友前来祝寿，使祖母的百岁大寿倍增光彩。我的父亲及其子孙对各位的光临，表示热烈的欢迎！

值此举家欢庆之际，我谨代表我们兄弟姊妹及子女，对所有光临的各位长辈和亲朋们表示最衷心的感谢！

今天，阳光明媚、春意盎然，看到这么多亲朋好友欢聚一堂、举杯共贺，特别是看到我们的祖母能这么健康地、笑容可掬地、春风满面地出现在我们中间，真是夕阳无限好，晚霞更灿烂！这里，我由衷地向祖母道一声：奶奶，您辛苦了！您的儿女子孙们祝您永远健康、长寿！

我的祖母在一百个春秋寒暑中，历经清朝、民国、伪满、国民党的统治和新中国的建立，阅尽世道沧桑，尝遍人间苦辣酸甜，欣逢改革开放的盛世，安度幸福的晚年！

岁月如诗，句句悠扬；母爱如歌，余音绕梁。世上有一个人，她占据在你心里最柔软的地方，你愿用一生去爱她；世上有一种爱，它让你肆意地索取、享用，却不要你任何的回报，这个人叫"母亲"！这一种爱，叫"母爱"，更是祖母的爱！

我的祖母与普天下成千上万的母亲一样，纯朴、善良、勤劳、宽厚！她以母性特有的博爱与慈祥，关注着我们的生活，关注着我们的一朝一夕，关注着我们每一个人的健康成长。

祖母给予我们的爱无以言表，她那勤劳善良的朴素品格，她那宽厚待人的处世之道，她那严爱有加的朴实家风，无不潜移默化地影响着我们；祖母的谆谆教导和殷切希望，无时无刻不在鞭策和鼓励着我们。没有祖母也就没有我们的今天，祖母的爱恩重如山，我们为祖母感到骄傲和自豪！

"养儿方知父母恩"，事不经历不知难，感觉到的东西不能立刻理解它，只有理解了东西才能更好地感觉它。"三十而立，四十不惑"，在我们这些子女都有了一定的社会阅历，能进行理性思考的时候，我们才深深地感受到祖母给予我们的，不仅是生命的延续，还有热血心肝和铮铮铁骨；祖母给予我们的不仅是物质财富，更多的是勤奋质朴、与人为善的精神动力，而这些才是一个人立身处世的无价之宝，是取之不尽、用之不竭的精神财富和力量源泉。

我们的祖母心慈面软，与人为善。她扶贫济困，友爱四邻；她尊老爱幼，重亲情，讲友情，铸和谐，使老张家的老亲故友保持来往，关系融洽，生活安定，心情愉悦，氛围温馨，代代相传！

　　天地之道美于和，沟通之道和为美。修身、齐家、治国、平天下，用心体悟"和"文化。中华"和"文化源远流长，博大精深，为我们提供了最高真理和最高智慧，它是真善美的内在统一。至诚至真，至善至美，达己达人，和为帅也。"和"文化是中国传统文化的核心，也是当代先进文化之精髓。上升为哲理，"和"文化超越时空，福泽民众，达善社会，具有普遍的指导意义。

　　放之于世界，"和平与发展"是时代主题；放之于国家，构建和谐社会、政通人和是发展的根本前提；放之于民族，"和平崛起"是必由之路；放之于社区，讲睦修和、安定祥和是人心所向；放之于企业或单位，和气生财，事以人为本，人以和为贵；放之于家庭或个人，事理通达，心平气和，父慈子孝，兄友弟恭，夫妇和好，家和万事兴……国家、民族、社会、企业、家庭和个人是一体相续、互为影响的。国以和为盛，家以和为兴，人以和为贵，事以和为本。兄弟同心，其利断金！我们有理由相信，在我们兄弟姊妹的共同努力下，我们的家业一定会蒸蒸日上、兴盛繁荣！

　　今天，这里高朋满座，欢歌笑语，共享天伦之乐，感到了春天般的温暖。谁言寸草心，报得三春晖。最后让我们在这里向祖母送上最真诚、最温馨的祝福：祝祖母福如东海，寿比南山，健康如意，福乐绵绵，笑口常开，益寿延年！即兴赋诗一首："盛世欢歌咏国泰，寿字高悬增洪福。玉龙劲舞构和谐，红山增辉百岁图。夕阳红云呈光彩，祖母今朝称寿母。福如东海碧水长，日月齐光得益寿。"

　　最后，再次感谢各位长辈、亲朋好友的光临！再次祝愿祖母及长辈们晚年幸福、身体健康、长寿无疆！同时也祝福在座的所有来宾事业有成、学业长进、爱情如愿、一路顺风！并祝各位来宾身心健康、欢乐常在。

　　为庆贺我祖母的百岁华诞，为加深彼此的亲情友情，让我们共同举杯畅饮长寿酒。

　　谢谢大家！干杯！

　　资料来源：本书作者于2004年贺祖母百岁华诞祝寿词。

13.2　演讲中的思维训练

　　从心理学原理看，思维与语言是紧密地联系着的，语言所表达的是思维活动的结果。如果思维不敏捷、不清晰、不严密，语言的表达也就不可能流畅清楚。一个思维迟钝而又混乱的人，绝不可能口若悬河、滔滔不绝而又条理清晰地表达自己的思想。因此，口才表述水平的提高，很大程度上取决于表述者思维素质和能力的提高。

13.2.1　思维的基本品质

　　思维具有条理性、开阔性、敏捷性、灵活性和新颖性等基本品质。条理性是思维品质最基本的要求。思路清晰，才能保证语言清晰畅达。思维的开阔性，也就是思维的广度。我们不仅要全面地、辩证地看问题，而且要富于联想，善于想象。这样，在口语交际中我们就能纵横捭阖，左右逢源。在口语交际中，思维敏捷以及思维向言语的快速转化，是最重要的思维品质，也是一个人口语能力的重要标志之一。灵活性即思维的变通性，要求当事人根据具体情境与临场变化随机应变地做出切合情境的巧妙反应。新颖性指口语表达时有自己的观点、看法，"吃别人嚼过的馍——没味道"，老重复别人说过的话，缺乏个人的独到见解，是思维趋于定式的表现。这些品质反映在具体的训练中，就可以通过逆向思维训练、纵深思维训练、多向（发散）思维训练、综合（集中）思维训练等来实现。

13.2.2 演讲中的思维训练

1. 逆向思维

逆向思维也叫求异思维，是一种重要的思维方式。人们习惯于沿着事物发展的正方向去思考问题并寻求解决办法。逆向思维是对已成定论的事物或观点反过来思考的一种思维方式。"反其道而思之"，从问题的相反面探索，得出新观点。例如司马光砸缸的故事，其实就体现了一种典型的逆向思维。按照人们一般的思维方法，是把小伙伴从水里救出来，但司马光则通过砸缸让水离开小伙伴。逆向思维有时是为了匡正谬误，因为某些固有的观念、惯常的看法并不符合事物的本质，反过来思考，就能发现事物的本质。但有时，逆向思维只为补充、发挥，并不一定要全部推翻原来的观点。如"没有异想，哪来天开""熟不一定生巧""不看风焉能使舵"等，都是在一定的语言环境或特定的社会背景中的合理的逆向思考。所以，对于逆向思考一定要严格遵循事物的客观规律，要避免从一个极端走向另一个极端。同时更重要的是要从这种逆向思考中，推出一个新的结论。高水平的口语表述都要求表述者能从一般人认为是正确的观点、现象中发现谬误及不足之处，或能从传统认为是错误的观点、现象中发现真理的成分。其特点表现为对传统的思维模式做逆向思考。比如传统思维模式为由"因"至"果"，逆向思维则表现为由"新因"至"否定旧果"，或由"旧果"至"否定旧因"，鲜明地表现对传统的批判精神。

逆向思维的训练方法主要有如下几种。

（1）怀疑法。

有一种敢于怀疑的精神，打破习惯，对一切事物都抱有怀疑之心是逆向思维所需要的品质。比如，"学海无涯苦作舟"，是中国人传统观念中对"头悬梁，锥刺股"的学习观念和方法的认知，但现在有演讲者反过来想，学习是一个获得知识、提高自我的过程，所以也应该是一个快乐的过程，特别是通过努力学习获得知识和能力更应该让人觉得快乐，于是就提出"学海无涯乐作舟"的命题，取得了很好的演讲效果。

（2）对立互补法。

以把握思维对象的对立统一为目标，要求人们在处理问题时既要看到事物之间的差异，也要看到事物之间因差异的存在而带来的互补性。比如，在"合作有利于发展"的主题演讲中，往往会忽视或排斥"竞争"。从表面看，"竞争"与"合作"似乎是对立的，但事实上，在具体的发展事例中，这两者往往相辅相成、互相补充。所以在演讲中可以充分注意两者在表现出差异性的同时所带来的互补性，以使演讲稿的写作逻辑更严密、更有说服力。

（3）悖论法。

就是对一个概念、一个假设或一种学说，积极主动地从正反两方面进行思考，以求找出其中的悖论之处。比如像"英雄难过美人关"的命题，是在几千年的人类社会历史发展过程中形成的一种共识。但如果从反面来看，"难过美人关的英雄，还是英雄吗"这样正反两面的思考，使得原先的命题出现了悖论。可见，即使是被广泛认可的命题中也会存在矛盾之处，由此着手，必会有创新之见。

（4）反事实法。

在心理上对已经发生了的事件进行否定并表征其原本可能出现而实际未出现的结果的心理活动，是人类意识的一个重要特征。"东施效颦"一直被认为是"画虎不成反类犬"的行为，但对这样一个已经发生了的事件，人们原先看到的只是表面现象，"东施"行为的本质在于她对美的欣赏和追求，而不在美的结果，由此立论也能别出心裁。

📍 案例13-3　　　　　　　　黔驴技穷，何错之有

传统认定："黔驴技穷"比喻有限的一点本领已经用完，再也没有什么能耐了。逆向思维运用：

（1）驴子去黔，并非本意，是"好事者"硬把它弄去的。

（2）寓言中，驴子确实显得很无能。可是，驴子本身既无与虎相斗的本领，也无与虎相斗的"野心"。试问：如果好事者不是让驴子去与老虎相斗，而是发挥其所长，让它去拉车、推磨，还会落得个"技穷"而被老虎吃掉的悲惨结局吗？

（3）驴子在寓言中实为一个悲剧角色，而一手导演了这场悲剧的是"好事者"，而非驴子自己。驴子被迫去应付自己无法应付的局面而导致悲惨的结局，是值得同情的。

（4）"尺有所短，寸有所长。""黔驴技穷"的故事，在今天仍有强烈的现实意义，尤其是那些决定他人命运、前途的掌权者，应当引以为戒。要重视人才，就应当把他们安放在最符合其个性特点的位置，最大限度地发挥并利用其专长，而不能如"好事者"那样胡乱为之，使其"丧失所长"。

立论新意：黔驴技穷，应当谴责的是"好事者"，而不应当嘲笑深受其害的驴子没本事。

2. 纵向思维

高水平的演讲，其思维过程还往往表现出向纵深发展的特点，即从一般人认为不值一提的小事或无须做进一步探讨的定论中，发现更深一层的被现象掩盖着的事物本质；其思维形式的特点为，从现象入手，从一般定论入手，做纵深发展式的剖析。日常训练中可以通过深入提问法来对纵向思维能力进行训练，因为在提问中思维会得到拓展和深化。只有充分提问题，才能多角度、多层次、多情境地进行思考。

📍 案例13-4　　　　　　　　关于"8"的思考

（1）近年来，"8"这个数字备受青睐，并导致它的身价倍增。你能举出一些事例来证明

人们对"8"的狂热追捧吗？几十年以来，在电话号码、门牌号码、车牌号码的选择中，人们都竭力地回避"4"这个数字，想方设法地追求"8"，甚至有人不惜花费重金来求得"8"这个数字。

（2）你能从正反两方面分析人们对"8"的迷恋的原因吗？正面：这是对正常人性欲望的肯定，是历史进步的标志之一。改革开放以来，中国人的生活日渐改善，不再认为"越穷越光荣"，而是大方地追求财富，这无疑体现了历史的进步。反面：对"8"的狂热迷恋，又表明了追求者自身精神的空虚。幸运号码拍卖场面之热烈，成交金额之高昂，其中有富翁们攀比、炫耀的心理。在这些"先富起来"的人身上，对于发财的狂热追求恰恰显示出他们心灵的空虚。

（3）从社会的角度分析，有哪些深层次的原因？"8"之所以如此受欢迎，与当今社会脑体倒挂和管理体制上的不合理等诸多因素有关。商界的瞬息万变，贫富差距的加大，使有些人将希望寄托于冥冥，寄托在"8"上。

（4）再进一步分析"8"的受宠与中国人的民族文化心理有何联系？"8"的受宠，结合中国人传统的文化心理，信天信地，信"8"信"发"，体现出的是对自我的不自信。命运似乎不掌握在自己手里，一部分人迷信那种冥冥之中的神秘力量。特别是这批先富起来的人，他们本应领导时代，建立新的精神追求，但恰恰在他们身上体现出的是文化影响的负面性。

（5）思考并分析对"8"的盲目追求的文化心理可能带来的危害。中国人追求现代文明的脚步会受到这种文化心理的羁绊。

3. 发散思维

发散思维是沿着不同的角度和思路来分析问题，提出各种不同的解决方案，它是一种无确定规则、无限制、推断无定向的思维。平常训练中可通过如下方法培养发散性思维。

（1）比较法。思维的变通性也就是思维的灵活性，它要求能针对问题（发散点）从不同角度用多种方法进行思考，能举一反三、触类旁通。这种训练方法主要依据演讲主题，从不同的角度阐发对问题不同的看法。如《滥竽充数》这个故事，从南郭先生的角度讲，他不学无术，不懂装懂，最后落得个逃之夭夭的可悲下场，然后可以联系个人生活的实际，展开宣扬诚信的主题；也可以从齐宣王的角度出发，他好大喜功，讲官僚主义，给了南郭先生生存的条件，然后联系社会现实，指出问题的关键所在；还可以从齐湣王的角度去谈，齐湣王不因循守旧，大胆实行改革，从而利于发现人才。多角度地分析问题，形成对问题多样的看法，有利于培养发散思维。

（2）联想法。丰富的想象力能让演讲变得生动、有趣和精彩。法国19世纪的评论家让·保罗曾说过："想象能力能使一切片段的事物变为完全的整体，使缺陷世界变为完满世界；它能使一切事物都完整化，甚至也能使无限的、无所不包的宇宙变得完整。"而联想则是在类似的或相关的条件刺激下，串联起有关的生活经验和思想感情，它可以丰富演讲的内容，增强情感色彩；通过严谨的构思，将材料巧妙而有机地组合起来并使之浑然一体，从而增强演讲的深度和广度。如"满意服务"的主题演讲，由服务联想到"爱"的付出，又联想到"太阳"的意象，捕捉到它们都是予人温暖与帮助的本质，从而给听众以十分形象的感受。

4. 综合思维

高水平的演讲稿需要强有力的综合论证能力，要能从看似针锋相对、完全对立的观点中看出彼此之间深层次的互补关系，并能从多个不同角度对统一命题展开讨论，分别得出一致的结论。所以演讲中应该有效运用多种思维方式，增强演讲的效果。江苏某商校的教师陈晓冬在参加"满意为服务"的主题演讲时获得成功。事后他总结自己成功的秘诀时，认为是对多种思维方式的使用：一是通过形象思维将主题所蕴含的"爱"用客观形象的"太阳"指代；二是选材力求一分为二。他以一次旅行中导游热情服务但又收取小费的事例来论述"每个人都能成为太阳"，但"也有人没有成为太阳"。但在材料的选择上，他并没有局限于此，而是又把"我"得知导游家境困难，却因为"我"的举报而失去了工作时的内疚之情表达出来，避免了平铺直叙，以一波三折的情感变化丰富演讲稿的题材，从而体现思维的内在逻辑性。在主题阐释上，他抛弃了别人常用的"用先进人物事迹"的方法，而是以电影《泰坦尼克号》作为引子，用《泰坦尼克号》中为一位母亲让座的埃文斯小姐为例证，同时又以自己平时鼓励学生帮助他人的小事佐证，从而由人及己，很好地完善了"每个人都能成为太阳"的主题。

13.3　命题演讲

命题演讲一般会给出相对明确的演讲主题，演讲者围绕主题收集资料，有条有理地展开阐述。命题演讲一般会有较多的准备时间，所以演讲者可以充分地收集资料，合理地安排结构，在语言运用上也可以斟酌思考。应该说，命题演讲的过程开始于演讲稿的写作，演讲稿的优劣直接关系到演讲的质量，所以成功的命题演讲第一步便是演讲稿的写作。

1. 演讲稿写作

演讲稿一般由标题、开头、主体、结尾三部分构成。

（1）标题。

演讲稿要有标题，一个好标题有两个作用：一是概括反映演讲内容，使人知道你讲的是什么；二是鲜明、响亮，引起大家对演讲的兴趣。所以，成熟的演讲者在拟定标题时都十分用心。演讲稿的标题无论是在演讲稿成稿前还是在成稿后拟定，都必须要求与演讲的内容直接相关。标题有它的适合性，有一些适合文艺作品，譬如《雷雨》《家》《边城》《狂欢的季节》，虽然听上去很美，但作为演讲稿的标题显然是不合适的。为演讲稿设计一个简洁、诗意的标题，能够增加演讲的色彩。如《我们都是被上帝咬过的苹果》，不仅揭示了演讲稿的主题，而且饱含着诗意和哲学的思考，很能吸引人；《青春因奉献而绽放异彩》，紧扣演讲内容，很有震撼人的气势。演讲中切忌用大而无当的标题，比如《青春》《信念》《责任》等，泛泛而谈，会给人不着边际之感；但同时也要注意避免为了制造非同寻常的效果，而用十分怪僻的标题。

（2）开头。

对于一篇好的演讲稿来讲，有一个吸引人注意力的开头是必不可少的。在演讲的开头就能给听众留下深刻的印象，能够抓住听众的心，那么演讲就已经成功了一半。演讲稿的开头又叫开场白，它在演讲稿的结构中处于醒目的地位，具有特殊的作用。俗话说，万事开头难，属于文字形式的东西开头尤其难。列夫·托尔斯泰为了构思《安娜·卡列尼娜》一书的开头，酝酿、琢磨了 14 年，当然这属于文艺创作。但就演讲稿的开头来说，也不是那么容易的。

演讲的开头是演讲者向听众出示的第一个也是最重要的信号，这个信号是否能够表现出优秀演讲的特征，即是否具有吸引力，对于演讲的成败往往具有决定性的意义。因为开头担负着两项任务：一是引起听众的兴趣和好感，创造融洽的气氛；二是确定格调，引入正题。所以我们应尽量多下一些功夫安排好文章的开头，使开头独具特色、别开生面。当然，文有文法，文无定法。所以演讲的开头要根据主题的需要、演讲内容、演讲环境和听众对象来采用恰当的开头，可以将上述方法结合起来用，但总的来说要简明扼要。演讲开头没有什么固定的格式，它取决于演讲的内容、环境和听众的情况。它的基本要求应该是：服务主题、言简意赅、引人入胜。演讲稿的开头是多种多样的，下面介绍常见的几种。

①开门见山——揭示主题。

这是演讲稿比较常用的开头方法，它的好处是能让听众一开始就明白演讲者的演讲主题，符合现在生活在快节奏时代中的人们的心理。有的人演讲，开头常讲一些没有必要的客套话。叶圣陶曾评述说："谁也明白，这些都是谦虚的话。可是，在说出来之前，演讲者未免少了一点思考。你说不曾预备，没有什么可以说的，那么为什么要上演讲台呢？随后说出来的，无论是三言两语或长篇大论，又算不算'可以说的'呢？你说随便说说，没有什么意思，那么刚才的一本正经，是不是逢场作戏呢？自己都不相信的话，却要说给人家听，又算是一种什么态度呢？"其实，演讲者说这种"多余的话"，并不一定是出自本心，只不过是受了陈规旧习的影响，人云亦云，令人听来索然无味。一般政治性或学术性的讲稿都是开门见山，直接揭示主题。比如比尔·盖茨在他的《比尔·盖茨的忠告》演讲中是这样开头的："每年都有好几百位同学给我发来电子函件，征求我对教育方面的意见。他们想知道他们应该学什么，想了解如果像我这样从大学退学是不是正确的。有少数家长还来信来电征求我对子女教育的意见，他们问我应如何引导子女走上成功之路。"

②巧妙提问——引发奇想。

以巧妙提问开头的演讲，虽然常见，但提问得巧妙就能引人入胜。一个演讲者这样开始他的演讲："关于青年与祖国的关系，人人皆知。但是，我想提个问题，谁能用一个字来概括呢？"全场立刻静了下来。接着演讲者又说："可能有人会说：'希望'……"话刚出口，坐在前面的人脱口而出："不对！'希望'是两个字……"

这是复旦大学全校演讲第一名获得者杨高潮设计的开头。这种开头不仅使听众产生兴趣，而且迫使听众同演讲者一同动脑思考问题，把注意力都集中到演讲上来。需要注意的是，提的问题不能过多，一般一个就行，关键是达到抛砖引玉的效果就行。只有愚蠢的演讲者才在演讲开始时，提出一个又一个的问题。再如廖济忠《怀才不遇的时候》是这样写的："在我们青年人当中，最容易见到怀才不遇的人，最容易听到怀才不遇的话，不少人冷眼看世界，撇嘴论英雄。我不禁想问，我们真的怀才不遇吗？"

③说明情况——清晰明了。

比如恩格斯《在马克思墓前的讲话》的开头：三月十四日两点三刻，当代最伟大的思想家停止思想了。让他一个人留在房里总共不过两分钟，等我们再进去的时候，便发现他在安乐椅上安静地睡着了——但已经是永远地睡着了。这个开头对事情发生的时间、地点、人物做了必要的说明，为进一步向听众揭示主题做准备。运用这种方法开头，一定要从演讲的主题出发，不能信口开河，离题万里，使听众不知所云，还要防止笼统使用一些陈旧的套话、空话，破坏听众的胃口。

④名言警句——引人深思。

使用名言警句开头的好处是，名言警句都是大家耳熟能详的，并且具有某种权威，许多人对名人都有一种崇拜感，所以，引用他们的话就具有权威性和说服力。如左英的《生命之树常青》的开头——"伟大的诗人歌德曾有这样一句话：'生命之树常青。'是的，生命是阳光带来的，应该像阳光一样，不要浪费它，让它也去照耀人。"这个开头引用了歌德的名言，对演讲的内容起到揭示主题的作用，并能引起读者的思考。但在引用名言、警句时要尽量引用原文，不要以讹传讹，更不能断章取义。左英在《生命之树常青》的演讲中就用了此种开头。而一位名叫徐宁的演讲者在题为《叶的事业》的一篇演讲稿开篇中说："雨果曾经说过：'世界上最广阔的是海洋，比海洋更广阔的是天空，比天空还要广阔的是人的心灵。'幼儿教师，正是塑造儿童心灵的工程师……"徐宁在演讲的开篇部分完整地引用了雨果的名言，为后面的论述做好铺垫，让演讲更富有力度。

⑤故事、幽默——引人入胜。

演讲者运用的故事、幽默感要吸引人，而且要与演讲主题相关，立意不同凡响。有一篇演讲稿批评盲从的害处。演讲者开头先介绍他刚经历的一件事：上班了，大家陆续来到办公室，发现最早来的一个人在仰望天花板，大家也都仰起头来。好久，没有发现什么异状，但大家还是引首仰颈。最初仰头的人反而产生疑问："你们都在看什么？""我们都在看你在看……"那人哑然失笑："我刚才点了滴鼻药。"这一位演讲者非常善于讲故事和运用幽默，大家听了这样的开头，自然哄堂大笑，接着顺利引入正文。

⑥赞美称颂——阐发共鸣。

大多数人是喜欢被赞美的，因此，演讲者开始演讲的时候，可以对当地人民的善良勤劳、热情助人表示赞颂，或对当地的自然风光、悠久历史、传统风貌等表示自己由衷的敬佩之意。这样容易引发听众的自豪感，满足他们的自尊心，从而获得听众的认同，使自己接下来的演讲在愉快的气氛中进行。1984年4月30日，美国总统里根在复旦大学的演讲《世界的希望，就寄托在这种友谊上》的开头就是这样的："我们访问中国才五天，所看到的名胜古迹却使我们一生难忘。这当中有从太空都能看到的巍峨壮观的万里长城，还有古城西安、秦始皇墓和出土的兵马俑大军。"

⑦与听众息息相关的话题——共同关注。

演讲者能在开头的时候用涉及听众自身利益的话题，那听众一定会竖起耳朵。1954年8月7日，法国总理孟杰斯·法朗士在电视讲话中就用了这样的开头："8月上旬正是你们中间很多人休假的时候，我想如果打断你们片刻的休息时间，跟你们说几个关系重大的问题，你们是不会对我反感的，因为这些问题事实上对大家都是休戚相关的。"

如作者三笑在《失落不需要眼泪》中这样开头——"青年朋友们：我曾经和你们一样，被命运捉弄过，让暗石绊倒过，叫生活欺负过，也险些沉沦过……但，最终的我毕竟站了起来，因为我坚信：冬，压不住春的萌动；路，是用脚踏出来的！"

⑧生活体会——唤起思考。

这样的开头，是借助某件日常生活小事、个人经历、亲身体会，唤起听众的注意，同时使它成为与题目有关的媒介或与演讲的主要内容衔接起来的因素。其长处是朴实、平易、个性强、观点鲜明。如王惠平同志的演讲稿《走自己的路》："在日常生活中，我们经常可以听到有人在唉声叹气，'唉，现在是说话难，办事难，做人更难！'难吗？就现实生活来讲，确实有些难。比方说你想在工作中干出点成绩，有人就说你是假积极，想捞取名利；假如某个领导表扬了你，有人就会说你准是拍了马屁；假如你在公共场所制止了坏人坏事，就会有人说你是多管闲事，冒傻气……同志们，当我们遇到这些问题的时候，该怎么办呢？记得陶铸同志说过，'心底无私天地宽。'只要你的选择是正确的，那就应该坚持走自己的路，让别人去说吧！"

⑨ "反弹琵琶"——恍然大悟。

演讲开头时，为了获得某种特殊的表达效果，在某种特定的场景中，演讲者也可以置听众正常的思维定式和理解意向于不顾，有意反其道而行之，这就是演讲的"反弹琵琶"。实践证明，恰当地运用反弹琵琶技巧，往往能够使演讲内容具有新奇性和吸引力，引发听众的强烈兴趣，从而收到独特的表达效果。

在一次戏剧创作座谈会上，一位女演员做了即兴演讲：今天我来是和大家谈情说爱的。（提法奇特，满座惊讶。接着她又解释道）我是来谈演员对剧本的感情和喜爱的。（听众恍然大悟，静听她继续演讲）

（3）主题。

主题是一篇演讲稿的中心，所以一定要合理安排。可以先收集一定数量的事实材料，然后围绕主题取舍材料；写作时可以确定阐述的不同角度，并将材料有机地组合，同时要注意演讲稿的条理性和节奏，做到条理清晰、结构严谨、有理有据，又不失鼓动性。

①层次清晰。

演讲稿应该确立合理的层次，这是演讲者对事物认识过程的反映。由于演讲者要很好地把自己的观点和看法输送给听众，而混乱的层次会导致演讲者不知所云，使听者如坠云雾。为了使演讲在结构上环环相扣，层层深入，演讲者可以用标志性的语言来强调演讲的层次，比如适时地提问，用过渡语加强讲稿内容的内在联系。演讲稿的主体部分可以采用层层推进的方法。如 1963 年，秘鲁"民族战线"的贝拉文蒂一上台，就遇到了一场政治危机——罢工。来自全国各地的大学生在利马的大街上发起大规模的游行。2 月末的一天，他们聚集在总统府所在的广场上。贝拉文蒂总统与大学生们见了面，并进行了一次精彩绝伦的演讲："你们穿过平原，越过大山。你们忍饥受冻，历经艰辛来到这里。在表明我的立场之前，首先，作为一个热爱秘鲁的公民，我要从心底感谢聚集在这里的每一个人的忧国之情，并且奉上我的友情。在你们的热情面前，我无法替自己辩解，只是希望把所有的事实真相毫无保留地告诉你们，与你们一道来考虑解决的办法。你们今天的行动和诚意，将会载入秘鲁的史册。"贝拉文蒂的演讲首先从感谢开始，就像对亲人谈话一样，开场白言辞平和，充满着关爱，让人感觉亲切、温暖。主体部分或关切动人，或慷慨激昂，或低声细语。平和的语言将双方针锋相对的行动划归到爱国的情感中，显示出友好平等的态度。他既坦陈存在的问题，又把学生和自己放在同一立场上面对问题，很好地化解了学生对他的误解。接着贝拉文蒂总统把自己所想到的问题都讲了出来，最后，他以理解和积极的肯定结尾。这篇演讲稿通篇以问候开始，中间贯穿着赞扬、期待和理解，最后以评价结尾，层次清晰，赢得了学生的热烈掌声，化解了一场政治危机。演讲的主体部分也可采用并列式的结构方法。如演讲稿《我成长我快乐》就从"勤奋是成长的基石、用心是成长的阶梯、快乐是成长的催化剂、爱心是成长的原动力"这四个并列的角度展开了对于主题的阐述，层次清晰，结构分明。

②张弛有度。

演讲主体在结构安排上要避免平铺直叙，或高度集中。平铺直叙会让听众厌倦，不容易产生共鸣，高度集中会让听众过于紧张。所以演讲稿要注意情感张弛有致，该激情的时候激情，该放松的时候放松，这样听众既能集中注意力又不会紧张。

③过渡自然。

想让演讲稿的内容一气呵成，成为一个有机的整体，还必须重视过渡。由于撰写演讲稿时需要收集丰富的资料，需要从不同的角度讲道理，所以容易导致结构零散。通过必要的过渡使各个内容层次的变换更为巧妙和自然，能使演讲稿富于整体感。下面是美国总统林肯在南北战争时期发表的一次演讲："87年前，我们的先辈们在这个大陆上创立了一个新国家，它孕育于自由之中，奉行一切人生来平等的原则。现在我们正从事一场伟大的内战，以考验这个国家，或者任何一个孕育于自由和奉行上述原则的国家是否能够长久存在下去。我们在这场战争中的一个伟大战场上集会，烈士们为使这个国家能够生存下去而献出了自己的生命，我们来到这里，是要把这个战场的一部分奉献给他们作为最后安息之所。我们这样做是完全应该而且是非常恰当的。但是，从更广泛的意义上来说，这块土地我们不能够奉献，不能够圣化，不能够神化。那些曾在这里战斗过的勇士们，活着的和去世的，已经把这块土地圣化了，这远不是我们微薄的力量所能增减的。我们今天在这里所说的话，全世界不大会注意，也不会长久地记住，但勇士们在这里所做过的事，全世界却永远不会忘记。毋宁说，倒是我们这些还活着的人，应该在这里把自己奉献于勇士们已经如此崇高地向前推进但尚未完成的事业。倒是我们应该在这里把自己奉献于仍然留在我们面前的伟大任务——我们要从这些光荣的死者身上汲取更多的献身精神，来完成他们已经完全彻底为之献身的事业；我们要在这里下定最大的决心，不让这些死者白白牺牲；我们要使国家在上帝的福佑下得到自由的新生，要使这个民有、民治、民享的政府永世长存。"

林肯这篇十分有名的葛底斯堡演说虽然篇幅短小，但是十分注重内在结构的统一，用了口语化的连接词使得整个演讲稿结构严密，一气呵成。

（4）结尾。

结尾要简洁有力。美国作家约翰·沃尔夫说："演讲最好在听众兴趣到高潮时果断收束，未尽时戛然而止。"这是演讲稿结尾最为有效的方法，即在高潮戛然而止，往往能给听众留下深刻的印象。结尾可以用号召性、鼓动性的话收束，也可用诗文名言或幽默的话结尾。但不管怎样，都力求给听众留下深刻的印象。上面提到的贝拉文蒂的演讲稿最后以"你们今天的行动和诚意，将会载入秘鲁的史册"结尾，干净利落又满怀激情地评价了学生的行为，显示出理解珍惜的态度。

整个演讲犹如画龙，而结尾部分犹如点睛，能给人以强烈的印象。常见的结尾方式有：

①概括式——有助于听众加深对演讲内容的理解。用简洁明了的语言，把自己演讲的全部内容概括成几句话，这样有助于听众对演讲内容的理解。毛泽东于 1938 年在延安抗日战争研究会上所做的长篇演讲《论持久战》就是这样结尾的：……亡国论者看敌人如神物，看自己如草芥，速胜论者看敌人如草芥，看自己如神物，这些都是错误的。我们的意见相反：抗日战争是持久战，最后胜利是中国的——这就是我们的结论。

鲁迅先生在广州知用中学《读书杂谈》的演讲是这样结尾的："总之，我的意思是很简单的：我们自动的读书，即嗜好的读书，请教别人是大抵无用，只好先行泛览，然后抉择而入自己所爱的较专一或几门，但专读书也有弊端，所以必须和现实社会接触，使所读的书活起来。"

②号召式——焕发听众激情，激励听众行动。用这种方法结束演讲，能焕发出听众的激情，激励他们的行动。闻一多先生在《最后一次演讲》中就是这样结尾的："正义是杀不完的，因为真理永远存在！历史赋予昆明的任务是争取民主和平，我们昆明的青年必须完成这任务，我们不怕死，我们有牺牲的精神！我们随时像李先生一样，前脚跨出大门，后脚就不准备再跨进大门。"

③赞颂式——融洽关系，留下美好印象。这样的结尾，可以使演讲者与听众的关系更融洽，给听众留下亲切、美好的印象。一个学生的演讲稿结尾是这样的："同学们，在我们这一代肩上，肩负着民族振兴的重任。我相信，每个同学都是有志青年，我们应当更加努力，立志成才，为中华民族的腾飞而拼搏，让它重新屹立在世界的东方。这样我们才能前不愧对祖先，后不愧对来者。'弃燕雀之小志，慕鸿鹄之高飞。'炎黄子孙，从来是不甘落后的。同学们，努力奋飞吧！"

④名言式——丰富并深化主题，令听众心悦诚服。名言结尾，指演讲者引用名人的名言警句结束演讲，将演讲推向一个新的高潮，有力证明论题，丰富并深化演讲的主题，令听众心悦诚服。胡适的《毕业赠言》结尾，运用名言颇耐人寻味：诸位，11 万页书可以使你成为一个学者了。可是，每天看 3 种小报，也得费你 1 点钟的功夫，4 圈麻将也得费你 1 点半钟的光阴。看小报呢？还是努力做一个学者呢？全靠你自己的选择！易卜生说："你的最大责任，是把你这块材料铸造成器。"学问便是铸器的工具，抛弃了学问便是毁了你自己。再回来！你们母校眼睁睁地要看你们 10 年之后成什么器。这样的结尾，情真意切，谁能不心悦诚服地接受他的见解呢？

⑤诗词式——显出高尚优美，留下余韵悠悠。诗词结尾，指演讲者恰当地引用诗词作为结束语，使听众得到更深的启发，给听众留下一种余韵。在演讲的结尾，如果能引用适当的诗词做收束，那是最理想的，它将显出高尚、优美。

美国黑人民权运动著名领袖马丁·路德·金的著名演讲《我有一个梦想》的结尾，也是诗词结尾的典范。

> 到了这一天，上帝的所有孩子都能以新的含义高唱这首歌：
> 我的祖国，
> 可爱的自由之邦，
> 我为您歌唱。
> 这是我祖先终老的地方，
> 这是早期移民自豪的地方，
> 让自由之声，响彻每一座山岗。
> 如果美国要成为伟大的国家，这一点必须实现。
> 因此，让自由之声响彻新罕布什尔州的巍峨高峰！
> 让自由之声响彻纽约州的崇山峻岭！
> 让自由之声响彻宾夕法尼亚州的阿勒格尼高峰！
> 让自由之声响彻科罗拉多州冰雪皑皑的落基山！
> 让自由之声响彻加利福尼亚州的婀娜群峰！
> 不，不仅如此，让自由之声响彻佐治亚州的石岭！
> 让自由之声响彻田纳西州的望山！
> 让自由之声响彻密西西比州的一座座山峰、一个个土丘！
> 让自由之声响彻每一个山岗！
>
> 当我们让自由之声轰响，当我们让自由之声响彻每一个大村小庄，每一个州府城镇，我们就能加速这一天的到来。那时，上帝的所有孩子，黑人和白人，犹太教徒和非犹太教徒，耶稣教徒和天主教徒，将能携手同唱那首古老的黑人灵歌：
> "终于自由了！感谢全能的上帝，我们终于自由了！"

结尾运用诗歌，情绪激昂，文字优美，极富感召力。"让自由之声响彻每一个山岗"，这脍炙人口的佳句，成为激励黑人进行斗争的座右铭。运用诗词结束演讲，可以收到余音绕梁不绝于耳、言有尽而意无穷的演讲效果。

⑥高潮式——铿锵入耳，高潮迭起。

1941年12月8日，美国总统罗斯福发表了《一个遗臭万年的日子》的演讲，结尾这段话即高潮式的名篇。"我现在断言，我们不仅要做出最大的努力来保卫我们自己，我们还将确保这种形式的背信弃义永远不会再危及我们。我这样说，相信是表达了国会和人民的意志。敌对行动已经存在，毋庸讳言，我国人民、我国领土和我国利益处于严重危险之中。信赖我们的武装军队——依靠我国人民的坚定决心，我们将取得必然的胜利——上帝助我！我向国会宣布，自1941年12月7日——星期日日本进行无缘无故和卑鄙怯懦的进攻时起，合众国和日本帝国之间已经处于战争状态。"整个演讲给人以庄重、严肃、紧急的感觉。

运用高潮式结尾应注意以下两点：

第一，不要告诉听众你要结束演讲了，最好不用"我现在做个小结和归纳"之类的话，也不要用某种表情或动作来显示你的演讲即将结束。否则听众就会开始计算时间，分散注意力，很难继续专心听你的演讲。

第二，应当让听众有一种余音绕梁、意犹未尽的感觉。

13.4 演讲沟通技巧

13.4.1 培养记忆能力

演讲前的准备主要考验人的记忆能力。人们总是称赞那些口若悬河、滔滔不绝的演讲者，这主要是因为他们有内容可讲。演讲水平的提高是一个不断积累的过程，演讲者博览群书，吸取丰富的知识，储存了大量的材料，耳濡目染了生活的方方面面，一旦需要写演讲稿时，就可以迅速而准确地将其组织到演讲稿中。当演讲者登上演讲台时，则需要极强的记忆力，否则若经常忘词，就会影响演讲效果。所以演讲准备时可以通过大声朗读，反复地训练来加强讲前准备。林肯为葛底斯堡的成功演讲所做的准备，值得我们仿效：葛底斯堡战役后，他决定为死难烈士举行盛大葬礼。治丧委员会发给总统一张普通的请帖，他们以为他是不会来的，但林肯答应了。既然总统来，那一定要做演讲，但他们已经请了著名演说家艾佛瑞特来做这件事。因此，他们又给林肯写了信，说在艾佛瑞特演说完毕之后，他们希望他"随便讲几句适当的话"。林肯平静地接受了。两星期内，他在穿衣、刮脸、吃点心时想着怎样演说。演说稿改了两三次，他仍不满意。到了葬礼的前一天晚上，他还在做最后的修改，然后半夜找到他的同僚高声朗诵。走进会场时，他骑在马上仍把头低到胸前默想着演说词。正是由于林肯对讲稿的精心准备、反复修改，才有了这场著名的葛底斯堡演讲。值得注意的是，熟记并背诵讲稿很多时候不必拘泥于具体的字、词、句，记住主要的观点材料就行。也可采用一些特殊的记忆法如词组法，每部分抽出一个富有代表性的词，组成一个句子，帮助你记忆。

13.4.2 加强口头表达能力

口语是运用最多，也是最便捷、最重要的一种表达方式。没有这种表达能力，演讲就会变得不可思议。演讲和口语表达能力是密不可分的，平时应该注重这方面能力的培养。演讲口才并非天生，后天的培养至关重要。林肯年轻时，为了苦练演讲，经常徒步30英里[⊖]，到法院去听律师们的辩护，看他们如何辩论，如何做手势。他一边听那些政治演说家声若洪钟、慷慨激昂的演说，一边模仿他们。他听了那些云游四方的福音传教士生动的布道，回来后也学他们的样子。为了练就口才，提高演讲水平，他曾对着树、树桩、成行的玉米演讲过多次。诗人闻一多先生也是有名的演讲家。他的演讲之所以成功，也是与他年轻时刻苦练习分不开的。1919 年他在清华大学学习，从不间断演讲练习，一旦有所放松，他就在日记里警告自己"近来学讲课练习又渐疏，不猛起直追恐便落人后""演说降到中

⊖ 1 英里 = 1.609 千米。

等，此大耻奇辱也"。他坚持练习演讲，在日记里，他写道："夜出外习演讲 12 遍。"第二天，他又写道："演说果有进步，当益求精致。"北京的 1 月天寒地冻，可他毫无畏惧。几天后，他又说"夜至凉亭练演说 3 遍"，回宿舍又"温演说 5 遍"，第二天又接着"习演说"。闻一多先生正是通过勤奋的练习，才提高了自己的演讲水平。所以，对于一个成功的演讲者来说，口头表达能力并不都是天生的，很多都是通过后天的刻苦训练获得的。

13.4.3　了解演讲的语境

演讲者除了掌握论题外，还应充分了解演讲的语境，为演讲稿的写作和演讲的顺利进行添砖加瓦。演讲语境包括听众情况、演讲地点、演讲时间、演讲程序等。听众情况指听众的人数、年龄、性别、受教育程度、宗教信仰、工作性质以及参加演讲的原因等；演讲地点指如地理位置、场地大小、内部设施等；演讲程序指演讲的安排如是否安排有听众提问环节等。如果有可能，最好亲自去演讲地点看一看，做到心中有数。

13.4.4　正式演讲中的技巧

（1）位置选择。演讲者站立的位置应该保证所有的听众都能看到、听到。

（2）服装选择。演讲者的服装要有别于家常便服，以朴素、庄重为宜。一般女性着装应体现端庄典雅，男性着装应体现庄重高贵。

（3）怯场。怯场是每位演讲者都会出现的情况，我们可以采用不同的技巧调节。一般我们可以采用心境调节法，告诉自己我能行，培养自己的自信；可以在演讲前听听音乐，读读画报，开开玩笑，以调节自己的心境；也可以采用心理暗示法，告诉自己听众很熟悉你，成不成功都没关系，他们不会笑话你；或者告诉自己下面的听众我都不认识，所以演讲成不成功没关系；有时甚至可以把下面的听众想成某种具体的物体，或者把自己想成现场唯一的权威等。我们还可以采用分散注意法，将注意力分散到其他事物上，如现场的杯子、扩音器等，想想与这些物品相关的信息；也可以采用假装勇敢法，像一位大胆而成功的演讲者那样走上演讲台等。

（4）中途忘词。有时由于紧张，演讲时思维会出现一时的短路，这时切不可使演讲停下，或抓耳挠腮，分散听众的注意力，而应随方就圆，想起哪儿，就在哪里接着往下说；或者有意重复前边的内容，边重复边回忆。说错话，有时紧张也会导致偶尔的口误，这时切不可道歉说"对不起，我刚才说错了"，破坏演讲的完美性和连贯性。我们可以将错误置之不理或紧接着说"这难道是对的吗""刚才明明是错误的思想，偏偏有个别人信奉为真理"等，以此修正刚才的口误。出现意外情况时应该保持冷静，判断现场的意外情况是否跟自己有关，比如是否与自己的演讲内容、演讲技巧或时间等有关。如若有关要及时进行调整。

13.4.5　演讲中的体态语训练

演讲中除了"讲"和"听"之外，还要注重"演"和"看"，如演讲者的目光、表情、手中的动作、身体的姿势等，只有充分调动了身体语言，才能使你的演讲真正成为"演讲"。所以在视觉上也要给听众以感染力，增强演讲的效果。

（1）身体语言。演讲时的身姿应该保持自然挺胸，身体重心平稳，双脚略微分开，既要让观众感觉到演讲者饱满的精神状态，但要避免给人僵硬之感。演讲者上下台步子轻捷从容，面对观众务必大方自然，亮相得体，上场后首先环视一下全场，接下来可以进行开场白。演讲的开场白没有一定的固定模式，一般是向听众问好致意并做自我介绍。面前有演讲桌时，双手交叉自然放在身体的前面，或者自然下垂于身体两侧；切忌在胸前抱臂，或把手放在另外一个手臂上，也不能把手背在后面。目光平视，忌盯住一点或看天花板。演讲时一定要保持镇定，慌里慌张，或装腔作势，或手撑在演讲桌上都会影响听众的情绪。最后演讲中要避免一些细小的动作，有时演讲者不一定会意识到，诸如摇头、抖动、摆弄领带或笔等，这样观众会关注这些无意义的小动作，从而影响演讲效果。

（2）表情语言。演讲者应善于通过自己的面部表情，把自己的内心情感最恰当地显示出来；应善于通过自己的面部表情，与听众构筑起交流思想感情的桥梁。面部表情贵在自然，自然才会真挚，做作的表情显得虚假。同时，面部表情应该随着演讲内容和演讲者的情绪发展而变化，既顺乎自然，又能够和演讲内容合拍。同时应注意，表情拘谨木讷，会影响演讲的感染力和鼓动力，而神情慌张又难以传达出演讲内容和演讲者的情感，也会影响听众的情绪，而故作姿态的感情表露会使听众感到虚假或滑稽，降低对演讲者的信任感，影响演讲效果。整个演讲过程中应面带轻松、自然的表情。在脸部表情中，眼睛的活动是关键，内心世界的各种活动都能通过眼睛表现出来，视线要依据演讲内容做调整，切忌眼睛向下盯着演讲桌，看着天棚的一角或不停地看讲稿，或者只盯着观众席中的某一个人或某个地方，这些动作会影响演讲内容的表达，影响演讲者与听众间的情感交流，从而影响演讲的效果。

（3）手势语言。每个人的手势语言都不尽相同，演讲中应该根据不同的内容做出恰当的手势。但演讲中对手势语言没有特殊规定，也没有必要将两个特点各异的人训练成手势完全相同的人。手势语言由演讲者的气质、演讲的主题和演讲的内容决定，注意手势与演讲内容的一致性。但演讲中切忌大幅度的动作和重复使用一种手势，另外演讲中不能有太多的手势，以免让听众感到眼花缭乱。

📍 拓展阅读　　　　　名人的"动作"演讲

有的演讲者，上台后并不立即开口，而是先做一些动作，以引起听众的注意与好奇心。等听众聚精会神之际，再配以精彩的言辞，这样一下子就能抓住听众的心。而一些名人的演讲"动作"更是出人意料，令人拍案，现撷取三则，以飨读者。

冯玉祥"搭鸟窝"。1938年秋，冯玉祥将军到湖南益阳，向几万人发表演讲，鼓励他们抗日。冯玉祥将军出场时，只见他左手握着一株小树，将一个草编的鸟窝放在树枝间，鸟窝里有几个鸟蛋。下边的人都愣了，不知他这是要干什么。这时，冯玉祥将军开口说话了，他说："大家知道，先有国家，然后才有小家，才有个人的生命的保障。""我们的祖国遭到了日本帝国主义的侵略，我们都要用自己的双手保卫她，那就是起来抗日。如果不抗日——"说到这里，他手一松，树倒了，窝摔了，蛋破了。在这里，冯玉祥将军用小树比作国家，用鸟窝比作家庭，用鸟蛋比作个人，用握着小树的那只手比作捍卫国家的人，以实物展示，真实生动，增强了说服力。

冯骥才"脱衣服"。1985年下半年，冯骥才应邀到美国访问。一天，旧金山中国现代文化中心邀请他去演讲。美国人参加这类活动是极其严肃、认真的，必定是西装革履，穿着整整齐齐；对演讲者要求很高，必须是口若悬河、机智敏锐，而且要幽默诙谐，否则就不买你的账，甚至会纷纷退场，让你下不了台。演讲即将开始，大厅里座无虚席，鸦雀无声。文化中心负责人葛浩文先生向听众介绍说："冯先生不仅是作家，而且还是画家，以前还是职业运动员。"简短介绍完毕，大厅里一片寂静，只等这位来自中国的作家开讲了。这时，冯骥才心情也很紧张，这台戏不好唱啊！只见冯骥才沉默了片刻，当着大家的面，把西服上衣脱了下来，又把领带解下来，最后竟然把毛背心也脱了下来。听众都愣了，不知他葫芦里卖的是什么药。大厅里静得掉根针也听得见。略停了一会儿，冯骥才开口慢慢说道："刚才葛先生向诸位介绍了我是职业运动员出身，这倒勾起了我的职业病。运动员临上场前都要脱衣服的，我今天要把会场当作篮球场，给诸位卖卖力气。"全场听众大笑，掌声雷动。

陶行知"喂鸡"。有一次，陶行知先生在武汉大学演讲。走上讲台，他不慌不忙地从箱子中拿出一只大公鸡，台下的听众全愣住了，不知陶先生要干什么。陶先生从容不迫地又掏出一把米放在桌上，然后按住公鸡的头，强迫它吃米，可是大公鸡只叫不吃。怎么才能让鸡吃米呢？他扳开鸡的嘴，把米硬往鸡的嘴里塞，大公鸡拼命挣扎，还是不肯吃。陶先生轻轻地松开手，把鸡放在桌子上，自己向后退了几步，大公鸡自己就吃起米来。这时陶先生开始演讲："我认为，教育就跟喂鸡一样，先生强迫学生去学习，把知识硬灌给他，他是不情愿学的，即使学也是食而不化，过不了多久，他还是会把知识还给先生的。但是如果让他自由地学习，充分地发挥他的主观能动性，那效果一定会好得多！"台下一时间欢声雷动，为陶先生形象的演讲开场白叫好。陶行知不愧为平民教育家，他采用了人所共知的"喂鸡"这一动作，非常形象地说明了一个很重要的道理：要发挥学生学习的主动性。

资料来源：马莉.名人的"动作"演讲［J］.阅读与作文（高中版），2006（10）.

13.5　即兴演讲

节目主持人杨澜在一次演出时，下台阶时摔了下来。但杨澜非常沉着地爬了起来，对台下的观众说："真是人有失足，马有失蹄呀。我刚才的狮子滚绣球的节目滚得还不熟练吧？看来这次演出的台阶不那么好下哩！但台上的节目会很精彩的，不信，你们瞧他们。"杨澜这段非常成功的即兴演讲，以其敏捷的反应、幽默的语言和适时的话题转移，为自己摆脱了难堪，也显示出她非凡的口才。因此她话音刚落，会场就报以热烈的掌声。演讲是一门艺术，而即兴演讲则是这门艺术中的精华，它同时也是衡量一个人口才的重要依据。它以其短小精悍的特点而为广大人民所喜爱，成为工作、学习、生活中的一个重要组成部分。

13.5.1　概念

即兴演讲是指在特定场景和主题的诱发下，或者是自发或者是应他人要求，立即进行的演讲，是一种不凭借文字材料进行表情达意的口语交际活动。现实生活中，各类聚会中的欢迎、感谢、就职、哀悼、答谢、寿庆等都属于即兴演讲。即兴演讲能力已成为现代社会人才不可缺少的必备条件。

13.5.2　特点

（1）即兴发挥。即兴演讲一般都是在"三没有"的情况下进行的，即没有讲稿，没有充分的时间进行思考和推敲措辞，没有修改讲话的回旋余地，因此即兴演讲往往需要演讲者临场出色发挥。演讲者必须凭借自身的经历、才能和知识底蕴，从眼前的事、时、物、人中找出触发点，将自己短时间之内形成和正在思索着的思想与观点立即用口语表达出来，并且必须一次成功。所以，即兴演讲大多是演讲者真实思想的流露，"言为心声"在这里得到了真实体现。

（2）篇幅短小。演讲者要以简洁、生动、形象的语言去征服听众。这也是由即兴演讲的临场性这一基本特征所决定的。即兴演讲者事先多无准备，所以不容易长篇大论滔滔不绝。即兴演讲的场合多是现实生活中的一个场景，大家需要的只是演讲者表达一下自己的心意、看法或者情感，不要求其做长篇报告。所以，即兴演讲不可能长。

（3）使用面广。即兴演讲是指演讲者在事先无准备的情况之下进行的演讲活动，比如主持会议、答辩、欢迎欢送、宴会祝酒、婚丧嫁娶、答记者问等均少不了即兴演讲。

13.5.3　即兴演讲技巧

即兴演讲所涉及的范围十分广泛，但有时可做预测性准备，比如参加某项活动前先想一想会遇到什么问题，怎么回答；有时则利用演讲前两三分钟的时间准备讲话的内容。

1. 审题

审题是即兴演讲十分重要的一环，决定着演讲内容能否围绕主题展开，以防止内容不着边际或大而空。如以《环境与成才》作为即兴演讲的题目，首先应该考虑"环境"这一概念在具体语境中的含义。成才的环境可分为"大环境"和"小环境"，为了吸引听众的兴趣，演讲者审题时应该将重点落在"小环境"上，否则内容容易"虚"，没有亲和力和说服力。

2. 选材

即兴演讲能否获得成功，选材是关键。一般情况下，演讲时一般选取你认为最具说服力的、你自己感受最深的、鲜为人知但易于理解的材料。可以采用"选点法"，就地取材，选好与听众易于沟通的人或事物，往往能激起听众的共鸣。如郭沫若在《在萧红墓前的五分钟讲话》中说道："年轻人之所以为年轻人，并不是单靠着年纪轻，假如单靠年纪轻，我们倒看见有好些年纪轻轻的人，却已经成了老腐败、老顽固，甚至活的木乃伊——虽然还活着，但早已死了，而且死了几千年。反过来我们在历史上也看见有好些年纪老的人，精神并不老，甚至有的人死了几千年，而一直都还像活着的年轻人一样。所以一个人的年轻不年轻，并不是专靠着生理上的年龄，而主要的还是精神上的年龄。便是'年轻精神'

充分的，虽老而不死；'年轻精神'丧失的，年虽轻而人已死了。"

萧红是当时文坛一位才华横溢的女作家，她去世时年仅 31 岁，非常年轻，她的创作也处于高峰期。所以她的离去是文坛的一大损失，郭沫若的演讲从萧红"年轻"生命的消逝着手，饱含深情地评价了她短暂一生的光辉。应该说他抓住了演讲中的一个"点"，使演讲具有情感的煽动力。具体在即兴演讲中，可以采用以下方法抓住演讲中的"点"。

（1）以"物"为点。此即抓住某物在特定场合、特定时间下的象征意义，借题发挥。在上海市"钻石表杯"业余书评授奖大会上，有人即兴演讲如下："今天，我参加'钻石表杯'业余书评授奖大会，我想说的一句话是：钻石代表坚韧，手表意味时间，时间显示效率。坚韧与效率的结合，这是一个人读书的成功所在，一个人的期望所在。谢谢大家。"这篇即兴演讲以物品的名称作为切入点，既抓住了产品的特点，也揭示了产品丰富的内涵，很好地抓住了即兴演讲的主题和要点。

（2）以"环境"为点。此即以会场的环境或周围某种氛围为点，引出演讲，表现主题。例如，上海市新闻工作者协会主席王维同志一次出席上海市企业新闻工作者协会成立大会。大会是在上海第三钢铁厂新建的宽敞俱乐部会议大厅召开的。他发表了如下的即兴演讲：我来参加会议，没有想到有这么好的会场，这个会场不要说是上海市企业新闻工作者协会成立大会，就是上海市记协成立大会也可以在这里召开。没有想到有这么多的企业报记者、编辑参加这个大会，它说明企业报的同人是热爱自己的组织、支持这个组织的。没有想到，今天摆在主席台上的杜鹃花这么美丽。鲜花盛开标志着企业报记者协会也会像这杜鹃花一样兴旺、发达。他以对主办方所选择的会场及其环境的夸赞引出其对成立大会的祝贺与赞美之情，让听众感觉亲切、得体。

（3）以"前者讲的内容"为点。这要求当场从前面演讲者的演讲里，捕捉话题，加以引申、发挥，讲出新意，给人启迪，难度较大。白岩松参加"做文与做人"的主题演讲，他前面《西藏日报》的记者白娟讲述了自己作为一个驻藏记者的自豪，也谈到了作为母亲因为工作不能与孩子在一起的心酸。演讲情真意切，十分感人。白岩松的开场白就以白娟的演讲为"点"："我是一个两岁孩子的父亲，我知道，在一个孩子一岁半到两岁之间，没有母亲在身边，对于母亲来说是怎样的一种疼痛，我愿意把我心中所有的掌声，都献给前面的选手。"白岩松真诚美好的敬意赢得了全场热烈的掌声。开场白不仅激起观众感情的又一高潮，同时也为自己赢得了很高的起点。

3. 构思

即兴演讲的构思，一般使用连缀法，即通过联想把已经选好的人、事、物联系起来，并设法将其与演讲的主题契合。

（1）并列式：将总题分解成若干个分题，排比成篇，分析其中的关系，得出有意义的认识。如权红在《世界也有我们的一半》的即兴演讲中，谈了三个问题：一是女人没有获得自己的"一半"；二是女人本应有自己的"一半"；三是女人应争得自己的"一半"。这三个分题各自独立又互相连贯，共同阐明同一主题：世界也有我们的一半。这种组合方式可使演讲条理井然，听者也会获得一个清晰的印象。

（2）对比式：将对立的两个点并立在一起，形成强烈的反差，从而深刻揭示演讲的主题。如新东方掌门俞敏洪的一次励志即兴演讲《人要像树一样活着》，即通过"树"与"小草"的对比来揭示"我们该怎样活着，怎样让自己活得有意义"这样一个主题。他说，人的生活方式有两种，第一种方式是像草一样活着，你尽管活着，每年还在成长，但是你毕竟是一棵草，你吸收雨露阳光，但是长不大。人们可以踩过你，但是人们不会因为你的痛苦，而产生痛苦；人们不会因为你被踩了，而来怜悯你，因为人们本身就没有看到你。所以我们每一个人，都应该像树一样地成长，即使我们现在什么都不是，但是只要你有树的种子，即使你被踩到泥土中间，你依然能够吸收泥土的养分，自己成长起来。当你长成参天大树以后，在遥远的地方，人们就能看到你；走近你，你能给人一片绿色。活着是美丽的风景，死了依然是栋梁之材，活着、死了都有用。这就是我们每一个同学做人的标准和成长的标准。

（3）宝塔式：用递进深入的方法把各点连缀起来，使之成为一个层层深入的整体。湖南师范大学党委副书记戴海同志在一次大学生晚会上的即兴讲话《矮子的风采》中说："矮个儿怎样才能具有风采呢？我有几点心得可供参考：第一，要有自信；第二，不要犯忌讳；第三，把胸脯挺起来，但也用不着踮脚尖；第四，最重要的还是本人的德学才识，有修养，有风度，对社会有贡献，自然受人爱戴。"

（4）串联式：将讲话内容紧扣主题，按照事情发展的时间顺序将材料组织起来。如下面的演讲——《我的理想》："小时候，我有一个最大的理想，就是希望拥有一双皮鞋！当然一双皮鞋对于现代都市里的人来说算不了什么，可是对于我们地处僻远的农村人来说，就意味着走出山外，意味着考上大学，意味着脱离农村的一切！在我童年的记忆中，在村里的路上，有光洁的石板路和泥泞的土路，到了下雨的天气，牛粪猪粪被水冲刷，路上全是粪的气息，好多人光着脚走在山路上，山路因此而回肠。这时要是有一双草鞋就算很不错了，我们只能光着脚在雨中奔波，能够有一双皮鞋，这是可望而不可即的事情！上了小学，我的外婆送给我一双手工做的布鞋；到了初中，父亲给我买了一双解放鞋；上了大学，我靠学生证做点小生意，维持着自己的学费，我给自己买了一双运动鞋，在学校里无论是学习还是运动，我都要跑在前面，争取第一！今天我在都市里生活着，丢掉了草鞋，抛弃了布鞋，穿着西装打着领带，配上名贵的皮鞋。可是，我变得更加懒惰、无聊！我竟然没有了学习的动力！失去了上进的信心！久违了！擦皮鞋的时候，我想到我的成长之路。一个时期一双鞋，简简单单一双鞋，我的命运发生了变化。我不能再这样了，我要穿着我的这双皮鞋，去征服脚下的一切困难！"这篇演讲稿将自己渴望一双皮鞋的经历与成长之路联系在一起，按照时间顺序组织起来。在演讲者看来，皮鞋是战胜困难的动力，是其前进的勇气和信心。全文条理清晰，主题分明。

（5）公式式：按照一个公式去组织演讲的内容，这个公式是：是什么（谁）+为什么+怎么做，用英语可表达为 what + why + how。比如下面的演讲。"尊敬的学校领导、老师、亲爱的同学们：大家好！我是来自××班的××，性格活泼开朗，处事沉着果断，能够顾全大局。今天我很荣幸地站在这里表达自己由来已久的愿望——我要竞选学生会主席。我在这里郑重承诺：'我将尽全力完成学校领导和同学们交给我的任务，使学生会成为一个现代化的积极团体，成为学校的得力助手和同学们信赖的组织.'我已经在团委会纪检部工作了近一年的时间，从工作中，我学会了怎样为人处世、怎样学会忍耐、怎样解决一些矛盾、怎样协调好纪检部各成员之间的关系、怎样处理好纪检部与其他部门之间的关系、怎样动员一切可以团结的力量、怎样提拔和运用良才、怎样处理好学习与工作之间的矛盾。这一切证明：我有能力胜任学生会主席一职，并且有能力把学生会发扬光大。假如我当上了学生会主席，我要进一步完善自己，提高自己各方面的素质；要进一步提高自己的工作热情，以饱满的热情和积极的心态去对待每一件事情；要进一步地提高责任心，在工作中大胆创新，锐意进取，虚心地向别人学习；要进一步地广纳贤言，做到有错就改，有好的意见就接受，同时坚持自己的原则。假如我当上了学生会主席，我要改革学生会的体制，真正做到'优胜劣汰'，做到'日日清，周周结'，每周都对各部门的负责人进行考核，通过其部门成员反映的情况，指出他在工作中的优点和缺点，以朋友的身份与他商讨解决方案并制订出下一阶段的计划。我要经常与他们谈心，彼此交流对生活、工作的看法，为把学生会工作做好而努力；开展主席团成员和各部长及负责人的自我批评、自我检讨的活动，每月以书面材料形式存入档案。我还将常常找各部门的成员了解一些情况，为做出正确的策略提供可靠的保证；还要协调好各部门之间的关系，团结一切可团结的力量，扩大学生会的影响及权威。假如我当上了学生会主席，我将以'奉献校园，服务同学'为宗旨，真正做到为同学们服务，代表同学们行使合法权益，为校园的建设尽心尽力。在学生会利益面前，我们坚持以学校、大多数同学的利益为重，决不以公谋私，努力把学生会打造成一个学生自己管理自己、高度自治、体现学生主人翁精神的团体。我知道，再多灿烂的话语也只不过是一瞬间的智慧与激情，朴实的行动才是开在成功之路上的鲜花。我想，如果我当选的话，一定会言必信，行必果。请各位评委给我一张信任的投票，给我一个施展才能的机会！谢谢！"

这篇竞选学生会主席的演讲稿，主体部分就是按照公式法来组织的，分别回答了要竞选的职位是什么、为什么竞选这个职位、如果竞选成功会如何做三个方面的内容，逻辑清晰，观点鲜明。当演讲者遇见某一演讲命题时，首先就要看它适合以何种思路或者模式展开，这样演讲的思路比较清晰，材料也容易组织。

（6）结构精选模式。美国公共演讲专家理查德还为爱好演讲者提供了一个结构精选模式——同样的构思、不同的表述，达到的效果截然不同。

有了材料，有了良好的谋篇布局，接下来便是良好的表达了。表达时我们可以考虑采用以下一些技巧：

①口语化，即用自己熟悉的话，尽量避免深奥冷僻的字词；将单音节换成双音节，如"曾——曾经""已——已经""因——因为""应——应该""时——时间、时候、时刻、时分"等；少用或禁用不规范简称，如"垃协——垃圾协会"。

②问题化，即将重点转化成问题，这样有助于引起听众的好奇心，激发听众的兴趣。

③细节化，即演讲时特别是对具体场景的描述，注意多用动词描绘细节，这样演讲才可能生动感人。

④戏剧化，即描述场景时还可多用对话，以突出演讲效果。

⑤简单化，即多用简单句或者将长句换成短句。毛泽东《关于重庆谈判》中有一段演讲这样说："事情就是这样，他来进攻，我们就把他消灭了，他就舒服了。消灭一点，舒服一点；消灭得多，舒服得多；彻底消灭，彻底舒服。"这类短句说来非常上口，易于听众理解和接受。

⑥排比化，即多用排比句。演讲中排比句的使用有利于突出演讲的气势，烘托出高潮。

案例 13-5　　　　　相聚在陶林，重温同学梦

女士们、先生们、老师们、同学们：

大家晚上好！

金秋塞北，五谷飘香，蓝天绿地，歌声嘹亮。万水千山总是情，同学相聚在陶林。美不美家乡水，亲不亲同乡人，明不明故乡月，念不念同学情。天地悠悠，岁月流淌，往事如梦，真情难忘。中学如诗，激情豪放；中学如歌，余音绕梁。想当初，恰同学少年，意气风发。我们相约在头号首届高中班，拥抱哈少乌素这片热土，在书山上攀登，在学海里畅游，锤炼健美的体魄，品读华章的书香。

风雨四十年，弹指一挥间。昔日风华正茂的帅哥靓妹如今已两鬓白发。四十年后再聚首，让人兴奋解忧愁！兴奋的是五十岁开外的人仍然拥有一颗年轻的心，自豪于我们还保存着一份至善之心！至纯之意，至真之情！延续至今的友情、爱情、真情、热情让人兴奋不已！

这是一个令人激动的时刻，在这激动人心的欢聚时刻，请允许我代表同学们在这里，用一颗虔诚的心，首先向辛勤培育了我们的母校的各位老师，致以崇高的敬意！在此，我们还要特别深切缅怀我们的首任校长杨国亮老师，为人师表，率先垂范，字迹清秀，板书工整，先生已故，风范犹存，他是值得我们永远学习的楷模！其次，向本次聚会的倡议者、组织者以及筹备委员会的同学们致以深深的谢意！面对你们，我的感激之情无以言表，只能道一声：你们辛苦了！你们是我们班里最可爱的人！最后，向参与本次聚会的全体同学致以深切的问候和良好的祝愿！

同窗好友曾相识，今日聚会喜相逢。这使我们四十几颗激动的心从四面八方又汇聚到了一起，随着同一个节拍一起跳动，演绎出一支以同学情谊为主旋律的交响乐曲。我相信，此时此刻，我们每个人都无不心绪激动、情感万千！不忘初心缘旧梦，同窗求学手足情，今日陶林喜相逢，蓝天绿地赤子心。

曾记否，我们这些同学在教室、图书室一起度过了最纯洁、最浪漫、最天真无邪的美好时光。月光里、柳荫下、操场上，嬉戏逗乐的欢笑声犹响在耳；土窑洞里、林荫树下，同学们看书学习、娱乐休闲的身影还历历在目。连日来将四十年的一幕幕再次精彩回放，难忘的情景还栩栩如生。这一幕幕都是那么记忆犹新，已在我们脑海里烙下了深深的印记。

光阴好比河中水，只能流去不复回。四十年的时光，足以让我们在滚滚红尘中体味人生百味。有的同学历经艰辛，金榜题名，仕途通达，事业有成；有的同学三尺讲台，四季耕耘，教书育人，传承文明；有的同学随着社会改革的浪潮，投身商海，充当了商海的弄潮儿，发家致

富；有的同学背井离乡，外出打工，靠自己勤劳的双手积累着财富；还有的同学终身留守自己家乡的这块热土上，把毕生的精力奉献给了家乡的建设，热恋故土，成为当地的养殖种植大户；有的同学淡泊名利，过着平平淡淡的安静生活；有的同学已提前退休，开始安度"晚年"。岁月的沧桑，洗尽了我们青春的年华和天真烂漫，但洗不去我们心中那份深深的同学情谊。无论人生沉浮与贫贱富贵怎样变化，我们的同学情谊，就像一杯淳厚的黄花陈酿，历久弥新。越品味越浓，越品味越香，越品味越醇。

物换星移、寒暑易节，现在，我们虽然不再年轻，但是激情依旧。今天我们满怀喜悦，欢聚一堂，深情追忆踪迹难觅的人生旅途，细细品味风霜雨雪的酸甜苦辣，慢慢回味刻骨铭心的成败得失，相互倾诉人间真情、再度谱写人生华章！在此，我们共同祝愿我们的老师身体更加康健，我们的家庭更加幸福，我们的事业更加成功，我们的人生更加精彩，我们的未来更加美好！

毕业四十载，今日大聚会。我们铭记在心，留住记忆，珍藏在胸，难以忘怀！愿我们今天的聚会成为搭起传播友谊的桥梁，彼此之间永远保持联系。辩证法告诉我们：只有现在的普遍联系，才能得到将来永恒的发展。我们要牢记习总书记的教诲，小康路上一个都不能掉队，同学们要不忘初心，守望相助，共同富裕，也是我们今日聚会的主题。不论是身居高位还是一介布衣；不论是富甲一方还是清贫如水，师生恩长久、同学手足情！

我们把千言万语凝结为一首诗：学海生涯路，风华忆当年，毕业四十载，弹指一挥间。几度易寒暑，青丝暮成雪。同聚陶林镇，圆梦今世缘！

最后，祝所有辛勤培育过我们的老师，身体健康，心情愉快，阖家幸福，晚年安康！祝所有的同学，心态阳光，身体健康，事业顺利，家庭和睦，平安快乐！让我们再次重温旧情，珍惜友情，献出热情，拥抱真情，相约永久，情谊永恒！

谢谢大家！

资料来源：本书作者 2017 年在高中同学毕业 40 年聚会的演讲词。

13.6　竞聘演讲

竞聘演讲即为求得自己所求的岗位，重点突出自身的优势，以引起听众对自己的认同并希望最终竞聘成功的演说。与一般的即兴演讲相比，竞聘演讲具有以下一些特点。

1. 目标明确

竞聘演讲区别于其他演讲的主要特征是目标明确。演讲者上台后就要鲜明地亮出自己所要竞聘的目标岗位，同时所组织的材料应该围绕竞聘成功的目的。

2. 竞选优势

竞聘演讲的目的是求得自己所求的岗位，所以竞聘者不必谦虚，而是要突出自身的优势，特别是别人所没有的优势。即使是对自身而言不利的因素，竞聘者也要通过合理的方法将它转化为优势。如一位工人在一次竞聘厂长的演讲中这样转化自我的"劣势"："我一没有党票，二没有金灿灿的大学文凭，三没有丰富的阅历，我只是一个初涉人世的 25 岁的小伙子。你们有百分之百的理由怀疑我是否能担得起化肥厂厂长的重任。然而，同志们、朋友们，请你们仔细地想想，我们化肥厂长期处于瘫痪的状态，难道是因为历届的厂长没有党票、没有文凭、没有阅历吗？"竞聘厂长，年轻、学历低、非党员，对于竞聘者来讲都是不利的因素，但这位小伙子并没有回避自己的劣势，而是把大家内心的怀疑讲出来，通过一个有力的反问很好地化解了人们心中的疑虑。

3. 主题集中

竞聘演讲一定要重点突出，根据竞聘岗位要求，围绕自己的优势展开阐述。在一次校长竞聘演讲会上，一位竞聘者就由于谈得太面面俱到而让人产生了反感。他详细介绍了自己大半生的经历，罗列了与岗位目标关系不大的诸多事项。在谈及措施时，过于面面俱到，从学生学习、体育、德育到校办工厂，从教学到教工生活，其措施几乎是"全方位"的。其结果是"无中心"。另一位教师则主要围绕教学这一学校的中心问题，来谈自己的竞聘目标和措施，获得了广大教师的认可。

4. 措施务实

竞聘者在阐述自身优势和实现岗位目标的措施时一定要务实，否则难以说服听众。特别是措施，是竞聘演讲的核心，能显示出演讲者的诚信，所以更要注重其可行性。如下面这位学生会主席竞聘者，在表明了自己竞聘岗位的决心后，提出了行事原则和切实可行的措施，很有说服力——假如我当选，我将进一步加强自身修养，努力提高和完善自身的素质，我将时时要求自己"待人正直、公正办事"；要求自己"严于律己、宽以待人"；要求自己"乐于助人、尊老爱幼"等。总之，我要力争让学生会主席的职责与个人的思想品格同时到位。假如我就任此届学生会主席，我的第一件事就是召集我的内阁部长们举行第一次全体内阁会议，全面地听取他们的意见与建议，下放权力，实行承包责任制。我们将自始至终地遵循"一切为大家"的原则。在就职期间，我们将在有限的条件下，办我们自己的电视台、广播站，建立必要的管理制度，设立师生信箱。我们将定期举行各种形式的体育友谊比赛，使爱好体育的英雄有用武之地。爱好文艺的，校艺术团在欢迎你，我们将举办自己的艺术节、中秋和圣诞大联欢。如有条件来个校园形象大使活动也不错，还有书画会、文学社、中学生论坛、社会实践（包括大家感兴趣的郊游活动）。总之，我们每个人都能在学生会找到自己的位置，我们的课余生活绝对能够丰富多彩！我们将与风华正茂的同学们在一起，指点江山，发出我们青春的呼喊！我们将努力使学生会成为学校领导与学生之间的一座沟通心灵的桥梁，成为师生之间的纽带，成为敢于反映广大学生意见要求、维护学生正当权益的组织。新的学生会将不再是徒有虚名的摆设，而是有所作为的名副其实的存在！

5. 思路清晰

思路清晰表现在演讲的层次和实施措施的条理性上。一般来讲，演讲可以采用的层次为：①说明竞聘的职务和缘由。②简单介绍自我的情况，摆出自我的优势。③提出竞聘的施政措施。在谈到具体的实施措施时，竞聘者可分项详细阐明，以保证听众能清晰把握自身的施政特点，并尽快做出自己的判断。④表明自己的决心和请求。当然，在具体的演讲中，竞聘者可以根据具体情况对内容做调整。

◎ 案例赏析　　　　　　　　　竞聘学院办公室副主任的演讲

各位同志：

　　大家好！

　　有人说，人最大的不足不在于看不到自身的不足，而在于看不到自身巨大的潜能，大多数人只发挥了个人能力的20%。受这句话的激励，我前来竞选办公室副主任一职，我先做一下自我"表扬"。我一直把"一支粉笔、两袖清风、三尺讲台、四季耕耘"作为座右铭，执着从教，痴心不改。有人也许会问：你不是在暑假管理过手机店吗？是的，我认为现在的教师应该是理论的强者、实践的高手。通过社会实践，我的就业指导课上得更精彩了。企业经营不是我的梦想，店早已让下岗职工经营，也算是我为再就业工程做了一点贡献。

　　我的专业是中文，我曾当过大学文学社社长、主编，具有较强的文字表达能力，公开发表文章40多篇；勤工俭学，当过推销员，"千山万水跋涉，千言万语宣传，千方百计推销，千辛万苦工作"，喜欢富有挑战性的工作，具备锲而不舍、吃苦耐劳的精神。（掌声）工作上我一向力争上游，不甘落后。从事教学工作整十年，"十年辛苦不寻常"，曾获教学优秀奖，被评为优秀班主任；在就业指导办公室工作三年，"明知山有虎，偏向虎山行"，积极开拓毕业生就业市场，敢于并乐于向前进道路上的拦路虎挑战，社交、管理和随机应变的能力得到领导和群众的肯定。（掌声）我真诚、随和、宽容、乐观、风趣，有较强的沟通能力。

　　下面做一下自我批评：凡事一丝不苟，过分追求尽善尽美。当然这既是优点，有时也是缺点。（笑声）

　　竞聘学院办公室副主任，我谈几点工作设想：

　　1.全力以赴协助主任做好办公室工作，出色完成领导交办的各项任务和日常工作。

　　2.与时俱进，开拓创新，围绕学院工作目标，研究新情况、解决新问题，适时提出具有前瞻性、针对性和可操作性的建议；增强服务意识，发挥好上下沟通、左右协调的桥梁作用。

　　3.充分调动办公室人员的工作热情，多关心帮助，少指手画脚，努力营造团结、紧张、严肃、活泼的工作氛围。

　　有人说，大材小用，基本没用，因为大材小用会扼制人的潜能的发挥；小材大用，基本有用，因为小材大用有利于激发人的潜能。希望借我院人事改革的"东风"，使我这块"小材"得到大用的机会。一旦如愿，竭诚欢迎诸位用挑剔的眼光看我，多提宝贵意见。最后，我想以丘吉尔的名言做总结："我没什么好奉献，有的只是热血、辛劳、眼泪和汗水。"（掌声）

　　"我"的竞聘演讲何以成功？

　　在学院举行的中层干部竞聘演讲中，共有60位竞选者上台演讲。组织者规定每位竞聘者演讲的时间不能超过三分钟，考虑到演讲时间是在人们的注意力容易分散甚至有可能昏然欲睡的下午，会议将长达三个多小时，演讲的内容大同小异：无非是演奏一个"先报户口、再唱颂歌、后表决心"的三部曲，而听众却都是擅长舞墨的知识分子的具体情况，我对演讲词进行了精雕细琢，力求既凝练又不失口语化，既严谨又不失诙谐，并在结构布局上狠下苦功：引人注目的开头、内容丰满的主体、委婉含蓄的结尾。功夫不负有心人，我的三分钟演讲一扫严肃、沉闷的会场气氛，赢得了阵阵笑声和掌声，获得了同事们的一致好评。下面对演讲各部分结构的技巧做一下简要分析，以求抛砖引玉。

第一，开头出新，提高"收视"率。

"我来自某某系，本科毕业"，这种自报家门、千篇一律的开头枯燥无味，而"人最大的不足不在于看不到自身的不足，而在于看不到自身巨大的潜能，大多数人只发挥了个人能力的 20%"，这样的开头既发人深省，又自然而然地道出参加竞选的缘由，可谓一箭双雕。

第二，扬长而不避短，化劣势为优势。

我在暑假经营过手机店，不明真相的人会认为我不安心工作下海经商，避而不谈只会加深误解，对此事毫不讳言并做出合情合理的解释，可以化劣势为优势。

在演讲过程中我向听众展示了四个优点、一个缺点，优点占绝对优势，缺点轻描淡写，一笔带过。"金无足赤，人无完人。"竞聘者对自身缺点缄默不言会给人自负甚至虚伪之感，实为下策。而毫无保留地袒露竞聘某职位的"致命"弱点也不可取，因为在竞选时需要的不是自我批评，而是信心百倍的实力展示。面对缺点，我不露痕迹地设置歧义，明修栈道，暗度陈仓，让人初听起来是缺点，略加思索后却恍然大悟，原来这是优点的模糊语言——"过分追求尽善尽美"，既体现了谦逊的美德，又为自己的优势增添了砝码，可谓一举两得。

第三，巧用多种修辞手法，增强演讲词的艺术性。

"一支粉笔、两袖清风、三尺讲台、四季耕耘"，一二三四的排列既朗朗上口，又鲜明地勾勒出严谨从教的画面。"大材小用"活用为"小材大用"，妙趣横生，又彰显谦逊美德，改传统、保守的自我批评为自我"表扬"，张扬自信、幽默的个性。对偶、排比、顺口溜穿插其间，颇有韵味。"从事教学工作整十年，'十年辛苦不寻常'"，使人联想起曹雪芹的《红楼梦》"字字看来皆是血，十年辛苦不寻常"；"明知山有虎，偏向虎山行"，烘托出敢于并乐于向困难挑战的精神，为演讲词增色不少。

第四，结尾耐人寻味，提高"回头"率。振臂高呼表决心、喊口号式的结尾是无法"余音绕梁，三日不绝"的，丘吉尔名言的适时引用蕴含着如果竞选成功将心甘情愿地为之付出"热血、辛劳、眼泪和汗水"的意思，摆脱了俗套，让人回味无穷，又给人情真意切之感。

⚲ 诗语点睛

口若悬河神韵传

妙语连珠共鸣发

巧妙设计开场白

精彩结尾锦上花

腹有诗书气自华

形象良好更伟大

口吐莲花脱口秀

潇洒演讲走天涯

◎ 习　题

一、单项选择题

1.在演讲即将结束时，演讲者总结概括演讲的主要观点，进一步强调、突出演讲的重点，进而更好地理解演讲者的观点，给听众留下一个清晰、完整、深刻的印象。这种结尾方式是（　　）。

　　A.抒情式结尾　　　　B.感召式结尾　　　　C.总结式结尾　　　　D.引申式结尾

2.（　　）是最适合朗诵的体裁。

　　A.诗歌　　　　　　　B.散文　　　　　　　C.小说　　　　　　　D.故事

3.（　　）是指在一定的语言环境中，利用词的多义和同音的条件，有意使语句具有双重意义。

　　A.双关　　　　　　　B.岔断　　　　　　　C.曲解　　　　　　　D.夸张

4.演讲稿一般是由开头、主体、结尾三部分构成。在开头部分，演讲者一般是（　　）。

　　A.分析问题　　　　　B.提出问题　　　　　C.解决问题　　　　　D.讨论问题

5.下列有关演讲内涵的理解，正确的是（　　）。

　　A.演讲的主要信息传达手段包括有声语言、态势语言、演讲者主体形象等

　　B.演讲者是演讲活动的唯一主体

　　C.演讲活动在特定主体之间展开

　　D.演讲的最终目的是强迫听众接受演讲者的观点

6.即兴演讲的成功取决于演讲者平时知识、经验的积累以及对生活的观察和体验，特别是（　　）的能力。

　　A.理解沟通　　　　　B.驾驭语言　　　　　C.表演　　　　　　　D.学习

7.下列选项，哪一项不属于态势语言？（　　）

　　A.眼神　　　　　　　B.手势　　　　　　　C.表情　　　　　　　D.口语

二、多项选择题

1.下列属于成功运用口才的典型事例有（　　）。

　　A.晏子使楚　　　B.孔子周游列国　　　C.诸葛亮舌战群儒　　　D.毛泽东重庆谈判

2.巧妙运用副语言，可以使语言的表意效果更明确、更生动，副语言主要指（　　）。

　　A.听话听声，锣鼓听音　　　　　　　　B.把握节奏，控制快慢

　　C.非常停顿，语翻新意　　　　　　　　D.深笑浅吟，自然得体

3.演讲活动的要素有（　　）。

　　A.演讲者　　　　　　　　　　　　　　B.听众

C.特定的时空环境　　　　　　　　　D.善于倾听的能力

4.演讲的特点有（　　　）。

　　A.针对性　　　　　　　B.真实性　　　　　C.论辩性　　　　　　D.艺术性

5.演讲的作用有（　　　）。

　　A.说明情况，陈述己见　　　　　　B.说服听众，心悦诚服

　　C.激励听众，焕发激情　　　　　　D.娱乐听众，欢乐开怀

6.演讲中的思维训练有（　　　）。

　　A.逆向思维　　　　　B.纵向思维　　　　C.横向思维　　　　　D.发散思维

7.逆向思维的训练方法有（　　　）。

　　A.怀疑法　　　　　　B.对立互补法　　　C.悖论法　　　　　　D.反事实法

8.演讲沟通技巧有（　　　）。

　　A.培养记忆能力　　　　　　　　　B.加强口头表达能力

　　C.了解演讲的语境　　　　　　　　D.反事实法

9.即兴演讲的特点有（　　　）。

　　A.即兴发挥　　　　　B.篇幅短小　　　　C.使用面广　　　　　D.结构精选

10.竞聘演讲的特点有（　　　）。

　　A.目标明确　　　　　B.精选优势　　　　C.主题集中　　　　　D.措施务实

三、判断题

1.口才，就是要求你有诗一般的语言。（　　　）

2.演讲者的身体要挺胸、收腹、立腰、端正庄重，才能显示出一种伟岸的形象。（　　　）

3.登台后，多数人习惯站到桌子后面的中间部位，这样显得庄重，为使听众看清演讲者的动作和姿势，站在台前正中不要桌子更好。（　　　）

4.演讲者手势的动作——手指太阳穴，表示思考琢磨。（　　　）

5.巧妙运用副语言，把握节奏、控制快慢指的是语速。（　　　）

6.口才的训练，从根本上是自信心、心理素质的训练。（　　　）

7.敢说、能说、有话可说、言之有理、表达通顺流利就是有口才。（　　　）

8.演讲者在台上的站姿，不能显示演讲者的风度。（　　　）

9.描述法就是把你看到的景、事、物、人用描述性语言表达出来。（　　　）

◎ 思考题

1.演讲的特点有哪些?

2.演讲构思包括哪些内容?

3.演讲的表达技巧有哪些?

4.介绍自己演讲控场成功的经验或失败的教训。

5.演讲时应怎样开头，怎样结尾?

习题答案

第1章　绪　论

一、单项选择题

1. D　2. B　3. D　4. B　5. A

二、多项选择题

1. ABC　2. ACD　3. ABCD　4. ABCD　5. ABCD

三、判断题

1. √　2. ×　3. √　4. √　5. √　6. ×　7. √　8. ×　9. √　10. √

第2章　商务谈判与沟通心理

一、单项选择题

1. B　2. D　3. A　4. C　5. C　6. D　7. D

二、多项选择题

1. ABCD　2. ABCD　3. ABCD　4. ABD　5. ABCD　6. ABC

三、判断题

1. ×　2. √　3. √　4. ×　5. √　6. √　7. ×　8. ×　9. ×

第3章　商务谈判与沟通原则

一、单项选择题

1. A　2. C　3. D　4. D　5. B　6. C　7. B

二、多项选择题

1. ABCD　2. ABCD　3. ABCD　4. ABD　5. ABCD　6. ABC　7. ABCD　8. ABCD
9. ABCD　10. ABCD

三、判断题

1. √　2. ×　3. √　4. ×　5. ×　6. √　7. √　8. ×　9. ×　10. √　11. √　12. ×
13. ×　14. ×

第4章　商务谈判与语言沟通

一、单项选择题

1. D　2. A　3. C　4. B　5. B　6. A　7. D　8. A　9. D　10. B　11. B

二、多项选择题

1. ABCD   2. ABCD   3. ABCD   4. ABCD   5. ABC   6. ABCD   7. ABCD   8. ABD
9. ABCD   10. ABCD   11. ABC   12. ABCD   13. ABCDE   14. ABCD   15. ABCD

三、判断题

1. ×   2. ×   3. √   4. √   5. ×   6. √   7. √   8. √   9. ×   10. √   11. √   12. ×
13. ×

第5章　商务谈判与沟通筹划

一、单项选择题

1. B   2. C   3. C   4. B   5. A

二、多项选择题

1. ABCD   2. ABCD   3. ABCD   4. ABCD   5. ABC   6. ABCDE   7. ABC   8. ABCD
9. ABCD   10. ABCD   11. ABCD

三、判断题

1. ×   2. √   3. ×   4. √   5. ×   6. √   7. √   8. ×   9. ×   10. √

第6章　商务谈判策略

一、单项选择题

1. D   2. A   3. C   4. C   5. A   6. C   7. C   8. C   9. D

二、多项选择题

1. AC   2. ABCD   3. AB   4. ABCD   5. ABC   6. ABCD   7. ABCD   8. ABCD
9. ABCD   10. ABD   11. ABCD

三、判断题

1. √   2. √   3. √   4. √   5. √   6. ×   7. √   8. ×   9. √   10. ×

第7章　商务谈判技巧

一、单项选择题

1. B   2. D   3. D   4. B

二、多项选择题

1. ABCD   2. ABCD   3. ABC   4. ABCD   5. ABCDE

三、判断题

1. √   2. √   3. √   4. ×   5. ×

第8章　国际商务谈判与沟通

一、单项选择题

1. A   2. D   3. C   4. D   5. B   6. A   7. D

二、多项选择题

1. ABCD 2. ABCD 3. ABCD 4. ABC 5. ABC 6. ABCD 7. ABC 8. BE
9. ABCD 10. ABCD 11. ABCD 12. ABCD 13. ABCD 14. ACD 15. ABCD
16. ABCD 17. ABC 18. ABC

三、判断题

1. √ 2. √ 3. √ 4. × 5. √ 6. √ 7. √ 8. × 9. √ 10. × 11. √ 12. ×
13. × 14. √ 15. × 16. × 17. × 18. √ 19. √

第 9 章 商务沟通礼仪

一、单项选择题

1. A 2. A 3. D 4. C

二、多项选择题

1. ABC 2. ABCD 3. ABCDE 4. ABCD 5. ABCD 6. ABCD 7. ABCD 8. ABCD
9. ABCD

三、判断题

1. √ 2. × 3. √ 4. × 5. × 6. × 7. √ 8. × 9. √ 10. × 11. √ 12. ×
13. ×

第 10 章 商务管理沟通

一、单项选择题

1. A 2. B 3. C 4. D 5. B

二、多项选择题

1. AD 2. ABCD 3. BD 4. AB 5. ABCD 6. ABCD

三、判断题

1. √ 2. × 3. √ 4. × 5. × 6. √ 7. × 8. √ 9. × 10. × 11. √

第 11 章 组织与会议沟通

一、单项选择题

1. A 2. B 3. A

二、多项选择题

1. ABCD 2. ABCD 3. ABCD 4. ABCD 5. ABCD 6. ABC 7. ABCD

三、判断题

1. √ 2. √ 3. × 4. √ 5. × 6. ×

第 12 章 会见沟通与面试

一、单项选择题

1. B 2. B

二、多项选择题

1. ABCD　2. ABCD　3. ABC　4. ABCD　5. ABC

三、判断题

1. √　2. ×　3. √　4. √　5. √

第13章　演讲沟通

一、单项选择题

1. C　2. A　3. A　4. B　5. A　6. B　7. D

二、多项选择题

1. ABCD　2. ABCD　3. ABC　4. ABCD　5. ABCD　6. ABD　7. ABCD　8. ABD
9. ABC　10. ABCD

三、判断题

1. ×　2. √　3. √　4. √　5. √　6. √　7. √　8. ×　9. √

参考文献

[1] 张国良. 国际商务谈判 [M]. 北京：清华大学出版社，2017.

[2] 樊建廷. 商务谈判 [M]. 大连：东北财经大学出版社，2001.

[3] 杨群群. 商务谈判 [M]. 大连：东北财经大学出版社，2001.

[4] 李品媛. 商务谈判 [M]. 大连：东北财经大学出版社，1998.

[5] 万百寿. 谈判口才 [M]. 沈阳：辽宁大学出版社，1996.

[6] 王宝山，张国良. 商务谈判 [M]. 武汉：武汉理工大学出版社，2007.

[7] 刘志迎. 市场营销 [M]. 北京：中国商业出版社，2004.

[8] 潘肖环，谢承志. 商务谈判与沟通技巧 [M]. 上海：复旦大学出版社，2000.

[9] 赵春明. 商务谈判 [M]. 北京：中国财政经济出版社，2000.

[10] 张涛. 网络安全管理技术专家门诊 [M]. 北京：清华大学出版社，2005.

和商赋（代跋）

张国良

中华文明，源远流长，利己达人，和为灵魂。天道和，地祥和，人平和，商贵和。和合力，胜金玉，和生祥，彩云归。金鸡啼晓，百鸟和唱，和风细雨，百花齐放。春风拂面，激和畅之气；润物无声，荡祥和之情。和生春花，阳光雨露；和生夏阳，荷花绽放；和生秋风，丹凤朝阳；和生冬雪，北国风光。宇宙和以生，天地和而成；星空和以灿，日月和而明；山川和以秀，江河和而清；草木和以生长，百花和而芬芳；自然因和以美，商贾以和而富。顺应天理，善择地利，凝聚人和，和应时势，因势利导，会通和合，政通人和，和商正道，业兴财旺。

万物清济和为源，以和为宗人心诚。洗心如镜和天下，宁静致远和人间。放之于四海，看当今世界之潮流，浩浩荡荡，和平发展是时代主题，顺之者昌，逆之者亡；放之于国家，构建和谐社会，政通人和是发展的根本前提；放之于民族，和谐相处、"和平崛起"是必由之路；放之于社区，讲睦修和，安定祥和是人心所向；放之于家庭或个人，事理通达，心平气和，父慈子孝，兄友弟恭，夫妇和好，弟兄同心，其利断金，家和万事兴；放之于单位，同心同德，和谐协调，关系融洽，令人向往。有同事，乃有同志；有同志，乃有同心；有同心，乃有同道。道不同，不相与谋；志不同，不相与力；心不同，不相与合。家庭与个人、社会与单位、国家与民族，相互作用、互为影响。家庭个人之责，亲亲于内，彬彬于外。内和于家庭，外和于单位，近和于邻里，远和于社会。国以和为盛，家以和为兴，人以和为贵，商以和为本。

皮之不存，毛将焉附；个人努力，集体成事。成就源于团队，团队成就自我，孤雁飞咫尺，群雁翔万里。使命领导责任，责任完成使命。有了共同的愿景，才能在得安心，学得用心，干得舒心。心往一处想，劲往一处使。在其位、谋其政、尽其责、效其力、善其事。当大家都认准一个正确方向，树立信念，高擎战旗，结合群力，同舟共济，万众一心。目标一定，就去拼命，不达目的，绝不罢休，世界上还有什么事情是不可战胜的吗？

和善必达情，达情必近人。精诚所至，金石可镂；君子之至，天地为开。君子和而不同，小人同而不和。和而不同，同而能和。有同方和，无同不和。己所不欲，勿施于人。天生人者，来之同路，去之同程，殊途同归。四海之内，皆为兄弟；五洲之间，均是手足。支撑为"人"，二人见"仁"，三人合"众"。和谐利己，合作共赢。人之尊严，人格平等。人格就是力量，信誉乃无价之宝。真、善、美，既是人类社会永恒的话题，又是多么令人向往的字眼！而"真"位居其首，"千教万教，教人求真；千学万学，学做真人"。

"真"是道德的基石、科学的本质、真理的追求。理念和谐，求真向善，商德至上，仁者爱人。德，国之基也；和，商之魂也。莎士比亚有句名言："无德比无知更属罪恶"，道德人格是社会整体文化的基石，经营道德是商业文化之魂，崇道德，尚伦理，讲人格，守信誉，不仅是一种良好的商德修养，而且也是精神文明的重要体现。

诚信经营，和而同心，谐而同行，行而同向。心态平和，积极阳光。用心不勾心，谋事不谋人。天下苍生，各含其性。民之万物，各有其形。海纳百川，有容乃大，大度能容，容天容地，容天下难容之事。天生一面喜，开口总是春。与人相处，谦和有礼，态度热情，和颜悦色，满面春风，和蔼可亲，平易近人。礼遇要适当，寒暄要热烈，赞美要得体，话题要投机。对方直率，提问要简洁；对方内向，提问要含蓄；对方严肃，提问要认真；对方暴躁，提问要委婉；对方开朗，提问要随意。商务交流，资在于口。或如小溪流水，潺潺东流；或如春风化雨，润物无声；或如暴风骤雨，倾盆而下；或如冲锋陷阵，枪炮连响……天地人道美于和，沟通之道和为贵。屹立世界舞台，展现民族风采，构建和谐社会，彰显自我价值，"和"文化始终是民族的主线与灵魂。和商生命，系于沟通，核心理念，以和为本，体悟沟通，和谐永恒。

和气生财，怒气伤肝，商务往来，以礼相待。礼貌是无声的力量，礼仪是行动的指南。人无礼则不生，事无礼则不成，国无礼则不宁。礼之用，和为贵。和者顺，顺者昌。仪表雅一点，微笑多一点；倾听多一点，空话少一点；赞美多一点，猜疑少一点；度量大一点，脾气小一点；承诺慢一点，行动快一点；自省多一点，指责少一点。尊重上司是一种天职，尊重同事是一种本分，尊重下级是一种美德，尊重客户是一种常识，尊重对手是一种风度，尊重他人是一种教养。生活中最重要的是有礼貌，它是最高的智慧，比一切学识都重要。"世事洞明皆学问，人情练达即文章。"人情练达即情商。情商之所以重要，是因为情商高的人，人见人爱，花见花开，由此形成了商业成功的因果链。情商高必然关系多，必然朋友多，必然信息多，必然机会多，必然支持多。人无笑脸莫开店，微笑服务暖人心。诚招天下客，誉从信中来，青山似信誉，绿水如财源，只有山清才能水秀，只有源远才能流长。

和商学问，博大精深。雄心出胆略，恒心出意志，信心出勇气，决心出力量。智商高，情商高，春风得意；智商低，情商高，贵人相助；智商高，情商低，怀才不遇；智商低，情商低，一生潦倒。如果说胆商是"种子"，智商是"土地"，那么情商就是"水源"，德商就是"阳光"，万物生长靠太阳，雨水滋润禾苗壮。修道弘德，财自道生，利缘义取，和谐治理。天下难事，必作于易；天下大事，必作于细。大处着眼，小处着手，感悟商道，体验经营，细节制胜，不可不察。高瞻远瞩，人尽其才，天时不如地利，地利不如人和。源清水自洁，身直行始正。送人玫瑰，手留余香。正本清源，诚心正意，诚信如金，物流货畅，和商永恒，商海潮头！诗曰：生意成败在和商，只有爱拼才会赢。群雄逐鹿何所惧，物竞天择适者存。至诚至善情商高，人格力量大无穷。商誉无价胜黄金，和气生财利自生。

作者谨以此赋向本书的支持者与读者致献！

2015 年 3 月作于西施故里诸暨

商务谈判与沟通四字经

大千世界，奥妙无穷，谈判沟通，智慧摆平。
盘古至今，人类活动，利益协调，相克相生。
矛盾冲突，力量均衡，磋商洽谈，化解纠纷。
观点互换，情感互动，利益互惠，谋求双赢。

商道学问，博大精深，谈判作用，力大无穷。
三寸之舌，百万雄兵，说服对方，和谐沟通。
实现购销，货物畅通，获取信息，决策精明。
国际贸易，海达江通，开拓发展，价值连城。

谈判原则，把握要领，真诚求实，以信待人。
清醒理智，沉着冷静，拓展共识，存异求同。
有备无患，成竹在胸，以逸待劳，后发制人。
用心感悟，少讲多听，人事有别，豁达包容。

有声无声，话度适中，春风化雨，润物无声。
谈判要点，提纲挈领，知彼知己，百战百胜。
人心微妙，心理内隐，把握规律，充满自信。
问之以言，以观详情，穷之以辞，以观其诚。

试之以色，以观其贞，告之以难，以观其勇。
内有所思，外有所行，体态语言，有形无声。
谈判交锋，韧性耐心，营销谈判，妙在攻心。
以信为本，待人诚心，创造需求，顾客动心。

塑造形象，赢得众心，推心置腹，打消疑心。
营造温情，填补爱心，善用天真，诱导童心。
故弄神秘，引发奇心，娱乐经营，使人欢心。
绿色诉求，社会关心，铸造品牌，用户放心。

谈判成功，交流先行，商务沟通，积极倾听。
排除障碍，谋求双赢，长期合作，交流伴行。
沟通障碍，目的不明，表达模糊，过度加工。
思想差异，对牛弹琴，换位思考，将心比心。

语言表达，贵在精准，说服对方，引发共鸣。
陈述己见，主旨鲜明，融洽关系，缓和气氛。
措辞准确，层次分明，思维敏捷，论证严谨。
循循善诱，言必由衷，转忧为喜，化解矛盾。

人怕伤心，树怕伤根，幽默语言，奥妙无穷。
听话听音，锣鼓听声，专心致志，去粗取精。
倾听发问，相辅相成，转换话题，做出结论。
对手直率，提问简明，对手严肃，提问认真。

氛围和谐，态度诚恳，明确目的，准备充分。
巧妙回答，思考谨慎，答非所问，避重就轻。
准确判断，以答代问，避正答偏，规避矛盾。
望闻问切，把脉精准，运筹帷幄，旗开得胜。

观察敏锐，溯源追本，顺藤摸瓜，按脉诊痛。
大势研判，首当其冲，信息行情，胜抵万金。
经济态势，低谷高峰，行业环境，问底寻根。
科技领先，不断创新，产品换代，快速提升。

职业道德，廉洁奉公，熟悉法律，业务精通。
集中精力，系统思考，目标明确，合理分工。
谈判策略，斗智攻心，施计用策，掌握分寸。
协商开局，相互尊重，不卑不亢，从容淡定。

坦诚开局，相互信任，慎重开局，小心谨慎。
进攻开局，要害切中，有礼有节，入理入情。
让步要慢，喊价要狠，吊筑高台，价格攀升。
抛放低球，参与竞争，除法报价，化整为零。

加法报价，渐入佳境，差别报价，对象不同。
对比报价，性价分明，最小单位，数字陷阱。

挤掉水分，细算成本，讨价还价，斗智斗勇。
优势条件，占据主动，不开先例，莫伤感情。

先苦后甜，价格陷阱，磋商阶段，沉着冷静。
期限策略，略有弹性，软硬兼施，以情感人。
求疵还价，专挑毛病，以柔克刚，韧似牛筋。
难得糊涂，头脑清醒，疲惫策略，车轮滚滚。

权力有限，少担责任，反客为主，占据主动。
投石问路，势力均衡，大智若愚，欲擒故纵。
情感转移，沉默是金，场外交易，缓解气氛。
走马换将，以硬碰硬，浑水摸鱼，大获全胜。

谈判技巧，贵在精明，出其不意，逆向行动。
声东击西，灵活机动，既成事实，蚕食渐进。
留有余地，把握主动，设立限制，权威效应。
寻找代理，可退可进，无中生有，晕轮效应。

互利谈判，开诚布公，休会缓解，以退为进。
润滑策略，赠送礼品，假设条件，探测跟风。
私下接触，联络感情，权力有限，莫伤自尊。
寻找契机，惜时如金，处理僵局，态度诚恳。

强硬手段，换将易人，暂停缓冲，柳暗花明。
终止谈判，保持冷静，生意不成，友谊永存。
社交礼仪，律己敬人，商务交流，举止文明。
庄重大方，处变不惊，精心准备，迎客热情。

电话联系，及时接听，公众场所，震动静音。
拜访礼仪，准备认真，事先有约，敲门而进。
落落大方，端庄稳重，不卑不亢，诚恳谦恭。
宴请宾朋，笑脸相迎，待客周到，礼貌相送。

国际商务，走出国门，文化差异，礼仪不同。
复杂困难，政策方针，国际惯例，遵照执行。
美国商人，真挚热情，不易让步，充满自信。
敢为人先，效率为重，尊重法律，重视合同。

加拿大人，众多移民，注重实利，发挥个性。
温和耐心，力求慎重，合同条款，内容详尽。
一衣带水，日本商人，集体决策，团队精神。
不易退让，执着坚忍，持重暧昧，求利以情。

德国商人，契约之民，严谨保守，军旅作风。
重视效率，雷厉风行，充满自信，严守信用。
合理报价，节奏掌控，尊重协议，守时守信。
英国商人，难以接近，绅士风度，建立信任。

法国商人，开朗热情，思维灵活，法语为荣。
广交朋友，大方热情，恪守时间，重视个人。
慎重细致，信守合同，签订条约，慎之又慎。
意大利人，衣冠楚楚，崇尚时髦，重视家庭。

俄罗斯人，固守传统，擅长讨价，技巧高明。
安排计划，培养技能，易货贸易，交易耐心。
犹太商人，非常聪明，网络广泛，调查充分。
友好坦率，认真诚恳，善于还价，苛刻精明。

谈判要诀，铭记在心，约见之时，出语惊人。
谈吐自如，悬念重重，用足技巧，纵横驰骋。
求同存异，静气平心，疏中有导，以理服人。
签约之后，有义有情，面向未来，持久共赢。

作者简介

张国良，男，浙江农林大学教授、硕士生导师，高级经济师，浙江省企业管理研究会常务理事、中华辞赋学会理事、浙江省诸暨市作家协会会员，国家社科基金结题通讯鉴定专家。现任广东培正学院教授，管理学院工商管理系主任，主要从事科技创新与战略管理、商务谈判与沟通等方面的教学和研究工作。在国内外核心期刊上发表学术论文100多篇，被中国人民大学复印资料中心全文转载8篇。在浙江大学出版社、武汉大学出版社、清华大学出版社、经济科学出版社、机械工业出版社等出版专著及教材20多部。主持或参与省级和国家级课题多项，2010年主持浙江省新世纪重点教改项目1项。2006年独立主持的课题获内蒙古第八届哲学社会科学优秀成果政府二等奖，2010年参与的国家级课题获内蒙古第十届哲学社会科学优秀成果政府一等奖。指导学生参加"挑战杯"创业计划竞赛等获省级大奖10多项，2008年指导浙江农林大学学生代表队参加第六届全国"挑战杯"竞赛并获金奖，2014年获浙江省绍兴市第十五届哲学社会科学优秀成果三等奖。2019年分别主持漳州市哲学社会科学课题1项（已结题）、主持国家林业与草原局课题1项（课题编号：201943）。2019年主持广东培正学院重点课题1项（课题编号：20pzxmzd11）。2020年主持广东省教育厅高校特色创新类项目"广东省新型政商关系构建与民营经济创新驱动高质量发展研究"（项目编号：2020WTSCX105）。

普通高等院校
经济管理类应用型规划教材

课程名称	书号	书名、作者及出版时间	定价
商务策划管理	978-7-111-34375-2	商务策划原理与实践（强海涛）（2011年）	34
管理学	978-7-111-35694-3	现代管理学（蒋国平）（2011年）	34
管理沟通	978-7-111-35242-6	管理沟通（刘晖）（2011年）	27
管理沟通	978-7-111-47354-1	管理沟通（王凌峰）（2014年）	30
职业规划	978-7-111-42813-8	大学生体验式生涯管理（陆丹）（2013年）	35
职业规划	978-7-111-40191-9	大学生职业生涯规划与学业指导（王哲）（2012年）	35
心理健康教育	978-7-111-39606-2	现代大学生心理健康教育（王哲）（2012年）	29
概率论和数理统计	978-7-111-26974-8	应用概率统计（彭美云）（2009年）	27
概率论和数理统计	978-7-111-28975-3	应用概率统计学习指导与习题选解（彭美云）（2009年）	18
大学生礼仪	即将出版	商务礼仪实务教程（刘砺）（2015年）	30
国际贸易英文函电	978-7-111-35441-3	国际商务函电双语教程（董金铃）（2011年）	28
国际贸易实习	978-7-111-36269-2	国际贸易实习教程（宋新刚）（2011年）	28
国际贸易实务	978-7-111-37322-3	国际贸易实务（陈启虎）（2012年）	32
国际贸易实务	978-7-111-42495-6	国际贸易实务（孟海樱）（2013年）	35
国际贸易理论与实务	978-7-111-49351-8	国际贸易理论与实务（第2版）（孙勤）（2015年）	35
国际贸易理论与实务	978-7-111-33778-2	国际贸易理论与实务（吕靖烨）（2011年）	29
国际金融理论与实务	978-7-111-39168-5	国际金融理论与实务（缪玉林 朱旭强）（2012年）	32
会计学	978-7-111-31728-9	会计学（李立新）（2010年）	36
会计学	978-7-111-42996-8	基础会计学（张献英）（2013年）	35
金融学（货币银行学）	978-7-111-38159-4	金融学（陈伟鸿）（2012年）	35
金融学（货币银行学）	978-7-111-49566-6	金融学（第2版）（董金玲）（2015年）	35
金融学（货币银行学）	978-7-111-30153-0	金融学（精品课）（董金玲）（2010年）	30
个人理财	978-7-111-47911-6	个人理财（李燕）（2014年）	39
西方经济学学习指导	978-7-111-41637-1	西方经济学概论学习指南与习题册（刘平）（2013年）	22
西方经济学（微观）	978-7-111-48165-2	微观经济学（刘平）（2014年）	25
西方经济学（微观）	978-7-111-39441-9	微观经济学（王文寅）（2012年）	32
西方经济学（宏观）	978-7-111-43987-5	宏观经济学（葛敏）（2013年）	29
西方经济学（宏观）	978-7-111-43294-4	宏观经济学（刘平）（2013年）	25
西方经济学（宏观）	978-7-111-42949-4	宏观经济学（王文寅）（2013年）	35
西方经济学	978-7-111-40480-4	西方经济学概论（刘平）（2012年）	35
统计学	978-7-111-48630-5	统计学（第2版）（张兆丰）（2014年）	35
统计学	978-7-111-45966-8	统计学原理（宫春子）（2014年）	35
经济法	978-7-111-47546-0	经济法（第2版）（葛恒云）（2014年）	35
计量经济学	978-7-111-42076-7	计量经济学基础（张兆丰）（2013年）	35
财经应用文写作	978-7-111-42715-5	财经应用文写作（刘常宝）（2013年）	30
市场营销学（营销管理）	978-7-111-46806-6	市场营销学（李海廷）（2014年）	35
市场营销学（营销管理）	978-7-111-48755-5	市场营销学（肖志雄）（2015年）	35
公共关系学	978-7-111-39032-9	公共关系理论与实务（刘晖）（2012年）	25
公共关系学	978-7-111-47017-5	公共关系学（管玉梅）（2014年）	30
管理信息系统	978-7-111-42974-6	管理信息系统（李少颖）（2013年）	30
管理信息系统	978-7-111-38400-7	管理信息系统：理论与实训（袁红清）（2012年）	35